KB062237

조셉 머피

부의 초월자

Grow Rich with the Power of Your Subconscious Mind
Your Infinite Power to Be Rich
Think Yourself Rich

한국어판 《조셉 머피 부의 초월자(Miracle Rich of Joseph Murphy)》는
《Grow Rich with the Power of Your Subconscious Mind》《Your Infinite Power To be Rich》
《Think Yourself Rich》 등 총 세 권을 합본한 것이며,
본문 내용은 현지 사정과 시대에 맞춰 수정되었음을 밝힙니다.

JOSEPH MURPHY
조셉 머피
부의 초월자
조셉 머피 지음 | 조율리 옮김
무한의 부를 창조하는 잠재의식의 힘

서문

돈에 얽매인 삶에서 해방돼 부의 초월자가 되어라

잠재의식으로 부자 되기.

얼마나 달콤한 말인가. 조셉 머피 박사는 재물을 비롯해 원하는 것을 얻으려고 지나치게 애쓰지 말라고 조언한다. '힘들이지 않고 노력하는 것'만으로 충분하다. 독자들이 쏟아야 할 유일한 노력은 자신의 소망을 잠재의식의 스크린에 투영하는 것이다. 어떤 소망이든 상관없다. 마음속에 품은 소망을 이루거나, 이미 소망이 이뤄진 모습을 투영하면 된다. 소망을 스크린에 투영하는 능력을 계발할 때 만물에 스며든 전능한 우주적 능력은 소망을 실현할 수 있는 수단을 마음속에서 찾는다.

단 '힘들이지 않는 노력'의 개념은 삶을 살아가는 것 자체가 아닌, 자신의 소망을 추구하는 데에만 적용된다는 걸 명심해야 한다. 우리의 목표는 자신의 소망을 실현하고 역량의 열매를 맺는 것이다. 한마디로 자기 성취를 위해서는 마음과 몸을 의식적으로 사용하면서 노력을 기울여야 한다. 결단이 필요할 때도 있다.

열정을 좇고 자아가 전능한 능력과 연결되어 있다면 자기 성취를 위한 작업은 수월하게 느껴질 것이다. 그렇다고 어렵지 않다는 말은 아니다. 어려운 시기를 견뎌야 할 때도 있고, 장애물을 극복하기 위해서 끈기와 노고가 필요할 때도 있다.

잠재의식에 성공적으로 새긴 이미지는 결국 현실 세계에 반영된다. 경험과 현실은 내가 생각하고 진정으로 믿는 모든 것의 산물이다. 머피 박사가 말했듯 잠재의식에 새긴 내용이 외부 세계에서 실현된다는 잠재의식의 법칙은 동전의 양면과 같다. 축복이 될 수도 저주가 될 수도 있다는 것이다. 건강, 부富, 행복의 이미지가 잠재의식에 새겨지듯 질병, 가난, 슬픔의 이미지도 잠재의식에 인상을 남길 수 있다. 예를 들어 "절대 그럴 여유가 없어" 같은 혼잣말을 하면 부정적인 이미지가 잠재의식에 도달해 현실 세계에서 발현된다. 마찬가지로 질병, 실패, 거부에 대한 두려움이 잠재의식에서 하나의 믿음으로 자리를 잡으면 외부 세계의 객관적인 현실이 된다.

지금과는 다른 경험을 하고 싶고 주변 상황을 바꾸고 싶다면, 재정 상태에 변화를 주고 싶다면 생각과 신념을 바꾸어야 한다. 말처럼 쉬운 일은 아니다. '믿음의 도약'을 해야 한다. 무언가를 생각하거나 믿거나 원한다고 생각이 바로 믿음이 되는 건 아니다. 잠재의식에 소망을 새기려면 반복해서 확언하는 것만으로는 부족하다. 이미지를 소망, 기대, 감사 등의 긍정적인 감정의 열기로 태워야 한다. 마찬가지로 공포, 불안과 같은 부정적인 이미지를 외부로 배출해야 한다. 그렇지 않으면 그릇되고 자기 패배적인 믿음이 잠재의식에 투영된다.

이 책은 믿음의 도약을 하는 방법을 차근차근 알려준다. 머피 박사는 화학자이자 철학자였고, 교사이자 목사였으며, 잠재의식의 능력을 이용하면 건강, 번영, 평화, 개인적인 성취를 이룰 수 있다는 '신사고 운동New Thought Movement'을 지지했다. 그는 어떤 교육과 훈련을 받았는지

관계없이 개인은 영靈적인 힘을 지니고 있으며, 이 영적인 능력을 사용하는 법을 익혀 자신의 소망을 충족할 권리가 있다고 믿었다. 머피 박사는 영적인 힘에 관해 알고자 하는 사람들을 위해 고대의 비밀을 풀고, 이해하기 어려운 형이상학적인 개념과 실천법을 평이한 언어로 번역하는 데 평생을 바쳤다.

이번 신규 개정판에는 '어떻게 하면 번영할 수 있을까'에 관한 머피 박사의 설득력 있는 글들을 담았다. 머피 박사의 철학과 실천법은 시대를 초월한다. 일부 이야기와 일화는 지금보다 1950년대 독자들에게 더 큰 반향을 불러일으켰을 수 있지만, 머피 박사의 가르침은 오늘날에도 의미가 있음은 물론 효과적으로 적용될 수 있다. 다만 시대의 흐름에 맞춰 예시를 현대적으로 수정했다.

이 책에서는 머피 박사가 권고한 기법을 따른 덕분에 풍요롭고 충만한 삶을 살아가는 사람들의 실제 이야기를 만나볼 수 있다. 그 사람들이 사용한 기법을 고수하고 직접 실천하다 보면 삶에서 잠재의식의 힘을 경험할 것이다. 머피 박사의 설명을 읽고 확언을 따르면 잠재의식의 힘을 수월하게 사용해 삶을 풍요롭게 할 수 있다.

머피 박사는 1950년대부터 1970년대 후반까지 글을 쓰고 강연을 했다. 하지만 머피 박사의 가르침을 읽다 보면 간혹 시대를 앞서간다는 인상을 받는다. 가난, 불행, 통증이 만연한 오늘날 그의 가르침이 어느 때보다 마음에 더 와닿기 때문이다. 그는 잠재의식의 힘을 주목함으로써 '다섯 가지 감각의 세계'라고 명명한, 끊임없이 변화하는 불확실한 세계를 초월할 수 있다고 알려준다. 평화와 번영, 선善이 지배하는 내면에 존재하는 힘은 불변하고 영원하다.

머피 박사의 가르침과 기법은 시대와 종교, 종교단체, 외부 상황을 초월하는 원리에 토대를 둔다. 우리도 이러한 만고불변의 원리를 통달한다면 부정적인 감정이 마음을 압도하는 걸 막고, 외부의 풍파를 맞을지라도 흔들리지 않고 앞서 나갈 수 있을 것이다.

이 책에서 '무한자' '무한한 지성' '무한한 부' '생명의 원리' '내면의 힘' '깊은 자아' '높은 자아' '영적 존재' '우주적 능력' 등의 표현은 모두 눈으로 볼 수 있거나 볼 수 없는 사물에 내재해 있는 생명의 힘, 즉 잠재의식을 지칭한다. 잠재의식을 부르는 방법은 각각 다를지라도 어쨌든 내 안에는 거대한 힘이 잠자고 있다. 이 책이 밝히는 단순하고도 변치 않는 진리를 종교라는 안경을 벗고서 바라보자. 현재의식과 잠재의식이 연결될 때 그 위대한 힘을 나에게 이로운 방식으로 활용할 수 있고, 그 힘은 기적을 일으킬 것이다!

머피 박사의 가르침을 실천에 옮기면 부와 행복, 자아 성취를 추구하는 방식에 큰 변화가 일어난다. 마음의 준비만 하면 된다. 마음에 변화를 일으키려면 먼저 생각을 변화시켜야 한다. 머피 박사가 강조했듯 사고방식을 바꾸면 가치관과 행동뿐만 아니라 재정 상황도 긍정적으로 변한다. 이 책이 소개하는 머피 박사의 지침을 따르고 부에 접근하는 방법을 180도 바꾸면 원하는 만큼의 재물을 손에 넣을 수 있을 것이다.

머피 트러스트 이사

H. 보이어 박사

H. Boyer

차례

서문 돈에 얽매인 삶에서 해방돼 부의 초월자가 되어라 4

제1부 잠재의식의 힘을 깨워라

1 잠재의식에 부의 아이디어를 심어라 16
2 잠재의식을 재구성하라 28
3 부를 가져다줄 마법의 문장 42
4 상상력으로 잠재의식을 지배하라 56
5 거울 속 나에게 부의 최면을 걸어라 72
6 간절한 욕망은 잠재의식의 나침반이 된다 80
7 내가 성공할 것임을 믿어 의심치 마라 94
8 세상에 맞서 잠시 놓친 인생의 통제권을 되찾아라 102
9 생각의 주인이 되면 인생이 뜻대로 흐른다 114
10 긍정과 선의가 잠재의식의 힘을 키운다 124
11 잠재의식은 나를 통해 세상에 구현된다 134
12 가장 좋은 곳으로 나를 안내하는 직감의 원리 144
13 명상으로 정신적 배터리를 충전하라 152
14 생각하고 느끼고 행동하라 162

제 2 부 잠재의식 안의 보물창고를 열어라

1 가난하다는 생각이 가난을 부른다 178

2 부는 내 주변 곳곳에 충만하다 186

3 잠재의식의 지식이 부자로 안내한다 196

4 무한한 부를 부르는 기적적인 힘의 비밀 204

5 눈에 보이고 손에 잡힐 만큼 생생하게 부를 느껴라 214

6 감정을 다스리면 부를 받을 준비가 된 것이다 222

7 시기와 질투는 성공을 막는 가장 큰 장애물 230

8 감사하는 마음은 부를 끌어당긴다 240

9 받고 싶은 만큼 주면 더 크게 돌아온다 250

10 성공을 원할수록 크게 성공하는 증가의 법칙 260

11 스스로 일어나는 자가 부자가 된다 268

12 말의 힘으로 부의 기적을 일으키다 276

13 침묵 속에서 부의 근원을 발견하다 284

14 기적은 믿음의 결과일 뿐이다 292

제 3 부 지금 이 순간, 부자라 생각하라

1 마음속 금광으로 아들을 의사로 키운 광부 이야기 304
2 전재산 5달러를 다 쓰고 새 인생을 찾은 싱글맘 이야기 312
3 꿈을 종이에 적어서 가지고 다니던 청년 이야기 322
4 돈에 대한 생각을 바꿔 부자가 된 작가 이야기 332
5 증가의 법칙을 이용해 1달러로 비행장을 산 조종사 이야기 342
6 생생한 상상력으로 자전거를 선물 받은 소녀 이야기 350
7 싸우지 않고 이기는 법을 깨달은 은행가 이야기 362
8 잠재의식으로 재능을 찾고 이직에 성공한 실직자 이야기 374
9 선택의 힘을 깨달은 알코올 중독자 이야기 384
10 시험 스트레스와 불안을 이겨낸 대학생 이야기 392

11 아침 확언으로 아이들의 자존감을 키워준 교사 이야기 402
12 마법의 시간에 확언해 부와 성공을 거머쥔 사업가 이야기 412
13 침묵의 힘으로 수백만 달러의 매출을 올린 사업가 이야기 420
14 잠재의식을 통해 진정한 사랑의 의미를 깨달은 남성 이야기 428
15 돈 때문에 우정을 잃고 싶지 않았던 의사 이야기 440
16 유전병을 앓고 있다고 믿었던 입양아 이야기 452
17 치유사의 기적을 경험했으나 완치되지 못한 환자 이야기 462
18 직감을 믿고 꿈의 직장을 거절한 여성 이야기 470
19 지금 당장 부의 초월자가 되는 우리의 이야기 480

부록1 사례로 검증받은 부의 확언 73 488
부록2 부·성공·인간관계·건강을 위한 확언 504
저자 소개 523

제1부

잠재의식의 힘을 깨워라

JOSEPH MURPHY

——————— 삶을 지배하는 가장 위대한 원리는 아주 간단하다. 어떤 일이 일어나라고 요구하고 그렇게 되리라고 믿으면, 잠재의식은 마음의 우주적 능력과 힘을 합쳐 정말로 그 일을 실현한다. 잠재의식이라는 내면에 숨겨진 무한한 힘을 선한 일을 위해 사용할 때 오늘은 어제보다 더 풍요롭고 의미 있으며 고귀하고 멋지게 변할 것이다. 좋은 일은 좋은 일을 끌어당겨 내 삶에 좋은 일들이 차고 넘칠 것이다.

제1부에서는 이 위대한 원리를 간결하고 명쾌하게 설명한다. 어떻게 하면 내면의 무한한 힘인 잠재의식을 이용해 당면한 문제를 딛고 일어나 결핍과 한계로 점철된 삶에서 벗어날 수 있을지 알려준다. 이를 위한 구체적인 기법도 설명하고 있는데, 아주 간단하고 이해하기 쉬운 언어로 위대하고 무한한 마음의 힘을 풀어냈다.

여기서 잠시 잠재의식에 대해 알아보자. 우리 안의 마음은 하나이지만, 각기 다른 특징과 기능을 지닌 두 부분으로 나뉜다. 이를 여기서는 '현재의식conscious'과 '잠재의식subconscious'이라고 다르게 부른다. 물론 다른 말로 대체해도 관계없다. 마음의 이중성을 인식하는 게 중요하다.

잠재의식은 '작용과 반작용'의 보편적인 법칙에 따른다. 먼저 일어나는 '작용'이 현재의식의 생각이라면, '반작용'은 생각의 본질에 맞게 잠재의식으로부터 나오는 응답이다. 현재의식의 생각은 무한한 지성과 지혜, 생명력, 에너지가 잠재의식에서 외부 세계로 흘러나오는 통로다. 잠재의식 속 지성과 지혜, 생명력과 에너지가 긍정적인 방향으로 흐를 수 있도록 통로의 방향을 정해 주면 무한한 에너지가 나에게 돌아와 이득을 안겨 준다. 이것이 잠재의식이 만들어 내는 기적이다.

내면의 무한한 힘은 기분을 북돋고 마음을 치유하며 영감을 준다. 부와 행복을 가져다주고 자유와 마음의 평화를 얻게 하며 충만하고 성공적인 삶을 사는 지름길로 안내한다. 무한한 힘을 활용하는 방법을 발견한 사람들은 행복하고 즐거우며 성공하고 번영하는 삶을 산다. 하지만 그렇지 못한 사람들은 외부 상황과 삶의 기복에 휘둘려 불행하거나 좌절한 채 간신히 생계를 이어간다.

60년이 넘는 세월 동안 전 세계에서 수많은 사람이 잠재의식의 무한한 힘을 이용해 원하는 것 모두를 손에 넣었다. 무한한 힘을 사용한 사람들은 사회 각계각층의 성인과 청소년, 심지어 소득 수준도 각각 달랐다. 고등학생, 대학생, 회사원, 택시 운전사, 대학교수, 과학자, 약사, 은행원, 의사, 척추 지압사, 전화 상담원, 영화감독, 배우, 트럭 운전사 등 직업도 다양했다. 이들은 신비롭고도 강력하며 실제적인 힘을 발견해 실패와 불행, 결핍, 절망에서 빠져나올 수 있었다.

잠재의식은 대부분 눈 깜짝할 사이에 문제를 해결해 주었고 눈물을 닦아 주었으며 정서적·재정적 궁핍에서 벗어나게 도와주었다. 자유와 명성, 부를 얻고 충만한 삶을 살 수 있는 가장 확실한 길로 인도했다. 멍들고 상처받은 마음을 어루만지고 영혼을 치유하는 마법을 발견한 사람들도 있었다.

이제 당신의 차례다. 이 책에서 소개하는 내용을 실천해 내면에 꽁꽁 감추어져 있던 광채를 발산하고, 인생을 좋은 일들로만 가득 채우는 잠재의식의 경이로움을 느껴 보자.

1

잠재의식에 부의 아이디어를 심어라

"바다를 보세요. 바닷물이 많지요? 부 역시 이와 같습니다. 부를 바닷물이라고 생각한다면 언제나 부를 손에 쥘 수 있을 겁니다."

어떻게 하면 부자가 될 수 있느냐는 질문에 미국의 사상가이자 시인인 랠프 월도 에머슨이 답한 말이다. 부는 끊임없이 흘러들어 오고 흘러나가는 조수潮水와 같다. 온 세상과 세상의 보물들, 즉 바다·공기·땅·생명체와 비非 생명체는 내가 태어날 때 이미 세상에 존재하고 있었다.

부도 마찬가지다. 생각해 보면 우리 주변에는 헤아릴 수 없을 만큼의 부가 숨겨져 있다. 자신을 발견하길 기다리고 있을 뿐이다. 마음가짐을 바꿔 부를 들이마시는 공기라고 생각하자.

삶에서 원하는 것을 얻기 위해서는 먼저 잠재의식이 어떻게 기능하는지 배워야 한다. 한 영업 관리자는 동료가 조직을 확장하는 아이디어를 팔아 100만 달러 상당의 수익을 올렸다고 말했다. 나도 그만큼 값비싼 아이디어를 떠올릴 수 있다. 부는 마음속에 떠오르는 사상의 이미지이자, 마음속에 있는 아이디어고, 정신적 태도다.

누구나 가치 있는 아이디어를 품을 수 있다. 우리는 내면의 광채를 발산하기 위해, 호사스럽고 아름다우며 풍요롭게 살기 위해 이 세상에 태어났다. 하지만 그렇게 살기 위해서는 돈과 부, 음식, 옷, 여행 등 좋고 바람직한 것에 대한 올바른 자세를 함양해야 한다. 부와 진정한 친구가 되면 부는 항상 넘칠 것이다.

잠재의식은 램프의 요정 '지니'에 빗댈 수 있다. 잠재의식은 내가 소망하고 진실이라고 믿는 것을 실현하는 방법을 찾는다. 건강하고 번영하는 삶을 살며 보람찬 인간관계를 맺고 싶다는 소망이 있거나, 그러한 축복을 받으리라고 믿으면 정말 그렇게 된다. 반대로 질병이나 빈곤, 외로움을 두려워한다면 병에 걸려 가난하고 쓸쓸하게 사는 운명을 맞이할 것이다.

왜 부자는 더 많은 부를 갖고 가난한 사람은 더 가난해지는가?

많은 사람이 실제로 재물이 많아야만 부유함을 느낄 수 있다고 착각한다. 사실은 정반대다. 부유하다고 느낄 때만 부를 끌어들인다. 돈이 들어오기를 기다리거나 바라는 것은 함정이다. 먼저 믿음의 도약을 해야 한다. 상상한 만큼 부자가 되리라 기대하고 감사하면서 살아야 원하는 것을 끌어올 수 있다.

시대에 따라 돈은 여러 가지 형태를 취했으나 본질은 하나다. 돈의 진정한 의미와 역할은 교환의 매개 수단이다. 돈은 궁핍으로부터의 자유와 아름다움, 호사, 풍요, 안정감, 세련됨을 의미한다. 우리는 모두 풍요로운 삶을 누릴 자격이 있다. 더 풍성하고 행복하며 경이로운 삶을 살고 싶어 하는 건 지극히 정상적이고 자연스럽다.

세상의 풍요를 누릴 운명과 고난을 겪고 박탈감에 시달리는 운명이 따로 있을까? 당연히 아니다. 운명은 스스로 결정하는 것이다. 진짜라 믿고 받아들이는 것만 내 것이 된다. 내면의 영적인 힘과 존재는 이미지, 느낌, 믿음이 되어 잠재의식에 새긴 의식적인 생각에 따라 일상생활 속 조건과 상황을 조성한다.

삶의 풍요와 번영을 진정으로 누리는 사람은 마음과 생각, 믿음의 창조력을 알고 있는 사람이다. 영적·정신적·물질적으로 풍요롭고 번영하며 넘치는 아이디어를 마음속 깊은 곳, 즉 잠재의식에 새기면 객관적인 풍요로움을 경험할 수 있다.

이것이 바로 '생명의 원리'다. 생명의 원리는 모든 사람에게 적용되고 효력을 발휘하는 진리다. 마음속 깊이 자리 잡은 진심이 담긴 믿음은 경험과 사건, 조건으로 발현된다. 내가 가진 생각의 본질에 따라 경험으로 객관화되는 것이다.

반면 '무한한 부를 누릴 자격이 없다'는 신념이 나를 지배한다면 운이 따르지 않고 가난하게 살면서 부자가 될 운명은 아니라고 체념해 버린다. 이렇듯 신념은 나의 상황과 행동에 반영된다.

이렇게 두 가지 상반된 신념이나 믿음은 현재 우리가 물질적인 풍요로움을 누릴지, 아니면 가난하게 살지를 결정하는 제1 요인이다. 풍요로운 생각은 풍요를 낳고 결핍되었다는 생각은 결핍을 낳는다. 그러니 부자는 더욱 부를 갖고 가난한 사람은 더 가난해진다.

지금 손에 쥔 게 없는데 풍요로움과 부를 생각하는 건 쉽지 않은 일이다. 하지만 그렇다고 해서 불가능한 건 아니다. 반드시 부자가 되리라는 믿음을 버리지 않는다면 정말로 부자가 될 것이다. 이러한 사고를 훈련하는 사람은 부를 손에 거머쥘 수밖에 없다.

핵심은 '마음과 생각을 훈련하는 것'이다. 진실을 간절히 원하고 갈망할 때 마음 훈련이 시작된다. 마음 훈련이란 진심 어린 믿음과 의견, 이상, 열망을 살피고 이해하는 것이다. 그 이상도 그 이하도 필요하지 않다. 누구든 마음을 훈련할 수 있다. 마음을 새롭게 하고 이전과는 다른 방식으로 사고해야 한다.

돈을 향한 비합리적인 증오를 멈출 때 돈은 나에게 모인다

돈을 원한다면 돈과 친하게 지내면 된다. 돈과 가깝게 지내면 돈이 부족할 일은 절대로 없다. 돈이 순환하면 시대는 번영한다. 돈을 전 세계 국가의 재정적인 건강을 유지하는, 영적인 개념이라고 생각하라. 혈액 순환이 잘 돼야 건강하듯, 돈이 막힘없이 자유롭게 순환할 때 경제도 건강하다.

반면 사람들이 걱정하고 두려워하기 시작하면 추악한 괴물이 고개를 든다. 경제공황이나 불황이 발생하는 것이다. 불황은 심리적인 이유로 발생한다. 자연에는 본래 부족함이 없으며 풍요로움이 차고 넘친다. 매년 열대지방에서 땅에 떨어져 썩는 열매만으로도 전 세계 인구를 먹여 살릴 수 있다. 하지만 자연의 풍요로움을 남용하고 적재적소에 분배하는 데 실패했기 때문에 물질적인 결핍이 발생한다.

세상에 존재하는 유일한 악惡은 무지이고, 무지의 결과는 고통일 수밖에 없다. 금, 백금, 은, 니켈 또는 구리를 악으로 보는 건 어리석은 일이다. 어처구니없고 기이하며 우매한 생각이다. 돈도 마찬가지다. 한 물질과 다른 물질을 구분하는 것은 원자핵을 중심으로 회전하는 전자의 운동 수와 속도일 뿐이다. 여기엔 어떤 가치 판단도 필요하지 않다.

마음의 법칙을 충실하게 따르는 한 성직자가 있었다. 그는 잠재의식이 기능하는 법에 관한 탁월한 지식을 갖췄고, 다른 사람에게 그 지식을 전달할 줄 알았다. 하지만 생활은 넉넉하지 않았다. 그는 '돈은 모든 악의 근원'이라며 근근한 생활에 대한 그럴싸한 핑계를 댔다.

나는 성직자에게 돈이란 금속(동전) 또는 종이(지폐)에 불과하며, 이를 악하다고 생각하는 건 성경을 잘못 이해한 결과라고 꼬집었다. 금속과 종이 자체는 가치 중립적인 물질이지만, 돈으로 그의 가족과 교구 사람들을 위해 좋은 일을 할 수 있다. 그렇게 생각하자 그는 돈에 대한 마음가짐을 바꿀 수 있었다.

젊은 성직자는 확언이 잠재의식의 힘을 깨우리라는 걸 알았고, '돈의 순환을 이해하고 잘 사용할 수 있음을 다짐하는 확언'[1]을 하기 시작했다. 그러자 그는 소망하던 대로 아름다운 교회를 지을 수 있었다. 신도들이 힘을 모아준 것이다. 그 역시 라디오 프로그램을 진행하면서 필요한 돈을 마련했다. 그는 더 이상 돈을 비판하지 않는다. 돈을 안 좋게 이야기하면 돈은 날개를 달고 날아가 버린다. 내가 원하는 것을 비판하지 말자.

반면 "돈만 있으면 아무것도 중요하지 않아"라고 말하면서 돈만을 좇는 것도 경계해야 한다. 돈은 세상을 살아가는 데 절대적으로 중요한 것이 아니고 인생을 살아가는 유일한 목적도 아니다. 돈을 인생의 유일한 목표로 두는 건 실수이자 잘못된 선택이다. 돈만 바라보면 균형이 무너지고 한쪽으로 치우친 삶을 산다.

우리는 균형 잡힌 삶을 영위하기 위해 태어났다. 돈뿐만 아니라 삶의 모든 방면에서 평화와 조화가 깃들길 소망한다. 그러니 대담하게 아름다움을 누리며 앞길을 인도해 달라고, 사랑과 기쁨을 온전히 누리게 해달라고 잠재의식에 요구해야 한다. 세상에 용기와 믿음, 사랑, 선의, 기쁨이 없다면 어찌 살아가겠는가?

잠재의식의 법칙을 올바르게 적용하면 원하는 부를 거머쥐면서 동시에 마음의 평화와 조화, 온전함 그리고 평온함을 누릴 수 있다. 지식과 철학을 건설적으로 사용하는 것처럼, 자신의 능력에는 한계가 없다는 생각이나 믿음을 잠재의식에 각인해 스스로를 세뇌할 수도 있다.

잠재의식을 현명하고 분별력 있게 건설적으로 사용함으로써 좋은 일을 할 수도 있다. 이는 자연을 사용하는 방식과 마찬가지다. 우리는 타인에게 베풀기 위해 이 세상에 태어났다. 우리는 숨어 있는 재능을 표출해 인생에서 내가 있어야 할 자리를 찾는다. 살아가는 동안 이상, 꿈, 열망, 생명, 사랑, 진실을 위해 끈질기고 쉴 새 없이 노력한다. 이 과정에서 우리가 얻는 모든 것은 결국 세상에 갚아야 할 어마어마한 빚이다. 다른 사람들의 성장과 행복, 성공에 이바지하는 기쁨을 경험해 보자. 가정의 행복을 넘어 세상의 행복에 이바지하자. 이것이 우리가 태어난 이유다.

잠재의식에 부의 개념을 심는 4단계

지금부터 내가 소개하는 방법은 부를 거머쥐는 열쇠다. 이 방법을 따르면 평생 부를 갈망하지 않으면서도 풍족하게 살 수 있다.

1단계, 부는 무한하게 샘솟는 것임을 이해하라

생명이 왜 우주와 은하, 하늘의 별, 땅·산·호수·바다와 그 안에 사는 동식물, 그들이 숨 쉬는 공기 등 보이는 것과 보이지 않는 것을 모두 포함한 자연의 힘에 근원이 되는지 곰곰이 생각해 보자. 생명의 원리가 나에게 생명을 부여했기에 생명의 원리에 담긴 힘과 자질, 속성도 내 안에 살아 있다. 사랑이란 내 안에 살아 있는 존재이자 생명의 원리인 만물의 근원에 충성하고 신의를 지키는 것이다. 내가 보고 알고 있는 모든 것은 생명의 원리에서 나왔음을 이해하는 게 첫 단계다.

생명력은 에너지·활력·건강·창의적인 아이디어의 근원이다. 내리쬐는 태양과 숨 쉬는 공기, 잘 익은 사과 그리고 주머니 속 돈도 생명력으로부터 나온다. 생명력이 부를 창조하는 건 풀잎이나 눈의 결정체를 만드는 것만큼 쉬운 일이다.

2단계, 잠재의식에 부의 개념을 심는다

지금 잠재의식에 부의 개념을 심기로 마음먹자. 아이디어를 반복해서 생각하고 실현되리라고 믿고 기대하면 아이디어는 잠재의식에 전달된다. 생각의 패턴이나 행동을 반복하면 저절로 그렇게 생각하거나 행동한다. 이처럼 부를 표출하라고 잠재의식을 압박하면 결국 부가 나타난다. 걷기, 수영, 피아노 연주, 운전 등을 배우는 것과 같은 이치다.

이를 위해서는 확언하는 내용을 믿어야 한다. 확언은 허튼소리나 쓸모없는 이야기가 아니다. 부가 존재하고, 나에게 그 부를 가질 권리가 있다는 걸 알아야 잠재의식이라는 종이에 현재의식이라는 펜으로 글을 쓸 수 있다. 지금 내가 무엇을 하고 있는지, 왜 그 일을 하고 있는지 명확하게 알아야 한다.

뿌린 대로 거둔다. 내가 원하고 상상하는 모든 것은 잠재의식에 뿌린 씨앗이다. 현재의식에 심은 씨앗이 잠재의식에 뿌리내려 우주의 스크린에 재현된다. 씨앗을 심고 물과 비료를 주면 싹을 틔우고 식물은 빠르게 성장한다. 그 식물은 우리에게 부라는 열매를 줄 것이다.

3단계, 부의 확언을 반복한다

매일 5분 동안 다음 확언을 반복하자.

> 나는 지금 잠재의식에 '무한한 부'라는 아이디어를 쓰고 있습니다. 내가 필요로 하는 것들이 생명력에서 솟아납니다. 생명력은 곧 생명의 원리입니다. 내 안에 생명의 원리가 살아 있음을 알고 있습니다. 내게 필요한 것은 언제 어디서나 충족됩니다. 무한한 부가 막힘없이 흘러들어 와 경험으로 발현됩니다. 나는 무한한 부를 경험하며 끊임없이 순환하는 부에 감사합니다.

4단계, 결핍의 생각을 번영의 생각으로 바꾼다

'여행 갈 돈이 없어.'

'대출금을 못 갚겠어.'

'비용을 부담할 수 없어서 더 이상 못하겠어.'

이렇게 돈이 부족하다는 생각이 들면 우선 생각을 멈춰라. 무슨 일이 있어도 재정 상황에 관해 부정적인 말을 내뱉으면 안 된다. 생각이 들 때마다 한 시간에 수십 번씩이라도 다음과 같이 확언을 하며 부정적인 생각을 부와 번영의 생각으로 바꿔야 한다.

생명력은 내가 필요로 하는 것을 바로 마련해 줍니다. 그래서 부족할 일이 절대 없습니다. 필요한 돈은 모두 마련됩니다.

잠시 후 돈이 부족하다는 생각은 힘을 잃고 잠재의식은 부를 끌어당길 수 있는 상태로 변할 것이다. 차를 새로 장만하고 싶다면 절대 "차를 어떻게 사. 그럴 돈 없어"라고 말하지 말라. 잠재의식은 말한 내용을 그대로 실현해 좋은 일이 일어나는 걸 막는다. 대신 이렇게 말해 보자.

차는 사라고 있는 것입니다. 그 차를 사는 건 영적인 아이디어입니다. 나는 차를 사는 아이디어를 받아들입니다.

부와 번영에 관한 생각을 확언하는 것은 부를 거머쥐는 가장 중요한 열쇠다.

부정적인 말을 바꾸는 것만으로 잠재의식의 힘을 사용할 수 있다

상사의 권유로 상담을 받으러 온 영업사원의 이야기다. 그는 총명해서 자신이 판매하는 제품을 속속들이 알고 있었다. 하지만 매출이 잘나오는 지역을 맡고 있었음에도 연간 3만 달러의 수수료밖에 벌지 못했다. 상사는 그가 지금보다 두세 배는 더 높은 실적을 올릴 만한 능력이 있다고 확신했다. 반면 영업사원은 자신을 평가절하하고 있었다.

"제가 할 수 있는 일이 1년에 3만 달러어치뿐인가 보죠, 뭐."

그는 자신의 가치를 3만 달러로 한정 짓는 무의식 패턴에 갇혀 있었다. 그는 찢어질 정도로 가난한 가정에서 태어났고, 부모님에게 그 역시 가난하게 살 운명이라는 말을 자주 들었다. 양아버지는 툭하면 "넌 아무것도 못할 거야. 바보 멍청이니까"라고 폭언을 퍼부었다. 그의 잠재의식은 이런 말들을 그대로 받아들였다. 돈이 부족하고 돈을 버는 데 한계가 있다는 무의식적인 믿음이 항상 작동하고 있었다.

나는 영업사원에게 잠재의식을 변화시키고 나아가 삶을 변화시킬 수 있는, 앞서 소개한 4단계 공식을 알려 주었다. 대신 어떤 경우에도 확언한 내용을 부정하면 안 된다고 주의를 주었다. 잠재의식은 자신이 진정으로 믿는 것을 있는 그대로 받아들이기 때문이다.

우리는 평소에도 생각과 말을 가려서 해야 한다. 돈이 부족하거나 이만큼밖에 없다는 말은 입 밖에도 꺼내지 말라. 어떤 일이 있어도 가난하거나 궁핍하다고 말하면 안 된다. 어려운 시기를 겪고 있다거나 경제적 문제가 있다는 등 직면한 문제를 이웃이나 친척에게 이야기하는 건 매우 어리석은 일이다. 축복을 헤아리고 번영하는 것만 생각하라.

부는 여기저기에 흩어져 있다. 부유하다는 느낌이 부를 낳는다. 돈이 충분히 돌지 않고 있으며 수중에 돈이 부족해서 돈을 빨리 버는 지름길을 찾아야 한다고 말하면 정말 돈이 생긴다. 생각은 사실이 된다. 돈이 부족하다는 생각은 나 자신을 빈곤하게 만들 뿐이다. 마음 놓고 돈을 쓰고 기쁜 마음으로 돈을 풀어라. 무한한 부는 눈사태처럼 쏟아질 것이다. 이는 습관적인 사고와 잠재의식의 이미지를 반영한 결과물이다. 이런 마음가짐을 습관화하면 눈에 보이지 않는 부의 법칙이 눈에 보이는 부를 만들어 낸다.

나의 조언을 따라 그는 매일 아침 출근 전에 '자신의 한계를 넓히는 성공 확언'[2]을 되뇌었다. 이 젊은이를 다시 만났을 때 그는 완전히 다른 사람이 되어 있었다. 단순한 진리를 터득했기 때문이다.

"저 자신의 가치를 높이는 법을 배웠어요. 지금의 삶에 감사해요. 멋진 일들이 생겼거든요. 올해 15만 달러의 수입을 올렸어요. 연봉이 작년보다 다섯 배나 뛰었다니까요. 지난주에는 상사에게 승진 대상자에 뽑혔다는 이야기도 들었어요."

부는 일종의 아이디어다. 내 주변에 있는 사물들은 아이디어가 바깥 세계에 드러난 결과물이다. 잠재의식에 새겨진 아이디어 역시 무엇이든 외부로 표출되도록 설계되어 있다. 잠재의식의 힘은 내 안에 있으며 누구나 그 힘을 사용할 수 있다.

조셉 머피의 미라클 노트

- 우리 주변에는 헤아릴 수 없을 만큼의 부가 숨겨져 있다. 자신을 발견하길 기다리고 있을 뿐이다.
- 부는 마음속에 떠오르는 사상의 이미지이자, 마음속에 있는 아이디어고, 정신적인 태도다.
- 현재의식의 생각은 무한한 지성과 지혜, 생명력, 에너지가 잠재의식에서 외부 세계로 흘러나오는 통로다. 잠재의식 속 지성과 지혜, 생명력과 에너지가 긍정적인 방향으로 흐를 수 있도록 통로의 방향을 정해 주면 무한한 에너지가 나에게 돌아와 이득을 안겨 준다.
- 많은 사람이 실제로 재물이 많아야만 부유함을 느낄 수 있다고 착각한다. 사실은 정반대다. 부유하다고 느낄 때만 부를 끌어들인다.
- 풍요로운 생각은 풍요를 낳고 결핍되었다는 생각은 결핍을 낳는다. 그러니 부자는 더욱 부를 갖고 가난한 사람은 더 가난해진다.
- 돈을 원한다면 돈과 친하게 지내면 된다. 돈과 가깝게 지내면 돈이 부족할 일은 절대로 없다.
- 부와 번영의 생각을 확언하는 것은 부를 거머쥐는 가장 중요한 열쇠다.
- 부는 일종의 아이디어다. 내 주변에 있는 사물들은 아이디어가 바깥 세계에 드러난 결과물이다.
- 현재의식이라는 펜으로 쓰는 글은 잠재의식에 새겨지고, 잠재의식에 새긴 모든 것은 좋든 나쁘든 형태를 갖추어 경험이나 사건으로 표출된다.

2
잠재의식을 재구성하라

잠재의식의 힘이 부를 창조하는 원리를 이해하려면 일단 잠재의식이 기능하는 방식을 주의 깊게 살펴봐야 한다.

최면에 걸렸다고 상상해 보자. 최면에 걸린 상태에서 현재의식은 잠시 기능하는 걸 멈춘다. 한편 잠재의식은 암시를 받아들인다. 최면술사가 "당신은 대통령입니다"라고 최면을 걸면 잠재의식은 이를 진짜라고 받아들인다. 잠재의식은 현재의식처럼 판단 능력이 없다. 두 가지 주장 중 하나를 선택하거나 그 둘의 차이점을 구분하는 등의 판단을 내리지 못한다. 말하는 사람에게 중요하다거나 위엄이 있다는 인상을 받으면 그 말을 그대로 받아들인다.

최면이 걸린 상태에서 누가 나에게 물 한 잔을 주면서 술에 취했다고 말한다면 주정뱅이인 척 최선을 다해 연기할 것이다. 풀 알레르기가 있다고 최면을 걸고, 코 밑에 증류수를 갖다 대면서 풀이라고 말하면 온갖 알레르기 증상이 발현한다. 물이 풀인 것처럼 몸과 마음이 반응하는 것이다. 만약 나에게 궁핍하다고 말하면 지나가는 사람에게 돈을 구걸하는 거지처럼 행동할 것이다. 동상이나 개, 군인, 수영 선수라고 암시를 내리면 그 내용을 충실히 따라 정말 자신이 그런 존재라고 믿을 뿐더러 인식의 범위도 그에 맞춰 바뀐다.

잠재의식은 두 가지 아이디어 중 더 지배적인 아이디어를 받아들인다는 것을 명심하라. 잠재의식은 전제가 진실인지 거짓인지와 관계없이 신념을 곧이곧대로 받아들인다.

내가 뱉고 있는 말이 다 부정적이라면?

많은 사람이 어릴 적에 프로그래밍된 부정적인 사고 패턴 때문에 고통을 받는다. 꿈이 지나치게 원대하다든가 "돈은 모든 악의 근원이다"라는 말을 들었을지도 모른다. "너는 그거 못해"라는 말을 자주 들어 자기 패배적인 태도가 생겼을 수도 있다. "사람 구실이나 할지 모르겠다"라는 이야기를 들으며 자라서 열등감에 시달리는 경우도 있다.

이처럼 어렸을 때부터 우리 대부분은 부정적으로 생각하고 느끼도록 조건화되었다. 부정적인 암시를 거부하거나 거스르는 법도 모른 채 무의식적으로 부정적인 암시를 받아들여 왔다. 이러한 잘못된 믿음은 잠재의식으로 전달되어 일상적인 경험으로 표출된다. 평소에 다음과 같은 말들을 하지 않는지 되돌아보자.

- 그렇게 하면 망할 거야.
- 그럴 기회가 없었지.
- 모두 네 잘못이야.
- 어디에다 쓰려고 그래?

- 아무리 똑똑해도 인맥이 없으면 말짱 헛것이지.
- 해봤자 무슨 소용이 있겠어?
- 내가 하는 일은 아무도 신경 안 써.
- 노력해 봤자지.
- 나이가 들었나 봐. 기억이 잘 안 나네.
- 상황이 점점 안 좋아지는군.
- 인생은 끝없는 고통이야.
- 사랑이 밥 먹여 주니?
- 어차피 못 이기는 싸움이야.
- 곧 길거리에 나앉는 거 아니야?
- 조심해, 그렇게 하다 다쳐.

어린 시절이나 청소년기에 부정적인 타자 암시로 고통 받았던 경험은 흔하다. 부모님, 친구, 친척, 교사, 동료 등 부정적인 암시를 주는 사람들은 쉽게 떠올릴 수 있다. 그리고 그러한 암시는 내 생각에 영향을 미친다. 여태까지 들은 말을 곰곰이 생각해 보자. 부정적인 암시는 가정, 학교, 직장에서 흔하게 찾아볼 수 있다. 그중 대부분은 일종의 선전으로, 나를 통제하거나 나에게 두려움을 주려는 목적이다.

사회적으로도 부정적인 암시는 만연해 있다. 매일 신문에서는 허무함·두려움·걱정·불안을 조성하며, 곧 재앙이 닥칠 것이라는 어조의 기사가 쏟아진다. 그렇게 되리라고 인정해 버리면 두려움이 엄습하고 기운이 빠져 의욕이 사라진다.

타인의 부정적인 암시를 주의하라. 파괴적이고 부정적인 암시에 영향을 받을 필요가 없다. 이런 부정적인 암시를 받아들이는 건 잠재의식을 부정적인 방향으로 길들이는 것이다. 잠재의식을 부정적으로 길들이면 열등감이나 부적절함, 공포 또는 불안을 느끼거나 이유 없는 통증에 시달릴 위험이 크다. 이미 그런 감정을 느끼거나 아픔을 느꼈을 수도 있다.

하지만 잠재의식에 건설적인 내용의 자기 암시를 걸어 부정적인 암시를 거부할 수 있다. 이 사실을 아는 것만으로도 파괴적인 생각에 대항할 수 있다. 성인이 되어 재조건화 기법을 통해 잠재의식을 건설적으로 재구성하지 않으면, 과거 잠재의식에 새겨진 부정적인 인상 때문에 일상생활과 사회생활에 불편을 겪을 수 있다. 부정적인 사고로 인해 일이 잘 풀리지 않을 땐 잠재의식을 긍정적인 믿음으로 재구성하면 된다. 잠재의식을 재구성한다는 것은 곧 삶의 패턴을 왜곡하고 생산적인 사고와 믿음을 막는 부정적인 언어로부터 자유로워지는 것을 뜻한다.

긍정적인 사고 패턴으로 잠재의식을 재조건화하라

누구에게나 부정적인 암시를 거부하고, 부정적인 사고 패턴을 긍정적인 사고 패턴으로 바꿀 능력이 있다.

찰스라는 사람이 있었다. 사람들은 그를 '재미없는 사람' 또는 '성격이 급한 사람'이라고 치부해 버렸고, 어떤 일에든 재능이 부족하다는 이야기를 자주 했다. 그 결과 찰스는 늘 뚱했고 심술을 부렸다.

이 문제를 해결할 수 있는 방법이 있었다. 아침과 오후, 잠들기 전에 자리에 앉아 '긍정적이고 유쾌한 사람이 되는 확언'[3]을 하는 것이다.

찰스는 자신이 가졌으면 하는 자질을 잠재의식에 새김으로써 마음을 재구성하며 새로운 방향으로 조정할 수 있었다. 잠재의식은 외부에서 어떤 내용을 실현하라고 압박하면 실제로 실현하는 특성이 있다. 찰스는 친절하고 다정하며 선의를 실천하는 사람이 되게 해달라고 잠재의식에 명했다.

확언을 진정으로 받아들이고 되풀이하면 잠재의식에 인상을 남길 수 있다. 잠재의식에 새긴 내용은 어떠한 형태로든 경험이나 사건으로 외부 세계에 나타나거나 기능한다.

찰스처럼 우리도 잠재의식을 재구성할 수 있다. 매일 아침 마음을 가라앉히고 앉아 다음과 같이 확언하자.

> 영적인 법과 질서가 나의 삶을 지배합니다. 영적인 성공은 나의 것입니다. 영적인 조화는 나의 것입니다. 영적인 풍요로움은 나의 것입니다.

이 진리를 자주 반복해서 말하면서 믿음을 가지고 기대를 품으면 진리가 잠재의식에 스며들 것이다. 잠재의식은 각인된 내용을 실현하라는 압박을 받아 조화, 평화, 사랑이 넘치는 삶을 구현할 것이다.

두려움은 어떻게 나에게 영향을 미치는가

끊임없는 불안과 두려움, 공포에 사로잡혀 사는 사람이 많다. 이런 부정적인 감정들은 잠재의식이 기능하는 데 역효과를 불러일으킨다. 살면서 어떤 일이 실제로 일어나리라 생각하면 걱정이 되거나 두려워진다. 이럴 때 잠재의식에는 부정적인 이미지가 심어진다. 부정적인 감정에 사로잡혀 사는 건 아주 위험하다. 만병의 근원이 스트레스라는 말처럼 걱정과 두려움은 건강을 악화시키기도 하기 때문이다.

《통증혁명》의 저자인 존 사노 박사는 자신의 환자 중 약 80퍼센트가 긴장성근육통증후군tension myositis syndrome, TMS에 시달리는 걸 발견했다. 긴장성근육통증후군은 감정적 또는 심리적 스트레스로 인해 근육조직에 염증이 생기는 질환이다. 사노 박사의 이론에 따르면 잠재의식은 고통스럽고 억압된 감정으로부터 주의를 돌리기 위해 신체의 특정 부위에 혈류를 감소시켜 환자가 감정 대신 고통에 집중하도록 만든다. 고통을 느끼는 부위는 환자마다 달랐다. 사노 박사는 확언 기법 등 마음을 차분하게 하는 방법들을 처방했다. 그러자 환자의 80퍼센트가 통증이 사라졌다고 답했다.

비슷한 원리로 두려움과 걱정은 부를 쌓는 능력에도 부정적인 영향을 미친다. 예를 들어 주식 투자자들은 손실회피성 때문에 더 크게 손해를 보기도 한다. 하락장에서 손해를 피하려다가 최악의 시점에 주식을 매도한다. 두렵거나 걱정될수록 위험을 회피하고 싶어지기 때문이다. 당장 가격은 비싸더라도 장기적으로 투자하기에는 부동산이 더 낫지만 살 용기가 없다.

위험을 회피하려는 태도는 새로운 사업, 막중한 책임을 요하는 직위, 뛰어난 발명품 혹은 벤처 사업 투자를 막는다. 우리가 해야 할 일은 세계적으로 부유하고 성공한 사람들의 삶을 살펴보는 것이다. 그들의 생애를 찬찬히 살펴보면 대다수가 큰 위험을 감수하는 낙관주의자들이라는 것을 알 수 있다.

마음속 생각이 현실로 드러날 때

마음이나 잠재의식이 품은 생각은 그 사람이 어떤 사람인지를 보여준다. 한마디로 사람은 마음이나 잠재의식이 품은 생각대로 행동하고 경험하며 표현한다는 뜻이다. 이게 바로 잠재의식의 법칙이다.

여기서 말하는 생각은 머리로 하는 생각이 아닌 '가슴'으로 하는 생각, 즉 잠재의식이 진실하다고 믿는 생각이다. 잠재의식에 새긴 내용은 외부 세계로 표출된다. 현재의식과 잠재의식이 결합하면 의식이 된다. 의식은 내가 받아들이는 아이디어와 믿음, 의견, 신념의 총합이다.

생각과 느낌이 운명을 빚는다. 가난하다고 생각하면 늘 빈곤을 면치 못할 것이다. 번영하리라 생각하면 일이 술술 잘 풀릴 것이다. 의식은 삶의 유일한 창조력이다. 생각과 느낌, 현재의식과 잠재의식은 나의 모든 경험을 창조한다. 현재의식(머리)과 잠재의식(마음)의 뜻이 같다면, 품은 생각이나 느낌은 진실이든 거짓이든, 좋든 나쁘든 간에 외부 세계에 표출된다. 그러므로 선택은 내 생각에 달렸다. 운명을 빚고 운명을 좌우하는 사람은 바로 나다.

어느 날 한 남성이 나를 찾아왔다. 그는 인생에서 성공하고 발전을 이루고 싶다고 말했다. 하지만 진심은 그게 아니었다. 그의 잠재의식에는 실패하리라는 패턴이 있었다. 죄책감을 느꼈고 벌을 받아 마땅하다고 생각했다. 현재의식에서 그는 열과 성을 다해 노력했고 머릿속으로는 '난 정말 노력파야'라고 되뇌었지만, 잠재의식은 실패하도록 조건을 형성하고 있었다. 그 결과 자신이 무가치하다고 느꼈고, 그릇된 믿음은 스스로를 실패로 몰아붙였다.

이 남성은 자기가 스스로에게 벌을 주고 있음을 깨달았다. 그래서 매일 밤낮으로 '실패자에서 승리자로 마음을 재구성하는 확언'[4]을 했다. 진리를 되뇌면서 이 내용을 곰곰이 생각했다. 차를 운전할 때도, 고객을 만나기 전에도 이 진리를 떠올렸다. 진리를 규칙적이고 체계적으로 확언했다. 그리고 자신이 확언한 내용을 부정하지 않았다.

마음을 재구성하는 법을 배운 후로는 자신이 승리와 성공을 위해 태어났다고 믿기 시작했다. 그러자 그는 점차 눈부신 성공을 거두었다. 확언을 반복하면서 강인한 정신력과 지혜를 갖추고 있다는 걸 확인했다. 성공과 조화, 부와 풍요로움을 주장하고 잠재의식을 긍정적인 에너지를 발생시키는 발전기로 바꾸어 나갔다. 이처럼 규칙적이고 체계적인 확언은 인생에서 기적을 일으킨다.

잠재의식은 무언가를 강제하는 특성이 있다. 잠재의식은 만물을 움직이는 동력이므로 전능하며 영적인 힘이 있다. 내면에는 무한한 힘이 숨 쉬고 있고 무한한 힘은 실패를 모른다. 그 힘에 반하거나 도전하거나 방해하거나 저지할 수 있는 것은 아무것도 없다. 이 무한한 힘을 이끌어 내는 도구가 바로 확언이다.

믿음과 생각의 근원을 나 자신에게서 찾다

위대하고 영원한 진리가 내 안에 있다. 태어나기 전부터 그 진리들은 마음에 새겨져 있지만 살아가면서 외부의 조건에 영향을 받는다. 그래서 많은 사람이 특정한 대상을 두려워하고 그릇된 믿음에 스스로의 가능성을 억누른다.

"아이들은 작고 하얀 판이다. 할머니, 할아버지, 어머니, 아버지, 형제자매들이 모여 판에 글자를 새긴다."

신사고 운동의 선구자인 피니어스 파크허스트 큄비 박사의 말이다. 우리는 너무나 많은 것을 보고 들으며 믿음과 의견, 두려움과 의심의 홍수에서 살아간다. 인간은 낙상에 대한 공포를 제외하고는 두려움과 편견, 편향 없이 태어났다. 생명력에 관한 그릇된 관념도 없었다. 하지만 어쩌다가 그릇된 관념이 생긴 걸까? 누군가가 나에게 그릇된 관념을 줬거나 마음을 부정적으로 조건화해서다.

젊은 시절 나는 7세 이전에 아이에게 주입한 종교적인 믿음은 성인이 되어서도 바뀌지 않는다고 배웠다. 물론 바뀔 수도 있겠지만 사실상 어렵다. 어릴수록 우리는 외부의 영향력을 쉽게 받아들이고 가르치는 내용을 속속들이 흡수한다. 암시를 잘 받아들이는 것이다. 만약 부모님이나 다른 사람이 정확한 정보를 주고 현명하게 지도하면 이러한 특성은 긍정적으로 기능할 것이다. 그러나 교사나 지도자가 잘못된 정보를 주입하면, 잘못된 정보는 그릇된 믿음의 근원이 된다. 거짓말에 이의를 제기하거나 부정적인 영향을 뿌리칠 수 있는 능력을 갖춘 어린이는 없다. 그 결과 영적인 존재와 삶, 우주에 대한 잘못된 믿음과 그릇된 관념을 그대로 받아들인다.

그렇다면 신념이나 종교적인 믿음은 어떻게 생긴 걸까? 확실한 건 그런 믿음을 가지고 태어난 건 아니라는 것이다.

팻의 이야기를 들어 보자. 팻은 스스로 성공하기 어렵다고 믿었다. 어떤 점쟁이가 가시밭길 인생을 걸으리라고 점쳤기 때문이다. 물론 사실이 아니다. 영적 존재는 만물의 영이자 에너지 물질로, 그 사람의 생각만이 영적 존재를 긍정하거나 부정할 수 있다. 그러니 팻은 점쟁이의 거짓말을 진실이라고 받아들이거나 거부할 힘이 있었다. 하지만 거짓말을 받아들이면 현실도 거짓말대로 된다. 자기충족적 예언인 것이다. 그가 만약 성공하지 못했다면 그 이유는 거짓말을 믿어서일 뿐이다. 만약 그릇된 믿음을 거부하고 정반대로 생각한다면, 그는 성공하고 그에 상응하는 보상을 받을 것이다.

잠재의식의 가정·믿음·신념은 현재의식의 생각·행동을 좌우하고 통제한다. 팻이 점쟁이의 거짓말을 진짜로 받아들이면 그릇된 믿음에 불을 붙이는 꼴이다. 거짓말을 믿어서 일이 잘 안 풀리는 것인데도, 사람들은 누군가가 자기가 잘되는 걸 방해하고 운이 안 좋았으며 징크스가 따라다닌다고 생각한다. 거짓말을 믿으면 거짓말은 곧 법칙이 된다. 자기 자신이 만들어 낸 법칙은 생각과 행동을 지배하고 궁극적으로 미래를 결정한다.

미래의 모습을 선택하고 이룰 자유가 있다

우리는 모두 성장하고 배우며 내면에 꽁꽁 감추어진 광채를 발산하기 위해 태어났다. 처음부터 온전한 능력을 갖추고 태어나지 않았다. 배움을 통해 정신적 도구를 갈고닦으려고 태어났다. 어려움을 극복하고 통달하는 데에서 오는 기쁨이 있다. 나는 삶의 주도권이 있는 한 명의 인간이고, 나에게는 자유의지가 있다. 선택의 자유를 행사하면 내 안의 신성神性을 발견할 수 있다. 하늘 아래 신성을 발견하는 또 다른 방법은 없다. 우리에게는 선택의 자유가 있고, 본능에만 지배받지 않기 때문에 선한 행동도 나의 선택이다. 같은 맥락에서 나는 어떤 사람이 될지 택할 수 있다.

진실하고 사랑스러우며 고귀하며 영적인 모든 것을 생각해 보라. 온종일 이런 것을 생각하다 보면 마음을 재정비할 수 있다. 원하는 걸 하는 상상을 해보자. 비전을 그리면 비전이 있는 곳으로 몸과 마음이 따라간다. 비전이란 내가 보는 것, 생각하는 것, 집중하고 있는 것을 의미한다. 사랑스럽고 가치 있는 것에 관심을 기울이면, 잠재의식은 이에 응답해 빛이 비치는 방향으로 나를 나아가게 한다.

이러한 진리를 매일 밤낮으로 되뇌면 진리는 잠재의식에 가라앉을 것이다. 잠재의식에 새긴 건 무엇이 되었든 실현된다. 그러니 영적인 생각과 아이디어를 제외한 다른 생각이 잠재의식에 들어오지 못하도록 쉬지 않고 마음을 간수해야 한다. 잠재의식에 신념이 형성될 때까지는 만고불변의 진리와 절대적 진실을 계속 들어라. 선하고 올바른 행동을 선택하라. 그리고 모든 사람에게 사랑과 평화, 선의를 전하라.

잠재의식은 생각을 실현하려고 하므로 마음에 영적인 생각을 새기면 선하고 올바른 행동을 하고 싶어진다. 저절로 생각이 행동으로 이어지는 일도 있을 것이다. 밤낮으로 이러한 진리를 확언하라.

무한한 지성이 나를 안내합니다. 무슨 행동을 하든 내 행동은 올바릅니다. 올바른 행동은 나의 것입니다.

피에 영양분을 공급하려면 음식을 먹어야 한다. 마찬가지로 진리가 몸에 흐르려면, 진리를 흡수하고 소화해야 한다. 반복해서 말한다고 잠재의식에 새겨지는 건 아니다. 효과를 보려면 이 진리가 머리(현재의식)에서 마음(잠재의식)으로 전달되어야 한다. 그 내용을 진실로 받아들이고 소화해서 영혼(심장)에 흡수시킬 때 내 안의 무한한 지성과 소통할 수 있다. 무한한 지성과 소통하기 시작하면 무한한 지성이 내가 필요한 모든 것을 구해 줄 것임을 안다.

두 아이가 있었다. 이 둘은 브라질의 가난한 동네에서 가족의 사랑과 보살핌을 받으면서 자랐다. 같은 학교에 다니고 같은 동네의 아이들과 같은 공원에서 축구를 했다. 한 명은 부자가 되는 유일한 길은 경쟁에서 이겨서 다른 사람의 부를 뺏는 거라 믿었다. 그래서 질이 나쁜 아이들과 어울렸다. 상점에서 좀도둑질을 하고 빈집을 털면서 살아남기 위해 끊임없이 고군분투했다. 법적인 문제가 잇따랐으며 나이가 들수록 더 심각한 범죄에 연루되었다.

한편 다른 한 명은 무한한 풍요로움과 부를 창조할 수 있다는 믿음이 있었다. 어머니는 매일 아침 빵을 구웠고, 그는 자전거를 타고 시장에 가서 빵을 팔았다. 시간이 지나 저축하고 빌린 돈을 모아서 드디어 미국에 갔다. 미국에 정착한 그는 비디오를 빌려서 하루에 몇 시간씩 비디오를 보면서 영어를 익혔다. 주린 배를 채우고 입을 옷을 구하기 위해 푸드 뱅크와 교회를 전전했다. 자신의 생활비와 어머니에게 부칠 돈을 마련하기 위해 직장에서 얻은 인맥으로 케이블 TV와 인터넷 약정을 판매하는 일도 병행했다. 곧 그는 지역 최고의 영업사원으로 등극했고, 지역 총괄 담당자로 승진해 연봉 10만 달러에 성과급도 받았다.

어떤 생각이 그들의 마음을 지배했느냐가 두 소년의 미래를 결정지었다. 한 소년의 마음을 지배한 생각은 그를 범죄자의 삶으로 이끌었다. 다른 소년의 마음을 지배한 생각은 그를 영업사원으로 성공할 수 있도록 만들었다. 외부의 상황은 그 누구의 삶도 규정짓지 않았다. 생각과 선택, 행동이 외부의 상황을 창조했다.

내가 하는 생각은 외부 상황에 힘을 실어 줄 수도 실어 주지 않을 수도 있다. 의식은 현재의식과 잠재의식의 결합물이고, 현재의식은 생각과 행동을 선택한다. 잠재의식은 습관적인 사고와 이미지에 따라 반응한다. 뿌린 대로 거둔다는 말처럼 잠재의식에 새기는 내용은 외부로 표출된다. 컴퓨터에 잘못된 데이터나 프로그래밍 코드를 넣으면 잘못된 결과물이 도출되는 것처럼 말이다. 그래서 잠재의식에 생명을 주는 패턴을 공급해야 한다.

올바른 행동과 영적 인도의 법칙은 존재하고, 이러한 진리는 우주적이고 무한한 관점에서 법칙을 실현한다. 앞의 진리를 규칙적이고 반복적으로 차근차근 마음에 새기면, 우리는 365일 24시간 내내 이 힘을 사용할 수 있다. 미다스의 손처럼 만지는 것마다 금으로 바꿀 수 있다.

조셉 머피의 미라클 노트

- 잠재의식은 전제가 진실인지 거짓인지와 관계없이 신념을 곧이곧대로 받아들인다.
- 잠재의식의 힘을 이용해 부를 창출하기 위해서는 매일 내가 하는 말이나 듣는 말이 부와 행복으로 가는 길을 막고 있진 않는지 이해해야 한다.
- 어린 시절에는 외부의 영향을 크게 받기 때문에 마음이 부정적으로 조건화되기 쉽다. 그러므로 그릇된 암시를 긍정적인 생각으로 바꿔야 한다.
- 잠재의식을 재구성한다는 것은 곧 삶의 패턴을 왜곡하고 생산적인 사고와 믿음을 막는 부정적인 언어로부터 자유로워지는 것을 뜻한다.
- 현재의식과 잠재의식이 결합하면 의식이 된다. 의식은 내가 받아들이는 아이디어와 믿음, 의견, 신념의 총합이다.
- 비전이란 내가 보는 것, 생각하는 것, 집중하고 있는 것을 의미한다. 사랑스럽고 가치 있는 것에 관심을 기울이면, 잠재의식은 이에 응답해 빛이 비치는 방향으로 나아가게 한다.
- 반복해서 말한다고 잠재의식에 새겨지는 건 아니다. 효과를 보려면 이 진리가 머리(현재의식)에서 마음(잠재의식)으로 전달되어야 한다. 그 내용을 진실로 받아들이고 소화해서 영혼(심장)에 흡수시켜야 한다.
- 잠재의식은 습관적인 사고와 이미지에 따라 반응한다. 잠재의식에 새긴 내용은 어떠한 형태로든 경험이나 사건으로 외부 세계에 나타난다.

3

부를 가져다줄 마법의 문장

확언에 대해 조금 더 자세히 알아보자. 확언의 목적은 우리에게 주어진 선물을 받아들일 수 있도록 마음을 조성하는 것이다. 확언에서 자주 언급되는 생명력은 그 자체로 선물이자 선물을 주는 근원이다. 그러니 확언에는 생명력 또는 생명의 원리를 변화시키려는 목적이 없다. 그 영원한 힘은 어제도 오늘도 내일도 변하지 않는다.

우리는 언제나 존재하는 영원한 힘과 정신적으로 조화를 이룰 수 있다. 자연 그 자체가 조화롭듯 조화는 인위적으로 만들어 내는 게 아니다. 사랑과 평화를 떠올려 보자. 사랑과 평화는 만들어 내는 게 아니라 그 자체로 내 안에 살아 있다. 하지만 사랑과 평화가 마음에 흐르라고 요구하지 않으면, 우리는 사랑의 충만함과 평화로움을 느끼지 못한다. 가정과 일을 비롯한 삶의 면면에 조화가 깃들도록 요구해야 한다. 손만 뻗으면 우리는 좋은 것을 누릴 수 있다. 이처럼 우리가 요구하는 것을 명확히 표현한 것이 바로 확언이다.

결핍과 한계를 치유할 수 있는 유일한 장소는 온전한 마음이다. 그러니 이 원칙을 마음에 새기고 따라야 한다. 무언가 부족하거나 한계가 왔을 때 바깥으로 시선을 돌릴 필요가 없다. 마음을 다스리면 내면의 생각이 외부의 조건으로 드러날 것이다.

내면(잠재의식)에서 한 일은 외부 세계(건강·부·자아 성취)에 드러난다. 내면의 정신상태가 외부 세계에 반영되는 것이다. 확언을 반복하면서 마음속에 그리는 내용은 이미 손에 넣었거나 곧 받을 것이라고 믿어야 한다. 원하는 것을 가지리라고 마음속 깊은 곳에 있는 잠재의식에 새기면 잠재의식은 그 소망을 실현한다. 바라는 대상이 성공이든 성취든 물질적인 혜택이든 상관없다.

어떻게 확언을 믿을 것인가

이런 의문이 들지도 모른다.

"어떻게 내 잠재의식에 재물이나 다른 좋은 것이 이미 있다고 스스로를 납득시킬 수 있을까요? 상식적으로 생각해 보면 현실에서는 나갈 돈도 많고 돈을 갚으라고 재촉하는 사람도 많아요. 은행에서는 청구서가 수시로 날아오는데요."

지금 얼마나 많은 돈을 빌렸고 이후로 얼마나 오랫동안 갚아야 하는지에 대해서만 계속 생각한다면 불행은 배로 커진다. 오감의 세계를 무시하고 내면에 있는 무한한 힘을 믿어야 한다. 잠재의식이 내가 말하고 생각하는 내용을 사실이라고 받아들이면, 잠재의식은 모든 수단과 방법을 사용해 부를 가져다준다. 이게 바로 확언해야 하는 이유다. 내가 확언하는 내용이 진실이라고 나 자신을 납득시키면, 잠재의식이 확언하는 내용을 실현한다.

믿음의 깊이로 확언의 효과가 판가름 난다. 걱정이나 불안이 앞서거나 언제 어디서 어떻게 응답을 받고 과연 누가 응답을 줄지 궁금해한다면 스스로 방해물을 놓고 있는 것과 다름없다. 이는 잠재의식의 지혜와 힘을 진정으로 신뢰하지 않는다는 걸 의미한다. 나 자신을 괴롭히면 안 된다. 가벼운 마음으로 소망을 떠올려야 한다.

"다음 달 15일까지 1만 달러가 필요해요."

"다음 달 1일까지 법정 판결이 나와야 해요. 더 늦어지면 집이 날아가고 사업이 망할 거예요."

이런 말은 두렵거나 불안하거나 긴장하고 있다는 징후다. 두려움이나 불안이 생기면 어떻게 되는가? 하는 일에 장애물이나 방해물이 생기고 일이 지연되며 곤경에 처한다. 그러므로 빚이나 청구서가 쌓여 있다고 해도 걱정하지 마라. 무한한 생명의 근원만을 바라보자. 작물을 기르는 농부는 잡초가 아니라 작물에만 온 신경을 쏟는다. 선함과 올바른 행위 그리고 필요한 것을 모두 마련해 주는 영원한 근원에 초점을 맞추면 결핍과 한계에 관한 생각이 생기를 잃는다. 그리고 영원한 근원은 차고 넘칠 정도로 좋은 일을 만들어 줄 것이다.

확언하는 내용을 진심으로 믿으면 삶은 멋지게 변한다. 마음을 차분히 하고 다음을 확언해 보자.

영적인 힘을 믿는지 아닌지에 따라 미래가 결정된다는 것을 압니다. 매사 잘될 거라는 믿음으로 내 생각을 진리와 일치시킵니다. 습관적으로 생각하는 이미지와 흡사한 미래가 펼쳐지리라는 것을 압니다. 마음이나 잠재의식이 느끼는 대로 될 것입니다.

지금 이 순간부터 매사에 진실한 자세로 임합니다. 세상 만물을 정직하고 공정하게 바라봅니다. 사랑이 넘치고 가치 있는 생각을 합니다. 저는 밤낮으로 이 내용을 묵상합니다. 일상적인 생각으로 잠재의식에 씨앗을 뿌리고 풍성한 수확을 거둡니다. 나는 내 영혼의 선장이요, 운명의 주인입니다. 생각과 느낌은 곧 운명입니다.

상반된 아이디어는 잠재의식에 혼동을 준다

나를 찾아온 한 젊은이는 수년간 가난하다는 콤플렉스에 시달렸다. 부자가 되게 해달라고 확언했지만, 가난에 대한 두려움에 마음이 짓눌려 있어 결국 응답을 받지 못했다. 부자가 되기는커녕 항상 돈이 부족했고 쓸 수 있는 돈은 한정되어 있었다. 당연한 결과였다. 상반된 아이디어를 가지고 있을 때, 잠재의식은 더 지배적인 아이디어를 받아들이기 때문이다. 확언한 내용과 모순되게 생각하거나 행동하는 것은 씨앗을 심은 후에 땅을 파헤치는 것과 같다.

많은 사람은 부자가 되게 해달라고 기도하지만, 한 시간 후에는 "이럴 여유가 없어. 생계를 잇기에도 빠듯해"라고 말하면서 기도한 내용을 부정한다. 자신이 기도한 내용을 비웃는 것이다. 수입이 좋고 자아실현을 할 수 있는 기회가 와도 그 기회를 발로 차는 사람들이다. 완벽한 기회가 찾아오더라도 거절할 만한 갖가지 변명을 떠올린다.

"그 일을 하기엔 능력이 모자라요."

"출퇴근이 너무 오래 걸려요. 4시간을 길에서 허비하다니요!"

"가족과의 시간을 포기해야 할 거예요."

"지금 하는 일이 그렇게 나쁘진 않아요."

이들의 마음은 분열되어 있다. 한편으로는 더 나은 일을 소망하면서 다른 한편으로는 거절한다. 마음이 하나로 일치되지 않는다면 아무리 여러 군데 지원서를 넣어도 원하는 자리에 취업할 확률은 낮다.

이게 바로 수백만 명의 사람들이 원하는 것을 추구하는 방식이다. 잠재의식의 힘을 믿는 사람들조차도 30분에서 1시간 사이에 수십 개의 상반된 메시지를 보낸다. 잠재의식은 어떤 메시지를 따라야 할지 모르기 때문에 혼란에 빠져 아무것도 하지 않는다. 결국 남는 건 좌절뿐이다. '좌절frustration'은 '속이다' 혹은 '수포로 돌아가다'라는 뜻의 'frustrare'에 기원을 두고 있다.

젊은이는 나와 이야기를 나눈 후 부의 이미지가 실제로 부를 창조한다는 것을 깨닫기 시작했다. 그동안 평생 가난하리라는 믿음이 영원히 부자로 살 거라는 믿음보다 컸다는 것도 깨달았다. 이런 진리를 깨달은 젊은이는 사고방식을 바꿨고 새로운 사고방식을 지켜 나갔다. 나는 그에게 '마음을 열고 있는 그대로 부를 받아들이는 확언'[5]을 써주었다.

젊은이는 아침저녁으로 약 10분 동안 천천히 그리고 차분하게 확언하면서 그 내용을 마음에 새겼다. 지금 자기가 무엇을 하는지 알았고 확언하는 일이 실제로 일어나리라 믿었다. 확언한 내용을 부정하지도 않았다. "그럴 여유가 없어" "피아노나 차를 살 돈이 없어"라고 말하는 걸 그만뒀다. 모든 아이디어는 기존의 아이디어를 반박하는 더 강렬한 생각에 힘을 잃지 않는 한 창조적인 힘을 가지고 있다는 것을 알았기 때문이다.

'할 수 없다'는 표현은 우주에 존재하는 유일한 악이다. "할 수 없다"고 말하거나 생각할 때, 잠재의식은 정말 그 일을 할 수 없게 만들거나 좋은 일이 일어나는 걸 막는다. 절대 "할 수 없다"고 말해선 안 된다.

대신 그는 가난하리라는 믿음을 버리고 영적인 풍요가 나를 둘러싸고 있다고 생각했다. 잠재의식에 진리를 새기면 활성화된 잠재의식이 숨겨진 보물을 내보이리라는 것을 믿었다. 한 달 만에 그의 삶은 180도 바뀌었다. 그는 10년 동안 영업사원으로 일했지만, 미래가 창창한 편은 아니었다. 하지만 눈 깜짝할 사이에 7만 5000달러로 연봉이 올랐고 부장으로 승진했다.

잠재의식은 우리가 알지 못하는 방식으로 기능한다. 잠재의식에 부와 가난을 동시에 새길 수 없으며, 성공에 대한 생각을 잠재의식으로 옮기고 성공하지 않는 것도 불가능하다. 무한자(잠재의식 속 자아)는 실패하는 일이 없다. 나는 승리하기 위해 태어났다. 다음의 확언을 따라 해보자.

> 나는 밤낮으로 발전하고 앞으로 나아가며 성장합니다. 영적으로 풍요로워지면서 즐길 수 있는 것들이 마련됩니다.

저항하지 말고 고요함을 사랑하라

현재의식은 외부 조건에 맞서 싸우거나 저항하려는 경향이 있다. 하지만 일을 완수하는 건 결국 차분한 마음이다. 주기적으로 몸과 마음을 고요하게 하면서 차분하게 긴장을 풀어라. 현재의식이 고요하고 생각을 받아들이는 상태에 있을 때 잠재의식의 지혜가 마음의 표면으로 떠올라 해결책을 제시해 줄 것이다.

항상 만물의 근원에 의지하라. 마음을 가라앉히고 만물의 근원을 신뢰해야 힘을 얻는다. 불안하거나 긴장되거나 걱정이 된다는 건 잠재의식의 힘을 완전히 믿지 않는다는 증거다. 이런 상태에서는 번영이나 마음의 평화, 건강 등 그 어느 것도 손에 넣을 수 없다.

수영을 배울 때는 물에 뜨는 방법부터 배운다. 수면 밑으로 가라앉을까 봐 불안해하고 긴장하고 두려워하면 정말 가라앉는다. 차분하고 평화로운 마음으로 온몸을 이완시켜야 물에 떠 있을 수 있다. 생명·사랑·진리·아름다움이 내 안에서 강물처럼 흐른다는 걸 느끼면, 조화·사랑·평화·풍요로움의 패턴을 따르도록 몸과 마음 모두가 변한다. 생명의 망망대해에서 수영하는 기분을 느껴 보라. 바다와 하나가 된 느낌이 나를 회복시킬 것이다. 만물의 근원으로 돌아가라. 마음의 온전한 안식처로 가서 다음 확언을 여러 번 반복해서 말해 보자.

> 믿음은 현실이 됩니다. 내가 할 일은 인도를 받고 응답을 얻으며 부를 손에 거머쥐고 해결책과 출구를 알 수 있도록 마음을 준비하는 일입니다. 필요한 건 모두 준비되어 있습니다. 내 안에 영적인 빛이 비추어 나를 통해 빛이 납니다. 잠잠한 마음으로 신뢰하니 힘을 얻습니다.

이 진리를 반복해서 말하다 보면 마음이 고요해지고 평화로워질 것이다. 그리고 마음이 평화로울 때 잠재의식은 해답을 준다. 마음이 차분하고 믿음이 있어야 힘을 얻는다. 무한한 지성은 답을 알고 있으므로 마음을 내려놓고 긴장을 푸는 방법을 배워야 한다. 외부 상황이나 조건에 힘을 실어 주면 안 된다. 내 안에 있는 무한자와 그의 능력에 힘을 실어 주어야 한다.

그렇게 애쓸 필요 없다

부자가 되게 해달라고 할 때 너무 안간힘을 쓸 필요는 없다. 무언가를 억지로 하려고 하면 잘 안 된다. 내가 잠재의식에 힘을 더할 수 있겠는가? 내 손으로 씨앗을 움트게 할 수 있겠는가? 내가 할 수 있는 일은 잠재의식에 씨앗을 심는 것까지다. 씨앗은 알아서 자란다. 다만 무슨 씨앗을 심을 건지는 내가 정할 수 있다. 사과를 수확하려면 사과 씨앗을 심으면 되고, 참나무를 자라게 하려면 도토리를 심으면 된다. 그러니 영적인 마음을 가진 사람이 도토리를 보면 숲이 보인다. 이게 바로 잠재의식이 기능하는 방식이다. 잠재의식은 좋은 일을 차고 넘치게 한다. 태도는 믿음을 시사하기 때문에 애쓰면서 노력하려는 태도를 버려라.

걱정과 두려움, 불안의 씨앗을 뿌리면 두려워하는 일이 실제로 일어난다. 좋은 일이 생기려다가도 말거나 한 박자 늦게 일어나거나 방해물이 생긴다. 그러니 두려워하는 일 말고 좋아하는 일을 묵상하라.

진리는 잠재의식으로 가라앉습니다. 땅에 심은 씨앗이 아래로 뿌리를 내리듯, 진리가 현재의식에서 잠재의식으로 가라앉는 모습을 머릿속에 그립니다. 운명은 스스로 만드는 것입니다. 모든 일이 잘 풀리리라는 믿음은 변치 않습니다. 아주 좋은 일만 일어날 거라고 기대하면서 기쁨 속에서 살고 있습니다. 실제로도 아주 좋은 일만 생깁니다. 미래에 어떤 결과를 거둘지 알고 있습니다. 영적인 힘이 선한 생각을 끌어냅니다. 제 생각은 선하고 진실하며 아름답고 풍요로운 씨앗을 뿌립니다. 사랑과 평화, 기쁨, 성공, 풍요, 안정, 선의를 생각하며 마음이라는 정원에 씨를 뿌립니다. 이것이 나의 정원에서 풍성하게 수확을 거둘 것을 압니다. 지금 이 순간부터 생명과 사랑, 진리를 표출합니다. 나는 매우 행복하고 삶의 모든 면에서 번영합니다.

번영한다는 것은 성공하고 번창하며 일이 잘 풀린다는 뜻이다. 즉 영적·정신적·경제적·사회적·지적으로 성장한다는 것을 말한다. 무슨 일이 있어도 다른 사람의 재산이나 승진, 다이아몬드 등을 부러워하거나 질투하지 말라. 부러워하면 결핍과 한계를 끌어당겨 궁핍해진다.

다른 사람들이 성공하고 번영하여 부자가 된 걸 기뻐하며 더욱더 부자가 되기를 빌어라. 다른 사람을 위한 소망은 곧 나를 위한 소망이다. 다른 사람에 관한 생각은 결국 자신의 마음과 경험에서 나오기 때문에, 나의 재정 상태에도 영향을 미친다. 이것이 다른 사람들이 성공하고 번영하는 걸 기뻐해야 하는 이유다. 진정으로 번영하기 위해서는 나 자신이 생명의 원리가 막힘없고 조화로우며 즐겁고 사랑스럽게 흐를 수 있는 하나의 통로가 되어야 한다. 매일 규칙적이고 체계적으로 타인의 번영을 기뻐하는 방법을 마련할 것을 추천한다.

한 미용실 주인은 매일 아침 출근 전 조용한 시간을 가지면서 '사랑과 평화로 마음을 채우는 확언'[6]을 두꺼운 종이에 적어서 되뇌었다. 미용실 손님들에게 고마워하는 마음으로 그들을 위한 기도도 했다. 손님들이 영적인 인도를 받고 번영하기를, 행복하고 조화로운 삶을 살기를, 인생의 빈 그릇을 사랑으로 채우기를 청했다.

그가 습관처럼 기도하길 3개월, 미용실에는 감당할 수 없을 정도로 많은 손님이 몰려왔고 덕분에 미용사를 세 명이나 더 고용했다. 사업은 그가 상상하던 것보다 더 번창해 갔다.

긍정적인 씨앗이 얼마나 효과적으로 부를 불러올 수 있는가를 보여주는 이야기다. 사랑은 감정적인 애착이므로 계속 생각하다 보면 애착과 사랑이 생긴다. 잠재의식의 사랑은 모든 문제를 해결할 지혜와 능력을 갖추고 있다.

잠재의식에 긍정적인 언어를 새겨라

기쁨이란 즐거움, 감사, 자유를 온전히 누리는 느낌을 말한다. 기쁨은 삶의 정신이자 삶의 표현이다. 기쁨으로 가득 차 있을 때는 걱정이 없다. 불안하거나 불편하지 않고 부정적인 생각도 들지 않는다. 무엇을 하든 힘들이지 않고 해낸다. 기쁘면 마음이 부를 끌어당긴다.

기쁜 일이 일어나는 걸 상상하고 확언함으로써 기쁘게 해달라고 요구하라. 내 안에 기쁨이 흐르고 있다는 것을 믿으면 기적이 일어난다. 자유와 마음의 평화가 내 것이 되고 재정 상태가 안정되며 가정과 인간관계도 평화로워진다.

잠재의식의 힘을 이해하고 인도를 받고 행동을 올바르게 하라. 그런 뒤에 사랑과 평화, 풍요로움과 안정감을 요구하라. 나 자신에게 "내 안에 영적인 아이디어가 펼쳐지면서 조화와 건강, 평화, 기쁨을 가져다줍니다"라고 말하라. 사업가, 전문직, 예술가 또는 발명가라면 차분하게 앉아 "무한한 지성이 인류에 셀 수 없는 축복을 가져다주는, 창의적이고 독창적이며 멋진 아이디어를 제시해 줍니다"라고 말해 보자. 그리고 가만히 내면을 관조하면 정말 멋진 아이디어가 떠오를 것이다.

무한한 힘을 부르면 반드시 응답을 준다. 차고 넘칠 정도로 좋은 일을 가져다주리라고 확언하고 느끼고 믿으면 하루하루가 영적·정신적·지적·경제적·사회적으로 풍요로워진다. 잠재의식에 이러한 진리를 새겼을 때 어떤 기적이 일어나는지 지켜보자. 책을 읽으면서 진리가 잠재의식에 가라앉게 하라. 그러면 진리의 본래 성질이 잠재의식에 스며든다. 한마디로 잠재의식에 진리를 새기는 것이다. 이 작업을 자주 할수록 소망이 잠재의식으로 더 빠르게 옮겨가 재정뿐만 아니라 삶의 여러 방면에서 영광스러운 미래가 펼쳐질 것이다.

한 의사는 다음 확언을 반복적으로 되뇐다고 했다.

> 아주 좋은 일만 일어날 거라고 기대하면서 기쁨 속에서 살고 있습니다. 언제나 아주 좋은 일만 생깁니다.

그는 기쁨과 건강·성공·행복·마음의 평화가 다른 사람이 아닌 내 손에 달렸다는 걸 안다. 승진·성공·성취·깨달음·영감에 관해 생각하면, 내가 생각하는 내용은 온전하게 외부에 표출되고 무한한 부가 새로운 길을 열어 주며 인생에서 기적을 일으킬 것이다.

앞서 소개한 4단계 공식을 따라 부의 법칙을 작동시켜 보라. 마음의 법칙은 인종과 종교, 사회적 지위와 관계없이 모든 이에게 보편적으로 작용한다. 믿음으로 받아들인 생각은 나를 부유하게도 가난하게도 만들 수 있다. 지금 바로 여기에서 풍요로운 인생을 선택하라.

이루어질 수밖에 없는 확언을 만드는 방법

이 책에서 주로 '무한자'라고 부르는 영적 존재를 종교에서는 '스스로 있는 자I Am'라고도 부른다. 시공간을 초월하고 자족적이고 포괄적인 존재라는 뜻이다. 아리스토텔레스는 스스로 있는 자를 '부동의 동자Unmoved mover' '시동자Prime mover'라고 불렀다. '나는I Am'으로 문장이 시작하면 내면에 있는 창조력이 발휘된다. 그렇기에 '나는'으로 시작하는 문장을 읊으면 잠재의식에 문장에 담긴 내용을 실현하게 해달라고 명하는 것이다.

"나는 돈이 없어서 그럴 여유가 없다"라고 말하는 건 제발 가난하게 해달라고 잠재의식에 부탁하는 꼴이다. "나는 재능이 부족해"라고 말하는 건 재능이 없게 해달라고 비는 것이나 다름없다. 투자로 돈을 잃을 걸 두려워하면, 잠재의식은 어떻게 하면 돈을 잃을지 궁리할 것이다. 믿는 대로 되고 믿는 만큼 가진다. 그러니 말을 할 땐 내가 잠재의식에 부정적인 명령을 내리고 있지는 않은지 확인해야 한다.

'나는'으로 문장을 시작할 때 나 자신을 설명하는가 아니면 감정이나 상황을 묘사하는가? "나는 가난하고 나약하고 비참하고 실패한 사람이야"라고 말하는가? "나는 아프다"라고 말하는 건 몸이 좋지 않다는 걸 말하는 것이다. 대신 "나는 튼튼하고 강하고 사랑스럽고 조화롭고 친절하고 부드럽고 평화로운 존재입니다"라고 말해야 한다.

'나는'으로 시작하는 문장을 어떻게 완성하느냐에 따라 성공하고 건강하며 번영할 건지, 병들고 실패할 건지를 결정한다. 나 자신을 어떻게 인지하느냐에 따라 다른 사람이 나를 대하는 태도도 달라진다.

잠재의식에 명할 때 의식은 반드시 현재에 머물러야 한다. 그리고 권위적으로 잠재의식이 내가 명하는 내용이나 소망을 실현하리라고 확신하는 태도로 명령해야 한다. "아마도" "어쩌면" "그럴지도 몰라"라고 말하지 마라. 애매한 단어를 사용하면 내가 원하는 게 아닌 부족한 것에 집중하게 만든다. 내가 가지고 있지 않다는 걸 인정하고 내가 원하는 걸 얻을 수 있을지 의심하는 것과 같다.

중요한 건 내가 원하는 걸 받았다는 느낌을 점점 생생하고 현실감 있게 느끼는 것이다. "나는 부자다"라고 말하는 것만으로는 부를 창출하지 못한다. 반드시 자기 자신을 부자라고 '상상'하고 부자라고 '느껴야' 한다. 느낌은 의식에서 하는 경험이다. 바람을 보거나 바람의 냄새를 맡을 순 없지만, 얼굴에 불어오는 바람은 느낄 수 있다.

조셉 머피의 미라클 노트

- 확언의 목적은 우리에게 주어진 선물을 받아들일 수 있도록 마음을 조성하는 것이다. 확언에서 자주 언급되는 생명력은 그 자체로 선물이자 선물을 주는 근원이다.
- 확언은 현재의식의 생각과 소망을 잠재의식에 심는 데 매우 효과적이다.
- 확언의 목적은 두 가지다. 첫째, 현재의식에서 부정적인 생각·이미지·혼잣말을 없앤다. 둘째, 긍정적인 생각·이미지·혼잣말로 현재의식을 채워 잠재의식에 긍정적인 이미지와 생각을 새기기 시작한다.
- 결핍과 한계를 치유할 수 있는 유일한 장소는 마음이다. 무언가 부족하거나 한계가 있을 때 마음을 다스리면 내면의 생각이 외부의 조건으로 드러날 것이다.
- 상반된 아이디어를 가지고 있을 때, 잠재의식은 더 지배적인 아이디어를 받아들인다. 확언한 내용과 모순되게 생각하거나 행동하는 것은 씨앗을 심은 후에 땅을 파헤치는 것과 같다.
- 성공에 대한 생각을 잠재의식으로 옮기고 성공하지 않는 것은 불가능하다. 잠재의식 속 자아인 무한자는 실패하는 일이 없고, 나는 승리하기 위해 태어났다.
- 내가 할 수 있는 일은 잠재의식에 부의 씨앗을 심는 것까지다. 씨앗은 알아서 자란다. 다만 무슨 씨앗을 심을지는 내가 정할 수 있다.
- '나는'으로 시작하는 문장을 어떻게 완성하느냐에 따라 성공하고 건강하며 번영할 건지, 병들고 실패할 건지를 결정한다. 나 자신을 어떻게 인지하느냐에 따라 다른 사람이 나를 대하는 태도도 달라진다.

4
상상력으로 잠재의식을 지배하라

확언을 하나의 이미지로 받아들여야만 잠재의식은 힘을 발휘해 결과물을 내놓는다. 확언은 결국 정신적인 행위이기 때문이다. 그래서 확언하는 내용을 반박할 수 없을 정도로 무조건 받아들여야 하고, 기쁘고 편안한 상태에서 소망이 실현되리라 믿으면서 확언해야 한다.

잠재의식을 재구성하는 기법은 현재의식을 움직이면 끝없는 지혜와 무한한 능력을 지닌 잠재의식으로부터 반드시 응답을 얻으리라는 확신을 기초로 한다. 아이디어를 체계화하는 가장 쉽고 분명한 방법은 아이디어를 시각화하는 것이다. 마치 직접 겪는 것처럼 마음에 아이디어를 생생하게 그리는 게 시각화 기법의 요점이다.

외부 세계에 존재하는 것은 육안으로밖에 보지 못한다. 마찬가지로 눈으로 보이지 않는 마음의 영역에 존재하는 건 마음의 눈으로만 볼 수 있다. 마음속에 그린 모든 그림은 내가 소망하던 것의 실체이자 보이지 않는 것이 존재한다는 증거다. 상상 속에서 형태를 만든 것은 현실에서도 존재한다. 현실 세계에 존재하는 신체의 한 부분과 다를 바가 없다. 아이디어와 생각은 실재하므로 아이디어를 진정으로 믿는다면 객관적 세계에 드러날 것이다.

이런 사고 과정은 인상을 만들고 마음에 남는다. 마음에 남은 인상은 사실과 경험으로 드러난다. 건축가는 자신이 짓고 싶은 건물을 머릿속에 그리고, 자신이 원하는 대로 완성된 건물의 모습을 상상한다. 심상과 사고를 떠올리는 과정은 건물의 본을 뜨는 것에 비교할 수 있다. 아름다운 건물이든 미관을 해치는 건물이든, 마천루거나 판잣집이든, 먼저 어떤 건물을 지을지 시각화해야 한다. 건축가의 심상은 도면 위에 투영되고, 하청업자와 인부는 필요한 자재로 건물을 짓는다. 건축가가 그린 도면에 건물이 완벽하게 부합할 때 작업은 끝이 난다.

확언을 통한 시각화 기법

나폴레옹은 "상상력이 세계를 지배한다"라는 명언을 남겼다. 비슷한 맥락으로 미국의 성직자 헨리 워드 비처는 "상상력이 없는 영혼은 망원경이 없는 천문대와 다름없다"라고 말했다.

상상력은 마음의 원초적인 능력이다. 우주의 스크린에 아이디어를 투영하고 표현해 눈에 보이게 하는 힘이다. 상상력은 위대한 과학자와 예술가, 물리학자, 발명가, 재벌과 작가가 사용하는 강력한 내면의 도구이기도 하다. 과학자들은 상상력을 이용해 현실을 깊숙이 꿰뚫어 보고 자연의 비밀을 밝혀낸다.

온 세상이 "말도 안 돼요. 불가능합니다"라고 말할 때도 상상력을 훈련하고 자유자재로 사용하며 활용하는 방법을 배운 사람은 "가능합니다!"라고 말한다.

빈곤과 궁핍한 삶을 상상하는 건 쉽다. 반대로 부자가 되고 성공하는 삶을 상상하기도 쉽다. 번영하는 삶을 상상하는 건 훨씬 더 흥미롭고 매력적이며 마음을 사로잡는다. 소망을 이루고 이상을 실현하고자 한다면 꿈이 이루어지는 모습을 마음속에 끊임없이 그리면서 현실처럼 생생하게 느껴 보라. 이렇게 하면 소망이 이루어질 수밖에 없다.

마음속에서는 이미 진짜로 이루어졌다고 생각하고 이상을 향한 신념을 확고하게 간직하면 이상과 소망이 객관적으로 실현되는 날이 온다.

다음 시각화 기법을 사용해 보자.

마음의 수레바퀴를 멈춘 후 원하는 만큼의 돈이 있다면 무엇을 하고 어떤 집에 살지 상상해 보자. 커리어나 사업이 어떻게 될지 비전을 마음속에 그려 보자. 무슨 옷을 입었을지 어떤 차를 탔을지 상상한다. 다른 사람들을 도와주는 나의 모습과 나로 인해 기쁨으로 가득한 그들의 모습을 생각해 보자. 마음속에 상상할 수 있을 만큼 구체적으로 이미지를 채워라. 백 번 듣는 것보다 한 번 보는 게 낫다.

미국 심리학의 아버지라고 불리는 윌리엄 제임스는 믿음을 가지고 마음속에 그림을 그리면 잠재의식이 그 그림을 외부 세계에서 실현한다고 주장했다. 생각한 대로 행동하면 정말 생각한 대로 된다. 그러니 내가 되고 싶은 모습처럼 행동하라. 마음속에서 내가 원하는 역할을 맡은 후 몇 번이고 계속해서 역할을 연기하라. 내가 연기한 모습은 서서히 잠재의식에 가라앉아 기적을 일으킬 것이다.

내가 '왕의 길'을 걷는다는 걸 알아야 한다. 좌우로 한눈팔지 않고 '왕의 길'만을 걷는다. 내가 걷는 길은 영적인 길이고 모든 영적인 길은 즐겁고 평화롭다. 영적 지성이 나를 인도하고 있으니, 영적으로 인도하는 길을 따라라. 살면서 올바른 행동을 하려고 하면, 영적 지성은 내가 가려는 길을 곧고 즐거우며 영광스럽게 닦아 놓는다. 지금부터 걸어가는 '왕의 길'은 고대인이 걸었던 왕도이자, 쾌락과 금욕의 양극단에 치우치지 않는 중도다. 이슬람의 최고 성지 메카로 가는 길이기도 하다. 내가 가는 길은 왕의 길이다. 그리고 왕의 길은 내 생각과 느낌, 감정을 전반적으로 지배한다. 그러니 사랑의 천사를 보내라.

사랑, 평화, 빛, 아름다움은 매일 한 걸음 앞서 나의 길을 곧고 아름다우며 즐겁고 행복하게 만든다. 언제나 왕의 큰길을 가라. 그러면 어딜 가든 평화와 기쁨의 천사를 만날 수 있을 것이다. 그 여정에는 어떠한 악도 없을 것이다. 자동차를 운전하거나 기차, 버스, 비행기를 타거나 걸어서 여행할 때도 매 순간 부가 나를 둘러싸고 있다는 것을 깨달아야 한다.

그리고 내 안의 영적인 힘이 나를 인도하고, 그 힘은 내가 갈 길을 밝게 비춘다. 원하는 대로 마련되는 완벽한 수요와 공급의 법칙이 존재한다는 걸 깨달으면 필요한 족족 바로 손에 넣을 수 있다.

성공한 모습을 얼마나 생생하게 그릴 수 있는가

"10년이나 이 회사에 근무했는데 승진이나 연봉 상승은 없었어요. 아무래도 제게 문제가 있나 봐요."

존과 처음 만난 날, 그는 씁쓸하게 신세를 한탄했다. 존과 이야기를 나누면서 실패를 부추기는 잠재의식의 패턴이 있고, 그러한 부정적인 패턴이 그를 실패로 몰아간 걸 알았다.

"나는 부족해. 승진에서 항상 밀리지. 언젠가 직장을 잃어 버릴 거고 징크스는 따라다니겠지."

그는 자기 자신을 끊임없이 깎아내리고 비관했다. 존의 정신을 피폐하게 만드는 독약은 자책과 자기 비난이었다. 자책과 자기 비난은 활력과 열정, 에너지, 올바른 판단력을 빼앗아가 결국 한 사람을 정신적·육체적으로 무너지게 한다. "나는 부족해. 승진에서 항상 밀리지"와 같은 부정적인 말은 잠재의식에 그렇게 하라고 명하는 것과 다름없다. 말을 뱉은 대로 원하는 일에 방해물이 생기고 일이 제대로 성사되지 않는다. 늘 부족함을 느끼고 한계가 정해진다. 잠재의식은 흙과 같아서 좋든 나쁘든 모든 종류의 씨앗을 품고 싹이 틀 수 있도록 영양분을 공급한다.

"이게 정기적으로 참석하는 비즈니스 콘퍼런스에서 관심을 받지 못하고 무시당하는 이유일까요?"

존의 물음에 나는 그렇다고 답했다. 그는 거절당하는 장면을 항상 머릿속으로 그렸고 무시당하는 걸 당연하게 생각했다. 좋은 일이 생길 수도 있는데 자신이 나서서 좋은 일이 생기지 못하게 막고 있었다. 나는 그에게 과거를 잊고 원하는 미래를 생각하기 시작하라고 했다.

"어떻게 하면 무시당하고 상처받고 퇴짜 당한 일을 잊을 수 있을까요? 너무 힘든데요."

과거의 일을 그냥 묻는 것보다 과거와 확실하게 선을 긋는 게 더 좋다. 긍정적인 마음가짐으로 성공과 승리, 성취, 승진에 관해 생각해야 한다. 잠재의식은 내가 진심을 담아 말한 것을 구분할 수 있다. 습관적으로 자기 자신을 비하하려고 할 때마다 잠재의식은 긍정적인 미래를 상기시켜 부정적인 생각을 긍정적 생각으로 바꾸고 지금 여기에서 좋은 일이 생기리라고 확언할 것이다.

존은 과거의 실망과 실패라는 마음의 짐을 미래로 가져가는 게 얼마나 잘못되고 어리석은 일인지를 인식하기 시작했다. 과거의 실패를 생각하는 것은 온종일 어깨에 무거운 짐을 지고 돌아다니는 것과 같다. 무거운 짐을 지고 다니면 지치고 피로해진다. 자기 자신을 비판하거나 자책하려는 마음이 들 때마다 다음의 확언을 통해 생각을 바꾸는 작업을 했다.

성공은 내 것입니다. 조화는 내 것입니다. 승진도 내 것입니다.

이로써 존은 자기 자신을 받아들이지 못하고 실패와 좌절을 반복하던 패턴에서 빠져나올 수 있었다. 시간이 어느 정도 지나자 그의 부정적인 생각 패턴은 건설적인 사고 습관으로 대체되었다.

나는 잠재의식에 긍정적인 이미지를 각인하는 간단한 기법을 가르쳐줬다. 존은 아내가 행복한 표정으로 승진을 축하하면서 격하게 포옹하는 모습을 상상하기 시작했다. 그는 주의를 집중하고 몸을 이완시키며 마음의 렌즈를 아내에게 집중함으로써 그 이미지를 선명하고 현실적으로 만들었다. 마음속에서 아내와 대화를 나누었다.

"여보, 나 오늘 승진했어. 상사에게 칭찬도 받았고 연봉이 1만 달러나 올랐어! 정말 멋지지 않아?"

그는 아내의 반응을 상상했다. 기뻐하는 목소리를 들었으며 환하게 웃는 표정과 행복에 겨운 몸짓을 보았다. 마음속에서 모든 것이 생생하게 보였다. 영화처럼 그의 마음속에 재생되던 생생한 이미지는 일종의 삼투 현상에 의해 현재의식에서 잠재의식으로 이동했다. 몇 주 후 존은 다시 나를 찾았다.

"꼭 이 말씀을 드리고 싶었어요. 지역 매니저로 승진했어요! 정신의 영화 기법이 정말 효과가 있네요!"

마음이 작동하는 법을 배운 존은 일상적인 사고 패턴과 정신의 영화가 잠재의식의 층을 뚫고 내부로 파고든다는 것을 깨닫기 시작했다. 마음의 영화가 잠재의식의 능력을 활성화해 소원을 실현하는 데 필요한 모든 것을 끌어당긴다는 걸 알았다.

즐거운 마음으로 좋은 일이 생기리라고 기대하고 믿으면서 살아갈 때 내가 구하는 선한 것을 받을 것이다. 존은 명예와 인정, 승진, 연봉 인상을 받으리라고 굳게 믿었고 믿는 대로 됐다. 이제 존은 새로운 사람이 되어 행복하게 살고 있다. 그는 자신감에 차 있고 열정이 넘친다. 눈에서는 빛이 나고 목소리 톤도 바뀌었다. 그의 목소리에는 자신감과 침착함이 묻어난다.

고객을 위해 마음속에 부를 그리다

자산 관리사로 일하는 친구의 이야기다. 그는 고객들의 재산을 늘려주는 데 온 관심을 쏟았다. 그 결과 성공적인 자산 관리사가 되었고 회사의 부사장으로 승진했다. 비법은 아주 간단했다.

사무실에 가기 전에 그는 가만히 앉아서 마음을 가라앉히고 몸을 이완시켰다. 그리고 고객 한 명 한 명이 정말 좋은 주식을 샀다면서 그의 현명하고 탁월한 판단을 칭찬하는 상상을 했다. 상상 속의 대화를 드라마처럼 만드는 작업을 규칙적으로 했고 그 드라마를 심리적인 믿음의 형태로 잠재의식에 심어 놓았다.

일하다 쉴 때도 자산관리사는 마음속에 그린 이미지를 다시 떠올려 잠재의식에 깊은 인상을 남겼다. 그는 많은 고객의 재산을 늘려 주었고 자신의 조언을 따랐다가 손해를 본 고객은 단 한 명도 없었다고 한다.

그는 잠재의식의 법칙에 따라 주관적인 마음에 구현된 내용은 객관적인 세계에서 표현된다는 것을 알았다. 마음속에 어떤 이미지를 계속해서 품으면 마음속 깊은 곳에서 이미지가 발전한다. 정신의 영화를 자주 상영하고 마음속 스크린에 이미지를 자주 투영하는 습관을 들이자. 시간이 지나면 이미지는 선명해지고 일종의 습관으로 변할 것이다. 마음의 눈으로 본 내면의 영화는 밖으로 드러난다.

무대 공포증이 있던 배우가 스포트라이트를 받을 수 있었던 이유

한 젊은 배우가 나를 찾아왔다. 그녀에게는 무대 공포증이 있었다. 오디션이나 카메라 테스트만 하면 온몸이 굳었다. 오디션에서 매번 떨어졌고 오랫동안 비탄에 잠겨 있었다. 나는 진짜 문제가 무엇인지 빠르게 파악했다. 그녀는 카메라 앞에 서기 전부터 당황한 모습의 자신을 머릿속에 그리고 있었다. 스스로 실패를 자초한 것이다.

나는 젊은 배우에게 현재의식과 잠재의식이 작동하는 방법을 가르쳐 주었다. 그러자 그녀는 건설적인 생각에 주의를 기울이면 생각이 자연스레 경험으로 바뀌어 이득을 얻을 수 있다는 것을 깨닫기 시작했다. 진짜라고 믿는 내용을 잠재의식에 명하면 잠재의식이 응답한다는 마음의 법칙을 이해하고 생각의 회로를 바꾸는 계획을 세웠다.

"두렵습니다"라고 말하는 빈도가 높을수록 더 두려워진다. 반면 "믿음과 자신감이 넘칩니다"라고 말할수록 자신감이 높아지고 나 자신에 대한 믿음이 생긴다.

배우는 '스스로를 격려하고 용기를 북돋는 확언'[7]을 색인 카드에 쓰고 항상 들고 다녔다. 기차나 비행기를 탔을 때, 잠깐 휴식을 취할 때마다 확언에 마음을 집중했다. 3~4일이 지나자 확언의 내용이 머릿속에 새겨졌다. 진리가 잠재의식으로 가라앉았다. 영적인 전율이 담긴 확언은 잠재의식에 서려 있는 공포와 의심, 불안을 무력화했다.

그녀는 아침과 오후 그리고 밤에 5~6분씩 긴장을 풀고 의자에 앉아, 카메라 앞에 침착하게 서 있는 자신의 모습을 상상하기 시작했다. 크게 성공을 거둔 배우가 된 모습을 시각화하고, 작가와 에이전트가 축하 인사를 건네는 장면을 상상하면서 그들의 목소리를 들었다. 그리고 정말 훌륭한 배우처럼 역할을 실감나게 소화해 냈다.

몇 주 후 에이전트는 또 다른 카메라 테스트를 잡았다. 배우는 멋진 공연을 할 수 있다는 성공 아이디어를 믿고 열정이 넘치는 퍼포먼스를 보여 주었다. 그 후 배우는 차분하면서도 자신감 넘치는 사람이 되어 성공적인 커리어를 쌓으면서 대스타의 길을 차근차근 걸어 나갔다.

재정 문제를 극복하는 걸 상상하다

한때 사업을 했던 친구가 있었다. 친구는 단골 거래처로부터 물품 대금 1만 달러를 수금하지 못해 난처해했다. 2년 넘게 돈을 갚으라고 거래처를 재촉했지만 단 한 푼도 받지 못했다. 거래처는 결국 약속을 지키지 않았다. 하지만 오랫동안 사업 관계를 이어온 터라 친구는 고소하길 주저했다. 친구는 거래처를 원망했고 몹시 화가 나 있었다.

나는 친구에게 거래처를 대하는 태도를 바꾸는 게 어떻겠느냐고 조언했고, 친구는 나의 조언을 따랐다. 친구는 거래처 사장이 정직하고 성실하며 사랑이 넘치고 친절하다고 상상하고 확언하기 시작했다. 매일 여러 번 조용히 앉아 1만 달러짜리 수표를 손에 쥐고, 그 수표를 은행에 예금하는 모습을 생생하게 그려 보았다. 책상에 앉아서 대금을 갚은 거래처에 감사의 편지를 썼다. 편지를 봉투에 넣은 후 책상 서랍 속에 넣었다.

그는 잠재의식에 확실한 이미지를 심어야 한다는 걸 알았고 잠재의식이 그 이미지를 실현한다는 것도 인지하고 있었다. 열흘 후 거래처는 1만 달러가 적힌 수표가 담긴 봉투를 건넸다.

"지난 며칠 동안 사장님이 생각났습니다. 밀린 돈을 다 드려야 할 것 같았어요. 늦어져서 죄송합니다. 나중에 자초지종을 설명하겠습니다."

마음속에 이미지를 바꾸면 변화가 찾아온다.

정신 그림 기법을 실천한 또 하나의 사례가 있다. 산페드로 출신 남성의 이야기다. 그의 인생은 실망과 실패, 우울과 환멸로 가득 차 있었다. 40세를 맞이한 해에 그는 헤리 게이즈 박사의 '마음의 기적' 강의를 듣고 인생이 바뀌었다. 그에게는 영화관을 운영하겠다는 꿈이 있었다. 하지만 번번이 실패했고 더 이상 수중에 돈도 없었다. 강연을 들은 후 그는 자기 자신과 내면의 힘을 믿고 확언하기 시작했다.

나는 성공하리라는 것을 알고 있습니다. 영화관을 소유하고 운영할 것입니다.

현재 그는 500만 달러의 가치가 있는 극장 두 곳을 소유하고 있다. 극복하기 어려운 장애물을 넘어 성공을 거둔 것이다.

잠재의식은 그가 진실로 성공하고 싶어 한다는 것을 알았다. 잠재의식은 내적인 동기와 진정한 신념을 알고 있다. 그가 성공할 수 있었던 마법은 한결같이 지니고 다녔던 정신 그림이었다. 잠재의식은 꿈을 이루는 데 필요한 모든 것을 밖으로 표출해 준다.

백만 달러 규모의 사업을 상상하다

어떤 성공한 사업가와 일상적인 대화를 나누던 중 사업가는 자신의 이야기를 들려주었다.

처음에는 작은 가게에서 출발했다고 한다. 하지만 몇 년 동안 규칙적이고 체계적으로 전국에 지점을 둔 대기업을 운영하는 자신의 모습을 상상했다. 아침과 오후, 저녁에 10~15분씩 마음의 눈으로 큰 건물과 공장, 가게를 가진 자신의 모습을 보았다. 그는 마음이 꿈이라는 실을 엮어 연금술로 천을 짜는 걸 알고 있었다.

그러자 점점 사업이 잘 풀리기 시작했다. 가게를 확장하고 다른 지점을 열었다. 끌어당김의 법칙에 따라 아이디어와 사람, 친구, 돈을 비롯해 이상을 온전히 실현하기 위한 모든 것을 끌어당기기 시작했다. 그는 진정으로 상상력을 발휘하고 키워나갔다. 상상력이 실제로 어떠한 형체가 되어 외부 세계에 표현될 때까지 정신적 패턴을 유지했다. 오늘날 그는 엄청난 부자이자 수천 명의 직원을 거느린 대기업 사장이 되었다.

부족한 곳에는 풍요와 부를, 불화가 있는 곳에는 평화를, 병든 사람에게는 건강을 상상하라. 상상력이 모든 것을 결정하고 모든 것을 창조한다. 상상력이 부와 아름다움, 정의와 행복을 만드는 것이다.

사막에서 부를 보다

현대의 모든 발명품은 인간의 상상력에서 나왔다. 나의 상상력은 무한한 보물창고로 음악, 그림, 문학, 발명 등 귀중한 보석이 담겨 있다. 재능 있고 뛰어난 건축가를 잠시 상상해 보자. 그는 수영장과 아쿠아리움, 휴양 시설, 공원 등을 갖춘 아름답고 현대적인 21세기의 도시를 마음속에 그린다. 사람의 눈으로 본 것 중 가장 아름다운 성전을 마음속에 짓는다. 건축업자에게 건설 계획을 전달하기 전 도시 전체를 시각화한다. 이처럼 내면의 부는 자신을 비롯한 다른 수많은 사람에게 외적인 부를 창출한다.

나는 미래를 설계하는 건축가다. 이제 도토리를 보고 상상력을 발휘해 보자. 마음의 눈에 강과 개울, 시냇물이 가득한 숲이 보인다. 그 숲을 온갖 종류의 생물로 가득 채울 수 있다. 게다가 구름 속에 무지개를 걸 수도 있다. 사막의 메마른 땅에 꽃을 피워내는 것을 보고 흐뭇해할 수 있다. 직관력과 상상력을 타고난 사람들은 사막에서 물을 찾아낸다. 그리고 과거에는 사막과 광야라고만 생각했던 곳에 도시를 건설한다.

약 10년 전 나는 캘리포니아 애플밸리에 있는 땅을 샀다. 땅을 판 사람은 1930년 초반 대공황이 한창일 때 아내와 함께 차를 타고 네바다로 가던 중 애플밸리를 지나가다 땅을 사들이는 생각을 했다고 한다.

당시 애플밸리는 광활한 사막이었다.

"머지않아 이곳에 마을이 생길 거야. 많은 사람이 애플밸리로 와서 학교와 병원, 집과 회사를 짓고 산업을 일으킬 거야. 정부 땅이니까 600에이커(73만 평)쯤 사보려고 해."

당시 가격은 1에이커(1200평)당 2달러 정도였다. 그는 에이커당 2달러를 투자했다. 오늘날 이 땅은 에이커당 400달러에 매매되고 있다. 심지어 그보다 더 비쌀 수도 있다. 그때까지 수많은 사람이 네바다로 가면서 같은 지역을 지나갔을 것이다. 대부분이 그저 드러나 있는 사막을 보았을 때 그는 사막 너머의 미래에 얻을 부를 보았다.

건강·부·사랑·성공
네 단어를 마음에 심어라

매일 나의 라디오 프로그램을 챙겨 듣는 한 초등학교 선생님이 있었다. 그는 건강이 좋지 않았고 돈이 부족했으며 인생의 배우자를 찾지 못한 채 혼자 살고 있었다. 대학 강사 자리를 찾고 있었던 그는 '건강·부·사랑·성공을 키워드로 한 확언'[8]을 공책에 적고 매일 아침저녁으로 글귀를 읽었다.

그리고 몇 분 동안 건강하고 풍요롭고 행복한 삶을 살면 어떨지 상상했다. 의사가 "완치되었습니다. 이제 괜찮으실 거예요"라고 말하는 걸 마음속으로 그렸다. 같이 사는 어머니가 "이제 부자가 됐구나. 엄마는 너무 기쁘단다. 더 나은 집으로 이사하고 여행을 다닐 수 있겠구나"라고 말하는 것을 상상했다. 그런 다음 결혼식 주례를 맡은 목사가 "남편과 아내로 선언합니다"라고 말하는 것을 상상했다. 자연스러웠고 손가락에 반지를 끼는 느낌이 너무나도 생생하게 느껴졌다.

잠들기 전 선생님이 마음속에 마지막으로 그린 이미지는 "떠나신다니 유감입니다. 하지만 이제부터 대학교에서 교편을 잡으신다니 잘됐네요. 축하드립니다!"라고 말하는 학교 교장의 모습이었다.

그는 정신의 영화를 각각 5분 동안 완전히 긴장을 풀고 즐거운 마음으로 재생했다. 이런 이미지가 삼투 현상에 의해 마음속 깊숙이 가라앉고 어둠 속에서 현상되어 적당한 때에 적당한 방법으로 외부 세계에 펼쳐진다는 것을 잘 이해하고 있었다. 이런 정신적인 훈련을 즐겁게 반복한 결과, 그의 인생은 매일 상상한 이미지와 모습에 차츰 가까워져 갔다. 그리고 석 달 만에 모든 소원이 이루어졌다.

그는 태도나 생각, 이미지, 느낌, 믿음이 생명을 얻어 건강과 부, 사랑과 표현을 풍부하게 가져다준다는 것을 깨달았다. 이는 우리 모두의 마음속에서 창조력이 뛰어난 디자이너나 건축가가 될 수 있는 기질이 있음을 뜻한다.

우리는 쉴 새 없이 이미지를 그린다

우리는 건설적이든 파괴적이든 계속해서 상상력을 발휘한다. 무언가를 생각할 때 우리는 마음속에 이미지부터 그린다. 어머니를 생각하면 어머니의 모습이 먼저 떠오른다. 집을 생각하면 마음의 눈으로 집을 볼 수 있다. 가난에 허덕이는 사람은 언제나 온갖 종류의 결핍과 한계를 이미지로 떠올린다. 그리고 마음은 내가 떠올리는 정신적인 이미지에 따라 여러 가지 결과를 낳는다.

결혼을 앞두고 있을 때는 생생하고 현실적인 결혼생활을 떠올린다. 상상력의 힘을 사용해 꽃으로 장식한 결혼식장에서 주례사를 들으며 미래를 그리고, 축가를 들으며 사람들의 축복 속에서 서로의 손가락에 반지를 끼우고, 신혼여행을 떠나는 모습까지 상상해 본다. 이 모든 일은 상상력이 있어야 가능하다.

마찬가지로 졸업을 앞두고 있다면 마음속에 멋진 졸업식 광경이 펼쳐진다. 마음은 졸업에 관한 생각으로 가득하다. 교수님이나 대학 총장이 졸업장을 주고, 학생들이 모두 학사모를 쓰고 졸업 가운을 입고 있는 모습을 상상한다. 부모님이나 연인이 졸업을 축하하면서 포옹하고 입을 맞추는 생생한 감각을 느낀다. 이 모든 건 실제로 일어나는, 극적이고 설레며 신나는 일이다.

이미지는 마음속에 자유롭게 떠오른다. 뜬금없이 떠오르는 것처럼 느껴지지만 사실은 그렇지 않다. 내면의 힘이 마음속에 그린 모든 것을 형상화해 생명과 움직임, 목소리를 불어넣는 것이다. 이러한 이미지는 오로지 나만을 위해 존재한다.

조셉 머피의 미라클 노트

- 아이디어를 체계화하는 가장 쉽고 분명한 방법은 아이디어를 시각화하는 것이다. 마치 직접 겪는 것처럼 마음에 아이디어를 생생하게 그리는 게 시각화 기법의 요점이다.
- 상상력은 마음의 원초적인 능력으로 우주의 스크린에 모든 아이디어를 투영하고 표현하는 힘이다.
- 소망이 이루어지는 내용을 한 편의 드라마로 만들어라. 결말을 극적으로 묘사해야 한다. 상상력을 발휘하면 잠재의식은 정신의 영화를 실현할 것이다.
- 내가 원하는 모습을 이미 이뤘고 원하는 것을 얻은 것처럼 느끼고 행동하라. 내가 되고자 하는 모습은 잠재의식에 점차 가라앉아 상상하는 내용이 현실로 나타난다.
- 빈곤과 궁핍한 삶을 상상하는 건 쉽다. 반대로 부자가 되고 성공하는 삶을 상상하기도 쉽다. 번영하는 삶을 상상하는 건 훨씬 더 흥미롭고 매력적이며 마음을 사로잡는다.
- 상상력은 과학의 원리를 따르므로 탐욕과 시기, 질투, 두려움, 의심, 분노와 같은 찌꺼기와 불순물을 제거해야 한다. 목표에만 관심을 집중하고 영적인 질서에 따라 목표가 이루어진다고 상상하라.
- 이미지는 뜬금없이 떠오르는 것처럼 느껴지지만 사실은 그렇지 않다. 내면의 힘이 마음속에 그린 모든 것을 형상화해 생명과 움직임, 목소리를 불어넣는 것이다. 이러한 이미지는 오로지 나만을 위해 존재한다.

5

거울 속 나에게 부의 최면을 걸어라

부자가 되기 위해서는 잠재의식의 힘을 갈고닦아야 한다. 그리고 잠재의식의 힘을 단련하기 위해서는 연습이 필요하다. 최고의 연습은 일관된 사고 패턴을 따르고 부유한 것처럼 행동하는 것이다. 부가 내 것이라고 믿는 동시에 재정난에 대비해 돈을 모으기 시작하면 안 된다. 잠재의식에 영적인 풍요로움을 진정으로 믿지 않는다는 혼재된 신호를 보내기 때문이다.

잠재의식은 거울과 같다. 마음속에 품은 이미지나 아이디어는 객관적인 세상에 반영된다. 부정적인 생각은 그 자체로는 해가 되지 않는다. 두려움, 불안, 분노 등 부정적인 감정은 믿음이 없으면 외부 세계에 영향을 미치지 않는다. 마찬가지로 긍정적인 생각도 마음속에서 진짜라고 생각하지 않으면 소용이 없다. 나의 성공과 능력에 대한 믿음이 중요한 이유다.

세상에서 가장 소중한 건 내 안에 있다. 잠재의식의 깊은 곳에는 끝없는 지혜와 무한한 지성, 능력이 살아 숨 쉬고 있다. 그러므로 안내와 인도를 구하면 잠재의식은 내 운명의 길잡이가 되어 줄 것이다. 잠재의식에 숨겨진 부를 캐라. 원석과 보석을 깎아 창조적인 아이디어나 발명, 발견, 영광을 드높이는 음악, 새로운 노래, 모든 문제에 대한 해답으로 만들어라. 내면에서 부의 보물창고를 발견했다면 틀림없이 외부에 널려 있는 자연의 부도 발견할 것이다. '외면은 내면을 비추는 거울이다'라는 말도 있지 않은가.

자신의 가치를 높이는 거울 기법

지난 8년 동안 번번이 승진에서 탈락한 한 영업사원이 있었다. 다른 동료들은 자신보다 능력이 없는 것 같았지만 더 높은 자리로 올라갔다. 자신의 가치를 깎아내리는 게 문제였다.

나는 그에게 자기 자신에게 친절하게 대하고 스스로를 더 사랑하라고 조언했다. 이렇게 해야만 인생의 모든 장애물을 극복하고 풍요를 누릴 수 있다. 충만하고 행복한 삶을 살 능력을 갖출 수 있다.

이 영업사원은 파괴적인 생각을 하는 데 쓰는 에너지를 건설적인 생각에도 사용할 수 있음을 깨달았다. 성공을 못 하는 이유가 무엇인지 고민하는 걸 멈추고, 성공할 수 있는 이유를 생각하기 시작했다.

영업사원은 하루에 세 번 시간을 규칙적으로 '자기 파괴적인 생각을 멈추고 자기 가치를 높이는 확언'[9]을 연습했다.

나는 그에게 확언을 통한 정신적·영적 훈련 외에도, 내면에 잠재해 있지만 아직 발현되지 않은 특별하고 비상한 재능과 능력을 일깨우는 기법을 연습하길 권했다. 인간의 가치와 중요성을 진정으로 알게 해주는 이 기법의 이름은 '거울 기법'으로, 오래전부터 전해 내려온 것이다.

영업사원은 거울 기법에 따라 자신의 언어로 확언을 해나갔다.

이후 그에게서 내 조언 덕에 승승장구하고 있다는 편지를 받았다.

"매일 아침 면도한 후 저는 거울을 보며 모든 것을 다 알고 느낀다는 듯 나 자신에게 대범하게 말했습니다."

> 톰, 너는 정말로 뛰어나고 엄청난 성공을 이뤘어. 믿음과 확신으로 가득 차 있고 엄청나게 부유하지. 너는 사랑스럽고 조화로우며 항상 영감이 가득할 거야.

"매일 거울 기법을 연습하자 사업, 금전, 친구, 가정에서 큰 변화가 일어났습니다. 정말 놀라웠습니다. 두 가지 기도법을 알려 주신 지 두 달이 지나자 지역 영업 매니저로 승진했습니다."

영업사원은 확언한 진리가 자신에게도 해당된다는 것을 확인했다. 그리고 자신에 대한 새로운 이미지를 만들어 고요와 균형, 평화, 번영, 자신감으로 마음을 가득 채웠다. 그는 현재의식의 활동에 잠재의식이 반응한다는 것을 의심치 않았다. 그리고 믿음이 있으면 불가능은 없다는 위대한 진리를 이해했다.

5000달러에서 5만 달러로 연봉이 오르다

일요일마다 강의를 듣고 매일 라디오 프로그램을 듣는 한 영업사원이 나에게 물었다.

"어떻게 하면 1년에 5만 달러를 벌 수 있을까요? 저는 가정이 있고 세 명의 자녀를 두었습니다. 항상 쪼들리면서 살아요. 아내도 일하지 않으면 먹고살기가 어렵습니다!"

대부분은 이야기 속에서 해결의 실마리를 찾을 수 있다. 나는 그가 쪼들리는 첫 번째 원인이 부에 관한 생각, 이미지 또는 정신적인 패턴이라고 설명했다. 마음속에 품은 생각이나 이미지, 정신적인 패턴이 곧 부의 실체이기 때문이다. 결핍이나 한계를 생각하고 돈에 자기 자신을 구속했기에 부에 손이 닿지 못했다.

그는 마음에 부의 생각을 품거나 부의 이미지를 그리는 것으로 시작했다. 그는 생각과 이미지를 잠재의식에 전달하기만 하면 아이디어의 결과물이 나오거나 아이디어가 발현된다는 결론에 도달했다. 이후 영업사원이 편지를 보냈다.

"박사님과 이야기를 나눈 직후 3개월 동안 매일 아침 거울 기법을 실천했습니다. 면도 후 거울 앞에 서서 천천히 진심을 담아 모든 걸 안다는 느낌으로 소리 내어 말했습니다."

존, 넌 엄청난 성공을 거뒀어. 연봉이 5만 달러나 돼. 너는 뛰어난 영업사원이야.

"저는 매일 아침 10분에서 12분 동안 이 문장을 반복해서 말했습니다. 이 확언으로 5만 달러를 번 느낌을 잠재의식에 새기면, 결국 목표에 도달하고 성공하리라는 걸 알았습니다.

그러자 정말 얼마 후에 연간 영업 미팅에서 실적이 좋은 비결을 발표해 달라는 부탁을 받아 연단에 섰습니다. 부사장님은 발표를 잘했다고 축하해 주셨습니다. 저는 승진했고 영업이익이 높은 지역으로 발령이 났습니다. 거기서 연봉 1만 달러를 받았습니다. 그런데 웬걸요, 지난해 상여금과 연봉을 합쳐 보니 5만 달러가 넘더군요! 정말로 마음에서 부를 느끼면 현실에서 얻을 수 있더라고요."

남과 비교하며 자신을 피해자로 만들지 마라

한 대학교수와 대화를 나눈 적이 있다. 그는 자신의 수입은 6만 5000달러밖에 안 되는데 자신의 형제는 트럭 운전을 하며 8만 5000달러를 번다는 사실에 화가 나 있었다.

"너무 불공평해요. 시스템을 바꿔야 해요. 나는 10년 동안 열심히 공부해 박사 학위를 취득했는데, 내 동생은 고등학교도 졸업하지 않았단 말입니다!"

교수는 자신의 전문 분야에서는 뛰어났지만 마음의 법칙은 몰랐다. 수입의 격차가 어떻게 발생하는지도 이해하지 못했다. 나는 그에게 군중심리와 오감에 국한된 생각에서 탈피하고 상황·조건·전통에 집중된 관점을 버려야 한다고 설명했다.

내 제안에 따라 교수는 매일 아침 거울 앞에 서서 5분 동안 "부는 나의 것입니다. 성공은 나의 것입니다. 승진도 이제 나의 것입니다"라고 확언하는 거울 기법을 실천했다. 이러한 생각이 자신의 잠재의식에 기록된다는 사실을 인지했다.

점차 그는 확언하는 내용을 사실처럼 생생하게 느끼기 시작했다. 한 달이 지나자 그는 다른 대학으로부터 10만 달러의 연봉을 제안받았다. 내면에서 숨겨진 힘을 찾아내자 재산도 그만큼 늘어났다. 글쓰기 재능을 발견해 대형 출판사에서 출판 제의를 받아 상당한 수입을 올린 것이다. 이제 교수는 스스로를 체제의 피해자나 대학에서 정한 연봉 체계의 희생자라고 생각하지 않는다.

로펌에서 일하는 한 비서 역시 항상 자신이 피해자라는 생각에 휩싸여 있었다. 그녀는 나에게 자신이 얼마나 불행한지를 말했다.

"저는 쉬지 못해요. 상사를 비롯한 사무실의 모든 사람이 못되고 가혹하게 굴어요. 저는 평생 가족과 친척에게 학대를 받았어요. 징크스가 늘 저를 따라다녀요. 저는 쓸모없는 사람이니 그냥 다 포기하는 게 낫겠어요."

나는 그녀에게 정신적으로 가혹하게 대하는 건 그녀 자신이라고 했다. 그녀의 자학과 자기 연민이 외부 세계에서 주변인의 태도와 행동을 통해 드러난 것이라고 설명했다.

내 제안에 따라 비서는 고용주가 자신의 전문성과 세밀함을 칭찬하는 모습과 급여 인상을 알려 주는 모습을 계속 상상했다. 그녀는 매일 만나는 모든 사람에게 사랑과 선의를 끊임없이 전했다.

몇 주 동안 마음속으로 상상을 계속 되새긴 비서에게 놀라운 일이 일어났다. 어느 날 동료가 자신의 업무 성과를 축하했을 뿐 아니라 청혼까지 했기 때문이다. 사실 여기까지 쓴 후 나는 둘의 결혼식 주례를 설 예정이다. 그녀는 자신만의 보물창고를 여는 열쇠를 찾아냈다.

지금의 삶은 내 생각의 거울이다

사람의 마음과 영혼, 생각과 감정은 우리 안에 있지만 보이지 않는 생명의 힘이다. 아름다움과 부가 생각, 말, 행동을 통해 발현되는 모습을 생각하기 시작하라. 창조적인 생각은 인간의 삶에서 힘을 행사한다. 그러면 아름다움과 부는 가족, 친구, 이웃을 통해 발현될 것이다. 주어진 모든 축복에 감사하라. 가정을 더욱 아름답게 만들고 타인이 내면의 부를 경험하도록 영감을 줄 수 있는 능력이 당신에게 있다. 나의 삶을 완성하는 예술가, 디자이너, 건축가는 바로 자기 자신이다.

낮의 파란 하늘과 밤하늘에 반짝이는 별은 이 세상 모두를 위한 것이다. 부자이든 가난한 사람이든 상관없이 누구나 석양이 지는 아름다운 풍경을 감상할 수 있다. 새들이 지저귀는 소리를 들으며 주변에 펼쳐진 아름다운 자연을 감상하는 것도 모두가 누리는 자유다. 떠오르는 태양과 황금빛 달, 하늘, 산, 강, 계곡과 개울 등 자연의 아름다움을 감상하면 사랑으로 둘러싸인다.

삶은 마음속에 품은 생각을 그대로 재현하는 거울이다. 사랑과 아름다움을 두 눈으로 바라보면 사랑과 아름다움뿐 아니라 무한한 부가 되돌아올 것이다.

조셉 머피의 미라클 노트

- 잠재의식은 거울과 같다. 마음속에 품은 이미지나 아이디어는 객관적인 세상에 반영된다.
- 외면은 내면을 비추는 거울이다. 내면에서 부의 보물창고를 발견했다면 틀림없이 외부에 널려 있는 자연의 부도 발견할 수 있다.
- 파괴적인 생각을 하는 데 쓰는 에너지를 건설적인 생각에도 사용할 수 있다. 성공을 못 하는 이유가 무엇인지 고민하는 걸 멈추고, 성공할 수 있는 이유를 생각하라.
- 마음속에 품은 생각이나 이미지, 정신적 패턴이 곧 부의 실체다. 결핍이나 한계를 생각하고 돈에 자기 자신을 구속하면 부에 손이 닿지 못한다.
- 거울을 보며 모든 것을 다 알고 느낀다는 듯 나 자신에게 진심을 담아 원하는 것을 말하라. 생각과 이미지를 잠재의식에 전달하기만 하면 아이디어의 결과물이 나오거나 아이디어가 발현된다.
- 사람은 자신이 상상한 대로 된다. 사랑스럽고 고귀하며 신과 같은 자질을 갖춘 모습을 상상하라. 스스로를 부자라고 느끼면 천국의 모든 부를 누릴 수 있다.
- 나의 진정한 가치를 인식하라. 나는 특별하고 하나뿐인 존재라는 것을 깨달아라.

6

간절한 욕망은 잠재의식의 나침반이 된다

소망에 비전, 믿음을 더하면 원하는 결과가 나온다. 잠재의식은 내가 원하고, 마음속에 그리고, 믿는 걸 이루기 위해 온갖 방법을 찾는다는 것을 명심하라. 부자가 되고 싶다는 강한 욕망과 부자가 되리라는 뚜렷한 비전과 이미 부자이거나 조만간 부자가 되리라는 굳건한 믿음을 합치는 게 부자가 되는 비결이다.

소망을 실현하려면 소망이 이뤄지는 이미지를 마음에 그린 후 긍정적인 감정을 불어넣고, 그것이 이뤄질 것이라고 진정으로 믿어야 한다. 여기서 긍정적인 감정이란 소망, 감사, 간절한 기대 등을 말한다. 정말 이루어지리라는 믿음 없이 무언가를 원하거나 요구하는 것으로는 충분하지 않다. 다음 단계를 따라 잠재의식을 작동시킬 수 있다.

1. 원하는 것을 상상하라. 환자를 보는 의사의 모습, 새로 산 고급 승용차를 운전하는 모습, 각본을 쓰는 모습, 물건을 발명해서 큰돈을 버는 모습 등 내가 원하는 것에 대한 이미지를 명확하게 그려라.
2. 상상하는 바가 이루어지리라고 간절하게 기대(믿음)하고 소망에 긍정적인

감정을 불어넣어라. 긍정적인 감정은 현재의식이 품은 이미지를 잠재의식으로 전달하는 데 필요한 에너지다.

3. 원하는 모습으로 살거나 원하는 일을 하거나 상상하는 것을 손에 쥐는 느낌을 대표할 수 있는 단어나 문구를 떠올려 보자. "내 거다" "감사합니다" 등의 짧은 문장이면 충분하다. 중요한 건 그 단어나 문구를 내가 원하는 것이 되거나 원하는 것을 하거나 원하는 것을 얻었을 때의 느낌 또는 이미지와 연결하는 것이다.
4. 편안한 상태에서 긴장을 풀고 원하는 모습으로 살거나 원하는 걸 하거나 상상한 것을 손에 넣었을 때의 기분을 나타내는 단어와 문구를 반복해 보자. 단어나 문장을 말할 때마다 소망이 이뤄지는 기분을 느끼자. 돈이 많길 원한다면 부자가 된 기분을 느끼는 것이다.

매일 최소 3번 15분 이상, 위 단계를 따르면 원하는 걸 얻으리라는 믿음을 강화할 수 있다. 시간이 지나면서 긍정적인 이미지는 잠재의식에 전달된다. 내면의 창조력은 내가 원하는 것을 실현하는 방법을 찾고 자원을 마련할 것이다.

단순히 어떤 대상을 달라고 기도하지 말라. 무엇을 달라고 부탁하는 것과 창조력에 기대는 것은 본질적으로 다르다. 내 안에 있는 영적인 창조력을 사용하려면, 원하는 모습이 되거나 원하는 일을 하거나 원하는 것을 가졌음을 인식하는 상태에 이르러야 한다. 원하는 것을 인식한다는 것은 소망을 이미지화시키고 소망에 가깝게 물리적인 형태로 빚는 걸 뜻한다. 구체화한 소망은 곧 경력, 돈, 인맥 등 내가 원하는 것을 만들어 낼 것이다.

원하는 모습이 되거나 원하는 일을 하거나 원하는 것을 가진 기분을 충만하게 느낄 때까지 계속 시도하라. 그 기분을 오롯이 느끼다 보면 소망이 이루어지고 마음이 평화로워지는 상태에 이른다. 잠재의식 속에서 나의 소망이 이루어지는 시점이다. 마음이 평화로워진다는 건 이미 가지고 있기에 더 바라지 않는 상태라는 뜻이다. 그러면 잠재의식 안에서 창조된 대상이 외부 세계에서 나타나는 건 시간문제다. 곧바로 나타날 수도 있고 며칠, 몇 주 또는 몇 달이 걸릴 수도 있다.

욕망을 인정하는 것에서 시작한다

모든 사람은 생명력을 가지고 있다. 우주에서 생명은 언제나 조화, 건강, 평화, 질서, 대칭, 비율로 표현된다. 그리고 생명은 자신을 표현하려는 성질이 있다. 생명과 사랑, 진리, 아름다움을 표현하고자 하는 욕망 역시 누구에게나 있다. 그래서 인간은 근본적으로 선한 존재다.

우리가 행하는 악과 그 결과로 겪는 정신적인 공포는 주관적인 두려움과 공포, 그리고 콤플렉스의 산물이다. 죽음, 불행, 빈곤, 고통은 생명이 원하는 바가 아니다. 죽음을 표현하려는 생명은 없다. 생명은 온전하고 완전하며 무결하기에 죽음은 생명의 이치에 어긋난다. 생명력은 내가 속박되거나 한계에 부딪히는 것 또한 원하지 않는다.

내 앞으로 차가 달려온다고 치자. 차를 피하고자 하는 욕망이 없다면 교통사고를 당할 것이다. 농부들이 곡물과 옥수수 등 다양한 종류의 씨앗을 심고 싶어 하는 이유는 자신과 가족, 이웃을 먹이고자 하는 욕망 때문이다. 배우자를 찾는 것도 가정을 꾸리고 아이를 낳으려는 욕망 때문이다. 욕망은 우리를 더 나은 곳으로 밀어주는 자극제다.

"저는 바라는 게 아무것도 없어요. 부족한 게 없거든요. 무언가를 바라면 안 돼요"라고 말하는 사람이 있었다. 말도 안 되는 소리다. 어머니에게 말을 거는 것은 어머니와 대화를 나누고 싶은 욕망 때문이다. 자녀에게 잘 자라고 인사하는 건 사랑을 표현하고 자녀를 축복하기 위해서다. 심지어 아침에 커피 한잔 마시고 싶다는 사소한 마음조차 욕망의 한 종류다. 사람은 욕망을 추구하며 살아간다. 욕망이 없다면 인류는 생존하지 못했을 것이다.

수천 년 전 누군가는 기후로부터 살아남기 위해 돌이나 나무로 집을 지었다. 비와 눈으로부터 몸을 피할 수 있도록 지붕을 지었고, 몸을 따듯하게 하려고 벽난로를 피웠다. 하지만 벽난로는 비효율적이고 위험했으며 난방이 잘되지 않아 라디에이터가 발명됐다. 여름엔 실내가 너무 더웠기 때문에 에어컨도 발명됐다. 모든 발명은 욕망에서 시작된다. 그래서 욕망을 모든 행동이 샘솟는 샘물이자 근원이라고 부른다.

시작이 욕망이라면 끝은 발현이다. 아플 때는 건강을 원하고, 혼란스러울 때면 마음의 평화를 원하며, 가난할 때는 부를 원한다. 반면 욕망을 깨닫지 못하는 것은 좌절, 불행, 고통의 원인이 된다. 오랫동안 무언가를 원했지만, 그 욕망이 무엇인지 제대로 알지 못하면 삶은 혼돈 속에 빠진다.

지금보다 더 나은 사람이 되고 싶다는 욕망은 내가 준비되었을 때 찾아온다. 욕망은 잠재의식 속에 존재하기에 잠재의식은 욕망이 주관적으로 실현되도록 한다. 원하는 것을 받아들이면 마음이 평화롭다. 평화로운 상태에 있으면 조만간 잠재의식은 생각을 세상으로 가져올 것이다. 평화로운 상태에서 욕망을 이해하고 의식적으로 자아와 욕망을 일치시키면 욕망은 외부 세계로 표출된다. 욕망이 실현될 것이라고 굳게 믿는 건 잠재의식에 명하는 것이다. 관심을 기울이고, 긍정적인 감정, 즉 간절한 기대, 감사, 믿음을 이상에 주입하면 주관적인 현실을 만들어 낼 확률이 높다.

믿음의 힘을 사용하라

어떻게 되리라고 가정하고 느끼는 내용은 내면에 주관화되고, 우주의 스크린(내 주변의 세계)에 객관화된다. 그렇게 되리라고 계속해서 가정하면 그 내용은 반드시 현실에 펼쳐진다.

믿는다고 입 밖으로 말한 내용은 다짐과 내면의 믿음을 반영한다. 믿음은 눈으로 볼 수 없지만 앞으로 일어날 일에 대한 증거이자 예언이다. 믿음은 그 대상을 끊임없이 불러들이기 때문에 어떤 의식 상태에 있든 결국 언젠가는 밖으로 드러난다.

어떤 물건을 갖고 싶을 땐 정말 그 물건을 가진 것처럼 상상하고 느껴야 한다. 그 물건을 내가 갖는 게 당연하다고 생각하고 실제로 그것이 내 방에 있다고 상상하면서 그것을 사용하는 감각을 느껴라. 눈에 보이지 않더라도 내가 알지 못하는 방식으로 눈에 보일 것이다.

하지만 그러기 위해서는 믿음이 있어야 한다. 믿음에 딴지를 걸고 도전하고 의문을 품고 분석하려는 현재의식을 차단하라. 잠재의식의 힘에 온전히 기대야 한다. 오감의 세계를 떠나 영적인 세계에 들어가야 한다. 잠재의식의 법칙을 적용하면 감각적인 증거를 무시하고 나 자신을 한계에 가두지 않을 수 있다. 나아가 내가 원하는 사람이 되고 원하는 일을 해내고 가슴이 원하는 것을 쟁취할 수 있다.

잠재의식의 힘에 의문을 제기하거나 의심을 들게 하는 모든 것과 모든 사람을 멀리하라. 그릇된 믿음과 의견으로 가득 찬 마음을 깨끗이 씻어야 한다. 그릇된 믿음과 의견이 있을 때 현재의식은 논쟁한다. 이상이 현실이 되리라고 굳게 믿는 심리적인 상태가 자리 잡을 때 상상력과 창조력을 사용할 수 있다.

나의 '깊은 자아Deep Self'를 믿어야 한다. 깊은 자아를 오롯이 인정하고 그 힘을 절대적으로 믿어야 한다. 감각적인 증거를 거부하고 욕망이 실현되리라 생각하라. 지금 욕망과 사랑에 빠져 있고 계속 사랑할 것이라 다짐하라. 사랑이 담긴 아이디어는 무적이다. 이 아이디어를 잠재의식에 깊숙이 새겨라. 특히 평화로운 상태에서 잠재의식에 명을 내리면 잠재의식은 반드시 무언가를 가져다준다.

돈은 나를 거쳐 끊임없이 흐를 것이다

번영의 법칙에 따르면, 과수원 나무에 열린 달콤한 열매들처럼 세상에는 무한한 풍요로움이 존재한다. 폐활량에 따라 숨 쉴 수 있는 공기의 양이 달라진다. 이처럼 돈이나 재화 같은 물질적인 것 역시 내 몫이라고 진정으로 믿고 상상하면 요구하는 만큼 받을 수 있다.

바닷가에서 물을 뜬다고 생각해 보자. 와인 잔을 가져가면 와인 잔만큼만 물을 뜰 수 있다. 어떤 사람은 4리터짜리 물통을, 어떤 사람은 양동이를 가져가서 물을 뜬다. 하지만 아무리 큰 통으로 물을 뜬다고 할지라도 바닷물이 고갈되지는 않는다. 바닷물은 차고 넘친다.

쌓아 두기 위해 돈을 벌려고 하지 마라. 저축보다는 현금의 흐름에 집중하라. 내가 원하는 사람이 되고 하고 싶은 일을 하고 꿈꾸던 일을 할 만큼 현금이 충분하게 흐르는 것을 원하라. 교육, 기술, 운송, 커뮤니케이션 등 자원 없이는 자아실현이 불가능하거나 인생을 완전하게 즐길 수 없다. 인생을 즐기려면 돈이 든다. 하지만 꿈을 이루고 욕망을 충족시키기 위한 필요 이상의 돈은 낭비다. 나에게 필요한 건 '일용할 양식'이다. 물론 일용할 양식이란 생존할 만큼의 물자를 말하는 것은 아니다. 내가 원하는 일을 성취하고 추구할 만큼의 충분한 자원을 말한다. 한 사람이 가진 야망과 능력, 욕망에 따라 각자가 필요한 일용할 양식은 다르다.

내가 얻는 게 직업 혹은 경력 때문이라고 생각하지 마라. 직업은 부가 흐르는 하나의 통로일 뿐이다. 직업 외에도 무한한 통로가 존재한다. 통로의 한쪽 문이 닫히면 다른 문이 열린다. 실직하거나 직위를 잃는다 할지라도 긍정적인 태도를 보여야 한다. 직업을 잃었다고 한탄하지 말고, 새롭고 멋진 자리가 날 것이고 그 자리가 내 자리라고 요구하라. 그러면 더 좋은 일자리가 생긴다.

낙타가 바늘구멍에 들어가는 것이 부자가 천국에 가기보다 쉽다고 말한다. 이 과장된 표현의 요점은 인생의 목표를 부의 축적으로 삼으면 자아실현이 불가능하며 삶을 즐기지 못하리라는 것이다. 도움이 필요한 사람들을 돕지 않거나 세상을 더 나은 곳으로 만들지 않으면 많은 것을 이루지 못한다. 사용하지 않는 돈은 낭비하는 돈이다. 돈은 전기에 비유할 수 있다. 전등이나 기계에 전력을 공급하려면 전기가 흘러야 한다. 힘을 얻고 꿈을 좇으며 선한 일을 하기 위해서는 돈도 끊임없이 내 삶에 흘러야 한다.

세상은 제로섬 게임이 아니다

"제가 이 집을 얼마에 팔아야 할까요? 이 가격에 팔아도 될까요?"

이런 질문을 하는 사람이 많다. 답은 '황금률', 즉 내가 대접받고 싶은 대로 남을 대접해야 한다는 것이다. 황금률은 생명의 원리다. 입장을 바꿔 생각해 보자. 만약 내가 집을 사는 사람이라면 이 가격에 지불할 용의가 있을까? 이 가격에 산다면 내 마음이 편안할까? 구매자 입장에서 공정하고 공평한가? 이 질문들에 '예'라고 답할 수 있다면 알맞은 가격이다.

아니면 내심 상대방에게 너무 큰 금액을 요구한다고 생각하는가? 구매자를 속이는 데 스스로 재주가 있다고 생각하는가? 미묘하거나 비밀스럽게 상대방을 이용하려고 하는가? 만약 그렇다면 황금률의 법칙에 역행하는 것이다. 황금률의 법칙을 올바로 사용할 때만이 진정으로 번영한다. 다른 사람의 재물을 훔치거나 속이는 사람들은 결국 손해를 볼 수밖에 없다. '다른 사람이 나를 대했으면 하는 방식으로 다른 사람을 대하라'라는 황금률을 잊지 마라.

다른 사람의 돈을 뺏지 않고도 부자가 될 수 있다. 그러니 '제로섬 게임'의 유혹에 빠지지 마라. 경제학의 게임이론에 등장하는 '제로섬 게임'에서는 승자가 되기 위해 다른 사람을 지게 만들거나 다른 사람의 것을 빼앗아야 한다. 체스는 제로섬 게임이다. 한 선수가 이기면 다른 선수는 진다. 사람들은 번영하려면 제로섬 게임을 해야 한다는 그릇된 생각을 한다. 하지만 그렇지 않다. 다른 사람을 눌러야 번영할 수 있다고 생각하지 말라.

다른 사람의 부와 성공에 관해 질투할 필요도 없다. 질투는 다른 사람을 높이고 나를 끌어내리는 것과 같다. 우리가 번영하는 길을 막아 번영하지 못하게 한다. 잠재의식의 법칙은 특정 개인에게만 적용되지 않는다. 모두 믿는 대로 이루어진다. 질투는 에너지 낭비이자 파괴력을 가진 감정으로 나에게 한계가 있다는 그릇된 믿음을 담고 있다. 다른 사람들의 성공을 기뻐하면 나 자신의 성공도 끌어당긴다. 다른 사람들과 나는 하나로 통합된 전체에 속해 있음을 깨달아야 한다.

경쟁이 아닌 창조의 관점에서 생각해야 한다. 부는 인간의 독창성의 산물이므로 예상치 못한 순간에 뚝딱 창조된다. 그리고 나뿐만 아니라 다른 사람들도 재물의 혜택을 누릴 수 있다. IT 산업만 봐도 똑똑한 발명가와 기업가의 마음이 산업을 창조하는 걸 알 수 있다. IT 산업에 출자한 투자자와 사업가는 다른 사람들의 시간과 노력, 기술을 이용해 엄청난 돈을 벌었지만 그만큼 사람을 고용했고 수입을 창출했으며 전반적인 삶의 기준을 높였다. 예술 창작과 공연을 통해 부를 창출하는 예술가와 음악가 역시 마찬가지다.

부동산 중개인이나 주택 소유자들은 "부동산 시장이 느리게 움직이네요. 변동이 없어요"라며 한탄한다. 이들에게 내가 전하는 조언은 사거나 팔 수 있는 모든 재화에 적용된다. 무언가를 사고팔고 싶다는 것은 변화를 주고 싶어서 재산이나 주택을 시장에 내놓는다는 것을 의미한다. 동시에 누군가가 물건을 넘겨받을 용의가 있다는 것을 뜻한다.

무언가를 사고팔 때는 적당한 때에 적절한 사람이 나타난다. 나의 잠재의식은 나의 물건을 사거나 내가 원하는 물건을 팔 사람을 연결해 줄 것이다. 나는 끌어당김의 법칙을 사용해 만족할 만한 거래를 할 사람과 만날 것이다. 잠재의식에서 이미 거래가 이루어졌다는 느낌을 받거나 확신이 들면 자신감과 신뢰가 솟아난다. 조금만 기다려 보면 답이 나온다. 기대치가 가장 낮을 때 답이 나오는 일도 있다.

제로섬 게임을 하는 대신 나 자신을 위해 노력하라. 자아를 실현하고 더 나은 세상을 건설함으로써 타인을 도울 수 있는 부를 창출하라.

노력 역행의 법칙 4단계

"어떤 아이디어가 마음속에 강하게 일어나 암시가 되는 수준에 이르면 의식적으로 노력해도 암시를 거부할 수 없다. 그런 노력이 오히려 암시를 강화시킬 수 있다."

에밀 쿠에의 '노력 역행의 법칙'을 세상에 알린 찰스 보두앵은《암시와 자기암시Suggestion and Autosuggestion》라는 책에서 위와 같이 언급했다. 다시 말해 의구심이 들거나 마음이 어지러울 때마다 "그러고 싶지만 할 수 없어" 혹은 "청구 비용을 낼 만큼의 돈이 있었으면 좋겠지만 가망이 없어"라고 말하면 아무리 간절히 원하고 노력하더라도 내가 원하는 결과와는 멀어진다는 것이다.

재정적인 어려움에 부닥쳤을 때 일어나는 공포나 절망, 믿음 부족 등의 암시는 나 자신을 해친다. 선한 아이디어를 생각하려고 노력할수록 악한 아이디어가 더 폭력적으로 파고든다. 그 결과 혼란스럽고 갈피를 못 잡는 기분이 든다. 노력으로는 원하는 결과를 얻을 수 없다.

"의지와 상상력이 대립할 때 결정권을 가지는 건 늘 상상력이다."

에밀 쿠에의 말은 욕망이 상상력이나 믿음과 충돌할 때는 반드시 상상력과 믿음이 이긴다고 풀이할 수 있다. 지배적인 아이디어가 언제나 이기는 것이다.

노력은 두 가지 아이디어나 암시가 상충할 때 반대하는 아이디어를 뛰어넘는 것을 전제로 한다.

"당장 돈이 많았으면 좋겠어요. 그런데 그럴 수가 없네요."

이 말은 두 아이디어 모두를 무력화시키고, 결국 아무런 아이디어도 실현되지 않게 만든다. 산과 염기를 섞으면 중화반응이 일어나는 것처럼 말이다. "부자가 되게 해달라고, 원하는 것을 달라고 얼마나 열심히 기도했는데요"라고 말하는 건 아이디어를 무력화시키는 사고의 오류를 저지르는 행동이다.

성공에는 큰 노력이 필요하지 않다. 손쉬운 방법으로도 성공할 수 있다. 대표적인 예는 최면을 거는 것이다. 최면의 효과를 보기 위해서는 먼저 주의를 고정해야 한다. 졸린 상태일 때 또는 선잠이 든 상태(가수면)일 때는 최소한의 노력으로도 충분하다. 잠이 들 거라고 암시를 주면서 졸린 상태로 유도할 수 있다. 그럼 안간힘을 쓰지 않고도 주의를 집중할 수 있다. 보두앵은 이를 다음과 같이 설명한다.

"잠재의식에 아이디어를 주입하는 방법은 아주 간단합니다. 암시를 걸 아이디어를 압축해 기억에 쉽게 새겨질 만한 간단한 문장으로 요약합니다. 그 문장을 자장가를 부르듯이 몇 번이고 반복합니다."

보두앵의 노력 역행의 법칙은 다음 4단계로 정리할 수 있다.

1. 온몸을 이완해 가수면 상태에 들어간다.
2. 성공한 이미지를 구체적으로 그려 그 이미지에 집중한다.
3. 내가 정말 성공했다고 느낄 때까지 '성공'이라는 단어를 되뇐다.
4. 잠이 들기 전까지 '성공'이라는 말을 계속 반복한다.

내 욕망은 이미 충족되었다

다음은 위의 기법을 실제로 적용해 본 사례다.

"돈이 들어갈 곳이 너무 많아요. 청구서가 쌓이고 있는데 저는 실직 상태예요. 먹여 살려야 할 자식만 셋인데 돈이 없어요. 어떻게 하죠?"

이렇게 말하는 사람을 일단 안락의자에 앉혀 몸의 긴장을 풀고 렘수면 상태로 유도했다. 그런 후 보두앵이 제안했듯이 그가 원하는 상황을 두 단어로 압축했다.

다 됐습니다.

이 두 단어의 의미는 자신이 원하는 것 모두를 실현했다는 뜻이다. 내야 할 돈을 다 냈고 새로운 직업을 얻었으며 살 곳을 구했다는 걸 의미한다. 재혼을 했고 아이를 위한 음식과 옷을 마련했으며 충분한 돈이 있는 상태라는 것이다.

응축된 문장에 담긴 소망이 이미 이루어진 상황이라고 생각하고 "다 됐습니다"라는 말을 자장가처럼 반복했다. 조용히 "다 됐습니다"라고 말할 때마다 소망하는 대상이 성공적으로 잠재의식에 새겨지며 따듯함과 평화로운 느낌이 그를 사로잡았다. 지금의 생각에 초점을 맞추고 집중하고 있었기 때문에 마음은 방황하지 않았다. 그것이 정말 사실이라고 느껴질 때까지 이 방법을 되풀이했다.

짧은 문구에 온 정신을 집중할 때, 마음은 다른 아이디어나 잡생각에 사로잡히지 않는다. 마음이 방황하지 않으면 모든 꿈이 실현된다. "다 됐습니다"라는 짧은 구절을 계속 반복하면서 그 의미에 집중하라.

영적인 길은 너무 깊어서 헤아리기 어렵다. 샘물에 가도 물을 길을 그릇이 없으면 물을 뜰 수 없다. 마찬가지로 생명수가 솟아나는 내면의 샘물에 도착해서 생명수를 뜨려면 그릇이 필요하다. 여기서 그릇이란 아이디어가 실현되리라고 기대하고 받아들이는 태도이며, 감사하는 생각이나 느낌이 지배하는 마음 상태를 말한다.

이때는 돈을 어떻게 벌지 초조해하지 않는다. 모든 비용을 다 낼 수 있다는 사실에 기쁨을 느낀다. 청구된 모든 비용을 내서 즐겁고 기쁜 마음으로 "다 됐습니다"라고 말하면서 잠자리에 든다. 이만큼으로 이런 일을 할 수 있고 이런 선한 것을 원할 수 있다는 걸 감사하게 생각한다. 내면의 인식, 감정, 또는 신념을 통해 나 자신에게 선물을 준다. 이제 모든 욕망이 즉각적으로 충족되는 걸 지켜보는 일만 남았다!

조셉 머피의 미라클 노트

- 잠재의식은 내가 원하고 마음속에 그리며 믿는 것을 어떻게든 결실을 보도록 방법을 찾는다.
- 단순히 어떤 대상을 달라고 기도하지 말라. 원하는 모습이 되거나 원하는 일을 하거나 원하는 것을 가졌음을 인식하는 상태에 이르러야 한다. 원하는 것을 인식한다는 것은 소망을 이미지화시키고 소망에 가깝게 물리적인 형태로 빚는 걸 뜻한다.
- 욕망과 결핍은 선물이다. 그러니 선물답게 다루어라. 욕망은 원하는 걸 성취하는 첫걸음이며, 우리를 더 나은 곳으로 밀어주는 자극제다.
- 사람은 욕망을 추구하며 살아간다. 욕망이 없다면 인류는 생존하지 못했을 것이다. 시작이 욕망이라면 끝은 발현이다. 욕망을 이해하고 의식적으로 자아와 욕망을 일치시키면 욕망은 외부 세계로 발현된다.
- 지금보다 더 나은 사람이 되고 싶다는 욕망은 내가 준비되었을 때 찾아온다. 원하는 것을 받아들이면 마음이 평화롭다.
- 쌓아 두기 위해서 돈을 벌지 마라. 저축보다 현금의 흐름에 집중하라. 내가 원하는 사람이 되고 하고 싶은 일을 하고 꿈꾸던 일을 할 만큼 현금이 충분하게 흐르는 것을 원하라.
- 직업은 부가 흐르는 하나의 통로일 뿐이다. 직업 외에도 무한한 통로가 존재한다. 통로의 한쪽 문이 닫히면 다른 문이 열린다.
- 생명수가 솟아나는 내면의 샘물에 도착해서 생명수를 뜨려면 그릇이 필요하다. 여기서 그릇이란 아이디어가 실현되리라고 기대하고 받아들이는 태도이며, 감사하는 생각이나 느낌이 지배하는 마음 상태를 말한다.

7

내가 성공할 것임을 믿어 의심치 마라

흔히 말하는 재정적인 성공은 직업적인 성공과 연관이 있다. 하지만 불행히도 많은 사람이 자신의 직업을 부정적으로 바라본다. 마음이 맞지 않는 사람들과 꿈도 희망도 없이 자기가 싫어하는 일을 꾸역꾸역하며 살아간다. 그리고 운이 없거나 경제가 불황이라 이렇게 되었다고 남탓으로 돌린다. 하지만 근본적인 원인은 패배주의적 태도에 있다. 불행한 운명을 타고났다고 생각하거나 처지에 만족하지 못한다면, 운명이나 외부 상황을 탓하지 말고 태도와 생각을 바꿔야 한다. 이 장에서는 생각과 태도를 바꿔 직업적으로 성공하는 방법을 설명한다.

일반적으로 부자가 되려면 어느 정도는 직업적으로 성공해야 한다. 우리는 모두 좋아하는 일을 하면서 살고 싶어 한다. 원하는 것을 갖고 원하는 일을 하기 위해 충분한 돈을 벌고 사회의 생산적인 구성원이 되기를 원한다.

하지만 불행히도 커리어 때문에 고군분투하는 사람이 수두룩하다. 원하는 포지션을 평생 따내지 못하는 사람도 있고, 일에는 만족하지만 직책이나 급여에 좌절하거나 실망하는 사람도 있으며, 일을 사랑하지만 상사·동료·고객 등 같이 일하는 사람들을 견디기 어려워하는 사람도 있다.

이 장에서는 성공을 위한 4단계 공식과 더불어 커리어와 직장생활에서 최대한의 만족을 얻고 일에 시간과 에너지, 전문 지식을 쏟는 만큼 보상을 받는 방법에 관해 소개하겠다.

커리어 성공을 위한 4단계

"실력보다는 인맥이 중요하다" "애써 봤자 남 준다" "성공은 타이밍이다"라고 말하는 사람들은 다른 사람의 성과를 남몰래 시기하고 질투하거나 성공을 가로막는 자신의 결점을 인정하려 하지 않는다. 다른 사람의 성공을 받아들이지 못하는 이유다. 하지만 직업적 성공은 외적인 요인보다 내적인 요인에 의해 좌우된다. 그리고 모든 사람은 자신이 원하는 만큼 커리어에서 성공을 거둘 만한 능력이 있다.

나는 직장생활에서 어려움을 겪는 사람들이 다채로운 경험을 하고 성취감을 느끼며 즐겁게 일할 수 있도록 도와주었다. 그 경험을 압축해 직장에서 성공하는 방법을 4단계로 정리했다.

1. 성공하는 데 어떠한 자질이 필요한지 구체적으로 생각한다.
2. 내가 무엇을 좋아하는지 알아본 후 직접 시도한다.
3. 분야를 전문화하고 깊이 있는 전문 지식을 쌓는다.
4. 내가 하는 일이 세상에 축복을 가져다준다는 넓은 마음을 가진다.

단계별로 더 자세히 살펴보자.

1단계, 성공을 위한 자질을 키운다

성공하는 데 어떤 자질이 필요한지 구체적으로 생각해 보자. 일에 만족하지 못하는 이유는 자질이나 태도, 가치관 등이 맞지 않아서다. 주관적인 믿음이나 느낌이 객관적인 삶을 지배한다는 것을 잊어서는 안 된다. 내면의 이미지는 외부의 스크린에 투영된다. 잠재의식상의 신념이나 잠재의식에 각인된 내용을 사진으로 찍을 수 있다면, 사진은 현실과 정확히 일치할 것이다. 인생의 모든 면에 해당하는 진리다.

직장 내 위치를 개선하기 위해 가장 먼저 해야 할 일은 내면을 갈고닦는 것이다. 사랑, 즐거움, 평화, 인내심, 부드러움, 선함, 믿음, 겸손, 절제 등의 자질을 마음에 품으면 현실에서 구체적으로 발현된다. 이를 위해 내가 어떤 사람인지, 무슨 일을 하는지는 전혀 관계가 없다. 경험·사건·상황·여건이 태도·가치·미덕을 반영한다.

평화, 조화, 완전무결함, 안정감, 행복은 내면의 깊은 자아로부터 나온다. 이러한 자질을 키운다는 건 잠재의식에 보물을 쌓는 것과 같다. 삶의 모든 방면이 풍요로워지는 것이다.

2단계, 내가 좋아하는 것을 찾는다

내가 무엇을 좋아하는지 알아본 후 직접 시도해 본다. 일을 즐기면 성공하는 데 필요한 에너지와 열정이 생긴다.

정신과 의사가 학위를 취득한 후 졸업장을 벽에 걸어두는 것은 의미가 없다. 학계의 새로운 지식을 익히고 콘퍼런스에 참석하며 마음이 어떻게 작동하는지 살펴야 한다. 병원을 순회하고 최신 논문을 읽고 정신

질환과 정신 장애의 최신 치료법도 배워야 한다. 진정 성공한 정신과 의사라면 자신의 환자들에게 진심으로 관심이 생기기 때문이다.

어떤 직업이나 분야를 선택해야 할지 모르겠다면 "내 안에 숨겨진 재능을 드러내고 내가 있어야 할 자리로 안내합니다"라고 내면에 있는 무한한 지성에게 조언을 구하라. 차분하고 긍정적으로 애정을 담아 깊은 자아에 명하라. 믿음과 확신을 담아 묻는다면 예감이 들거나 기회가 찾아오는 등 나를 어떤 방향으로든 이끌 것이다. 크게 애쓰지 않고도 영적 지성에게서 혼란스럽지 않고 명확한 답을 얻을 것이다.

3단계, 전문 지식을 쌓는다

분야를 전문화하고 다른 사람에게 비길 수 없을 정도로 전문 지식을 쌓아라. 전문 분야를 선택한 후에는 전적으로 시간과 관심을 쏟아라. 그 분야에 관해 가능한 한 속속들이 알고 있어야 하고 열정을 가져야 한다. 가능하면 다른 사람보다 더 자세히 알아야 한다.

내가 하는 일에 열렬히 관심을 가지고 세상에 봉사하고자 하면 직업적 성공은 따라온다. 일로써 세상에 이바지하고자 하는 태도와 먹고살기 위해 그럭저럭 일하는 사람의 태도는 천지 차이다. 그럭저럭하면서 진정한 성공에 이를 수는 없다. 그 동기가 의미 있고 고귀하며 이타적이라면 더욱 좋다. 주는 만큼 받을 것이다.

4단계, 이익은 순환한다는 것을 이해한다

내가 하는 일이 세상에 축복을 가져다준다고 생각하면서 마음을 너그럽게 가진다. 내가 품은 소망이 나만을 위한 것이어서는 안 된다. 전 인류에 유익해야 한다.

아이디어는 원이나 회로의 형태로 순환한다. 세상에 축복을 가져다 주고 이익이 되는 아이디어를 흘려보내면 그 아이디어는 다시 나에게 돌아와 다른 아이디어와 섞이고 압축된다. 그렇게 만들어진 나의 아이디어는 더욱 커져서 다시 세계의 회로로 흘러 나간다. 처음의 소망이 오로지 나만을 위한 거라면 원이나 회로가 완전하게 형성되지 않는다.

"제임스 씨는 가짜 석유를 팔아서 큰돈을 벌었던데요"라고 말하는 사람도 분명 있다. 남을 속여서 재물을 얻은 사람들은 잠깐 동안은 성공한 것처럼 보일지도 모른다. 하지만 사기로 번 돈은 날개 돋친 듯 사라진다. 타인에게 피해를 주는 것은 자신에게 피해를 주는 것과 같다. 타인은 곧 나다. 다른 사람의 물건을 훔치는 건 곧 내 물건을 훔치는 것이다. 이는 결국 자신의 신체와 가정생활, 외부의 사건에 드러난다.

부정한 방법으로 재산을 축적하는 사람은 성공할 수 없다. 마음의 평화 없이는 성공할 수 없기 때문이다. 만약 밤에 편히 눈감을 수 없고 몸이 아프며 죄책감이 든다면 돈이 쌓여도 과연 즐거울까?

런던에 사는 한 남성은 남의 재산을 탐하던 자신의 이야기를 들려주었다. 그는 전문 소매치기였고 다른 사람의 지갑을 훔쳐 큰돈을 모았다. 프랑스에는 여름 별장이 있었고, 영국에서는 왕처럼 살았다. 하지만 그는 자신의 잘못을 잘 알고 있었다. 런던 경찰이 자신을 체포할까봐 언제나 두려움에 떨었고 사라지지 않는 공포와 깊은 죄책감 때문에 여러 정신 장애를 겪었다. 결국 그는 자수하고 징역을 살았다. 출소 후 그는 땀 흘리며 노동하는 기쁨을 알았고, 준법정신을 갖춘 정직한 시민으로서 완전히 새사람이 되었다. 진정으로 자신이 좋아하는 걸 찾고 행복하게 살았다.

무언가가 부족하거나 제한적이라고 생각할 때 남의 것에 눈독을 들인다. 우리가 얻고자 하는 것은 결코 부족할 일이 없다는 것을 깨닫는다면, 내가 원하는 것에 집중하고 진정한 성공을 이룰 수 있다.

나에게 성공할 능력이 있음을 믿어라

"제가 맡은 세 가지 작업을 완료하지 못했어요. 완전히 망했죠."

이 말을 한 엔지니어는 자신이 두려워하던 일이 일어나는 걸 목격하기 시작했다. 예상했던 것처럼 정말 실패했다.

"실패하리라는 믿음을 가지고 있었어요. 하지만 이 순간부터 저는 그 믿음을, 성공하리라는 믿음으로 바꿀 거예요."

그는 실패만을 생각했던 과거의 모습을 인정하고 마음가짐을 완전히 바꿨다.

'할 수 있다고 믿고 상상한 것은 모두 이룰 수 있다.'

그는 성공하리라는 믿음을 가지고, 희망이 없다는 생각을 해낼 수 있다는 생각으로 바꿨다. 믿음은 퍼져 나가는 성질이 있어 어느새 그의 마음은 성공의 아이디어로 가득 찼다.

뉴욕에서의 강연을 들었다며 메리라는 젊은 여성이 나를 찾아왔다. 그녀는 시대를 초월한 질문을 던졌다.

"어떻게 하면 나 자신을 믿을 수 있을까요?"

나는 간단한 질문으로 맞받아쳤다.

"지금 가장 필요한 것은 무엇인가요?"

"재봉틀이요!"

나는 재봉틀을 어떻게 구할 수 있는지 가르쳐 주었다. 그녀는 그날 저녁 소파에 앉아 마음을 차분히 가라앉히고 몸을 이완했다. 그리고 자기 앞에 재봉틀이 놓인 모습을 상상하면서 손으로 재봉틀을 만졌다. 딱딱하고 차가운 기계의 감촉이 생생하게 느껴졌다. 상상 속에서 그녀는 재봉틀을 사용했다. 그녀는 만물의 근원에 감사하며 잠자리에 들었다.

이 방법을 실천하고 나서 놀라운 일이 생겼다. 같은 아파트에 사는 이웃이 현관문을 두드렸다. 신혼여행을 떠나느라 짐을 정리하는 중인데 재봉틀이 필요하지 않느냐는 것이다. 메리는 그 재봉틀을 받았다!

"진짜 효과가 있네요!"

메리는 잠재의식의 효과를 경험했다. 이제 메리는 벽에 걸 그림이 필요해 같은 방식으로 확언해 보았다. 그 결과 그림도 얻을 수 있었다.

"이 방법으로 훌륭한 무용수가 될 수도 있겠어요."

메리는 골똘히 생각했다. 어떤 일이 일어나리라고 가정하려면, 먼저 가정한 일의 본질과 성격을 현재의식에 구축한 후 느낌으로 승화해야 한다. 메리는 자신이 훌륭한 무용수가 아니라고 느꼈다. 하지만 잠재의식의 법칙을 어떻게 사용하는지 알자 믿음과 자신감이 생겼다. 그녀는 이제 자신의 소망을 표현하는 방법도 알았다. 그 소망은 무지로부터 나온 맹목적인 믿음이 아닌 영적인 이해에서 나온 믿음이었다.

메리는 자신이 훌륭한 무용수인 걸 깨달았고, 그렇게 믿으면서 인생을 살아갔다. 꿈을 이루는 데 필요한 자질과 특성을 끌어당기기 위해 정신적인 분위기를 조성했다. 잠재의식은 돈, 친구, 교사, 인맥 등 자기계발과 발전을 위해 꼭 필요한 것을 끌어당겼다. 그 결과 지금 메리는 댄스 아카데미에 고용되어 강사들을 가르치고 있다.

조셉 머피의 미라클 노트

- 상황이나 주변 환경이 세상을 바라보는 관점이나 느낌(운명)을 결정짓지는 않는다. 사실은 정반대다. 세상을 바라보는 관점이나 느낌이 경험이나 상황, 주변 환경을 결정짓는다.
- 평화, 조화, 완전무결함, 안정감, 행복은 내면의 깊은 자아로부터 나온다. 이러한 자질을 키운다는 건 잠재의식에 보물을 쌓는 것과 같다.
- 아이디어는 원이나 회로의 형태로 순환한다. 세상에 축복을 가져다주고 이익이 되는 아이디어를 흘려보내면 그 아이디어는 다시 나에게 돌아와 다른 아이디어와 섞이고 압축된다. 그렇게 만들어진 나의 아이디어는 더욱 커져서 다시 세계의 회로로 흘러 나간다.
- 무언가가 부족하거나 제한적이라고 생각할 때 남의 것에 눈독을 들인다. 우리가 얻고자 하는 것은 결코 부족할 일이 없다는 것을 깨닫는다면, 내가 원하는 것에 집중하고 진정한 성공을 이룰 수 있다.
- 무언가를 상상할 수 있다면 그 일을 이룰 수도 있다.
- 일에서 내가 원하는 만큼 성공할 수 있다고 나 자신과 나의 능력을 믿어라. 그러면 잠재의식을 통해 모든 에너지와 물질을 얻고 우주의 영적 지성을 사용할 수 있다.
- 진짜라고 느껴지는 아이디어는 주관적으로 변하고 잠재의식은 자신의 방법으로 아이디어를 실현한다. 여기서 아이디어는 부정적이든 긍정적이든 상관없다.

8

세상에 맞서 잠시 놓친 인생의 통제권을 되찾아라

"이제까지 건강에 문제가 없었는데, 갑자기 사고를 당해 병원에 실려 갔어요."

"재정적으로 괜찮았다가 갑자기 엄청난 손해가 발생했습니다. 저에게 왜 이런 일이 생긴 걸까요."

"평소에는 행복하고 즐겁고 활기차고 열정이 넘쳐요. 그런데 갑자기 우울한 감정이 휘몰아칩니다. 왜 그런지 모르겠어요."

나는 세계 곳곳에서 보내온 수백 통의 편지를 받는다. 위의 내용은 편지에서 아주 흔하게 볼 수 있다. 이런 편지를 쓴 사람 대부분은 인생의 기복이 심하다. 그러니 외부 상황이 운명을 결정한다는 생각에 사로잡히기 쉽다. 잠깐의 시련도 자신의 운명이라고 착각한다. 하지만 이는 자신의 삶을 타인이나 상황, 사건, 또는 주변 환경에 휘둘리게 내버려 두는 일이다. 적극적으로 인생을 개척하는 대신 기껏해야 외부의 일에 반응하는 수동적인 삶이다.

한 임원과 이야기를 나눴다. 그는 소위 성공의 정점에 도달한 듯 보였다. 하지만 성공의 기쁨도 잠시, 세상이 무너져 내리는 경험을 했다.

집을 잃었고 아내가 떠났으며 주식으로 상당한 돈을 잃었다.

"잘나가다가 왜 갑자기 이런 일이 생길까요? 제가 뭘 잘못하고 있었나요? 어떻게 하면 제 삶을 스스로 제어할 수 있을까요?"

임원은 기복이 없는 안정적인 삶을 살고 싶었다. 나는 차를 운전하는 것처럼 삶을 제어할 수 있다고 설명했다. 파란불은 계속 앞으로 가라는 의미다. 브레이크에서 발을 떼고 액셀을 밟아 속도를 내고 달릴 수 있다. 반면 빨간불은 멈추라는 뜻이다. 이렇게 도로 규칙을 준수하다 보면 '영적 질서'라는 목적지에 도착한다. 올바른 방향으로 차를 운전하듯 생각, 이미지, 감정을 비롯해 삶에 대한 반응을 올바른 곳으로 이끌어라.

나는 그에게 다음의 영적 공식을 따르는 법을 알려 주었다. 아침 출근길에 오르기 전과 점심 식사를 한 후 그리고 잠자리에 들기 전에 '인생의 통제권을 되찾는 확언'[10]을 하라고 조언했다.

그는 주기적이고 체계적으로 확신을 갖고 확언하는 습관을 들였다. 확언을 하면서 점차 자신의 마음을 조화롭고 건강하며 평온하고 침착하게 재정비했다. 이제 그는 재정적인 기복으로 힘들어하지 않는다. 안정되고 균형 잡히며 창조적인 삶을 영위하고 있다.

스스로 기회를 줄 수 있다

"인생에서 도통 기회가 없었어요. 가난하게 태어났고 항상 먹을 게 부족했죠. 학교 친구들의 아버지들은 아름다운 저택과 개인 수영장, 자동차를 가지고 있었고 주머니 사정이 넉넉했는데 말이에요. 인생은 너무나 불공평해요!"

한 남성이 한탄하며 이야기했다. 나는 그에게 가난이 나를 성공의 정점에 올리는 원동력이 될 수도 있다고 설명했다. 아름다운 저택과 수영장, 부, 명성, 성공, 고가의 자동차는 영적 지성을 가진 무한한 마음속에 있는 아이디어다.

나는 이 남성에게 많은 사람의 생각은 전적으로 비논리적이고 비합리적이며 비과학적이라고 설명했다. 불공평한 조건을 안고 태어난 인물을 뽑자면 헬렌 켈러를 떠올릴 사람이 많을 것이다. 그녀는 영아기 때 시력과 청력을 상실했다. 하지만 헬렌 켈러는 마음의 부를 사용해 누구보다 잘 '볼' 수 있었다. 화려한 오페라의 색깔을 보았다. 귀는 들리지 않았지만 비슷한 방식으로 오케스트라 음악이 여리고 강하게 울려 퍼지는 걸 하나하나 느낄 수 있었다. 리릭 소프라노의 음색을 완벽하게 알고 있었고 연극의 유머를 이해할 수 있었다.

헬렌 켈러는 세상에 크나큰 공헌을 했다. 명상과 기도를 통해 그녀는 내면의 눈을 깨우고 전 세계의 청각장애인과 시각장애인의 마음을 고취했다. 질병으로 침대 신세를 지는 사람들 외에도 전 세계 수많은 사람에게 믿음, 자신감, 기쁨을 선사하고 영혼을 한 단계 끌어올렸다. 헬렌 켈러는 시각과 청력을 가진 사람들보다 더 많은 것을 이루었다. 덜 가지고 태어나거나 더 가지고 태어나는 사람은 없다.

그는 헬렌 켈러의 이야기에 깊이 감동했다. 나는 그에게 '불공평한 조건을 극복하고 원하는 것을 이루는 확언'[11]을 써주었고, 그는 이 확언을 카드에 적어 매일 가지고 다녔다. 그리고 규칙적이고 체계적으로 하루에 세 번씩 15분간 되풀이했다. 두려움이나 불안감이 마음을 비집고 들어오면, 카드를 꺼내 확언을 되뇌곤 했다.

그는 확언을 반복할수록 고차원적이고 건설적인 생각이 들어서면서 부정적인 생각들은 사라진다는 것을 깨달았다. 이러한 아이디어를 반복해서 생각하고 실현되리라 믿으면 아이디어가 잠재의식에 각인된다. 그리고 잠재의식은 습관적인 사고에 반응해 기적을 일으킨다.

3개월 후 그가 바라고 생각했던 모든 것들이 실현되었다. 그는 결혼했고 아름다운 집에서 사랑이 넘치는 가정을 꾸렸다. 아내가 인수한 사업체를 운영하며 취미생활을 즐긴다. 그는 결국 시의원이 되어 다양한 지역 사회 서비스에 시간과 노력을 쏟고 전문 지식을 바탕으로 자문을 제공했다. 이 남성처럼 누구나 스스로 일생일대의 기회를 만들어 거머쥘 수 있다.

과거를 후회하거나 비난하지 말고, 미래에 벌어질 일을 두려워하지 말라. 현재를 살아라. 미래에 내가 생각하는 일이 벌어진다면 그건 내가 그렇다고 생각했기 때문이다.

자기 비하는 마음의 독약이다

"저는 단조로운 삶을 살고 있어요. 너무 답답해요. 사랑에 실패했고 몸과 마음이 아파요. 죄책감을 많이 느끼고 아는 게 없는 것 같아요. '많은 사람이 조용한 절망 속에서 살아간다'라는 헨리 데이비드 소로의 말이 맞았어요!"

한 교사는 이렇게 털어놓았다. 이 젊은 여성은 매우 지적이고 박학다식하며 똑똑했다. 하지만 자기 자신을 비하하고 자책했다. 자기 비하는 마음의 독약이다. 생기와 열정, 에너지를 빼어가고 정신적으로 피폐하게 만든다.

나는 그녀에게 누구나 우울하고 슬프고 아픔을 겪는 등 삶의 기복이 있다고 설명했다. 하지만 인생을 제어하고 건설적인 생각을 하지 않는 이상 질병과 사고, 불운, 비극을 믿는 군중심리가 생각을 지배한다. 상황과 환경에 지배를 받으며 자기 자신을 어린 시절 교육과 세뇌의 피해자라고 생각하거나 유전자를 탓할 것이다.

정신상태와 믿음, 신념과 내가 만든 조건이 미래를 결정한다. 현재 상황은 단순히 수년간 의식적·무의식적으로 습득하고 반복해 온 수천 가지 생각, 이미지, 감정이 습관처럼 쌓여 나타난 결과다. 나는 그녀에게 다음과 같이 덧붙였다.

"전 세계를 여행했다고 하셨지만 내면을 여행하신 적은 없으시군요. '저는 종일 위아래층을 왔다 갔다 하지만, 거기 말고는 아무 데도 안 가요'라고 말하는 엘리베이터 안내원 같으시네요. 오래된 사고 패턴이 고착되어 있고 쓸데없는 소원을 빌고 계십니다. 일상에서 반복되는 사고 패턴 때문에 상사나 학생, 학교 이사회를 생각하면 정신적으로 불안하고 혼란스럽고 슬픈 거예요."

교사는 고착된 패턴에서 벗어나 인생을 변화시키기로 했다. 스스로를 변화시켜 인생의 아름다움과 만족, 영광을 느끼고 싶었다. 현재의식에서 받아들이는 내용이 잠재의식에 도달할 것임을 알았기에 다음 진리를 하루에 몇 번씩 확언했다. 이러한 확언을 반복하면 마음을 경험할 만한 가치가 있는 성공, 행복, 기쁨으로 재정비할 수 있다. 그는 '단조로운 삶에 활력을 주는 치유의 확언'[12]을 몇 번씩 복용했다.

이 말을 하루에 여러 번 반복했더니 인생에 기적이 일어났다. 건설적이고 자신감 넘치는 사고에 청신호가 켜졌다. 잠재의식 속에 쌓여 있던 정신의 씨앗이 뿌린 대로 자라난다는 것을 확신하자 인연이 나타났다. 교장과 결혼을 약속한 것이다. 승진도 했다.

영적 경험을 한 이후 그림에 큰 재능이 있다는 것도 발견했다. 그녀는 그림을 그리면서 무한한 기쁨을 느꼈다. 이제 교사는 내면에 갇혀 있던 광채를 발산하고 있다. 진실하고 긍정적인 확언은 삶에 긍정적인 영향을 미친다는 것을 깨달은 덕분이다.

군중심리를 넘어서라

여기서 군중심리mass mind란 이 세상 수십억 명의 사람들에게 작동하는 마음을 의미한다. 모든 생각은 하나의 우주적인 마음으로 들어간다. 조금만 상상력을 발휘하면 이미지와 느낌, 믿음, 미신, 추하고 부정적인 생각 모두가 우주적인 마음에 새겨진다는 걸 알 수 있다.

동시에 전 세계 수백만 명의 사람들은 군중심리에 사랑, 믿음, 자신감, 기쁨, 평화, 선의, 행복, 성취, 승리, 문제 해결법 등을 불어넣고 있다. 그러나 이런 사람들은 전 지구적으로 봤을 때 극소수에 불과하다.

군중심리의 가장 큰 특징은 바로 부정성否定性이다. 군중심리는 사고, 질병, 불운, 전쟁, 범죄, 모든 종류의 재난과 재해가 일어나리라고 믿는다. 군중심리에는 공포의 싹이 되는 증오, 분개, 적대감, 화, 고통이 새겨지기 때문에 전반적으로 공포가 만연하다. 빅토리아 시대에는 성을 금기시하고 성적 표현에 제한을 두었다. 하지만 성의 억압은 반작용을 불러일으켜 부도덕함과 음란함이 오늘날 세계 각지에 극단적으로 퍼졌다.

그러므로 잠재의식의 힘을 과학적으로 활용해 나 자신을 지킬 수 있을 때까지 온갖 시련과 고난에 시달리는 건 당연하다. 우리는 모두 군중심리의 영향, 부정적인 주문, 선전의 지배와 힘, 다른 사람의 의견에 종속되어 있다. 우리가 의도적으로 거부하지 않는 한 행운과 불운, 고통과 안녕, 부와 가난은 엎치락뒤치락할 수밖에 없다. 변치 않는 원리와 진리의 관점에서 나 자신을 바라보지 못한다면 우리는 단지 대중 중 한 사람일 뿐이며 인생의 기복을 피해갈 수 없을 것이다.

건설적으로 사고하고 비전을 품으면 마음을 완전히 제어하고 사람의 마음을 평생 공격하는 군중심리의 부정적인 암시를 무력화할 수 있다. 조화·건강·부·평화·기쁨·온전함·완벽의 원칙을 알면 부정적인 군중심리를 뛰어넘을 수 있다. 건설적으로 사고하는 습관을 들이면 끌어당김의 법칙에 따라 신적인 자질과 특성을 경험할 수 있을 것이다.

다음은 군중심리를 뛰어넘고 그릇된 믿음과 집단적 두려움에 대한 내성을 키우는 훌륭한 확언이다.

> 무한자가 나를 통해 생각하고 말하고 행동하며 모든 측면에서 나를 영적으로 인도해 줍니다. 영적인 행동이 나를 지배합니다. 영적인 법과 질서가 나의 삶을 지배합니다. 두려움이나 의심이 들거나 걱정이 될 때면, 내가 생각하는 게 아니라 내 안의 군중심리가 생각하는 것임을 알고 있습니다. 그래서 대담하게 확언합니다. 선한 생각에는 영적인 힘이 서려 있습니다.

위의 확언을 계속 확인하고 묵상하라. 확언을 반복해서 말할 때는 한 마디 한 마디에 생명과 사랑, 기대, 감사를 비롯한 모든 긍정적인 감정을 담아 말해야 한다.

그러면 불협화음이나 혼란, 극단적인 인생의 기복이 없어지고 비극을 피해갈 수 있다. 창의적이고 생기 넘치며 활동적인 삶을 즐길 수도 있다. 그렇게 새로운 삶을 살아가면 창의성과 돈을 벌 기회가 넘칠 것이다.

세상의 편견과 맞서 싸우는 법

몇 달 전 노스캐롤라이나주에 사는 한 여성은 세상이 망해가고 있다고 말했다. 도덕성은 쇠퇴하고 부패가 만연하며 청소년 폭력, 범죄, 스캔들로 뉴스가 가득 차 있다는 것이다. 그녀는 이런 세상에 분개하고 자신이 아무것도 할 수 없다는 사실에 절망했다. 나는 그 말이 사실이라고 인정했다.

하지만 우리는 달라질 수 있다. 지금 있는 자리에서 온전하고 행복한 삶을 영위하려면 부정적인 세상을 뛰어넘어 솟아오를 능력을 갖춰야 한다. 나는 당장 주위를 둘러보라고 했다. 분명 주위에는 행복하고 생기가 넘치며 즐겁고 자유롭게 사는 사람들이 있을 것이다. 건설적인 삶을 영위하고 나아가 인류에 다양한 방식으로 공헌하는 수많은 사람이 있다.

노스캐롤라이나주의 고통 받는 여성에게 '편견에 싸인 세상에서 내 중심을 잡는 확언'[13]을 전해 주었다. 이후 그녀가 좋은 소식을 가지고 연락해 왔다.

"박사님의 편지는 제가 읽어 본 그 어떤 편지보다도 새로웠습니다.

신세계였어요. 저는 지금 너무나 행복합니다! 가장 먼저 나 자신이 변해야 하고 사고방식을 바꿔야 한다는 사실을 이제는 알아요. 무한한 힘과 조화를 이루자 세상 모든 사람의 마음속에 깃든 신성과도 조화를 이룰 수 있었어요. 감사합니다."

예로부터 내려오는 히브리어 속담 중, '만물의 근원은 영원히 변화한다'는 말이 있다. 내 안에 있는 무한한 힘에 귀 기울이고 무한한 힘이 매사에 나를 이끌며 방향을 지시하고 삶을 다스리게 하라. 무한한 힘은 발등을 비추는 등불이자 길을 인도하는 빛이라 생각하면 현재의식에 영적인 지혜가 부여된다.

작용과 반작용이라는 우주의 법칙

한 약사의 이야기다.

"인생이 수렁에 빠졌어요! 어떻게 하면 이 수렁에서 빠져나올 수 있을까요? 약국에 도둑이 들어 수천 달러어치 약과 돈을 훔쳐 갔어요. 그런데 보험은 손해 본 금액의 일부만 보상해 준다는 거예요. 주식에 투자한 돈도 마이너스입니다. 이런 상황에서 어떻게 건설적인 생각을 하란 말입니까?"

"무슨 생각을 할지는 본인에게 달렸습니다. 내가 얼마만큼 손해를 봤는지와 무슨 생각을 하는지는 전혀 관련이 없습니다. 인생에서 일어나는 일이 문제가 아니라 그 일에 반응하는 방식이 문제입니다."

나는 약사에게 도둑이나 주식 시장이 건강, 지식, 마음의 부를 훔쳐 갈 수 없다고 지적하며 다음과 같이 덧붙였다.

"약사님은 정신적으로나 영적으로 부유합니다. 사랑스럽고 상냥하며 이해심이 넘치는 아내와 대학에 다니는 훌륭한 두 아드님을 두었습니다. 약학·약화학적 전문 지식, 약국 운영 능력과 실무 지식을 훔쳐 갈 수 있는 사람은 아무도 없습니다. 이게 바로 마음의 부입니다.

또한 도둑은 잠재의식의 법칙이나 내면의 무한한 지식을 빼앗지 못합니다. 부정적인 생각에서 헤어 나오지 못하는 건 어리석습니다. 얼마나 좋은 일이 많은지 그 아름다움을 칭송해 보십시오!

약사님의 마음을 통하지 않고서는 아무것도 얻거나 잃을 수 없습니다. 손해를 봤다고 마음속으로 인정하지 않으면 아무 손해도 일어나지 않습니다. 하지만 인정하고 싶지 않더라도 정신적·정서적으로 수천 달러의 손해를 봤다고 생각한다면, 잠재의식은 그 생각을 존중하고 유효하게 여겨 세상에 드러낼 것입니다. 이게 바로 우주에서 보편적으로 발생하는 작용과 반작용의 법칙입니다."

나의 설명에 따라 약사는 '마음의 부를 빼앗는 도둑을 물리치는 확언'[14]을 시작했다. 이 진리를 반복적으로 확언하는 습관을 들인 지 몇 주 후에 주식 중개인에게 전화가 왔다. 중개인은 주식 투자에서 본 손실을 모두 만회했다며 기뻐했다. 게다가 10년 동안 소유해 온 5000달러짜리 토지를 5만 달러에 팔아 큰 이익을 남길 수 있었다. 그는 마음이 작동하는 놀라운 방법을 이해했고 삶의 기복에 힘들어하지 않아도 된다는 것을 깨달았다.

부에 대한 의식이 부를 낳는다. 손을 뻗기만 하면 무한한 풍요로움을 얻을 수 있음을 깨달아야 한다. 영적인 풍요로움은 내 손 안에 있다. 영적인 진리와 나를 합치할 때, 비전을 그리고 조화와 완벽의 법칙을 이해할 때, 내 앞엔 건강·평화·풍요로움으로 가는 길이 열린다. 나는 적절한 시기에 열매를 맺을 것이고 계획과 기회가 생길 것이고 아이디어가 실현될 것이다. 어떤 사건이나 계기가 생겨서 하고자 하는 일을 행하고 성취할 것이다.

'번영'이란 모든 면에서 역량이나 능력을 키움으로써 내가 가진 능력을 완전하게 사용하는 것을 말한다. 종종 사람들은 '번영'이라는 단어를 돈과 관련해 생각하곤 한다. 하지만 영적인 창조력을 사용해 내면에서 먼저 번영하지 않는다면 외적인 번영을 거머쥘 수 없다.

조셉 머피의 미라클 노트

- 외부 상황이 운명을 결정한다는 생각은 자신의 삶을 타인이나 상황, 사건, 또는 주변 환경에 휘둘리게 내버려 두는 일이다. 외부의 일에 반응하는 수동적인 삶에서 벗어나 적극적으로 인생을 개척하라.
- 삶의 욕망, 목표 및 목적에 맞게 생각하라. 운명을 결정하는 생각을 통제할 수 있는 사람은 오직 나 자신뿐이다.
- 과거를 후회하거나 비난하지 말고, 미래에 벌어질 일을 두려워하지 말라. 현재를 살아라. 미래에 내가 생각하는 일이 벌어진다면 그건 내가 그렇다고 생각했기 때문이다.
- 많은 사람이 세계여행은 하면서 자기 내면으로의 여정은 떠나지 않는다. 내면에 갇혀 있는 광채를 발산하라.
- 삶에서 하는 모든 행동과 삶에서 겪는 모든 경험은 현재의식과 잠재의식에 주어지는 사고의 산물이다. 좋은 생각을 하며 좋은 것을 추구하라.
- 무엇을 생각할지는 자신의 선택에 달려 있다. 손해를 보거나 고통을 입었더라도 일어난 일을 어떻게 생각할지는 내 선택에 달려 있다.
- 부정적인 군중심리를 뛰어넘고 그릇된 믿음과 집단적 두려움에 내성을 키우기 위해서는 건설적으로 사고하며 긍정적인 감정을 담아 비전을 품어야 한다.
- 영적인 풍요로움은 내 손 안에 있다. 영적인 진리와 나를 합치할 때, 비전을 그리고 조화와 완벽의 법칙을 이해할 때, 내 앞엔 건강·평화·풍요로움으로 가는 길이 열린다.

9

생각의 주인이 되면 인생이 뜻대로 흐른다

종종 사람들은 자신에게 닥친 문제의 해결책을 찾기 위해 외부 세계를 바라보는 실수를 저지르곤 한다. 모든 해답과 해결책은 자기 안에 있는데도 그 사실을 깨닫지 못하고 앞에 놓인 상황과 환경, 타인을 비난한다. 생각·아이디어·믿음·행동의 주인이 되면 모든 외부의 장애물을 물리칠 수 있다.

인생에서 어려움과 도전, 문제에 직면하는 순간은 언제든 찾아온다. 어떨 때는 도전 과제가 너무나 어렵게 느껴질 수도 있다. 하지만 내 안의 무한한 힘을 믿고 담대하게 다음 내용을 확언한다면 이제까지 그래 왔듯 문제를 해결하고 시련을 극복할 수 있을 것이다.

시련은 모두 물러갑니다. 나는 무한한 힘으로 이 어려움을 극복합니다. 나는 필요한 모든 힘과 지혜, 기운이 내게 주어질 것임을 믿고 용감하게 이 문제에 맞서 싸웁니다. 영적인 지성은 답을 알고 있으며, 영적인 지성과 내가 하나라는 사실을 믿어 의심치 않습니다. 영적인 지성은 내게 출구를, 행복한 결말을 보여줍니다. 나는 영적인 지성이 내게 제시하는 예견을 향해 걸어갑니다. 장애물은 신성한 사랑의 빛 속에서 녹아내려 내 눈앞에서 사라집니다. 나는 이 모든 일이 이루어질 것을 믿습니다. 이를 있는 그대로 진심으로 받아들입니다.

'믿다'라는 뜻의 영어 동사 'believe'는 '존재하다'라는 뜻을 지닌 동사 'be'와 '살아 있는'이라는 뜻을 지닌 형용사 'alive' 두 단어가 만나 구성된 단어다. 고대 영어에서 'believe'는 '존재하는 상태에서 살아가다'라는 뜻이다. 내 안의 존재를 현실(외부 세계)로 만든다는 것을 의미한다. 즉 믿으면 현실이 된다.

내 인생의 주인이 누구인지를 알라

출혈성 궤양과 신경 쇠약을 앓아 두 달간 병원에 입원했던 여성을 인터뷰한 적이 있다. 그녀는 재정적 어려움과 가정에서 받은 스트레스로 병까지 얻은 것 같았다.

남편은 그녀에게 가정을 꾸리고 두 아이가 먹을 음식을 살 수 있을 정도의 생활비만 줬다. 나머지 돈은 어디로 갔는지 모른다고 했다. 교회를 가는 등의 바깥 활동을 허락하지 않는 건 물론이고, 음악을 좋아하는 그녀가 집에서 피아노를 연주하는 것조차 못하게 했다.

남편의 왜곡되고 뒤틀린 생각 때문에 여성은 타고난 재능과 능력 그리고 마음속의 꿈을 모두 버려야 했다. 그녀는 남편이 원망스러웠다. 억압된 분노와 좌절감은 신경 쇠약과 궤양으로 발현되었다. 무지하고 이기적이며 냉담한 자세로 여성의 생각과 가치를 폄하한 남편은 그녀의 마음을 엉망으로 어지럽혔다.

나는 재능 넘치는 이 여성에게 결혼했다는 이유로 배우자의 열정과 개성을 억압할 자격은 없음을 설명했다. 결혼생활은 상호 간의 애정과 자유, 존경으로 이루어져야 한다. 어느 한쪽이 소심하고 의존적인 태도로 상대방을 두려워하고 복종하는 일은 그만둬야 한다고 지적했다. 그녀에겐 심리적·영적으로 원하는 것을 성취할 자유가 있어야 했다.

남편과도 이야기를 나눈 후 나는 서로를 좀먹는 태도를 그만두라고 권했다. 서로의 결점, 약점, 허점을 곱씹는 대신 상대방이 지닌 장점에 주목하고, 결혼식을 올렸을 때 서로가 보여줬던 놀라운 자질을 다시 살펴보라고 설명했다.

남편은 아내가 겪는 억압과 마음에 품은 분노가 건강 악화의 원인이라는 사실을 이해했다. 부부는 아내가 음악적·사회적으로 자신을 표현할 방법을 함께 생각했다. 또한 상호 간의 사랑, 신뢰, 확신을 바탕으로 공동 계좌를 개설하기로 합의했다. 이후 부부는 합의한 내용을 지키며 생활했다. 이들은 그것을 실천하는 일이 서로에 대한 믿음을 표현하는 방법임을 알고 있었다.

한 달 뒤 부부에게서 전화가 왔다. 먼저 여성이 말했다.

"저는 박사님이 말씀하신 것처럼 진리대로 살아가는 사람이 되었습니다. 이 진리들은 제 마음속에 기록되어 있어요."

남편 역시 완벽한 삶을 위한 무한한 힘은 항상 자기 자신 안에 있음을 발견했다.

"이제 제 생각과 감정, 반응의 주인은 바로 저 자신입니다. 아내의 생각과 감정, 반응의 주인은 아내라는 것도 압니다. 저희에게 각자의 삶의 주인이 누구인지 아는 것은 아주 중요한 가치가 되었습니다."

결혼은 멋진 기회다. 배우자와 풍요의 법칙에 관해 이야기하고 풍요의 법칙이 삶을 지배한다는 사실에 의견이 합치되면, 그 효과는 더욱 커지기 때문이다. 풍요의 법칙은 멈추지 않고 흐르며 언제 어디서나 존재한다. 부부가 이상과 동기를 일치시키면 생의 전반에 풍요로움을 경험할 것이다.

다양한 분야에서 빛을 발한 위인들은 배우자에게 영감을 받았다. 기혼자는 배우자가 어떤 사람이 되어야 할지 그 모습을 마음속에 이미 품고 있다. 올바른 느낌을 받으면서 마음으로 사물을 이해하는 것은 실패를 성공으로, 빈곤을 풍요로 바꾼다. 두 사람은 서로에게 풍요로움을 발현시키는 원동력이자 강력한 동기가 된다.

나를 부정하는 사람들로부터 나를 지키는 방법

한 청년이 사교 모임에 나가면 늘 무시당하고, 회사 승진 대상에서도 늘 제외된다는 불만을 내게 털어놓았다. 자신은 집에 사람들을 자주 부르는데, 자신이 초대했던 친구나 동료들의 집에 다시 초대된 적은 없다고도 덧붙였다. 그는 모든 사람을 향해 깊고 맹렬한 적대감을 품고 있었다.

청년은 나와 상담하며 어린 시절 가정환경이 어땠는지 털어놓았다. 그는 청교도 교리를 엄격하게 따르는 뉴잉글랜드 출신 아버지 밑에서 자랐다. 어머니는 그를 낳다가 세상을 떠났다. 다소 독재적인 폭군 기질이 있었던 아버지는 아들에게 자주 이렇게 말했다.

"아무것도 할 줄 모르는 멍청한 녀석아, 왜 너는 다른 형제처럼 똑똑하지 못한 거냐? 네 성적이 부끄러워서 내가 고개를 들지 못하겠다."

청년은 아버지를 미워했다. 그는 늘 거절당하리라는 콤플렉스를 안고 자랐고, 무의식중에 사람들이 자신을 받아들이지 않으리라고 느꼈다. 그의 정신은 끓어넘칠 듯한 냄비처럼 늘 아슬아슬한 상태였으며 대인관계에서 과하게 예민한 태도를 보였다. 여기에 더해 그는 거절당하거나 무시를 당할 거라며 공포에 떨었다.

나는 그가 모욕과 거절을 끊임없이 두려워하고 있다는 사실을 지적했다. 게다가 그는 아버지를 향한 적대감과 분노를 타인에게 투사하고 있었다. 비난, 거절, 지적 등의 온갖 행동으로 자신을 비난하고 거절하며 무시하기를 강박적으로 바라고 있었다. 나는 청년에게 마음의 법칙을 설명하고, 그가 거절 콤플렉스를 극복해 삶의 주인이 될 수 있도록 실용적인 계획을 세워주었다.

1. 과거의 경험을 뛰어넘는다. 잠재의식에 생명력 있는 사고 패턴과 영원한 진리를 공급하면 과거의 끔찍한 경험을 머릿속에서 완전히 뿌리 뽑을 수 있음을 깨닫는 것이다. 잠재의식은 암시에 순응하며 현재의식의 통제를 받는다. 따라서 모든 부정적인 패턴, 콤플렉스, 두려움, 열등감을 없앨 수 있다.
2. 건설적인 사고 습관을 확립하기 위해 '잠재의식에 생기를 불어넣는 확언'[15]을 하루에 서너 번씩 반복해서 외운다.
3. 결코 자신을 비난하거나 비하하거나 깎아내리지 않는다. '나는 나빠' '징크스가 나를 따라다녀' '아무도 나를 원하지 않아' '나는 아무것도 아니야'라는 생각이 떠오르는 순간 "나는 내 안의 신성을 드높입니다"라고 말하며

자신을 높여야 한다.

4. 동료들과 친근하고 쾌활하며 상냥하게 어울리는 자신의 모습을 상상한다. 업무적으로 좋은 성과를 달성해 상사에게 칭찬받는 모습을 상상하고 칭찬의 목소리를 들어야 한다. 친구들의 집에 초대받는 자신의 모습을 상상하고, 무엇보다도 상상이 현실로 이루어질 것이라는 걸 믿어야 한다.
5. 습관적으로 생각하거나 상상하며 두려워하는 일은 반드시 일어난다는 사실을 깨닫는다. 잠재의식에 새겨진 모든 일은 실제 세계라는 스크린에 경험과 조건, 사건으로 반드시 표현된다.

청년은 위에 설명한 다섯 단계를 실천해야 하는 이유와 방법을 제대로 이해한 후 부지런히 실천했다. 청년은 잠재의식의 작동 기법을 적용하며 매일 자신감을 점점 키워 갔다. 점차적으로 그의 잠재의식은 유년기에 생긴 정신적 트라우마를 정화하는 데 성공했다.

이제 그는 여러 동료의 집에 손님으로 초대받고, 조직의 사장과 부사장에게도 사랑받는다. 이 심리학적 절차를 삶에 적용한 뒤로 두 번 승진해 현재는 자신이 몸담은 은행의 부사장으로 일하고 있다.

그는 잠재의식의 힘을 적용하면 과거의 상황, 경험, 사건 등을 지배할 수 있음을 안다. 믿는 대로 이루어진 것이다.

미워하는 마음을 버릴 때 자유로워진다

"머피 박사님, 저는 최근 박사님의 책을 읽고 큰 도움을 받았습니다. 박사님께 제가 겪고 있는 문제에 대한 조언을 구하고 싶습니다.

남편은 저에게 항상 모욕적인 언어로 빈정대고 독설을 퍼붓습니다. 남편은 제가 하는 모든 활동을 비판합니다. 거짓으로 가득한 남편의 말을 믿을 수 없어요.

현재 저는 남편과 각방을 쓰고 부부 관계도 안 한 지 오래예요. 최근 5년간 집에 손님을 초대한 적도 없죠. 제 마음은 남편을 향한 반감으로 가득합니다. 제가 남편을 증오하게 될까 봐 두렵습니다.

저는 벌써 두 번이나 남편과 거리를 둬봤어요. 부부 상담도 받아봤고 심리 상담과 법적 자문까지 구해 봤습니다. 남편과 도무지 소통할 수가 없어요. 어떻게 해야 할까요?"

텍사스에 사는 한 여성에게 받은 편지의 내용이다. 나는 다음과 같이 답장했다.

"데브라 씨, 세상 그 누구에게도 미움과 분노의 감정을 품어서는 안 됩니다. 부정적인 감정이나 태도는 독과 같아서 모든 정신력을 약화시키고 평화, 조화, 건강 및 올바른 판단력까지 빼앗아갑니다. 부정적인 감정과 태도는 데브라 씨의 영혼을 좀먹고 육체와 정신을 파괴합니다.

데브라 씨는 자신의 세상 속 유일한 사상가입니다. 남편을 생각하는 방식에 대한 책임도 데브라 씨에게 있습니다. 남편의 책임이 아닙니다.

데브라 씨는 선의를 가지고 심리학자, 변호사, 목사를 찾아가며 치유를 구했지만 뚜렷한 해결책이 보이지는 않았죠. 그것이 진정으로 원하는 방식이 아니기 때문입니다. 거짓된 삶을 사는 것은 옳지 않습니다. 거짓말을 하며 사는 것보다 거짓을 깨뜨리는 편이 낫습니다.

남편이 무슨 행동을 하든 나에게 어떤 영향도 미치지 않는다는 태도를 취하세요. 그리고 '남편의 행동을 받아들이고 축복하는 확언'[16]을 해보십시오. 이 확언을 통해 건설적인 방향으로 마음이 움직인다면 긍정적인 결과가 나타날 것입니다."

나는 여성에게 자신의 재능을 펼치고 지역 사회 활동도 계속하며 건설적인 삶을 구축하라고 권했다. 긍정적인 사고가 마음속 곳곳에 박힌 모든 원한과 부정적이고 파괴적인 독주머니를 제거하고 잠재의식을 정화해 줄 것이라고 설명했다.

이는 물을 한 방울씩 계속 정화하면 마침내 더러운 물 한 통 전체를 정화할 수 있는 것과 같다. 물론 더러운 물통 안에 호스를 넣어 더 빨리 깨끗한 물로 바꿀 수도 있다. 호스를 연결하는 것은 사랑과 선의를 영혼에 쏟아부어 즉각적인 정화를 실행하는 것과 같다. 그러나 일반적으로 행해지는 절차는 점진적인 정화 프로세스다.

자신의 재능, 사랑, 친절, 배려를 타인에게 진심으로 베풀면 자신과 타인에게 향하는 부정적인 감정을 정화할 수 있다. 타인을 위해 친절한 행동을 하거나, 병원에 입원한 환자들 또는 아픈 친구를 방문하거나, 지역 사회에서 자원봉사를 하거나, 타인에게 사랑을 담은 친절함을 선사하라. 사랑을 전하는 것만으로도 마음이 치유된다.

얼마 후 데브라는 두 번째 편지를 보냈다. 확언은 흥미로운 결과를 낳았다.

"머피 박사님, 조언과 확언이 담긴 편지 잘 받았습니다. 깊이 감사드립니다. 박사님의 말씀을 열심히 실천했습니다. 남편이 저를 비꼬며 욕설과 악담을 쏟아부을 때마다 저는 속으로 남편을 축복했습니다.

남편은 지난주 이혼을 요구했고, 저는 기꺼이 동의했습니다. 저희는 서로 만족할 만한 재산 분할에 합의했습니다. 남편은 이혼을 마무리하러 곧 리노로 갈 예정이에요. 남편은 다른 여성과 결혼할 계획도 세우고 있는데, 제가 보기에도 그에게 잘 맞는 사람인 것 같습니다.

확언을 시작한 이후 병원 활동과 지역 활동을 하면서 친구도 많이 사귀었습니다. 병원 활동을 하다가 다시 만난 어린 시절 친구와 사랑에 빠졌어요. 법적으로 자유로워지면 저희는 바로 결혼하기로 했어요."

잠재의식은 참으로 신비한 방식으로 놀라운 일을 펼친다. 결혼생활에 종지부를 찍는 것보다 그녀에게 더 중요한 것은 정신적 고통이 끝난다는 사실이다. 여성은 자신을 해방시킴으로써 자신을 진정으로 존중해 주는 새로운 사람을 만나 마땅히 받아야 할 사랑을 받고 연인 관계를 맺을 수 있었다.

조셉 머피의 미라클 노트

- 내면의 힘이 모든 문제를 해결한다는 사실을 깨달아라. 용기를 갖고 자신 있게 모든 도전에 맞서라. 산을 바닷속으로 가라앉게 하라는 명령(장애물을 녹여 시야에서 없애라는 명령)을 내려라. 그러면 믿는 대로 될 것이다.
- 나는 모든 장애물을 극복하고 인생에서 승리하기 위해 이 세상에 태어났다. 그 증거는 잠재의식에서 찾을 수 있다.
- 항상 무시당하거나 거부당한다고 느낀다면, 그 이유는 자신이 그렇게 대우받기를 기대하는 마음이 바탕에 있기 때문이다. 습관적으로 생각하거나 상상하며 두려워하는 일은 반드시 일어난다. 결코 자신을 비난하거나 비하하거나 깎아내리지 말고, 자신을 높이는 생각을 습관화해야 한다.
- 과거의 경험을 뛰어넘어라. 잠재의식의 힘을 활용하면 과거의 상황, 경험, 사건 등을 지배할 수 있다. 과거의 끔찍한 경험을 머릿속에서 완전히 뿌리를 뽑고 과거의 트라우마를 정화할 수 있다.
- 문제를 해결하기 위해 생각할 수 있는 모든 방법을 정직하게 시도한 뒤에는 그 일을 잠재의식에 묻어 두어라. 잠재의식이 해결책을 보여줄 것이다.
- 자신의 재능, 사랑, 친절, 배려를 타인에게 진심으로 베풀면 자신과 타인에게 향하는 부정적인 감정을 정화할 수 있다. 긍정적인 사고가 마음속 곳곳에 박힌 모든 원한과 부정적이고 파괴적인 독주머니를 제거하고 잠재의식을 정화하는 것이다.
- 결혼은 멋진 기회다. 배우자와 풍요의 법칙에 관해 이야기하고 풍요의 법칙이 삶을 지배한다는 사실에 의견이 합치되면, 그 효과는 더욱 커지기 때문이다.

10

긍정과 선의가 잠재의식의 힘을 키운다

부자가 된다는 것은 물질적 풍요를 얻는 것 그 이상이다. 부자가 된다는 것은 건강 상태가 좋고, 개인적·업무적 인간관계를 튼튼히 유지하고 자아를 실현하며 지적·정서적·영적 발전을 이룬다는 것을 뜻한다. 잠재의식의 힘을 활용하면 삶의 모든 측면에서 그 힘의 혜택을 누릴 수 있다. 진정한 행복과 살아 있다는 감정을 느끼며 즐겁게 살 수 있는 것이다.

사람들은 종종 운명(삶의 목적)이 이미 결정된 것은 아닌지 궁금해한다. 어떤 이들은 삶에 목적이나 의미가 없다고 믿고, 어떤 이들은 각자가 삶의 뜻과 목표를 정의할 책임을 진다고 믿는다. 또 다른 사람들은 우리가 현세에서 타인을 위해 열심히 일하며 희생해야 그 보상으로 내세에서 처벌을 피할 수 있다고 믿는다.

진정한 삶의 목적은 바로 지금의 삶을 즐기는 것이다. 우리의 목적은 모든 잠재력이 실현된 삶을 사는 것이다. 내가 누구인지 온전히 표현하고, 우리를 둘러싼 풍요로움을 마음껏 누리는 것이다.

자신이 하는 일을 최고로 잘하거나 자신의 분야에서 정상에 오른 사람들을 생각해 보라. 이들은 대개 자신이 하는 일에 매우 열정적이고, 자신의 열정을 추구하는 데 많은 투자를 쏟아붓는 사람들이다. 우리는 이들을 성공한 사람이라 여긴다. 대개 이들은 딱히 부를 적극적으로 좇지 않는데도 매우 부유하다. 이들은 타인의 삶을 풍요롭게 만들어 주는 열정을 추구하다 자연스럽게 부를 얻었다.

선의는 늘 악의를 이긴다

하와이 카우아이섬에 있을 때 나는 추수감사절을 맞이해 지역 주민들과 어울리며 멋진 풍경을 감상했다. 내가 만난 가이드는 수많은 친구에게 나를 소개하고, 여러 집에 데려가 주민들의 사는 모습을 보여줬다. 내가 방문한 집에 사는 사람들은 행복하고 자유로워 보였으며 친절하고 관대했다.

그러던 중 한 남성을 만나 흥미로운 대화를 나눴다. 수년 전에 미국에서 온 남성은 상점을 운영하고 있었다. 그의 아내는 부부가 함께 모은 돈을 모두 가지고 남편을 떠나 버렸다. 그는 자신이 부족했다는 것은 인정하지만, 아내에 대한 증오와 혐오감 그리고 씁쓸함을 떨치지 못했다. 사람을 만나는 게 힘들 정도로 큰 타격을 받았다.

그때 친구가 그에게 여행을 제안했다. 친구는 하와이에서 가장 오래된 섬이자 단풍이 우거지고 꽃이 무성한 아름다운 풍경의 카우아이섬을 소개했다. 수심이 깊고 다채로운 색으로 빛나는 협곡, 황금빛 해변, 구불구불한 강줄기 등에 대한 이야기가 그의 상상력을 사로잡았다.

여행 중 사탕수수밭에서 몇 달 일할 기회가 생겼다. 그러던 중 병에 걸려 몇 주간 입원했다. 동료들은 매일 병문안을 와서 과일을 주면서 건강이 회복되기를 함께 기도해 줬다. 이웃의 친절과 사랑, 관심이 마음속에 스며들자 그도 사랑과 선의로 이웃에게 보답했다. 남성은 '사랑은 언제나 증오를 이기고, 선의는 늘 악의를 이긴다'라는 아주 간단한 공식을 삶에 적용하고 있었다. 그는 완전히 다른 사람이 되었다.

그전까지 남성의 마음은 괴로움·자책·증오로 썩어 가고 있었다. 하지만 사탕수수밭의 동료 직원들이 베푼 사랑과 친절이 그의 잠재의식까지 파고들어 그 안에 있던 모든 부정적인 패턴을 깔끔하게 없애 버렸다. 남성의 마음은 모든 이를 향한 사랑과 선의로 가득 찼다. 그는 사랑이 모든 것을 녹이는 용매라는 사실을 깨달았다. 오늘날 그는 "나는 매일 만나는 모든 사람에게 영적인 사랑·평화·기쁨을 가득 베풉니다"라고 확언한다. 남성은 사랑을 많이 줄수록 더 큰 축복을 받는다는 걸 배웠다.

매일 아침 눈을 뜰 때 다음 내용을 마음속 깊이 확언하라.

나는 오늘 그리고 매일 점점 더 큰 신성한 사랑, 빛, 진실, 아름다움을 경험합니다. 나와 인연이 닿은 모든 사람을 도와줄 것이며, 언제든지 다른 사람을 도와줄 시간이 있을 것입니다. 나는 그들에게 봉사할 기회를 기쁜 마음으로 맞이할 것입니다.

이 기적의 진리를 확언하고 하루를 시작하라. 내가 믿음을 가지고 기대하는 것은 무엇이든 현실로 일어날 것이며, 예상치 못한 기쁘고 놀라운 일들이 일어날 것이다.

좋은 것을 생각하면 좋은 것이 따라온다

카우아이 섬에 살던 제니라는 여성이 내게 편지를 보냈다. 제니는 마음이 두려움으로 가득 차 있으며, 깊은 고통을 겪고 있다고 했다. 그녀가 불안함을 느끼기 시작한 건 파혼을 하고 나서부터였다. 전 약혼자가 보복으로 카후나에게 사주해 제니에게 저주를 내렸다고 했다. 하와이어로 카후나는 주문과 밀교 지식 등을 활용해 사람들을 치유하는 약사 또는 무당을 가리킨다.

제니는 항상 두려움에 휩싸여 있었고 위축된 모습을 보였다. 제니와 면담하며 나는 그녀가 빛나는 성격을 지닌 활기찬 여성이라는 사실을 발견했다. 제니는 열정과 기쁨이 넘치고 섬과 관련된 새로운 아이디어를 가득 지닌 젊은이였다.

나는 제니에게 '모든 두려움을 없애 주는 확언'[17]을 적어 보냈다. 제니는 이 진리를 매일 아침·오후·밤마다 10분 동안 규칙적이고 체계적으로 반복해서 외웠다.

"박사님께서 편지에 적어 주신 지침을 따랐더니 저의 내면이 빛으로 변했어요."

제니는 이 진리를 긍정할수록 진리가 자신의 잠재의식 속으로 점점 가라앉아 자유, 내면의 평화, 안정감, 자신감, 보호로 발현된다는 사실 또한 믿고 이해했다. 그녀는 자신이 절대 실패하지 않는 마음의 법칙을 적용하고 있다는 사실도 알았다.

제니가 겪던 두려움은 10일 만에 모두 사라졌다. 제니는 위협적인 말이나 부정적인 발언을 하는 사람들이 실제로 형태를 띤 무언가를 창조할 힘은 전혀 없다는 사실을 배웠다.

이제 그녀는 섬의 일원으로 즐겁게 지내고 있다. 내게 새 남자친구도 소개해 주었다. 남자친구는 "제니는 제 인생의 기쁨이에요"라고 말했다. 저주의 두려움에 시달리며 사실상 돌처럼 굳어가던 젊은 여인은 이제 다시 삶의 기쁨을 찾고서 자신의 재능을 펼치고 있다.

나는 나라는 우주에 존재하는 유일한 사상가다. 내 생각에는 창조력이 깃들어 있다. 좋은 것을 생각하면 좋은 것이 따라온다. 나쁜 것을 생각하면 나쁜 것이 따라온다.

아무것도 가지고 있지 않으면서 모든 것을 소유할 수 있는 비결

카우아이섬의 고사리 동굴Fern Grotto은 보트 승무원들이 하와이 전통 결혼 축하 노래를 불러주는, 잊지 못할 추억을 안겨 주는 곳으로 유명하다. 나는 이곳에서 비범한 노인을 만났다. 96세였던 노인은 걸음걸이가 씩씩했고, 보트를 타고 여행하는 동안 아름다운 하와이 전통 사랑 노래를 불러 줬다.

동굴 여행을 마친 후 그는 나를 집으로 초대했다. 정말 진귀한 경험이었다. 우리는 저녁 식사로 두툼하게 썬 수제 진저브레드, 파파야, 사과 타르트, 쌀밥, 연어구이를 먹었고, 이웃 섬에서 재배된 코나 커피도 마셨다.

저녁 식사를 하며 그는 자신이 어떻게 새로운 사람으로 다시 태어날 수 있었는지에 대해 말해 주었다. 96세라는 나이가 무색하게 활력 넘치는 그의 뺨은 혈색 좋게 빛났고, 두 눈은 빛과 사랑으로 가득 차 있었다. 얼굴에는 즐거운 기색이 역력했다. 영어, 스페인어, 중국어, 일본어, 하와이어 등 여러 언어도 유창하게 구사했다. 그의 지혜, 재치, 농담, 좋은 기운은 그 누구에게서도 보지 못한 것이었다. 나는 그에게 완전히 매료되었다.

"즐겁게 사는 비결이 무엇인가요? 열정과 활력이 넘치시네요."

"박사님, 나는 이 섬 전체를 소유했지만 동시에 아무것도 소유한 게 없습니다. 나는 섬 전체와 섬에 있는 모든 것을 누릴 수 있습니다. 산, 강, 동굴, 주민들, 무지개까지도요. 내가 이 집을 어떻게 얻었는지 아시나요? 한 고마운 여행자가 이 집을 사서 내게 선물로 주었답니다. 내게는 친절하고 사랑스러운 친구들이 있지요. 개와 염소도 몇 마리 키웁니다. 그리고 이 아름다운 섬이 있어요. 내가 행복하지 않고 튼튼하지 않을 이유가 어디 있겠어요?"

이 멋진 노인은 땅을 경작하고 염소와 양을 돌보며 아픈 사람을 병문안하러 갔다. 모든 축제에 참석하고 영혼을 울리는 하와이 사랑 노래를 불렀다.

이런 삶을 사는 비결은 무엇일까? 그는 모든 것을 소유하면서도 아무것도 소유하지 않는다. 풍요로운 삶이 그와 그의 주위에 흐르도록 둔다. 그는 땅에서 부를 축적하는 데에는 관심이 없었지만, 자신과 타인의 삶을 풍요롭게 하는 무한한 부를 사용하는 일에 대해서는 항상 관심을 두었다.

감사의 법칙에 따라라

마음을 풍요와 일치시키는 과정은 '감사'라는 한 단어로 요약할 수 있다. 부를 불러 주는 감사의 법칙은 크게 세 가지로 다음과 같다.

1. 모든 것은 생명의 근원으로부터 나온다는 사실을 온전히 진심으로 받아들인다.
2. 생명의 근원은 내 생각의 본질에 응답한다.
3. 감사하는 마음으로 생명의 근원과 나를 연결한다. 이때 감사함이 마음속에서 우러나와야 한다.

이게 바로 감사의 법칙이다. 결과를 얻으려면 법칙을 따라야 한다. 먼저 무한한 풍요가 존재함을 믿어라. 다음으로 생명의 근원이 모든 필요와 욕망을 충족해 준다고 믿어라. 마지막으로 깊은 감사를 느낌으로써 생명의 근원과 깊은 관계를 맺는 것이다.

잠재의식의 힘을 사용하는 데 한 번 성공했던 사람 중 많은 이가 감사하는 마음이 부족해 다시 빈곤에 빠진다. 관대한 선물을 요구해 받은 뒤, 그 선물을 가져다준 생명의 근원에 감사를 표현하지 않아 그 근원과의 연결이 끊겨 멀어지는 것이다.

근원과 가까이 지낼수록 더 많은 좋은 것이 나와 함께, 나를 통해 흐른다는 것을 기억하라. 또한 감사하는 마음가짐을 간직할 때 근원에 더욱 가까워진다는 것도 명심하라.

이러한 작용과 반작용의 법칙은 온 우주에 보편적으로 적용된다. 더 자세히 설명하자면 나의 잠재의식에 새긴 모든 내용이 외부 세계에 표현된다. 감사하는 태도를 지니면 마음이 고양되고 마음속에 선함이 피어난다. 베풀고 나눌 수 있어서 감사하다는 생각을 잠재의식에 새기면 잠재의식이 움직여 내가 원하는 것을 성취하게 한다. 늘 감사하는 마음을 지니면 다음과 같은 좋은 일이 일어난다.

- 원하던 것을 받은 뒤에도 생명의 근원과 연결되어 있다.
- 부족하거나 한계가 있다는 생각과 의심이 사라진다. 믿음은 감사에서 비롯된다. 감사하는 마음은 기대로 가득 찬 마음이고, 기대는 믿음이다. 감사를 표현할 때 뻗어 나가는 감정은 믿음의 표현이다.
- 생명의 근원과 더욱 가까워진다. 감사를 표현하는 것은 생명의 근원을 향해 에너지를 쏟는 것이므로, 근원은 감사를 표현한 사람에게 그에 상응하는 반응을 한다. 즉 감사는 자신에게 좋은 것을 모두 끌어당기는 일이다.

대기업 임원이나 사업가들이 낮은 임금으로 직원들을 부려 먹고 세금도 적게 내면서 엄청난 돈을 벌거나 성공한다고 불평하는 데 시간과 에너지, 정신력을 낭비하지 마라. 기업은 일자리를 창출한다. 새로운 기회를 창출해 내는 신선한 아이디어나 사업 아이템에 가장 많이 투자하는 이들은 주로 부자들이다.

우리는 민주주의 사회에 살고 있다. 자유의지로 불의에 항의하거나, 부패하고 무능하며 지지하지 않는 정책을 내세우는 정치인에게 반대표를 던질 수도 있다. 그러나 정치인이나 정부의 잘못을 생각하고 이야기하는 데 너무 많은 시간과 에너지를 낭비하지 마라. 어느 정도의 정부 통제와 법, 질서가 없다면 국가는 무정부 상태에 빠질 것이며 모두에게 돌아갈 기회가 크게 줄어들 것이다.

우리가 감사하는 마음을 가짐으로써 세상을 조금씩 더 나은 곳으로 만들고 더 많은 기회를 만들며 생활 수준을 향상시키고 있다고 믿어라. 인프라를 제공하고 치안을 유지하며 성장과 발전의 기회를 제공하는 정·재계 리더들에게 고마워하라. 이 리더들이 지혜와 선의를 갖고 매일 성장한다고 확언하라. 이렇게 하면 모든 좋은 것을 만들어 내는 창조력과 힘에 마침내 자신을 일치시킬 수 있다.

미국 사상가 헨리 데이비드 소로는 "우리는 태어났다는 사실에 감사해야 한다"라고 했다. 매일 진정으로 감사하는 마음가짐과 태도를 연습하라. 그러면 선의를 향한 감사와 기대가 마음속 더욱 깊은 층까지 파고드는 길을 찾아낼 것이며, 그 속에서 씨앗처럼 자라날 것이다. 삶에서 놀라운 일이 일어나게 하라.

조셉 머피의 미라클 노트

- 삶의 진정한 목적은 바로 지금을 즐기는 것이다. 내가 누구인지 온전히 표현하고, 우리를 둘러싼 풍요로움을 마음껏 누리는 것이다.
- 자신이 하는 일을 최고로 잘하거나 자신의 분야에서 정상에 오른 사람들을 생각해 보라. 이들은 타인의 삶을 풍요롭게 만들어 주는 열정을 추구하다 자연스럽게 부를 얻었다.
- 사랑은 언제나 증오를 이기고, 선의는 늘 악의를 이긴다. 사랑은 질투심, 타인의 증오, 부정적인 마음을 없애는 용매다. 그리고 그 자리에는 나를 포함한 모든 이를 향한 사랑과 선의가 남는다.
- 타인이 뱉는 위협적인 말이나 부정적인 발언에는 무언가를 창조할 힘이 전혀 없다. 다만 내 마음속에서는 좋은 것을 생각하면 좋은 것이 따라오고, 나쁜 것을 생각하면 나쁜 것이 따라온다. 나에게 영향을 미치는 것은 내 생각뿐이다.
- 감사를 표현하는 것은 생명의 근원을 향해 에너지를 쏟는 것이므로, 근원은 감사를 표현한 사람에게 그에 상응하는 반응을 한다. 즉 감사는 자신에게 좋은 것을 모두 끌어당기는 행위다.
- 항상 즐겁게 살고 풍요를 누리는 비결은 아무것도 소유하지 않는 것이다. 풍요로운 삶이 나와 내 주위를 그저 흐르도록 두어라. 나의 것으로 만드는 데 관심을 두지 말고 자신과 타인의 삶에 무한한 풍요를 사용하는 일에 관심을 두어라.

11

잠재의식은 나를 통해 세상에 구현된다

삶의 모든 것은 나라는 존재를 통해 발현된다. 삶이 주는 기회를 활용하며 다른 사람과 더불어 살아가라. 타인과 거리를 두고 자신의 부, 재능, 경험만 탐욕스럽게 추구하면 인간으로서 성장하고 발전할 수 없다. 심지어 자신의 믿음대로 움직이는 주관적인 마음의 힘을 제한할 수도 있다. 재물이 흐르는 삶을 살려면 자기 자신뿐 아니라 타인의 이익을 위해 재물을 사용해야 한다. 그래야만 재물이 흐른다.

한번은 콜로라도 산악 지대에 사는 한 무리의 사람들을 대상으로 순회 강연을 한 적이 있다. 강연 후 오찬 자리에서 주최자는 내게 사람들이 걱정이 너무 많아 충만하고 행복한 삶을 누리지 못한다고 말했다.

그는 근처 산속 오두막에서 살던 노인 이야기를 해줬다. 늘 우울하고 외로워 보이는 노인을 이웃들은 딱하게 여겼다. 노인은 언제나 누더기를 걸치고 있었고, 만들어진 지 수십 년은 된 듯한 오래된 차를 끌고 다녔다. 지쳐 있고 삶의 이유를 잃은 듯해 보이는 노인에게는 당연히 가족이나 친구도 없어 보였다. 이따금 식료품점에 갈 때면 구운 지 오래된 빵과 가장 싼 음식을 골랐고 얼마 안 되는 동전으로 음식값을 내고는 했다.

노인이 몇 주간 마을에 모습을 보이지 않자 이웃들은 그의 오두막을 찾아갔다. 노인은 이미 세상을 떠난 뒤였다. 노인의 신분이나 가족에 관한 정보를 찾기 위해 오래된 오두막을 뒤졌다. 그러자 놀랍게도 지폐 다발이 여럿 발견되었다. 금액을 합쳐보니 10만 달러에 달했다. 노인은 많은 돈이 있었으면서도 투자를 하거나 은행에 저축하지 않고 그대로 현금으로 가지고 있었던 것이다.

노인은 돈을 많이 벌었지만 풍요로운 삶을 살거나 이타적인 목적을 실현하는 데 그 돈을 쓰지 못했다. 현명하게 투자해서 이자를 불리거나 배당금을 받지도 못했다. 노인은 자신에게 많은 돈이 있다는 걸 사람들이 알면 훔쳐 갈까 봐 항상 두려움에 사로잡혀 있었다. 걱정이 많고 부정적인 생각에 가득 찼던 노인은 돈이 있는데도 풍족한 생활을 누리지 못했다. 그 돈을 나누면서 크나큰 즐거움과 행복을 누리며 살 수 있었는데도 말이다.

나에게는 나눌 수 있는 부가 있다

무한한 보물창고가 내 안에 있다. 온갖 보물이 저장된 창고 문을 여는 열쇠도 나에게 있다. 그 열쇠란 바로 내 생각이다. 그 열쇠를 쓰면 외로움과 두려움에 사로잡혔던 노인이 가졌던 돈보다 훨씬 더 큰 부를, 내가 원하는 것을 전부 합친 것보다 더 많은 부를 가질 수 있다!

나는 세상에서 가장 경이롭고 놀라운 열쇠를 가지고 있다. 무한한 힘이 내 안에 있다. 일단 내 안에 신성한 존재와 영적인 힘이 있음을 깨닫고 인지하면 내가 원하는 모든 것을 얻을 것이다.

나에게는 함께 나눌 부가 있다. 나는 사랑과 선의의 선물을 다른 사람과 나눌 수 있다. 미소와 활기찬 인사를 나눌 수 있다. 직장 동료나 부하 직원에게 칭찬과 인정의 말을 건넬 수 있다.

나는 세상 모두와 공유할 만한 가치가 있는 새로운 아이디어를 떠올릴 수도 있다. 창의적인 아이디어와 사랑을 내 주변에 있는 모든 사람과 나눌 수 있다. 아름다운 음악, 새로운 발명품, 연극, 책, 사업이나 직업과 관련된 창의적이고 광범위한 아이디어 등 무엇이든 가능하다. 그 아이디어는 나와 다른 사람을 모두 축복할 것이다.

내가 가진 기회는 스스로 만드는 것임을 기억하라. 그러니 나에게는 평생 기회가 있다! 내 안에 있는 무한한 저장고를 정신적으로 두드리는 일부터 시작하라. 그러면 앞으로 나가며 위로 비상하는 내 모습을 발견할 것이다.

소망의 높이만큼 올라갈 수 있다

몇 년 전 강연을 하고 있을 때였다. 교회에서 오르간 연주를 하던 베라 레드클리프는 세계적으로 유명한 피아니스트인 이그나치 얀 파데레프스키의 감동적인 이야기를 들려줬다.

파데레프스키는 당시 유명 작곡가와 음악계 권위자들로부터 '피아니스트로는 미래가 없으니 포기하라'라는 충고를 들었다. 그가 다니던 폴란드 바르샤바음악원 교수들도 피아니스트가 되겠다는 파데레프스키의 꿈을 꺾으려고만 했다. 교수들은 파데레프스키의 손가락이 짧고

굵다고 지적하며 연주 대신 작곡이나 하라고 조언했다.

파데레프스키는 사람들의 부정적인 말을 거부하고 내면의 힘에 자신을 일치시켰다. 그는 전 세계 사람들과 나눌 수 있는 재산, 즉 신성한 멜로디와 시대를 아우르는 음악이 자신 안에 있음을 깨달았다.

그는 매일 몇 시간이고 연습하며 고문 같은 고통을 겪으면서도 인내했다. 연주회도 수천 번이나 열면서 끈질기게 집착한 결과 그는 엄청난 성공을 거두었다. 내면의 힘은 그의 부름과 노력에 응답했다. 이그나치 얀 파데레프스키는 세계적으로 음악성을 인정받았다. 이 피아니스트에게 각계각층의 사람들이 경의를 표했다.

파데레프스키처럼 나에게도 꿈을 포기해야 한다고 말하는 권위자들의 부정적인 조언을 완전히 뿌리칠 힘이 있다. 나에게는 타인의 부정적이고 한계에 갇힌 생각을 완전히 거부하고 결코 실패하는 일이 없는 무한자의 힘을 신뢰할 의지가 있다. 나의 운명과 행운은 나에게서 시작된다.

생각과 느낌이 운명을 만든다. 모든 영적인 힘, 자질, 능력은 잠재의식 안에 갇혀 있다. 잠재의식 안에 갇힌 능력을 풀어서 내가 원하는 것을 느끼고 생각하게 해주는 열쇠가 이미 나에게 있다.

세상의 불공정함에 대처하는 방법

"이 세상에 정의는 없습니다. 기업은 영혼도 심장도 없습니다. 밤늦게까지 회사에 남아 뼈 빠지게 일해도 저보다 직급이 낮은 사람들이 승진하고 저는 번번이 미끄러집니다. 모든 게 불공평하고 부당해요."

하와이를 방문했을 때 만난 기업 임원이 한탄하며 말했다. 나는 이 남성의 분노를 치유하고자 설명했다.

이 세상에 불의가 존재한다는 것을 인정했다. 시인 로버트 번스가 말했듯 사람들이 타인에게 저지르는 비인도적 행위로 인해 애통함을 느끼는 사람이 수도 없이 많다는 것도 인정했다. 그러나 잠재의식의 법칙은 인격과 관계없이 언제든 작용하며 매우 공정하다는 사실도 지적했다.

잠재의식은 생각이 주는 인상을 받아들여 그에 따라 반응한다. 방향을 결정하는 것은 거센 바람이 아니라 돛을 펼치는 방식이다. 승진·성공과 실패·손실 사이를 가르는 것은 부정적인 생각이 일으키는 바람과 외부에서 오는 두려움의 파도가 아니라 내면의 생각·느낌·이미지, 즉 정신적 태도다. 잠재의식의 법칙은 정의롭고 수학적으로 정확하다. 그리고 경험은 습관적으로 하는 생각과 상상이 그대로 재현된 것이다.

나는 잘 알려진 포도원 일꾼들의 이야기를 그에게 짧게 들려줬다. 이 포도원 일꾼들은 모두 같은 품삯을 받았다. 일이 끝나기까지 1시간도 남지 않았을 때 일을 시작한 일꾼들도 온종일 일한 일꾼들과 같은 품삯을 받았다. 일터에 각각 3시간, 6시간, 9시간씩 늦게 도착한 사람들 모두 같은 품삯을 받았다. 1시간밖에 일하지 않은 사람들이 자기들과 같은 품삯을 받는 것을 보고 질투하며 화가 난 사람들에게 고용인은 이렇게 답했다.

"당신들이 그 돈을 받고 저를 위해 일하겠다고 동의하지 않았습니까?"

나는 젊은 간부에게 그가 직장에서 받는 부당한 대접에 생각을 집중하면서 '자신을 헐값에 팔고 있는' 것이라 설명했다. 현재의식에서 하는 생각이 잠재의식으로 전달되고 있었고, 사고방식을 바꾸지 않음으로써 간부는 '푼돈을 받고 일하는 데 동의'하고 있었다. 그가 해야 할 일은 자기 생각을 통제하고 자신의 잠재의식에 자신이 원하는 직책과 보상을 가져오라고 명령하는 것이었다. 나는 덧붙여 설명했다.

"선생님은 억울해서 화를 내고 계십니다. 마음은 고용주를 향한 비판과 비난으로 가득하죠. 이러한 부정적인 생각이 잠재의식에 스며들어 승진 누락, 재산 손실, 지위 하락이라는 결과로 이어진 것입니다."

나는 그에게 매일 실천할 수 있는 '화·원망·질투를 잠재우고 승진을 이루는 확언'[18]을 주었다. 이를 통해 그는 마음의 법칙에 따라 정의가 확립된다는 것을 발견했다. 현재의식에 올바른 생각, 올바른 이미지, 올바른 감정이 깃들자 잠재의식도 그에 따라 반응하며 외부 환경을 개선했다. 마음은 공평하다. 마음의 법칙은 어제와 다르지 않고, 오늘도 달라지지 않으며, 앞으로도 영원히 변하지 않을 것이다.

이 확언을 실천한 지 몇 달이 지나 임원은 기업 대표로 선출되었다. 지금은 그가 꿈꾸던 목표를 훨씬 뛰어넘어 번영하고 있다.

재산을 나누고 부자가 되다

한 캐나다 여성과 흥미로운 이야기를 나눈 적이 있다. 그녀는 돈과 부가 숨 쉴 때마다 들이마실 수 있는 공기와 같다고 했다. 수백만 달러에 달하는 부를 축적한 여성은 대학교에 거액을 기부해 촉망받는 학생들에게 장학금을 지급했고, 전 세계 오지에 병원과 간호사 훈련소를 설립하기도 했다. 현명하고 분별력 있게 건설적인 방식으로 기부하며 기뼘을 느꼈다. 그녀는 기부를 하기 전보다 더욱 부자가 되었다.

"박사님, 부자는 더욱 부자가 되고 가난한 사람은 더 가난해진다는 옛말이 맞아요. 풍요로움과 풍부함을 의식하고 살아가는 사람은 우주의 법칙에 따라 부를 끌어당겨요. 가난, 궁핍, 부족함을 의식하며 살아가는 사람은 자기 안의 마음의 법칙에 따라 더 큰 부족함과 박탈감을 느끼며 비참한 상황을 끌어당기죠."

그녀의 말은 어느 정도 사실이다. 물론 특정한 지역에서 태어난 사람이 다른 사람에 비해 성공할 자원과 기회를 더 가질 수 있다. 좋은 환경과 조건에서 자란 사람들은 빈곤한 환경에서 자란 사람보다 긍정적인 생각을 더 쉽게 할 수 있을지도 모른다.

그러나 부는 환경이나 상황에서 나오는 것이 아니다. 개인이 하는 생각의 산물이자 그 개인이 자신에게 주는 자원과 기회가 만든 행동의 결과다.

비슷한 신체적·인지적 능력을 타고나서 비슷한 성장 배경에서 자라 교육 수준도 비슷한 사람들 중에서도 부자와 빈자는 나뉜다. 이 사실을 깨달은 사람은 부자가 될 수 있고, 깨닫지 못하면 평생 가난에서 벗어날 수 없다.

빈곤 속에서 살아가는 많은 사람이 부자인 이웃을 질투하며 자신의 처지를 억울해한다. 이러한 정신적 태도로 살아가면 더욱 부족하고 제약에 부딪히며 가난한 삶을 살 수밖에 없다. 이런 생각을 하는 사람들은 자신이 누릴 수 있는 이익을 무의식중에 차단한다.

금은보화로 가득 찬 집 문을 열고 들어갈 열쇠가 나에게 이미 주어졌다는 사실을 그저 받아들이기만 하면 된다. 이것을 진정으로 이해한다면 타인과 나눌 수 있는 재산을 얻을 수 있다.

바로 옆에 있는 부의 기회를 놓치지 마라

누구에게나 타인과 나눌 재산이 주어진다는 사실을 보여 주는 이야기들을 소개하겠다. 알래스카 북부에 살던 친구가 힘들다는 편지를 보낸 적이 있다. 친구는 부자가 되고 싶어 알래스카로 갔던 것이 크나큰 실수였으며, 결혼생활도 완전히 실패했다고 생각했다. 알래스카의 물가는 터무니없이 비싸고 각종 공과금과 세금도 너무 높게 책정되어 있다고 느꼈다. 이혼 소송을 하러 법원에 갔는데 담당 판사가 잘못 걸려 부당한 판결을 받았다고 생각했다. 친구는 이 세상에는 정의가 없다는 말로 편지를 끝맺었다.

친구의 말은 어느 정도 사실이었다. 매일 아침 뉴스에서는 범죄, 부패, 음모, 권력 남용을 비롯한 온갖 불의가 쏟아진다. 하지만 우리는 대중매체와 나 자신을 분리할 수 있음을 잊지 말아야 한다. 내면에 깃든 올바른 정의의 원칙에 자신을 맞춘다면 부정적인 군중심리, 잔혹성, 탐욕 등 부정적인 사고를 초월할 수 있다. 조화, 온전한 행복, 무한한 사랑, 충만한 기쁨, 절대적인 질서, 형언할 수 없는 아름다움, 절대적인 지혜 등 내면의 자질을 인지하고 사색하면, 세상의 불의와 잔인함에 맞설 수 있는 확신이 생긴다.

이는 곧 군중심리에 맞서 일종의 항체 역할을 하는 영적 면역을 구축할 수 있다는 뜻이다. 타인의 부정적인 생각과 행동이 일으키는 고통으로부터 완전히 면역될 수는 없겠지만, 타인의 부정적인 생각이 마음속에 스며드는 것을 방지할 수 있다. 또한 영적 면역은 부정적인 생각과 행동을 일삼는 사람들이 가기 어려운 길로 나를 이끌어준다.

나는 친구가 모든 책임을 벗어던지고 탈출하려고만 하는 게 아닐까 의심했다. 그래서 나는 '지금 있는 곳에서 보물을 찾는 확언'[19]을 짧게 써서 보냈다.

내 조언을 따른 친구는 아내와 화해했다. 친구는 카메라를 사서 캐나다 북부와 알래스카의 사진을 찍고 단편소설을 썼다. 그 덕분에 꽤 많은 재산을 모았다. 1년 뒤에는 내게 유럽으로 오라며 2000달러를 보냈고, 나는 친구의 말에 따라 유럽으로 여행을 떠났다.

친구는 자기 안에 있는 보물창고의 문을 두드려 행복을 찾아냈고, 자신에게 주어진 부가 바로 옆에 있었음을 깨달았다.

조셉 머피의 미라클 노트

- 나에게는 함께 나눌 부가 있다. 나는 사랑과 선의의 선물을 다른 사람과 나눌 수 있다. 미소와 활기찬 인사를 나눌 수 있다. 나는 세상 모두와 공유할 만한 가치가 있는 새로운 아이디어를 떠올릴 수도 있다. 그 아이디어는 나와 다른 사람을 모두 축복할 것이다.
- 나에게는 타인의 부정적이고 한계에 갇힌 생각을 완전히 거부하고 결코 실패하는 일이 없는 초월자의 힘을 신뢰할 의지가 있다. 나의 운명과 행운은 나에게서 시작된다.
- 생각과 느낌이 운명을 만든다. 모든 영적인 힘, 자질, 능력은 잠재의식 안에 갇혀 있다. 잠재의식 안에 갇힌 능력을 풀어서 내가 원하는 것을 느끼고 생각하게 해주는 열쇠가 이미 나에게 있다.
- 운명과 재산을 결정하는 것은 바람의 세기가 아니라 돛의 방향이다. 올바른 방향으로 돛을 올려라. 세상의 불평등과 불의는 무시하라.
- 하루 벌어 하루 먹고 사는 삶을 받아들인다면 삶은 그에 따라 반응한다.
- 부자가 되는 건 사회적 지위나 재정 상태, 교육 수준이 아니라 내면에 달렸다. 믿음은 현실이 된다.
- 나의 부는 내가 있는 곳에 존재한다. 내가 원하는 좋은 것과 정신적·정서적으로 하나가 되면 세상에 존재하는 결핍과 한계를 초월할 수 있다.
- 모든 게 부족하지 않을 정도로 마련됐다고 생각하라. 언제나 필요한 것보다 더 넉넉하게 돈이 돌 것이다. 내가 원하는 것을 주장한다고 해서 다른 사람이 덜 가져야 한다는 뜻은 아니다. 부는 나눌수록 더 많이 되돌아온다.

12
가장 좋은 곳으로 나를 안내하는 직감의 원리

어떤 사람들은 직감의 힘이 내리는 축복을 받는다. 이들은 항상 적시적소를 찾아내고, 기회를 활용하려면 무엇을 해야 하는지 알고 있다. 직감은 잠재의식의 힘이다. 따라서 직감을 받아들이는 사람은 누구든 직감을 발휘할 수 있다. 잠재의식의 힘을 제대로 이용하면 나를 좋은 쪽으로 인도할 수 있다.

내 친구 중 한 명은 건축업자다. 항상 바빠서 모든 사업 제안에 적절히 대응할 수 없었다.

“건축업이 느리게 돌아간다고 하지만 모든 제안을 수락할 순 없어. 그러다 보니 사업을 잘못 선택하는 실수를 저지르기도 하고, 투자를 잘못해서 두 번이나 손실을 입었지.”

하지만 6년 전부터 친구는 달라졌다. 확언을 활용해 잠재의식의 힘을 끌어내기 시작했기 때문이다. 그는 ‘실수를 성공의 디딤돌로 만들어주는 확언’[20]을 카드에 깔끔하게 타이핑해서 들고 다니며 읽었다. 친구는 매일 이 확언을 되뇌면서 미다스의 손을 얻은 것 같다고 했다. 6년 동안 그는 한 번도 실수를 저지르지 않았고 손해도 입지 않았으며 노동 분쟁 또한 겪지 않았다.

나의 세계에 작용하는 영적 인도의 원리가 존재한다. 내 안에 깃든 무한한 지성을 사용함으로써 마음속에 지닌 가장 야심 찬 꿈을 넘어서는 수많은 멋진 경험과 사건을 끌어들일 수 있다. 이번 장에서는 영적 인도의 원리를 다양한 방식으로 보여 주며, 이 원리를 활용해 삶에 온갖 축복을 끌어당기는 방법을 설명한다.

나는 누구와도 다르다는 걸 믿어라

생명은 나를 통해 표현하고자 한다. 나는 독특하고 남들과는 완전히 다른 사람이다. 나는 남들과 다르게 생각하고 말하며 행동한다. 나 같은 사람은 세상에 둘도 없다. 나는 중요하다. 나라는 존재는 하나밖에 없기 때문에 세상 그 누구도 할 수 없는 특별한 방법으로 무언가를 할 수 있다. 내가 특별하고 독특한 재능과 능력을 지녔다는 사실을 깨닫고 믿어라.

나는 나 자신을 온전히 표현하고 좋아하는 일을 하며 인생에서 운명을 성취하기 위해 이곳에 있다. 내가 있는 곳에서 나를 필요로 한다. 그렇지 않으면 나는 이곳에 있지 않을 것이다. 나에게는 선택하고 생각하는 능력과 믿음, 상상력, 힘이 있다. 나는 내가 생각하는 방식대로 운명을 결정한다.

음악, 연극, 사업 등 다양한 분야에 도전하며 고군분투하던 청년이 내게 말했다.

"저는 모든 일에서 실패했어요."

나는 그에게 문제에 대한 해답은 내 안에 있으며 나를 진정으로 표현하는 방법을 삶 속에서 찾을 수 있다고 말했다. 좋아하는 일을 할 때 행복하고 성공하며 번영을 이룰 거라고 설명했다.

청년은 내 제안에 따라 '성공의 길을 걷고 있음을 믿는 확언'[21]을 시작했다. 이 확언을 굳게 믿으며 매일 여러 번씩 수 주 동안 반복한 결과, 청년은 잠재의식이 이끄는 대로 사역자가 되고자 공부하겠다는 열망을 가졌다.

오늘날 그는 교사이자 목자, 상담사로 크나큰 성공을 거두었으며 자기 일에 대단히 만족하며 살아가고 있다. 그는 자기 안에 숨겨진 재능을 발견했다. 그의 믿음에 따라 재능을 드러내고 인도하는 잠재의식의 원리를 깨달았기 때문이다.

부자가 될 운명은 내가 만든다

하와이의 유명 호텔에서 한 남성과 흥미로운 대화를 나눈 적이 있다. 그의 젊은 시절 이야기는 단번에 나를 사로잡았다. 그는 어렸을 때 어머니로부터 가난하게 살 운명을 가지고 태어났다는 말을 들었다. 반면 사촌에게는 엄청난 부자가 될 운명을 가지고 태어났다고 했다. 나중에야 그는 어머니의 말을 이해했다. 그가 전생에 아주 부유한 삶을 살았기 때문에 이번 생에는 가난하게 태어났다는 뜻이었다.

"그런데 곰곰이 생각해 보니 말도 안 되는 헛소리더군요. 우주의 법칙은 사람을 차별하지 않는 걸 깨달았어요. 그래서 수백만 파운드의 재산을 가진 백만장자인 동시에 영적으로 깨어 있는 사람일 수도 있지요.

반면 가난한데도 악의에 차고 이기적이며 남을 시기하고 탐욕이 넘치는 사람들도 있었습니다."

젊은 시절 이 남성은 런던에서 신문을 팔고 창문을 닦았다. 낮에는 일하고 밤에는 야간학교를 다니면서 대학을 졸업했다. 대학을 졸업하고는 영국에서 손꼽히는 외과 의사가 되었다. 그의 좌우명은 "비전이 있는 곳으로 가라"였다. 그의 비전은 외과 의사가 되는 것이었다. 그리고 잠재의식은 그가 현재의식에 새긴 정신 이미지에 따라 반응했다. 외과 의사는 장애물을 극복하고 어려운 길을 무사히 걸어온 것에 감사를 느꼈다.

반면 사촌의 아버지는 억만장자였다. 그는 자신의 아들에게 과외비, 유럽 유학비, 옥스퍼드대학교 등록금과 5년치 학비 등 필요한 모든 경비를 지원해 주었다. 심지어 자동차도 사주고 편의를 봐줄 사람도 붙여주었으나 사촌은 성공하지 못했다. 그는 너무 응석받이로 자라 자신감이나 자립심이 없었다. 땀 흘린 후에 받는 보상은 물론 극복해야 하는 장애물도, 위로 올라가기 위해 헤쳐 나가야 할 난관도 없었다. 결국 사촌은 알코올 중독자가 되었다. 재산으로 치면 그 주변에서 1등이었지만 세상살이에서는 꼴찌를 면하지 못했다.

여기서 부자는 누구고 가난한 사람은 누구인가?

외부 조건에 개의치 않고 자신의 운명을 스스로 만들어 나가는 사람들이 있다. 이들은 잠재의식을 이용한다면 그 무엇도 자신의 성공과 부를 막을 수 없다고 믿는다. 한편 평생 가난을 면치 못하리라 생각하는 사람들이 있다. 이들은 불평등한 사회에서 살아가고 있는 데다, 아무도 성공할 수 있다는 자신감과 자존감을 심어 주지 않았고, 그 자신 또한 불공평하게 취업과 승진에서 미끄러졌다고 생각한다. 두 부류의 사람들의 믿음은 결국 다 현실에서 이루어지므로 어쨌든 둘 다 틀린 말은 아니다.

하지만 첫 번째 사람들의 생각만이 진실이다. 두 번째 사람들이 성공하려면 세상은 불공평하다는 자신의 생각과 그러한 생각이 만들어 낸 상황 모두를 극복해야 한다. 두 번째 사람들도 상황을 극복해 낼 능력을 충분히 갖추고 있지만 첫 번째 사람들보다 너무나 불리한 싸움을 해야 한다. 결국 성공으로 향하는 여정에 걸림돌이 되는 것은 맞닥뜨리고 인식하는 외부 조건이 아니라 삶을 지배하는 생각이다.

나는 인생의 장애물을 딛고 일어서기 위해 이 세상에 태어났다. 무한한 지혜가 내 안에 살아 있다. 그것은 내면에 있는 생명의 원리다. 이것이 바로 내가 중요하고 멋진 이유이며, 나 자신을 긍정해야 하는 이유다.

새로운 아이디어는 이미 내 안에 있다

여든 살이 넘은 한 여성과 흥미로운 대화를 나눴다. 그녀는 자신의 존재에 생기를 불어넣는 힘을 인지하고 정신적으로 밝은 빛을 뿜으며 활기차게 살아가는 사람이었다. 그녀는 몇 주 동안 잠들기 전 자신의 '높은 자아Higher Self'를 향해 확언을 했다.

> 나의 높은 자아는 내 마음속에서 온전하며 내가 가장 쉽게 시각화할 수 있는 새로운 아이디어를 내게 보여줍니다. 이 새로운 아이디어는 모든 사람을 축복합니다.

그러자 새로운 발명품의 완전한 형태가 그녀의 마음속에 이미지로 떠올랐다. 그녀는 그 이미지를 그림으로 그려 엔지니어인 아들에게 건넸고, 아들은 변리사를 찾아가 발명품 특허를 취득했다. 그 뒤 한 기업이 여성에게 특허 사용료로 5만 달러를 지급했고, 이후에는 판매수익의 일정 비율을 지급했다.

그녀는 잠재의식이 답을 줄 것이며, 자신에게 줄 아이디어는 이미 완성된 내용일 뿐 아니라 향후 필요한 모든 개선사항까지 아우를 것이라 믿었다. 그리고 여성이 예상하고 시각화하며 계획한 대로 모든 일이 실현되었다.

직종이나 사업 또는 상품 종류와 관계없이 나에게는 마음을 차분히 다스릴 힘이 있다. 잠재의식의 무한한 지성에 나와 세계를 축복할 새로운 아이디어를 보여달라고 요구할 힘이 있다.

잠재의식은 답을 알고 있다. 모든 문제의 답은 이미 내 안에 있다. 그러니 답을 얻을 것임을 굳게 믿어라. 잠재의식은 현재의식이 하는 생각과 상상에 반응한다는 사실을 기억하라.

꿈이 이루어지는 원리

아침 라디오 방송을 듣던 한 12세 소년은 어머니에게 방학 동안 호주에 가고 싶다고 말했다. 호주에 가겠다는 아이의 의지는 굳건했지만, '엄마가 날 보내 주지 않으실 거야'라는 생각을 하고 있었다. 어머니의 대답은 아이의 생각과 같았다.

"못 간다. 돈 없어. 아빠도 그만한 돈을 마련하지 못하실 거야. 꿈

깨렴."

그러나 아이는 내가 진행하는 라디오 방송을 들었다. 무언가를 진정으로 바라고 실현될 거라고 믿으면 이루어질 거라는 메시지를 어머니에게도 설명했다. 그러자 어머니는 "어디 한번 해보렴"이라고 답했다.

호주와 뉴질랜드에 관한 글을 모두 섭렵한 소년은 호주에서 큰 목장을 운영하는 삼촌이 있다는 걸 알았다. 소년은 확언을 하기 시작했다.

> 잠재의식이 아빠, 엄마, 나에게 호주로 휴가를 떠날 수 있는 길을 열어 줍니다. 나는 이를 믿으며, 이제 이 믿음은 이루어집니다.

부모님에게 호주 여행을 갈 돈이 없다는 생각이 들 때마다 소년은 "창조적 지성이 길을 열어 줍니다"라고 확언했다. 소년의 마음속에는 두 가지 생각이 공존했지만, 건설적인 생각에 집중하자 부정적인 생각은 사라졌다.

어느 날 밤 소년은 수천 마리의 양을 키우는 호주의 목장에서 삼촌과 사촌들을 만나는 꿈을 꿨다. 같은 날 소년의 가족을 목장으로 초대하고 왕복 여행비까지 대주겠다는 삼촌의 편지가 도착했다. 소년에게 꿈 이야기를 들은 어머니는 깜짝 놀랐다. 결국 소년의 가족은 삼촌의 제안을 수락했다. 모든 일은 소년이 믿는 대로 행해졌다.

조셉 머피의 미라클 노트

- 직감은 잠재의식의 힘이다. 따라서 직감을 받아들이는 사람은 누구든 직감을 발휘할 수 있다. 이들은 항상 적시 적소를 찾아내고, 기회를 활용하려면 무엇을 해야 하는지 알고 있다.
- 나는 중요하다. 나라는 존재는 하나밖에 없기 때문에 세상 그 누구도 할 수 없는 특별한 방법으로 무언가를 할 수 있다. 내가 특별하고 독특한 재능과 능력을 지녔다는 사실을 깨닫고 믿어라.
- 나는 나 자신을 온전히 표현하고 좋아하는 일을 하며 인생에서 운명을 성취하기 위해 이곳에 있다. 내가 있는 곳에서 나를 필요로 한다. 그렇지 않으면 나는 이곳에 있지 않을 것이다.
- 외부 조건을 무시하고 자신의 운명을 만들어 나가는 사람들이 있다. 이들은 잠재의식을 이용한다면 그 무엇도 자신의 성공과 부를 막을 수 없다고 믿는다.
- 나는 인생의 장애물을 딛고 일어서기 위해 이 세상에 태어났다. 무한한 지혜가 내 안에 살아 있다. 이것이 바로 내가 중요하고 멋진 이유이며, 나 자신을 긍정해야 하는 이유다.
- 창의적인 아이디어가 필요하다면 잠재의식에 도움을 구하라. 잠재의식이 아이디어를 줄 것이다. 구하면 얻을 것임을 굳게 믿어라.
- 생각한 대로 된다. 자책하거나 자신을 비판하지 말라. 미래에 대한 두려움이나 불안을 버려라. 성취하고 승리하고 성공하리라 생각하라.

13

명상으로 정신적 배터리를 충전하라

스트레스가 심하거나 '번아웃'을 겪고 있거나 너무나 지쳤다면 정신적 배터리를 충전할 때다. 주말에 푹 쉬거나 휴가를 다녀오는 것이 재충전에 어느 정도 도움이 될 수 있지만, 더 효과적인 방법은 기도나 명상을 하는 것이다. 기도하거나 명상할 때는 에너지와 힘의 근원인 영적 존재와 연결된다. 이는 한여름 맑은 산골짜기 시냇물에 몸을 담글 때와 같은 느낌이다.

많은 성공한 사업가와 전문가들의 공통점은 정기적으로 휴식을 취하고 명상하고 영성 넘치는 인물들의 강연을 듣는다는 점이다. 휴식을 떠난 이들은 며칠간 아침에 명상하며 자신을 성찰하고 묵언 수행을 하면서 조용하고 평온한 시간을 보내기도 한다.

특히 나와 함께 수행에 참여한 이들은 모두 정신적으로 생기를 되찾았다고 했다. 각자의 일상과 업무로 돌아간 후에도 매일 15~20분을 할애해 침묵과 명상의 시간을 가졌다. 이들은 마음을 차분하게 만들어, 오감으로 이루어진 물질 세계에서 자기 안의 영적 세계로 초점을 옮길 수 있었다.

정신적 배터리를 재충전한 사람들은 믿음·용기·자신감을 가지고 매일의 문제·분쟁·괴로움·다툼에 맞설 수 있다. 이들은 내면의 힘을 어디에서 어떻게 받는지 알고 있다. 에머슨의 말처럼 이들은 고요한 상태에서 미소를 띤 채 휴식하며 무한한 힘과 만난다. 침묵 속에 있으면 에너지, 힘, 영감, 지혜가 모습을 드러낸다. 이들은 모든 긴장을 풀며 이기적인 자존심을 내려놓는 법을 배운다. 이들은 모든 보이는 것과 보이지 않는 것을 창조한 지혜와 힘을 인식하고 존경하는 마음을 갖고 불러낸다. 이로써 지혜의 길을 걷겠다는 결정을 내린다.

스스로를 가둔 감옥에서 자유로워져라

콜로라도주 덴버 근처에서 강연할 기회가 있었다. 그곳에서 만난 한 남성이 이렇게 말했다.

"저는 막다른 길에 갇혀 좌절하는 불행한 사람입니다. 목장을 처분한 뒤에 떠나고 싶지만 감옥살이를 하는 죄수처럼 갇혀 있다는 느낌만 들어요."

"자, 이제 내가 최면을 걸면 내가 말하는 대로 느낄 겁니다. 논리를 따라 판단하며 이것저것 저울질하는 현재의식이 정지하고, 논쟁을 벌이지 않는 잠재의식이 내가 하는 말을 그대로 받아들일 것이기 때문이지요.

추적자가 되어 범죄자의 흔적을 쫓으라고 말하면 선생님은 산속을 은밀하게 돌아다니며 범죄자를 찾아다닐 겁니다. 감옥에 갇혀 있다고 말하면 스스로를 죄수라고 생각하며 딱딱한 벽과 쇠창살에 둘러싸여 있다고 믿을 겁니다. 내가 최선을 다해 탈옥하라고 지시한다면 선생님은 탈출구를 찾아낼 겁니다. 자물쇠를 따거나 콘크리트관을 긁어내거나 교도관의 열쇠를 훔치려 할 수도 있겠지요. 콜로라도의 넓은 들판에 부는 바람처럼 자유를 느낄 수도 있습니다. 이는 주어지는 제안을 받아들이는 잠재의식의 순응성 때문입니다.

선생님께서는 목장을 팔 수 없고 죄수처럼 갇혔다는 생각을 잠재의식에 전달했습니다. 덴버에 가서 하고 싶은 일을 할 수도 없고, 빚을 진 채 막다른 골목에 갇혔다는 사실을 잠재의식에 각인한 거지요. 잠재의식이 아는 것은 내가 강하게 인지하는 인상뿐입니다. 내가 하는 말을 받아들이기만 하죠. 선생님께서는 스스로를 속박하라고 최면을 건 겁니다. 잘못된 의견과 신념 때문에 정신적 갈등을 겪는 겁니다."

나는 그에게 잠재의식의 기본 원칙을 알려 주고 '부정적 사고의 감옥에서 빠져나와 한계를 뛰어넘는 확언'[22]을 매일 반복하라고 알려 주었다. 조화·건강·평화·풍요·안전의 왕국이 우리의 눈앞에 세워져 있다. 이 왕국은 우리가 모든 걸 취할 때까지 기다리고 있다. 우리는 이를 받을 준비만 하면 된다.

몇 주 후 남성은 내게 전화해 목장을 처분했으며 홀가분하게 덴버로 향할 예정이라는 소식을 전했다. 그는 이제 마음속 감옥에 갇힌 죄수가 아니었다.

"부정적 사고 때문에 나 자신을 한계와 제한이라는 감옥에 가두고 있었습니다. 필요한 것을 구하는 데 급급했고요. 제가 최면에 걸려 있었더라고요."

남성은 창조적인 것은 자기 생각이며, 자신이 느낀 좌절감은 타인의 말에 기인했다는 사실을 깨달았다. 타인의 말을 거부할 수도 있었지만 받아들였기 때문에 좌절감을 느꼈다는 것도 깨달았다. 좌절감을 일으키는 것은 사건이나 상황, 조건이 아니라는 사실 또한 알았다. 타인의 말은 두려움과 한계를 불러일으켰고, 남성은 두려움과 한계를 완강하게 거부하지 못하고 오히려 탐닉했다. 그러나 올곧은 생각이 자신의 세상을 구성하는 유일한 이유이자 힘이라는 사실을 깨달았다. 명상을 반복하면서 그는 건설적인 사고력을 길렀고, 우주의 원칙에 따라 현명하게 선택하는 능력을 얻었다.

자기 긍정 호흡법과 칭찬으로 따르고 싶은 리더가 되다

한 관리자와 이야기를 나눈 적이 있다. 사무실에서 일하는 직원들은 남녀노소 할 것 없이 그가 너무 '꼰대'에 비판적이며 우울하다고 말했다. 직원들은 계속 이직했고 상사는 왜 자꾸 사람들이 그만두냐고 불평했다.

나는 권한을 지나치게 행사하는 건 자기 자신을 믿지 못해서 불안하기 때문이라고 설명했다. 차분하고 마음이 정돈된 사람은 오만한 자세로 주변 사람들에게 명령을 내리지 않는다. 자연스럽게 뿜어져 나오는 자신감으로 주변 사람들이 저절로 따른다. 반대로 말이 많고 시끄러운 사람은 진실성이 없고 내면이 균형 잡혀 있지 않다.

나의 제안에 따라 그는 몇몇 직원에게 일을 훌륭히 해냈다고 칭찬하기 시작했다. 직원들에게 칭찬을 건네면서 자신감을 키워주자 반응이 좋았다. 사무실의 화합을 막던, 입만 열면 비판과 잔소리를 하는 태도도 멈췄다.

무엇보다 문제의 근본 원인이었던 자기 비하를 그만두었다. 암울하게 보이지 않기 위해 그는 자기 긍정 확언을 하면서 심호흡을 하기 시작했다. 숨을 들이쉬면서 "나는", 숨을 내쉬면서 "쾌활하다"라고 마음속으로 크게 외쳤다. 호흡법을 연습하다 보니 숨을 들이쉬고 내쉬는 사이에 숨을 길게 참을 수 있었다. 잠재의식 깊숙한 곳에서 응답을 받기 위해 심호흡을 50번에서 100번까지 연습했다.

숨을 들이쉴 때와 내쉴 때마다 "나는 쾌활하다"라고 생각했더니 결과는 상상 이상이었다. 규칙적인 심호흡이 심리적 안정감을 선사하고 잠재의식에 건설적인 아이디어를 새기는 것을 도와준다는 것을 몸소 증명했다.

관리자는 '우울한 마음을 자신감으로 바꾸는 확언'[23]도 했다. 그는 이 진리를 매일 여섯 번씩 천천히 차분하게 그리고 사랑을 담아 확언했다. 그는 자신이 무엇을 하고 있는지, 그리고 왜 하고 있는지 알았다. 새롭고 건설적인 습관으로 낡은 습관을 대체했다.

6주 후 그는 새사람이 되어 돌아왔다. 평온한 태도를 보였고 자신의 능력을 믿는 사람만이 발하는 긍정적인 에너지가 뿜어져 나왔다. 그는 회사의 부사장으로 승진했으며 그에 맞게 수입도 올라갔다.

왜 효과가 없을까

한 여성이 매일 30분 동안 침묵의 시간을 보냈지만 아무런 성과도 얻지 못했다고 불평했다. 그녀는 침묵의 시간에 음악을 틀고 몸을 동쪽으로 트는 특정한 자세를 취하고 향을 피웠다.

그녀는 내면에 집중하는 게 아닌 주변 환경과 외부 세계에 완전히 정신을 빼앗기고 있었다. 삶은 혼돈 그 자체였다. 몸이 아팠고 마음이 외로웠고 지루했다. 여러 가지 정신병에도 시달렸다. 마음은 조각상과 촛불, 의식, 향, 음악, 자세에 집중되어 있었고, 그녀를 최면 상태로 이끌었다. 오감의 자극에 푹 빠져 전혀 내면과 소통하지 못하고 있었다.

여동생은 그녀의 모습을 보고 한심해했다.

"매일 그렇게 해도 아무 소용도 없잖아? 날 봐. 나는 침묵 수행을 하지 않아도 늘 튼튼하고 활기차고 만사가 잘 풀리잖아."

사실 그녀는 침묵 상태에 머무른 적이 없다. 눈으로는 흔들리는 촛불을 보고 있었고 귀로는 노래를 듣고 있었다. 단순히 에너지와 시간을 낭비하고 있었던 것이다.

나는 에머슨의 '현명한 침묵'을 설명해 주었다. '현명한 침묵'은 세상과 감각이 주는 증거에 관심을 거두고 나의 아이디어나 욕망의 현실을 생각하는 데서 출발한다. "갖고 있다고 믿으면 받을 것이다"라는 말이 있다. 이는 즉 욕망, 아이디어, 계획, 목적, 투자가 손이나 마음처럼 실재한다는 걸 의미한다. 마음의 다른 차원에 형태와 모양, 실체를 가지고 있는 것이다.

내 생각과 감정, 욕망에 주의를 쏟으면서 기뻐하라. 이러한 태도를 유지한다면 잠재의식의 응답을 받는 기쁨을 누릴 수 있을 것이다. 이게 바로 에머슨의 현명한 침묵이다. 미국의 시인 헨리 워즈워스 롱펠로의 말도 같은 의미를 담고 있다.

"마음을 고요하게 만들고 마음을 치유하기 위해 애쓰자. 말이 없고 마음이 고요할 때, 불완전한 생각과 헛된 의견을 버릴 때 완전한 침묵에 도달한다."

여성은 내가 설명한 대로 따라 하기 시작했고 진정한 침묵은 마음과 몸, 재정에 엄청난 변화를 가져왔다.

잠재의식으로 생각의 방향을 조정하라

트렌드, 경제 사이클, 철학 사조, 권력의 흥망성쇠 등 모든 것에는 황금기와 쇠퇴기가 있다. 바다에는 밀물과 썰물이 있듯이 우주에 존재하는 모든 것은 변하고 사라진다. 그러나 내면에 자리 잡은 생명의 원리를 믿으면 필요한 것을 늘 가질 수 있다. 이것은 어제, 오늘, 내일 늘 한결같은 불변의 진리다.

생각은 창조적이다. 창조력에는 시작(욕망)과 끝(발현)이 있다. 창조력이 발휘되기 시작하면 별이든 우주든 나무든 무언가를 만들어 낸다. 모든 생각은 자기 모습을 드러내며 잠재의식은 생각의 성질에 따라 반응한다.

자동차를 운전하듯 생각의 방향도 직접 조종할 수 있다. 생각도 사물이기에 우주의 패턴에 따라 물질적으로 변화한다. 생각과 상상은 마음속 현실로 외부 현실이라 부르는 것의 기반을 이룬다. 만약 이 세상의 모든 차가 갑자기 사라진다면 자동차 엔지니어는 마음속 생각과 상상을 기반으로 새로운 자동차를 빠르게 설계할 것이고, 곧 세상에는 다시 새로운 자동차가 넘쳐날 것이다.

생각은 사람이 활용할 수 있는 가장 강력한 도구다. 컴퓨터보다 훨씬 무궁무진하게 활용할 수 있다. 생각은 현명하고 건설적이며 공정한 방식으로 생각하는 법을 알려 주고 우리를 인도해 주는 최고의 도구다. 생각은 수학 공식처럼 한 치의 오차도 없이 작용한다. 빈곤을 생각하면 한계와 결핍이 생기고 확장, 성장, 번영을 생각하면 정말 부를 얻는다.

생각의 불순물을 없애는 방법

무언가를 상상할 때는 시기와 질투, 탐욕, 두려움, 걱정 등 정신적 불순물을 없앤 채 객관적인 인생의 목적이나 목표에 온 신경을 집중해야 한다. 풍요롭고 행복한 삶을 살고자 하는 목적이나 목표에서 벗어나는 일은 거부해야 한다. 소망이 이루어지는 걸 정신적으로 느끼면 그 소망이 물질적인 형태를 취해 실제로 나타난다는 것이 이해된다.

잘되는 사업을 운영하는 사람이 있다고 가정하자. 퇴근하고 집에 돌아오면 사업이 실패하는 이미지를 그린다. 가게 선반이 텅텅 비어 있고 계좌의 잔액은 0원이며 파산하는 걸 상상한다. 심지어 가게 문을 닫을지도 모른다는 걱정을 한다. 하지만 실제로 사업이 항상 잘된다면 왜 그런 걸까? 마음속에 품은 부정적인 이미지를 진실이라고 받아들이지 않기 때문이다. 마음의 그림에 진실성이 없다.

건강하지 않은 마음의 그림에 진정으로 두려움이 깃들어 있지 않은 것이다. 병적인 이미지를 공포로 채우지 않는다면 실패하는 일은 절대 없다. 그러나 계속 건강하지 않은 이미지를 그리고 부정적인 감정을 곁들인다면 두말할 나위 없이 실패할 것이다. 심지어 성공을 선택할 수 있음에도 실패를 선택하는 꼴이다.

축복이 넘치며 번영하고 영감을 주며 강해지는 정신적 이미지와 아이디어, 생각을 마음의 왕좌에 앉혀라. 내가 상상하는 모습이 곧 내가 된다. 어떤 이미지를 계속해서 상상하면 나의 세계를 새롭게 창조할 수 있다. 마음의 법칙을 믿으면 좋은 일이 생기고 인생에서 모든 축복과 부를 경험할 것이다.

조셉 머피의 미라클 노트

- 마음을 고요하게 다스리면서 마음에 집중하면 평화를 얻을 뿐 아니라 원하는 모든 것을 가질 수 있다.
- 고요한 상태에서 미소를 띤 채 휴식하면 무한한 힘과 만날 수 있다. 침묵 속에서는 에너지·힘·영감·지혜가 모습을 드러낸다. 모든 긴장을 풀며 이기적인 자존심을 내려놓는 법을 배우자.
- 문제나 걱정거리에 대해 생각하며 이야기하지 마라. 그런 일에 먹이를 주면 영향력이 더욱 강해진다. 고요한 마음을 갈고닦아 평화가 자신의 마음을 지배하도록 자리를 내주어라.
- 좌절감, 두려움, 한계는 상황이나 조건이 아니라 타인의 말에 기인한다. 타인의 말을 완강하게 거부하지 못하고 오히려 탐닉했기 때문이다. 이것저것 저울질하는 현재의식을 정지시키고, 논쟁을 벌이지 않는 잠재의식에 그 어떤 걱정도 나를 움직일 수 없다고 새겨라.
- 조화·건강·평화·풍요·안전의 왕국이 우리 눈앞에 세워져 있다. 이 왕국은 우리가 모든 걸 취할 때까지 기다리고 있다. 우리는 이를 받을 준비만 하면 된다.
- '현명한 침묵'은 세상과 감각이 주는 증거에 관심을 거두고 나의 아이디어나 욕망의 현실을 생각하는 데서 출발한다. 그리고 무언가를 상상할 때는 시기와 질투와 탐욕, 두려움, 걱정 등 정신적 불순물을 없앤 채 객관적인 인생의 목적이나 목표에 온 신경을 집중해야 한다.
- 축복이 넘치며 번영하고 영감을 주며 강해지는 정신적 이미지와 아이디어, 생각을 마음의 왕좌에 앉혀라. 내가 상상하는 모습이 곧 내가 된다.

14

생각하고 느끼고 행동하라

인간을 유일무이한 창의적인 존재로 만드는 것은 머리·심장·손, 즉 생각·느낌·행동이라는 능력의 조합이다. 이 책에서 나는 주로 심장(느낌), 특히 소망·신앙·감사 등 잠재의식에 긍정적인 이미지를 심어 주는 데 결정적인 역할을 하는 것에 초점을 맞춘다. 잠재의식에 집중하는 이유는 우리 영성의 근원, 우리가 소망의 씨앗을 심는 땅, 우리가 하는 생각과 행동의 원동력이 바로 잠재의식이기 때문이다.

그러나 우리가 창의적이고 성공적인 존재가 되려면 머리·심장·손, 이 세 가지 기능을 전부 합쳐야 한다. 잠재의식(심장)은 무한한 지성, 무한한 힘, 무한한 부와 하나를 이룬다. 현재의식과 육체는 인간의 특성으로, 내가 3차원으로 된 오감의 세계에서 존재하며 기능할 수 있도록 해준다. 우리는 잠재의식을 통해 소망하고 혁신하며, 의식적인 사고와 행동을 통해 소망과 아이디어 및 내적 재능의 결실을 볼 수 있다. 또한 현재의식과 육체적 감각은 육체적 차원의 삶이 제공하는 모든 것을 온전히 즐기게 해준다.

안타깝게도 많은 사람이 세 가지 기능 중 한두 가지 기능만 연결 짓는 데 그쳐 기회를 놓치고 있다. 잠재의식에 소망을 심기 위해 현재의식을 끌어들여 놓고는, 정작 잠재의식이 소망의 대상을 보여 주면(돈벌이가 되는 획기적인 일 같은) 이를 행동으로 옮기지 않는다. 절호의 기회를 얻고도 그 기회를 좇지 않는 것이다. 그 아이디어를 종이(현재의식) 위에 그림으로 옮기지 않았거나, 특허를 취득하지 않은 발명품과 같은 정신적 이미지의 형태로 그쳤을 것(행동하지 않음)이다. 이는 개발하지 않은 음악적 재능이나 연기력에 비유할 수도 있다. 단지 "네"라고 한마디 대답만 더 하는 수고를 들이면 그 기회를 잡을 수 있는데 말이다.

반대로 세 가지 기능을 한데 합쳐 큰 꿈을 꾸고, 창의적이면서 분석적으로 생각하고, 확신에 차 행동하는 사람들은 열정을 갖고 자신이 원하는 것을 계속 추구해 나간다. 이들을 멈출 수 있는 것은 아무것도 없는 것처럼 보일 정도다. 이들은 자신이 탁월하게 일을 해내고 있으며, 모든 장애물을 극복해 원하는 모든 것을 얻을 것이라 확신한다. 이들은 세상을 뒤흔들어 움직이게 하고 황금 같은 기회가 주는 축복을 받는다.

의식적인 생각의 힘을 키워라

강렬한 감정을 갖고 현재의식 안에 상상하며 불어넣기로 한 모든 것은 잠재의식에 새겨진다. 잠재의식은 자기 안에 새겨진 것을 현실화할 방법과 자원을 찾아낸다. 현재의식(객관적으로 사고하는 의식)은 추구할 소망과 기회를 선택하고 새로운 아이디어와 계획을 찾아내는 데 핵심적인 역할을 한다.

현재의식은 분석적이고 가능한 일에만 도전하는 경우가 잦다. 때문에 때로는 현재의식을 잠시 멈추게 해야 잠재의식의 기능이 손상되지 않는다. 잠재의식이 선물이나 기회를 주면, 현재의식은 의식적인 창작 과정에 참여하는 것으로 역할 분담을 하면 좋다.

현재의식에 대해 좀 더 자세히 알아보자. 다음은 현재의식의 네 가지 필수 기능이다.

- **주목**

  현재의식은 현재의 감각 지각이든 지각된 데이터에서 추출한 정보든 기억에서 떠올린 정보든 무엇이든 선택해서 집중할 수 있다.

- **추론·분석**

  데이터가 감각을 통해 뇌로 흘러들어 가면, 현재의식은 이를 걸러내고 정리해 이해하려 한다. 현재의식의 데이터 필터링 능력은 잠재의식의 수문장 역할을 한다. 잘못된 정보를 걸러내고 유해한 메시지가 잠재의식으로 전달되는 것을 방지한다.

- **결정**

  궁극적으로 결정하거나 선택을 내리는 주체는 바로 현재의식이다. 현재의식은 어떤 욕망을 추구할지, 어떤 이미지를 잠재의식에 전달할지, 기회가 다가올 때 어떻게 행동할지를 결정한다.

- **상상**

  상대가 말하는 것과 반대되는 모습이나 행동에서 의미를 추출하는 능력, 물체를 회전시키지 않고도 뒷면을 시각화하는 능력 등 추상적인 사고다. 아직 구현되지 않은 것을 추론하는 능력, 혁신력, 문제 해결 능력은 현재의식만의 능력이다.

현재의식을 최대한 활용하려면 현재의식이 주목하는 것과 발전시키는 것에 집중하라. 적절한 영양을 공급하고 운동을 하고 뇌를 돌보아라. 해로운 물질에 노출당하지 말고 최적의 인지 기능을 유지하라. 인지 기능을 손상하는 물질을 남용하는 건 굳이 유해 물질을 선택하는 행위나 다름없다.

다양한 정보, 경험 및 도전에 노출하며 현재의식의 배를 불려라. 책을 많이 읽고, 여러 곳을 여행하고, 관심 있는 분야의 강의를 듣고, 다양한 배경을 가진 사람들과 관계를 맺고, 새로운 취미와 경험을 추구하라. 아웃풋할 수 있는 정보의 양이 많고 다양할수록 현재의식은 더 창의적이고 상상력이 풍부해진다. 문제 해결에 적합한 장비를 많이 갖출수록 더 많은 기회와 선택지가 의식의 레이더에 감지될 것이다.

3D 프린팅 산업의 선구자로 3D 프린팅 회사 카본을 공동 창립한 기업가이자 대학교수인 조지프 드시몬은 〈진정한 혁신은 다방면에서 이루어져야 한다Real Innovation Is Multidisciplinary〉라는 제목의 간단한 발표를 한 적이 있다. 발표에서 그는 애플을 설립한 스티브 잡스가 사회과학, 기술, 인문학을 융합해 혁신을 달성한 방법을 설명했다. 드시몬은 헨리 로소브스키 하버드대학교 예술·과학학부 명예 학장이 연구, 신앙, 혁신에 관해 설명한 말을 다음과 같이 인용한다.

“연구는 발전 가능성을 향한 믿음의 표현입니다. 학자들이 주제를 연구하도록 이끄는 동력에는 새로운 것을 발견할 수 있고, 새로운 것이 더 나을 수 있으며, 더 깊은 이해를 얻을 수 있다는 믿음이 담겨 있어야 합니다. 학술 연구는 인간의 조건에 대한 낙관주의의 한 형태입니다.”

드시몬은 생명과학(의학), 물리학, 공학, 사회과학, 인문학, 심지어 공연예술까지도 포함한 다양한 학문 분야의 학습을 융합하는 다영역적 접근법이 혁신의 청사진이라 믿는다. 교육·경험·도전·협업의 영역이 넓어질수록 잠재력을 발견할 가능성도 커진다는 말이다.

감정의 힘에 벨트를 채워라

이 책에서 나는 소망을 현재의식에서 잠재의식으로 옮기는 데 있어 감정이 중요한 역할을 한다고 여러 번 강조했다. 특히 소망·신앙·기대·감사 등 긍정적인 감정을 써서 소망을 잠재의식으로 전달하고, 부정적인 이미지를 강화하는 경향이 있는 불안·두려움·분노·죄책감 등의 부정적인 감정은 피할 것을 권했다. 자신감, 열정, 결단력, 기쁨, 자부심 등 긍정적인 감정은 현재의식의 사고 및 행동 기능과 결합할 때 더욱 큰 임무를 수행한다.

성공과 실패를 구분 짓는 것은 결단력과 끈기다.

다른 모든 요소가 같을 때 자주 승리하는 스포츠 선수나 팀은 승리를 향한 열망이 더 크다. 승리하겠다는 소망은 이들에게 활력을 불어넣고 더 열심히 훈련하도록 고무시키며 감각과 기량을 더욱 뛰어나게 해준다. 이보다 더 중요한 것은 아마도 승리하겠다는 소망이 이들에게 "실패는 선택지에 없다"라는 사고방식을 제공한다는 점일 것이다. 이는 다른 도전도 마찬가지다.

끈기의 중요성은 KFC 창립자 커넬 샌더스의 이야기를 통해 잘 알 수 있다. KFC는 전 세계 149개국에 약 2만 7000개의 매장을 보유한 미국 패스트푸드 프랜차이즈다. 커넬 샌더스는 1차 사회보장지원금을 받는 60세가 되어서야 KFC를 설립했다. 이후 그는 자신의 치킨 조리

법을 사줄 사람을 찾기 위해 직접 차를 끌고 미국 전역을 돌아다니며 수백 명의 레스토랑 운영자와 직원들에게 치킨을 선보였다. 그는 수많은 밤을 길거리에서 보냈고 수천 번도 넘게 거절당했다.

74세의 커넬 샌더스는 미국과 캐나다에서 600개가 넘는 프랜차이즈 매장을 운영하며 자신이 개발한 조리법으로 만든 치킨을 팔고 있었다. 1964년에 그는 회사 지분을 200만 달러(2020년 물가 기준 약 1600만 달러)에 매각했고 연금에 의존하지 않는 풍족한 여생을 보냈다.

끈기는 많은 문제를 극복할 수 있는 만능 해결책이다. 끈기가 있으면 전쟁에서 승리하고, 대출을 상환하며, 많은 사람이 패닉에 빠지는 경제 침체기에도 투자자의 자산을 보호할 수도 있다. 끈기가 있으면 엔지니어와 건설 노동자들은 산에 터널을 뚫고, 수로 위에 다리를 놓고, 대륙을 가로지르는 철도를 놓으며, 아찔한 높이의 고층 빌딩을 세울 힘이 되기도 한다. 끈기가 있으면 의학 연구자들은 세상 모든 질병의 치료제를 찾는 연구를 계속할 수 있다. 예술적 재능과 함께 끈기를 가지고 있는 사람들은 예술가로서의 성공이 보장되지 않을 때조차 수년 동안 영감과 활력을 지닌 채 자신의 기량을 연마할 수 있다.

자산, 교육, 타고난 능력, 영향력 있는 배경 등 어느 것도 끈기를 대신할 순 없다. 끈기는 부자와 가난한 사람 사이를 평등하게 해주는 역할을 하기도 한다. 부자들은 현실에 안주하는 경우가 많지만, 가난한 사람들은 역경을 겪으면서도 끈기를 기른다. 크나큰 업적을 이룬 사람들은 재능·교육·재정적 수단이 부족하더라도 끈기를 핵심 능력으로 가졌던 경우가 많다.

또한 결단력 있는 사람은 자본을 많이 가진 사람보다 더 큰 성공을 거둔다. 이들은 자신의 특성이나 단점과 상관없이 목표를 달성할 방법을 찾아낸다. 이들은 힘들게 노력하면서도 지치지 않고, 난관에 부닥쳐도 좌절하지 않으며, 반대자들을 마주해도 결정을 꺾지 않는다. 결단력 있는 사람은 가장 심각한 빈곤과 장애도 극복한다.

승리에 전념하는 이들은 패배는 고려하지 않는다. 패배할 때마다 다시 일어나고, 난관에 부딪힐 때마다 더욱 굳센 결의를 다지며, 승리할 때까지 계속한다. '불가능'이라는 말은 이들의 사전에 없다. 불행에 낙담하고 좌절하는 대신 불행으로부터 영감을 받고 활력을 얻는다.

위대한 업적을 달성한 이들은 끝까지 굴하지 않은 사람들이다. 위험이나 어려움을 감내할 생각이 없는 사람들, 잠깐의 만족을 포기하지 못하는 사람들은 낮은 목표를 설정하고 작은 성취에 만족한다.

좌절감이 들거나 그만두고 싶거나 되돌리고 싶은 유혹이 들 때마다 다시 생각하라. 내 눈에 보이진 않지만 지금 산꼭대기 가까이에 와 있는지도 모른다. 몇 걸음만 더 앞으로 나아가 꼭대기에서 내려다보면 방금 넘어온 장애물이 마지막 장애물이었음을 알 수 있다.

수많은 업적과 혁신은 끈기가 부족한 사람들이 포기하거나 되돌아간 후에도 마지막까지 붙잡고 있던 이들에 의해 달성됐다. 끝까지 완수할 집념이 부족한 사람들의 삶은 깨진 꿈, 성취하지 못한 소망, 개인적·직업적 실패로 가득 차 있다. 실망할 게 두려워 야망이나 열정이 무뎌지게 내버려 두지 말라. 끈기를 갖고 계속하라!

지금 바로 행동하라

마음(현재의식과 잠재의식)은 창조력의 원천이지만 창조하려면 생각이상의 것, 즉 행동이 필요하다. 행동을 수반하지 않는 생각은 잠재의식의 힘을 오해한 사람들이 자주 빠지는 함정이다. 자신이 부자라고 생각한다고 해서 반드시 부자가 되는 것은 아니다. 잠재의식에 소망을 심었다면 자신이나 타인의 행동이 필요하다. 타인이 대부분의 어려운 행동을 수행하는 경우도 있지만, 내가 더 큰 노력을 기울여야 하거나 자원을 조정해 관리 임무를 처리해야 할 수도 있다. 육체적 기능(손)을 사용해 생각을 행동으로 보완하는 것이다.

잠재의식의 힘만으로 소망의 대상을 손에 넣을 수도 있다. 피아노를 갖고 싶다는 소망을 잠재의식에 전달했다고 가정해 보자. 이틀 후 이웃이 더 작은 집으로 이사해서 피아노를 둘 공간이 없다며 "혹시 피아노가 필요하지 않으신가요?"라고 물어볼 수 있다. 이때는 이삿짐센터에서 피아노를 옮겨줄 수도 있으니 내가 직접 움직일 필요도 없다.

반면 피아노를 연주하고 싶다는 열망을 품고 있다고 가정해 보자. 피아노 연주에 놀라운 재능이 있거나 잠재의식을 통해 크나큰 음악적 영감을 받고 바로 상상 속의 곡을 연주하며 자신만의 음악을 작곡할 수 있다. 그러나 평범한 사람이라면 피아노 연주법과 악보 읽는 법, 작곡법을 배우고 연습해야 한다. 곡을 연주하고 작곡하겠다는 열정이 있다면 공부와 연습은 힘들기보다 재밌게 느껴질 것이다. 그러나 일정 수준의 행동과 노력을 해야 하는 것은 사실이다.

잠재의식의 창조 과정은 내가 직접 이끌거나 감독하지 않는다. 잠재의식 단계에서 할 일은 비전을 유지하고 기대와 감사의 마음가짐을 유지하는 것이다. 하지만 잠재의식이 무한한 지성과 협력해 소망을 실현할 기회를 줄 때 나의 역할은 바뀐다.

잠재의식이 주는 선물을 받은 후에는 자신을 위해 행동해야 한다.

선물은 잠재의식 속 생각을 통해 나에게 전달된다. 선물은 현재의식의 생각과 행동을 통해 현실의 나에게 주어진다. 약간의 노력이 필요한 일이다.

선물을 받은 즉시 행동하라. 과거나 미래에 행동할 수는 없다. 과거는 사라졌고, 미래는 아직 오지 않았다. 기다리는 것은 올바른 행동이 아니다. 미래에 일어날 일에 맞춰 특정한 행동을 하겠다고 계획할 수는 없다. 미래에 예측한 일일지라도 지금 이 순간에 일어나지 않으면 그 일이 어떤 일인지 알 수 없다. 지금 바로 행동한다는 것은 현재 상황에 따라 행동한다는 것을 뜻한다.

관심 가는 일이 있다면 관련 분야의 책을 읽으며 자세히 알아보고 주변 사람과 그에 관한 이야기를 나눠 보자. 특정한 직업이나 사업에 끌린다면 신입 직원으로 취업하거나 인턴으로 근무해 보자. 이직할 기회가 생기거나 꿈꾸던 사업을 할 기회가 나타날 때까지 행동을 미루지 마라. 변화를 만들기 위해 주체적으로 움직여라.

무엇보다도 가장 중요한 것은 실패나 실수를 걱정하지 않는 것이다. 발생할 수 있는 모든 어려운 상황을 극복할 수 있다는 믿음을 가져라.

다음은 행동하는 방법에 대한 몇 가지 제안이다.

- 공상하며 시간을 낭비하지 마라. 원하는 것을 상상하고 지금 행동하라.
- 진취적으로 주도하라. 조건, 사람, 상황 등이 나타나 변화를 일으킬 때까지 기다리지 마라.
- 과거에 했던 일이나 저지른 잘못을 걱정하지 마라. 과거를 바꿀 수 있는 사람은 아무도 없다.
- 가능한 최고의 내일을 맞이할 수 있도록 지금 최선을 다하라.

- 더 나은 상황에 놓인 자신의 모습을 상상하라. 상황을 개선하거나 더 나은 상황으로 바꾸기 위해 행동을 취하라.
- 부자가 되기 위해 거쳐야 하는 놀랍거나 색다른 단계를 찾아 헤매지 마라. 지금까지 하던 것과 똑같은 행동을 하더라도 더 긍정적인 태도로 성공하리라고 굳게 믿어라.
- 긍정적인 변화의 속도가 느리다고 좌절하지 마라. 좌절은 부정적인 생각의 증거이기에 결핍과 제한을 초래한다.
- 현재의 직업, 사업, 상황을 더 나은 것을 얻기 위한 수단으로 활용하라. 현재의식이나 잠재의식의 사고가 신호(합당한 이유 또는 강렬한 직감)를 주지 않는 한 과감한 결정은 내리지 마라.
- 직장에서 현재 맡은 직책에 만족할 수 없다면 최고의 직원이 되는 일에 집중하라. 불만족은 더 나은 위치에 오를 수 있는 능력을 약화시킬 뿐이다. 원하는 지위를 가진 자신의 모습이 담긴 비전을 그리면서 현재의 고용주에게 가장 큰 가치를 제공하라.
- 비전과 믿음은 내가 원하는 직업이나 사업 기회를 가져다줄 창조적 힘을 만들 것이며, 행동은 내가 현재 속한 환경을 내가 원하는 환경으로 바꿀 힘을 부여할 것이다.

지금 이 순간 행동한다는 개념은 현재 자신이 속한 위치를 뛰어넘는 사람만이 발전할 수 있다는 의미다.

현재 직무를 온전히 소화하지 못하는 사람들은 감원 대상이 되어 해고당하는 등 퇴보할 수밖에 없다. 현재 위치에서 필요한 것을 충족하지 못하는 사람들은 고용주·가족·사회·정부에 방해가 된다. 사회는 구성원들이 현재의 위치를 뛰어넘어 더 높은 가치를 제공하고 타인을 위한 기회를 창출할 때만 발전할 수 있다.

현재 보유한 직위나 관리하는 사업보다 더 가치 있는 일을 할 수 있다는 사실을 증명하기 전에는, 누구도 그 사람에게 급여 인상 또는 승진, 새로운 사업 기회를 제공하지 않을 것이다. 현재 맡은 직무 이상의 가치를 창출하거나 고객이 지불한 비용보다 더 많은 가치를 제공한다면, 현재의 직무 또는 사업을 넘어 더 수익성 높고 보람찬 기회를 얻을 수 있다.

조셉 머피의 미라클 노트

- 원하는 것을 성공적으로 얻고 싶다면 머리(현재의식), 심장(잠재의식과 감정), 손(행동력), 이 세 가지 기능을 한곳에 모아라.
- 우리는 잠재의식을 통해 소망하고 혁신하며, 의식적인 사고와 행동을 통해 소망과 아이디어 및 내적 재능의 결실을 볼 수 있다. 또한 현재의식과 육체적 감각은 육체적 차원의 삶이 제공하는 모든 것을 온전히 즐기게 해준다.
- 현재의식은 주목, 추론·분석, 결정, 상상이라는 네 가지 필수 기능을 지니고 있다. 현재의식을 최대한 활용하려면 현재의식이 주목하는 것과 발전시키는 것에 집중하라.
- 뇌는 잠재의식과 현재의식의 일꾼이다. 적절한 영양을 섭취하며 운동을 하고, 인지 기능에 부정적인 영향을 미치는 술이나 기타 유해 물질을 멀리하며 뇌를 관리하라. 수많은 다양한 정보와 경험으로 뇌를 채워라.
- 심장은 감정의 근원이다. 심장은 잠재의식에 소망을 각인하는 데 필요한 에너지, 행동을 취하겠다는 결단력과 자신감을 제공한다.
- 실패와 성공을 가르는 데 끈기는 중요한 요소다. 끈기는 부자와 가난한 사람 사이를 평등하게 해주는 역할을 하기도 한다. 자산, 교육, 타고난 능력, 영향력 있는 배경 등 어느 것도 끈기를 대신할 순 없기 때문이다.
- 성공에는 생각 이상의 것, 즉 행동이 필요하다. 자신이 부자라고 생각한다고 해서 반드시 부자가 되는 것은 아니다. 잠재의식에 소망을 심었다면 자신이나 타인의 행동이 필요하다. 잠재의식이 주는 선물을 받은 후에는 자신을 위해 행동해야 한다.

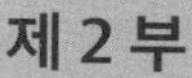

제 2 부

잠재의식 안의 보물창고를 열어라

JOSEPH MURPHY

———— 누구나 한 번쯤 스스로에게 이런 질문을 던져본 적이 있을 것이다.

- 왜 어떤 사람은 부자고, 어떤 사람은 가난할까?
- 왜 어떤 사람은 사업에서 성공하는데, 누군가는 같은 사업을 하고도 실패할까?
- 왜 어떤 사람은 건강하게 해달라고 기도해도 응답을 받지 못하는데, 다른 사람은 기도하면 곧바로 이루어질까?
- 왜 어떤 사람은 부와 성공을 자신하며 확언을 해도 더욱 가난해지는 반면, 같은 확언을 한 다른 사람은 부자가 되는 걸까?
- 왜 어떤 사람은 1년 동안 집을 팔지 못해 애태우는데, 이웃은 집을 내놓은지 며칠 만에 팔리는 걸까?
- 왜 어떤 사람은 직장에서 고속 승진하는 반면, 어떤 사람은 비슷한 능력을 갖고도 평생 아무것도 성취하지 못해 힘들게 살까?
- 왜 어떤 사람은 목표를 이룰 돈을 충분히 벌어들이고, 어떤 사람은 겨우 먹고살 정도의 돈만 간신히 버는 걸까?
- 왜 어떤 사람은 베풀어도 결코 보답받지 못하는데, 어떤 사람은 베푼 것보다 훨씬 더 후하게 돌려받을까?
- 왜 어떤 사람은 멋지고 호화로운 집에서 사는데, 어떤 사람은 낡아빠진 집에서 살까?
- 왜 어떤 사람은 행복하고 풍요로운 결혼생활을 만끽하는데, 어떤 사람은 외롭고 쓸쓸한 삶을 살까?
- 왜 어떤 사람이 지닌 믿음은 그에게 큰 부를 가져다주는데, 어떤 사람의 믿음은 응답을 받지 못할까?

제2부에서는 이 모든 질문에 일상생활에서 손쉽게 실천 가능한 실용적이고 현실적인 해답을 제시한다. 곳곳에 늘 넘쳐나는 부를 경험하고 싶은 이들을 위한 내용이다. 누구나 잠재의식의 법칙을 이용하는 기법을 이해하고 적용할 수 있도록 간결하고 명료한 문체를 사용했다. 여기서 소개하는 간단하면서도 현실적인 기법들을 적용할 준비가 되어 있는 독자라면 눈에 보이는 즉각적인 결과를 얻을 수 있을 것이다.

특히 제2부에서는 더 많은 예시와 일화를 곁들여 부자가 되는 방법을 상세하게 들려준다. 이들은 소득 수준이 다르고 사회적 배경도 다양하지만 잠재의식의 힘을 올바른 방식으로 사용했기 때문에 부를 축적할 수 있었다.

내 마음이 풍요롭지 않다면 풍족하고 행복한 삶을 영위할 수 없다! 부자가 될 수 있는 논리적이고 과학적인 접근법은 분명 존재한다. 성공적인 인생을 살고 싶다면 이 내용을 두고두고 곱씹는 걸 추천한다. 여기서 안내하는 대로 따르면 지금보다 위대하고 훌륭한 삶, 행복하고 부유하며 고귀한 삶을 살 수 있는 길이 열릴 것이다.

자, 지금부터 삶의 풍요로움을 향한 여정을 시작해 보자.

1

가난하다는 생각이 가난을 부른다

내 안에는 무한한 보물창고가 존재한다. 마음의 법칙을 배우면 멋지고 즐겁고 풍요로운 인생을 위한 모든 것을 내면의 무한한 보물창고에서 꺼낼 수 있다. 생산적이고 선한 아이디어로 마음을 채운다면 생산적인 삶을 살 수 있고 온갖 물질적인 풍요를 누릴 수 있다. 풍요로움을 결정하는 건 세상을 바라보는 정신적인 태도와 믿음이다.

우주에는 법과 질서가 존재한다. 즉 모든 경험과 조건, 일어나는 사건을 주관하는 원리와 법칙이 존재한다는 뜻이다. 인과관계가 없는 일은 없다. 부자가 되는 것도 마찬가지다. 생각은 언제나 결과를 낳는다. 부와 가난, 성공과 실패의 차이를 만드는 것은 인간의 믿음이다. 여기서 '믿음'은 진심으로 무언가를 진실이라고 받아들이는 것을 뜻한다. 풍요롭고 행복하며 성공한 삶을 살 거라 믿고, 최고로 좋은 일만 생길 것이라고 즐거운 마음으로 기대하면 아주 좋은 일들만 생길 것이다. 당당하게 부를 요구하는 사람만이 그에 상응하는 부를 받을 수 있다.

나는 단지 먹고살기 위해 이 세상에 태어난 게 아니다. 나는 부자가 되기 위해 태어났다. 나는 풍요롭고 행복하며 성공적인 삶을 사는 데 필요한 모든 수단과 장비를 갖추고 태어났다. 내면의 영광과 아름다움을 보여 주기 위해 이 세상에 왔다. 내가 있어야 할 자리를 찾아 재능을 펼침으로써 모든 장애물을 딛고 승리한다. 나는 늘 아름답고 호화로운 것에 둘러싸여 있으며 생명·자유·평화를 추구할 권리를 실현한다. 이 권리는 그 누구도 빼앗을 수 없다.

부자가 되는 3단계

베벌리힐스에 사는 사업가 친구가 한탄을 늘어놓았다.

"세 블록 떨어진 거리에서 동생이 나랑 같은 사업을 하는데, 장사가 잘돼. 돈을 쓸어 담고 있더라고. 최근에 영업사원 두 명을 추가로 들였다는데 나는 적자만 안 나도 다행이야. 가게 입지나 파는 상품이 문제는 아닌 듯한데, 나에게 문제가 있는 걸까?"

훌륭한 재능을 가졌는데도 빈곤에 시달리고 좌절하는 사람이 있는 반면에 재능이 부족하거나 가방끈이 짧아도 자기가 원하는 것 이상을 이루는 사람도 있다. 부는 사람의 마음에 달렸다. 나는 다음 세 단계를 따르면 반드시 부자가 될 수 있다고 말했고, 친구는 정말 놀라울 정도로 부를 늘려나갔다.

1단계, 부정적인 생각을 멈춰라

"월세를 낼 돈이 없어."

"생계를 잇기에도 빠듯하군."

"사업이 잘 풀리지 않아."

"공과금을 낼 돈이 없는데."

자신의 경제적 상황을 부정적으로 묘사하면 안 된다. 안 되거나 못 할 거라는 부정적인 생각이 들면 바로 "내 안에는 무한한 보고가 있기에 모든 욕망은 즉각적으로 충족됩니다"라고 확언하라. 무리해서 한 시간에 50번씩 긍정할 필요는 없지만, 이 말을 반복하다 보면 부정적인 생각으로 고통 받는 일은 없을 것이다.

2단계, 부의 확언을 하라

온종일 마음을 가다듬으면서 다음과 같이 확언하면 부가 들어오는 길이 열린다.

곤경에 처해 있을 때 모든 것을 즉각적으로 마련해 주는 원천이 내 안에 있습니다. 언제 어디서든지 필요한 아이디어를 얻을 수 있습니다.

3단계, 부에 감사하라

다음과 같은 확언을 되뇌며 매일 밤 잠자리에 든다.

부를 주심에 늘 감사드립니다. 부는 불변하고 영원합니다.

영적인 처방을 충실하게 따른 친구는 순식간에 도약했다. 최근에 친구는 당시의 속마음을 토로했다.

"그때 내 마음은 광야 같았어. 사막처럼 메말랐고 자라는 것이라곤 무지와 공포, 자기 비하, 무력감이라는 잡초밖에 없었지. 하지만 지금 나는 승리와 성취, 번영으로 무성한 길을 걷고 있어."

가난은 미덕이 아니다

가난은 미덕이 될 수 없다. 사실 가난은 마음이 편안하거나 침착하지 않고 균형과 평정심이 결핍된 상태다. 주변을 둘러보자. 출신이나 직업과 관계없이 다양한 배경의 사람들이 부자가 되고 인생의 목표를 달성한다. 반면에 같은 직업에 같은 일을 하는데도 항상 돈에 허덕이는 사람도 있다.

몸이 아프면 병을 고치기 위해 의사를 찾아가 검진을 받고 약을 먹는 등 다시 몸을 건강한 상태로 되돌리기 위해 노력해야 한다. 이렇듯 지금 당장은 돈이 부족하다고 느끼더라도 습관적으로 부와 발전, 성장에 관해 생각하면 잠재의식은 저절로 여러 방면에서 수만 가지 방법으로 부를 증대시킨다. 내가 풍족하게 온갖 것들을 누리는 것이 자연스러운 상태이기 때문에 부를 생각할수록 잠재의식이 부의 길로 나를 이끄는 것이다.

잠재의식은 내가 생각하는 대로 움직인다. 빈곤에 관해 생각하면 아무리 부자라도 가난해질 수밖에 없다. 하지만 정신적·물질적·영적인 부에 관해 생각하는 습관을 들이면 잠재의식과 생각이 상호작용해 반드시 부자가 될 것이다. 그래서 "부는 이제 나의 것이다"라고 끊임없이 생각하면, 잠재의식은 이 생각에 반응해 삶의 모든 방면에서 부를 분배해 줄 것이다.

내 라디오 프로그램을 아침마다 듣던 청취자가 편지를 보내왔다.

"청구서가 쌓여 가고 있는데 실직한 상태예요. 먹여 살릴 자식만 셋인데 돈이 떨어졌습니다. 어떻게 해야 할까요?"

나는 긴장을 풀고 원하는 바를 짧은 문장으로 요약해 볼 것을 제안했다. 그녀는 '지금 나에게 필요한 모든 것은 마련되어 있습니다'라고 요약했다. 이 말의 의미는 자신이 원하는 것 모두를 실현했다는 것을 뜻한다. 내야 할 돈을 다 내고 새로운 직업을 찾았으며 살 곳을 구한 것이다. 아이를 위한 음식과 옷을 마련할 만큼 충분한 돈이 있고, 다른 남성과 재혼해 다시 행복한 가정을 꾸린다는 걸 의미했다. 그녀는 자장가처럼 자신이 요약한 문장을 반복했다.

지금 나에게 필요한 모든 것은 마련되어 있습니다.

이 구절을 반복할 때마다 따듯함과 평화로운 느낌에 휩싸였고, 느낌은 곧 확신으로 바뀌어 실제처럼 느껴졌다. 곧 놀라운 일이 이어졌다. 15년 동안 만나지 못했던 언니와 재회한 것이다. 호주에서 온 언니는 현금 5000달러와 선물들을 주고 갔다. 그 후에는 의사의 비서 자리를 얻었고 한 달 만에 의사와 결혼했다. 이 청취자는 내면에서 진정한 부의 보고를 발견한 것이다.

위대한 끌어당김의 법칙

건물, 구조물, 도시, 기기 등 인간과 자연이 만들어 낸 모든 발명품은 내 안에 있는 보이지 않는 보고에서 나온 것이다. 의자에서 몸을 움직이겠다고 생각해야만 몸을 움직이는 것과 같은 원리다. 영상과 음성을 집에서 출력해 보자고 생각한 과학자가 있었기에 텔레비전이 발명되었다. 전자에 자극을 주어 이미지와 음악, 음성을 재생시킨 것이다. 생각이 현실이 된다는 점에서 우리는 '생각의 세계'에서 살고 있다고 할 수 있다. 이 모든 건 무한자(잠재의식 속 자아)의 질서정연하고 수리적이며 완벽할 정도로 정밀한 생각의 산물이다.

한 남성이 자신이 발명한 기계를 보여줬다.

"이 물건을 홍보하려면 돈이 필요해요. 엄청나게 많은 돈이요."

나는 그에게 끌어당김의 법칙이 있다고 설명해 주었다. 끌어당김의 법칙을 따르면 꿈을 이루는 데 필요한 모든 게 마련된다고 말이다. 그리고 '거래처나 투자자를 끌어당기는 확언'**24**을 하라고 조언했다.

매일 확언을 하자 잠재의식이 바쁘게 움직였다. 얼마 지나지 않아 남성은 로스앤젤레스에서 열린 내 강연에서 한 저명한 사업가를 만났다. 사업가는 선뜻 발명을 지원해 주겠다고 나섰고, 최고의 결과를 낼 수 있는 회사를 소개해 주었다. 소개는 계약으로 이어졌다. 최근에 그는 이 발명품이 획기적이고 멋진 상품이 될 것이며, 끝없는 이윤을 창출할 것이라고 했다.

이 일화는 끌어당김의 법칙을 보여 준다. 마치 씨앗이 성장을 위해 흙 속의 모든 자양분을 끌어당기는 것처럼, 나도 이상이나 목표를 달성하고 부를 축적하는 데 필요한 지혜와 아이디어를 의식적으로 끌어당길 수 있다.

인간이 창조한 모든 것은 일단 머릿속에 떠오른 생각이 생명을 얻으면서 시작된다는 걸 잊지 말아야 한다. 무엇을 생각해 내기 전까지는 내가 원하는 걸 만들거나 빚거나 형상화하는 건 불가능하다. 궁극적으로는 생각이 세상을 지배하는 것이다.

생각은 내가 인식할 수 있는, 보이지 않고 형태가 없는 유일무이한 힘이다. 내가 생각한 모든 것은 정반대의 생각을 해서 기존의 생각을 중화하지 않는 이상 삶 속에서 드러난다. 잠재의식에 긍정적인 생각을 심는다면 눈에 보이는 자산을 확실히 만들어 낼 수 있다.

부를 달라고 다음과 같이 확언하면 틀림없이 부자가 될 것이다.

나는 씨를 뿌리는 자입니다. 나는 지금 이 순간부터 평화와 성공, 자신감, 침착함, 번영, 균형에 관한 생각을 하며 잠재의식에 씨앗을 뿌립니다. 뿌리는 대로 거두리라는 것을 압니다. 훌륭한 씨앗을 심은 곳에서 풍성한 수확을 거두는 건 자연스러운 이치입니다. 내가 뿌리고 있는 훌륭한 씨앗에서 열매를 수확하고 있습니다.

어떠한 소망을 품는 것은 잠재의식에 씨앗을 심는 거란 사실을 믿고 받아들입니다. 생각의 씨앗을 심으면 씨앗이 자라 경험으로 드러나리라 믿습니다. 실제로 일어난다고 느끼면 정말 현실이 됩니다. 땅속에 심은 씨앗이 자라나는 것처럼 나의 소망도 실제로 이루어지리라는 것을 받아들입니다.

식물은 밤에도 자랍니다. 나의 소망과 이성도 잠재의식의 어둠 속에서 자라납니다. 조금 있으면 씨앗은 싹을 틔워 땅의 표면으로 나오고, 조건이나 상황, 사건으로 객관화됩니다. 잠재의식은 재정적 자원이 솟아나는 진정한 원천입니다.

조셉 머피의 미라클 노트

- 생산적이고 선한 아이디어로 마음을 채운다면 생산적인 삶을 살 수 있고 온갖 물질적인 풍요를 누릴 수 있다. 풍요로움을 결정하는 건 세상을 바라보는 정신적인 태도와 믿음이다.
- 모든 일에는 확실한 인과관계의 법칙이 존재한다. 무한자의 부를 믿으면 부를 받고, 믿음은 현실이 된다.
- 부와 가난, 성공과 실패의 차이를 만드는 것은 인간의 믿음이다. 여기서 '믿음'은 진심으로 무언가를 진실이라고 받아들이는 것을 뜻한다.
- 나는 부자가 되기 위해 태어났고 충만하고 행복한 삶을 살기 위해 이 자리에 있다. 이 권리는 그 누구도 빼앗을 수 없다.
- 가난과 결핍을 향한 믿음은 결핍과 한계를 낳는다. 부는 마음의 상태다. 부의 법칙을 믿으면 부를 얻는다.
- 잠재의식은 내가 생각하는 대로 움직인다. 그래서 "부는 이제 나의 것이다"라고 끊임없이 생각하면, 잠재의식은 이 생각에 반응해 삶의 모든 방면에서 부를 분배해 줄 것이다.
- 생각은 내가 인식할 수 있는 보이지 않고 형태가 없는 유일무이한 힘이다. 생각은 잠재의식을 통해 긍정적인 유형의 자산을 확실히 만들어 낼 수 있다.
- 끌어당김의 법칙은 사고의 본질에 따라 필요한 모든 것을 끌어들인다. 습관적으로 하는 생각은 주변 환경과 재정 상태에 완전하게 반영되어 있다. 생각이 세상을 지배한다.

2
부는 내 주변 곳곳에 충만하다

부는 내 주변 곳곳에 널려 있다. 아무리 크게 숨을 들이쉬어도 공기는 항상 넘쳐나는 것처럼, 어디에나 있고 부족함이 없다. 부를 바다에 비유할 수도 있다. 바다에 컵을 들고 가서 물을 뜰 수도 있고, 병을 들고 가서 물로 채울 수도 있다. 어떤 용기를 가져와서 물을 떠도 바닷물은 쉽게 줄어들지 않는다. 물은 얼마든지 있다.

충만한 부와 의식적으로 하나가 되는 순간 모든 박탈감과 결핍을 극복할 수 있다. 크게 생각할 수 있는 사람에게는 기회를 비롯한 많은 것이 넘쳐난다. 내 안에 무한한 창조력이 살아 숨 쉰다는 사실을 깨달으면 나의 즐거움과 경험의 범위를 한정할 필요가 전혀 없다. 나의 몫보다 더 많은 것을 취하는 게 아닌지 걱정할 필요도 없다. 무한한 원천에서 창조력을 끌어쓸 수 있기 때문이다. 무한한 보고는 어제도 오늘도 영원히 고갈되지 않는다.

인간의 가장 어리석은 실수는 진정한 부가 내 안에 있다는 것을 알아차리지 못하고, 외부로 시선을 돌리는 것이다. 내면에 창조력이 있는데도 눈에 보이는 물건이나 소유물, 조건에 마음을 빼앗긴다.

한 사업가로부터 편지를 받은 적이 있다. 그는 가난이 미덕이라고 배우며 자랐다고 한다. 그러나 잠재의식에 새겨진 이 미신이 개인적인 안녕을 해치고 사업 확장에 방해가 되고 있다는 걸 알았다.

나의 강연을 들은 후 그는 매일 세네 번씩 '가난이 미덕이라는 미신을 버리는 확언'[25]을 했다. 이 확언은 아름다운 진리를 담고 있을뿐더러 매우 효과적이었다. 그 결과 점포 세 개를 더 열었으며 점포를 관리하고 운영할 직원을 25명 더 고용했다. 단순히 마음의 방향을 바꾸고 풍요로운 정신을 길렀을 뿐인데 기적이 일어난 것이다.

부의 기회는 널려 있다

우리는 우주의 시대에 살고 있다. 초음속 제트기가 발명되고 여러 가지 전자 제품이 개발되었으며 우주여행도 갈 수 있다. 과학·예술·의학·산업 분야에서 헤아릴 수 없을 정도로 혁신이 이루어지고 매일 새로운 과학적 사실이 발견된다. 항공 산업은 급격하게 성장해 수천 명, 아니 수백만 명의 고용을 창출할 것이다. 다른 행성으로 여행을 갈 날이 머지않았다.

남녀노소 누구에게나 기회는 넘쳐난다. 그러니 생명의 파도에 몸을 맡기고, 물살을 거스르려 하지 마라. 부의 법칙은 나뿐만 아니라 다른 사람 모두에게 똑같이 적용된다.

열대지방에서 매년 땅에 떨어져 썩는 과일의 양은 전 세계 사람들을 먹여 살릴 만큼이라고 한다. 자연은 한없이 풍요롭고 넉넉하다. 무언가가 부족해진 이유는 자원이 올바르지 않게 분배되고 자연의 풍요로움을 남용했기 때문이다. 미국에서 나는 자원만 봐도 그렇다. 목재와 돌, 시멘트, 철, 강철 등 건축 자재는 모든 미국인의 집을 지을 수 있을 만큼 충분하다. 모두가 왕처럼 입을 수 있을 정도로 옷감도 넘친다.

모든 목적을 이룰 수 있을 만큼 눈앞에는 많은 게 펼쳐져 있다. 우주의 만물은 하나의 보편적이고 원초적인 실체로 이루어져 있다. 구리, 납, 금, 은, 나무, 돌, 또는 손목시계의 차이점은 핵 주위를 회전하는 전자 수와 운동 속도뿐이다. 이렇듯 온 세상과 세상에 존재하는 모든 건 보편적이고 원초적인 실체다.

내면에 있는 무한한 아이디어의 보고는 결코 고갈되는 법이 없다. 만약 금과 은이 더 필요하면 이미 존재하는 원소를 합성해 만들 수 있다. 필요한 것을 달라고 무한한 지성에게 구하면 무한한 지성은 응답해 준다. 무한한 지성은 사방으로 뻗어 나가려는 불변의 성질이 있기에, 나를 통해 자신을 더 풍부하게 표현하고자 한다.

이 글을 쓰던 중 한 어르신의 전화를 받았다.

"기적이 일어났습니다!"

소액의 연금을 받으며 근근이 살아갔던 노부부에게 '내 안에 흐르는 부를 찾아내는 확언'[26]을 써준 적이 있었다. 그는 하루에도 여러 번 이 확언을 반복했다. 그로부터 약 2주 후 한 남성이 찾아와 그가 가진 땅에 관해 이것저것 물어보았다. 그 땅은 집도 물도 없고 우거진 덤불과 선인장밖에 없는 사막 한가운데에 있었다. 수년 동안 그 땅을 팔려고 노력했으나 관심을 주는 이는 아무도 없었다.

"우리 회사가 어르신 땅 근처에 전력 시설을 설치하려고 합니다. 전기 공사를 하려는데 땅을 매입할 수 있을까요?"

돈이 안 되던 땅으로 1만 달러를 번 것이다. 이 일을 단순히 우연이라고 할 수는 없다. 그가 요구한 바에 따라 잠재의식이 응답을 준 것이다. 이렇듯 잠재의식의 힘은 너무 깊어서 헤아리기 어렵다.

재정적 어려움을 극복한 방법

동네에 사는 열여섯 살쯤 된 어린 소년이 나를 찾아왔다. 아버지는 대학에 진학하는 걸 반대했다. 아들이 기술자가 되기를 바랐던 아버지는 입버릇처럼 이렇게 말했다.

"대학에 보낼 돈이 없구나. 집을 담보로 대출 받을 처지가 안 된다. 학비를 대줄 수 없으니 대학 갈 생각은 접는 게 좋겠다."

눈치가 빠른 독자라면 아버지가 왜 경제적으로 어려웠는지 알아차렸을 것이다. 그는 온갖 부족한 점과 한계에 집중했고 돈에 자기 자신을 구속했다. 잠재의식이 습관적인 사고의 본질에 따라 응답한 건 당연한 일이었다. 부자처럼 생각하면 부가 따르고 가난하다고 생각하면 궁핍한 삶을 살 것이다.

나는 소년의 아버지에게 풍요로운 느낌을 기르고 모든 종류의 부를 손에 쥐었다는 걸 상상하기만 한다면 된다고 말했다. 아버지는 매일 밤 잠들기 전 아들로부터 편지를 받는 상상을 했다. 대학에 다니는 것이 얼마나 행복한지, 자신을 위해 아버지가 해준 것에 얼마나 감사한지를 적은 편지였다.

'돈이 부족하군. 어떻게 그 돈을 다 댄담? 무엇을 팔아야 하지? 빈털터리가 됐네.'

이런 부정적인 생각이 떠오를 때마다 문장을 끝내기 전 생각을 멈추고 조용히 진심을 담아 다음과 같이 확언해 부정적인 생각을 중화했다.

> 언제 어디서나 제 모든 요구는 충족되고, 모든 걸 마련해 주는 끝없는 원천이 내 안에 있습니다.

처음에는 부정적인 생각을 쫓아내기 위해 한 시간에도 30~40회는 반복해야 했다. 하지만 시간이 흐르자 습관적으로 들던 부정적인 생각이 차츰 사라졌다. 부정적인 생각으로 다시는 괴로워하지 않았다.

얼마 지나지 않아 그는 복권에 당첨됐다. 거액의 당첨금으로 모든 빚을 갚았고, 마음의 힘을 사용한다면 필요한 모든 것을 얻을 수 있다는 믿음과 자신감이 생겼다. 이제 아들은 자신이 선택한 대학을 다니고 있고, 아버지는 진정한 부를 발견한 것에 고마워한다. 부자父子는 이제 어떤 경제적 위기가 닥칠지라도 공포와 불안에 떨지 않을 것이다.

청구 금액을 갚는 마법의 공식

런던의 한 약사는 장인어른에게 빌린 아주 적은 자본금으로 약국을 열었다. 장인어른은 돈을 갚으라고 끊임없이 압박했고, 미납 청구서는 쌓여만 갔다. 약사는 절망했으나 위기에서 빠져나오려고 안간힘을 썼다. 그때 런던에서 열린 나의 강연에서 다음과 같은 말을 들었다.

"청구서를 받았을 때는 청구 액수만큼의 돈이 들어왔다고 생각하며 감사함을 표하십시오."

약사는 이 말을 곱씹은 후 곧바로 실천에 옮겼다. 그 결과 마음이 주의를 기울이는 것마다 눈부신 결과가 나타났다. 동네 의원 세 군데에서 처방전을 자신의 약국으로 보내 주기 시작했다. 그는 현재 런던 시내에서 매우 번창하는 세 약국의 주인이 되었다.

그는 청구서에 적힌 액수만큼의 돈을 받는 생각을 하거나 그에 상응하는 이미지를 떠올리면서 생각과 이미지를 잠재의식에 가라앉혔다. 돈에 관한 생각과 이미지는 그가 원하던 소망의 실체였고, 그것은 얼마 지나지 않아 현실로 나타났다. 잠재의식의 힘을 증명한 것이다.

난 많은 사업가에게 이 마법의 공식을 가르쳐 주었다. 단 한 명도 빠짐없이 모두가 이 공식에 효과를 보았다. 그들은 지금까지도 나에게 고마워한다.

부를 얻기 위한 가장 중요한 원칙은, 무한한 보고에서 유형의 부를 만들어 내는 유일한 힘이 '생각'임을 아는 것이다. 우주에서 볼 수 있는 모든 피조물과 형식, 과정은 무한한 지성의 생각이 가시적으로 표출된 결과물이다. 하나의 형태를 생각할 때 사고는 형태를 갖춘다. 우리는 생각의 세계에 살고 있다. 부자가 되고 재정 문제를 해결하려면 부와 번영, 성공을 끊임없이 생각해야 한다.

모든 재정적 문제를 극복하고 금전 위기에서 벗어나고 싶다면, 아이디어와 이미지를 떠올리고 계획과 목적을 세우는 사람이 바로 나라는 사실을 이해해야 한다. 생각 없이 존재하는 것은 이 세상에 아무것도 없다. 이러한 진리를 깨달은 후 다음 확언으로 마음을 채우자.

필요한 것을 곧바로 마련해 주는 선함을 절대적으로 믿습니다. 어떠한 상황과 문제가 닥칠지라도 해결해 나갑니다. 필요한 아이디어가 적절한 때에 올바른 방법으로 떠오릅니다. 삶에서 영원하고 막힘없이 부가 흐릅니다. 내가 필요한 것보다 더 많은 것을 얻습니다. 이러한 진리를 계속해서 되풀이하면 마음은 끝없이 흘러들어 오는 부를 모두 받을 수 있는 상태가 됩니다.

이 말을 진실이라 믿으며 되새기면 풍요로운 정신이 싹트고 어떠한 형태로든 돈이 들어올 것이다. 금전적 상황이 어렵거나 주식 시장의 변동성이 크더라도 풍요를 누릴 수 있을 것이다.

내 안의 은행에서 부를 인출하라

한 영업사원의 이야기다. 직장을 옮기면서 차가 필요했지만, 자동차를 살 돈이 없었다. 대신 그는 마음의 은행에 수표를 그리는 방법을 알고 있었다. 일자리를 구한 후 그는 방으로 돌아가 원하는 차의 이미지를 머릿속으로 떠올렸다. 긍정적인 태도로 그 차가 생기리라는 확신을 가졌다.

"그 차는 이미 제 것이라고 외쳤습니다. 운전대를 만져보았고 차 시트를 손으로 쓸어보았습니다."

그는 같은 아파트에 사는 이웃과 친해졌는데, 이웃은 6개월 동안 유럽에 간다며 그동안 자기 차를 쓰라고 제안했다.

"일단 제 차를 쓰고 계세요. 제가 돌아올 때쯤이면 새 차를 살 수 있지 않을까요?"

이웃의 차는 이전에 상상했던 차와 정확히 똑같은 브랜드의 똑같은 모델이었다! 그리고 남자는 이웃이 유럽에서 돌아오기 전 자신의 차를 살 수 있을 만큼 충분한 돈을 벌었다. 그러면서 마음속에 언제든 출금할 수 있는 은행 계좌가 있고, 차고 넘칠 정도로 무한한 돈이 준비되어 있다는 것을 깨달았다.

경제적 안정을 얻는 가장 확실한 방법

돈은 교환의 매개체이자 자유와 아름다움, 호화로움, 권력, 세련됨을 상징한다. 돈은 풍요롭고 즐거운 삶의 표상이다. 국가의 경제적 건전성을 표현하는 신성한 개념이기도 하다. 그러므로 돈을 현명하고 분별력 있게 건설적으로 사용해야 한다.

돈은 아주 좋은 것이라는 인상을 잠재의식에 새기면 경제적 안정을 얻을 수 있고 나아가 인류까지 무한한 축복을 누릴 수 있다. 마음속으로 나는 돈이 유통되는 중심이고, 온갖 재산을 소유하고 있으며, 다른 사람들에게 물질적인 축복을 내린다고 계속 상상해 보라. 이렇게 상상하면 마음속에 길이 열려 부가 차고 넘치게 흘러들어 온다.

부를 소유하고자 하는 동기는 나쁜 게 아니다. 모든 사람은 돈을 많이 벌 권리가 있다. 부가 눈사태처럼 밀려오는 것을 기대하라. 잠재의식 속의 힘과 지혜를 현명하게 사용하면 행복과 안정감이 따라온다.

성공을 내가 마땅히 가져야 할 권리라고 믿고 받아들일 때 삶은 나에게 보상을 줄 것이다. 경제적 안정을 얻기 위한 진정한 열쇠는, 더 위대하고 멋진 방식으로 다른 사람들을 위해 봉사하는 걸 상상하는 것이다. 더 크게 성공하고 더 풍요로워진다고 상상해 보라. 돈이 들어오면 진심으로 고맙게 여기면서 자유롭고 건설적으로 돈을 사용하라.

다음과 같이 자주 확언하면 경제적 안정에 대한 관념을 잠재의식에 심을 수 있다.

돈은 마음에서 나온 관념입니다. 돈은 부의 상징이자 교환의 매개체입니다. 돈은 좋은 것입니다. 나는 현명하고 분별력 있으며 건설적으로 돈을 사용합니다. 인류를 축복하는 데 돈을 사용합니다. 돈은 매우 편리한 상징물이며, 나는 돈이 순환하는 데 기쁨을 느낍니다.
나는 아이디어를 즉시 끌어다 쓸 수 있습니다. 지금 당장 필요한 것도 마련되어 있습니다. 온갖 종류의 부가 눈사태처럼 쏟아집니다.
나는 돈과 긍정적인 관계를 맺고 있습니다. 돈은 무한한 풍요를 상징합니다. 돈을 벌 수 있는 아이디어는 언제 어디서나 존재합니다. 나는 세상의 모든 부를 가진 것에 감사드리며 선한 일에만 돈을 사용합니다.

조셉 머피의 미라클 노트

- 부는 내 주변 곳곳에 널려 있다. 아무리 크게 숨을 쉬어도 공기는 항상 넘쳐나는 것처럼 어디에나 있고 부족함이 없다.
- 내 안의 창조력은 무한하고 고갈되는 법이 없다. 진정한 부란 풍요로운 정신과 나를 일치시키는 것이다.
- 무언가가 결핍되어 있거나 제한이 있거나, 어떤 상황에 구속되어 있다고 생각하면 정말 많은 것이 부족하고 한계가 생길 것이다. 내가 주의를 기울이는 대상은 마음속에서 확대된다.
- 부의 보고인 잠재의식은 내가 알지 못하는 방식으로 진심이 담긴 생각에 반응한다.
- 청구된 금액을 내고 모든 빚을 갚는 마법의 공식은 청구서를 받았을 때 그 액수만큼의 돈이 들어오리라 생각하며 감사하는 것이다. 이러한 아이디어는 점차 잠재의식에 스며든다.
- 세상에 유일하게 존재하는 무형의 힘은 생각이다. 생각은 눈에 보이지 않는 보물창고에서 유형의 부를 창조한다. 부자처럼 생각하면 부가 따를 것이고 가난하다고 생각하면 궁핍한 삶을 살 것이다.
- 잠재의식은 은행과 같다. 당장은 필요하거나 원하는 것을 살 돈이 없더라도 마음속에 은행이 있고, 차고 넘칠 정도로 무한한 돈이 준비되어 있다는 것을 깨달아라.
- 성공을 내가 마땅히 가질 권리라고 믿고 받아들여라. 경제적 안정을 얻기 위한 진정한 열쇠는, 돈이 들어오면 진심으로 고맙게 여기면서 자유롭고 건설적으로 돈을 사용하는 것이다.

3

잠재의식의 지식이 부자로 안내한다

인생에서 가장 위대한 발견은 내 안에 무한한 능력과 지혜가 살아 숨 쉬는 것을 깨닫는 것이다. 나는 무한한 능력과 지혜를 이용해 모든 문제를 극복하고 장애물을 딛고 일어서며, 인생에서 일어나는 일을 처리할 수 있다. 나는 승리하기 위해 태어났다. 내 인생의 주인으로 사는 데 필요한 모든 속성과 자질, 잠재력을 갖추었다.

잠재의식의 능력을 깨우치지 못하면 세상에서 일어나는 일들과 외부적인 조건에 휘둘려 날이 갈수록 자신을 폄하하거나 과소평가한다. 다시 말해 잠재의식에 관한 지식이 부족하면 외부 상황에 흔들리고 나의 안에 행복과 건강, 자유, 기쁨을 쟁취할 수 있는 엄청난 능력이 있다는 걸 인식하지 못한다.

반면 이 방법을 아는 사람은 잠재의식의 힘을 기꺼이 이용할 줄 안다. 전국에 약국 체인을 소유한 사람이 있었다. 업계의 거물인 그도 처음에는 작은 방 한 칸에서 약국을 시작했다. 시작은 미약했지만 이제는 수천 명의 직원을 고용한 100만 달러 규모의 사업으로 발전했다. 그에게 비결을 물으니 지갑에서 작은 카드를 꺼내 보여 주었다.

"성공 확언을 카드에 적어 항상 들고 다닙니다. 25년 동안 밤낮으로 꺼내 보고 많은 사람에게 이 확언을 알려 주었어요. 이 확언을 따른 사람들은 모두 백만장자가 되거나 원하는 만큼의 돈을 벌어 마음 놓고 즐겁게 돈을 쓸 수 있었습니다."

그가 보여준 '부를 이루는 공식의 확언'[27]의 내용은 실제로 모두 이루어졌고, 그는 그가 이룬 부로 수많은 사람을 축복했다. 잠재의식을 어떻게 이용하는지 알기에 할 수 있는 일이었다.

르네상스 시대에 활동한 의학자이자 화학자 파라셀수스는 이렇게 말했다.

"믿는 대상이 진짜건 가짜건 결과는 똑같다."

지혜로운 사람들은 이미 알고 있다

그리스의 아름다운 섬들을 여행했을 때의 일이다. 호주, 로디지아, 남아프리카공화국 등 다른 나라에서 온 관광객들을 만날 기회가 많았다. 놀랐던 점은 사업가나 전문직에 종사하는 사람들이 마음의 법칙에 관해 잘 알고 있다는 것이었다. 자기 자신과 '높은 자아'를 일치시킨다는 공통점이 있었다. 몇몇은 다음과 같이 말했다.

"무한한 지성을 사장님이라고 생각하고, 일을 어떻게 진행해야 하는지 알려 달라고 부탁드렸습니다. 적절한 인재를 보내 주고 제품을 제조, 판매, 유통할 방법을 알려 달라고 요구했습니다. 진정한 자아가 알려준 방법을 따랐더니 성공과 성취가 절로 따라오던데요."

건축업자, 설계사, 엔지니어, 회사 중역, 광산 소장 등 성공한 사람들의 직업은 다양했다. 그들은 높은 자아를 삶의 조언자이자 상담가로 활용했다. 그랬더니 자신이 품은 꿈보다 더 원대하게 번영했다. 내 안에 있는 지혜와 힘을 인지하지 못하고 사용하지 못한다면, 그 지혜와 힘은 없는 것과 다를 바 없다.

1965년 8월 그리스 아테네 인근에 있는 델포이의 신전을 찾아갔을 때의 일이다. 투어 가이드는 영어, 프랑스어, 독일어를 자유자재로 구사했다. 같은 그룹이었던 한 여행객은 그녀의 어학 실력에 매료되어 프랑스와 독일 여행의 가이드가 되어 달라고 부탁했다. 월급과 숙식을 제공해 줄 테니 뉴욕에 사는 세 자녀에게 언어를 가르쳐 달라고도 했다. 당시 가이드는 하루에 3달러 정도를 벌었는데, 약속한 월급 400달러는 엄청난 액수였다. 수년간 미국에 가고 싶어 했던 그녀는 이 기회가 꿈만 같다고 생각했다. 마침내 소원이 이루어진 것이다.

이 여성의 이야기에서 흥미로운 점은 매일 빠지지 않고 돈을 더 벌고 미국으로 가는 상상과 확언을 꾸준히 했다는 것이다. 맹목적인 믿음이나 신념이 잠재의식을 움직여 특별한 대답을 내놓은 게 틀림없다.

지식은 부의 문을 연다

그리스의 아폴론 신전을 방문했을 때의 일이다. 한 그리스 소녀가 팔에 끼고 있던 책이 왠지 익숙했다. 가까이서 보니 내 책이었다. 내가 그 책을 썼다고 말하자마자 소녀는 쉴 새 없이 질문을 던졌다.

소녀는 미국에 가고 싶어 했다. 뉴욕에 사는 언니가 병에 걸려 몇 년 동안 투병이 필요한 상황이라 언니를 간호하면서 사업을 도와주기 위해 뉴욕으로 가야 한다고 말이다. 하지만 문제가 생겼다. 아테네 미국 대사관의 대기자 명단이 너무 긴 나머지 미국에 이민을 가려면 몇 년은 기다려야 했던 것이다.

"책에 나온 모든 기법을 써봤고 다 응답을 받았어요. 하지만 미국에 이민 가는 건 잘 안 되네요."

소녀는 포기하지 않았다. 원하는 목표로 향한 길을 여는 확언을 매일 반복했다.

> 무한한 지성은 영적인 질서에 따라 미국에 이민 갈 수 있는 길을 열어 줍니다. 사람들이 말도 안 된다고 고개를 저을 때 저는 분명히 길이 있다고 생각합니다.

나는 뉴욕에 있는 오랜 친구에게 편지를 썼다. 똑똑한 변호사이자 잠재의식의 힘을 믿는 사람이었다. 나는 친구에게 그리스 소녀의 사정을 설명했다. 친구는 그리스 소녀에게 미국에 입국하려면 해야 할 일에 관해 바로 답신을 주었다.

이 글을 쓰던 중 성인이 된 아테네 소녀에게 편지를 받았다.

"박사님을 만난 건 결코 우연이 아니었어요. 목회자 옷을 입고 말씀하시는 걸 들었을 때 미국에서 온 목사님이라는 걸 바로 알았어요. 저에게 말을 걸어 주실 거고, 또 저에게 답을 주실 거라는 것도요."

나는 잠재의식에 있는 무한한 지혜가 흐르는 통로 역할을 했을 뿐이다. 소녀의 잠재의식은 일관되고 지속된 소망에 답했다. 소녀는 머뭇거리지 않았고 한 치의 흔들림도 없었다. 이 딜레마를 벗어날 수 있을지 의문을 제기하지도 않았다. 방법이 있다는 걸 알고 있었기에 끈질기게 인내하며 답변을 기다렸다. 결단력 있는 태도가 낳은 당연한 결과였다.

소녀가 기도에 응답을 받았다고 처음으로 생각했던 때는 미국으로 향하는 비행기 안이었다. 한 스튜어디스는 소녀에게 내가 쓴 다른 책을 선물로 주면서 "이 책을 읽으면 영어가 빨리 늘 거야. 책에 있는 내용을 따르다 보면 미국에서 길이 보일 거고"라고 말했다.

외부의 방해를 받거나 장애물에 부딪히거나 정신적인 딜레마에 빠졌을 때 내가 해야 할 일은 인식을 바꾸는 것이다. 새롭게 인식한다는 건 빛으로 어둠을 밝혀 문제를 이해할 수 있는 걸 말한다. 내면의 위대함을 알면, 새로운 통찰력을 얻고 모든 문제를 꿰뚫어 볼 수 있다.

빛이 모든 어둠을 밝힌다는 것을 잊지 말자. 무한한 빛이 내 안에 비쳐 재정적 결핍이라는 그림자가 사라질 것이다. 잠재의식이 기능하는 방식은 신비하고 매혹적이며 마음을 사로잡는다. 기적은 멈추지 않고 실패하지 않는다.

마음의 법칙을 이해하라

아테네 근처 모니섬에서 있었던 이야기다. 남아프리카공화국 요하네스버그 출신의 작가와 긴 이야기를 나눈 적이 있었는데, 그는 흥미로운 이야기를 들려주었다.

초창기에는 출판사에 글을 보내면 자주 퇴짜를 맞았다고 한다. 심지어 첫 번째 책은 '읽지 않음'과 '재미없음'이라 적혀 되돌아왔다. 그는 또 거절당할까 불안했다. 하지만 마음의 법칙에 관한 책을 읽은 후로는 생각하는 방식을 바꿔 상상력을 좀 더 건설적으로 사용하기 시작했다.

소설의 등장인물이나 특정한 상황, 줄거리, 전하고자 하는 이야기에 관해 생각하곤 했다. 그리고 밤낮으로 30분씩 다음 내용을 확언했다.

> 지성이 빛을 발해 인류에 영감과 축복, 힘이 되는 소설을 내 손을 빌려 씁니다.

"아침에 일어나면 소설이 절로 써질 때가 있습니다. 내면의 잠재의식이 지시한 것을 수행해서 현재의식이 쓰는 겁니다."

마음의 기법을 연습한 후 모든 글은 출판으로 연결됐다. 그는 자신의 마음속에 있던 부의 보고를 발견했고, 펜을 들어 마음이 이끄는 대로 글을 썼다. 작가는 자신의 마음을 올바른 방식으로 사용할 때 잠재의식으로부터 응답을 얻는다는 것을 알았다. 이후 그는 경제적으로 성공할 수 있었던 이유가 잠재의식 덕분이라고 고백했다.

나도 승리할 수 있다

독일 프랑크푸르트에 있는 호텔에서 젊은 의사를 만났을 때의 일이다. 그는 부모님의 도움 없이 혼자서 등록금을 마련해 대학을 졸업했다. 하지만 졸업을 앞두고 걱정이 앞섰다.

"돈이 없는데 어떻게 좋은 동네에서 개원한담. 구색을 제대로 갖추지도 못할 텐데."

대학에서 정신과학을 공부한 적이 있던 의사는 마음에 부정적 암시가 작용하면 될 일도 그르친다는 걸 알았다. 자기 생각과 느낌이 유일한 창조력임을 인지하고 있었다. 그래서 그릇된 믿음을 갖거나 제한적인 상황에 압도되지 않고 마음의 창조력을 굳게 믿었다.

그는 믿음으로 마음을 가로막고 있던 장애물과 방해물을 치웠다. 그리고 이상적인 병원을 개업할 수 있게 해달라고 창조력에 부탁했다. 자신이 생각했던 병원을 개업해 최신 의료기구로 환자들을 진료하고 있는 모습을 계속해서 상상했다. 영적인 질서에 맞게 자신의 요구를 들어달라고 잠재의식의 무한한 지성에 요청했다.

얼마 지나지 않아 의원으로 사용하고 있던 아버지의 집으로 한 여성의 다급한 전화가 걸려왔다. 그녀는 갑자기 배가 아프다며 괴로워했다. 맹장염이었다. 의사는 여성을 빨리 큰 병원으로 데려가 수술을 했다. 그는 빠르게 회복했고 결국 이 둘은 사랑에 빠졌다. 여성은 개업 비용을 대주고, 결혼식 당일 영국에서 들여온 롤스로이스 자동차를 선물했다. 신부의 아버지가 엄청난 부를 이룬 사업가였던 것이다. 그는 사위에게 신기술이 담긴 최신 의료 장비를 사줄 수 있다며 기뻐했다.

이 젊은 의사처럼 우리에게 정말 필요한 것은 내면의 힘을 발견하고 이 힘에 관해 알아가는 '자아실현'이다. 그럼으로써 방해와 좌절, 가난으로부터 해방되는 것이다. 내적 능력을 알면 행복과 번영, 평안을 얻을 것이다.

할리우드 대로에 있든 아일랜드 킬라니호에 있든, 장소가 행복을 결정하지는 않는다. 어디에 있느냐와 건강·부·성공은 전혀 관계가 없다. 성공과 부, 번영은 내 생각으로 만드는 것이기 때문이다.

조셉 머피의 미라클 노트

- 인생에서 가장 위대한 발견은 내 안에 무한한 능력과 지혜가 살아 숨 쉬는 것을 깨닫는 것이다. 나는 무한한 능력과 지혜를 이용해 모든 문제를 극복할 수 있다.
- 나에 대한 비전이나 평가는 잠재의식을 활성화해 내가 상상하는 모습대로 나를 바꾼다. 잠재의식은 강제적인 습성이 있다.
- 지식은 닫힌 문을 여는 열쇠다. 기회는 가까이 있다. 이제 문을 열기만 하면 된다. 내 안의 잠재의식을 믿으면 기적이 일어날 것이다.
- 외부의 방해를 받거나 장애물에 부딪히거나 정신적인 딜레마에 빠졌을 때 내가 해야 할 일은 인식을 바꾸는 것이다. 새롭게 인식한다는 건 빛으로 어둠을 밝혀 문제를 이해할 수 있는 걸 말한다. 내면의 위대함을 알면, 새로운 통찰력을 얻고 모든 문제를 꿰뚫어 볼 수 있다.
- 나 자신을 새롭게 평가하라. 나를 긍정적으로 평가하면 새로운 인맥이 생기고 승진의 기회가 생기며 막대한 부를 얻을 수 있다.
- 인내는 큰 이익을 가져다준다. 확언 과정을 충실히 지켜 나가며 믿음을 유지하고 강화하라. 믿는 대로 이루어진다.
- 마음을 올바른 방식으로 사용할 때 잠재의식으로부터 응답을 얻는다.
- 자기 생각과 느낌이 유일한 창조력임을 인지하라. 그러면 그릇된 믿음을 갖거나 제한적인 상황에 압도되지 않고 마음의 창조력을 굳게 믿을 수 있다.
- 자아실현은 내면의 힘을 발견하고 이 힘에 관해 알아가는 것이다. 이로써 방해와 좌절, 가난으로부터 해방될 수 있다. 내적 능력을 알면 행복과 번영, 평안을 얻는다.

4

무한한 부를 부르는 기적적인 힘의 비밀

부자로 사는 것은 모두에게 주어진 권리다. 당신이 여기 존재하는 이유는 삶의 모든 영역에서 충만함을 누리기 위해서다. 이 세상이 당신에게 비밀스럽게 부여한 목적은 기쁘고 행복하며 영광스러운 삶, 더 풍족한 삶을 영위하는 것이다. 당신의 주변은 무한한 부로 가득하다. 무한한 보물은 은행 지하 금고나 해적선에 숨겨져 있는 게 아니라 당신의 잠재의식 깊은 곳에 자리 잡고 있다.

지금부터 잠재의식이라는 신묘한 금광에서 필요한 모든 것을 캐내라. 돈, 친구, 예쁜 집, 아름다움, 믿을 수 있는 동료를 비롯해 삶에서 누리고 싶은 모든 축복을 잠재의식에서 얻을 수 있다. 올바른 기법을 활용하는 방법만 배우면 필요한 것이나 원하는 것을 무엇이든 캐낼 수 있다.

다음은 오랜 친구 사이인 데이브 하우가 피터와 스티브의 이야기다. 같은 동네에서 나고 자란 피터와 스티브는 지질학자가 되겠다는 꿈을 안고 같은 대학에 진학했다. 졸업한 뒤 두 사람은 미국 서부에서 경쟁 관계에 있는 두 광산업체에 각각 취업했다. 피터는 자기 마음속 보물의 집 문을 두드리는 방법을 배우는 데 더 많은 시간과 힘을 쏟았다. 스티브는 피터와 달랐다. 마음에 힘이 내재해 있다는 사실을 전혀 믿지 않는 회의론자였던 스티브는 대학 시절 교수에게 배운 기법과 전자 기기 사용법을 신뢰했기에 땅의 물질적 외관이나 조건, 일반적 지형과 같은 외부적 요소에 더욱 집중했다.

신입사원 시절 스티브는 유타주에 있는 어느 구역의 지질 탐사를 맡았고 그간 배운 모든 최신 기법을 동원하며 할 수 있는 모든 일은 다 해봤지만 결국 아무것도 찾아내지 못했다. 그리고 3주 뒤에는 탐사를 포기했다. 그해 말 피터가 같은 구역을 탐사했고 3일 만에 풍부한 양의 우라늄광이 매장된 광맥을 발견했다. 피터는 잠재의식의 법칙이 자신을 인도해 줄 거라 확신했기 때문에 잠재의식이 그를 부가 숨겨진 곳으로 곧장 안내했던 것이다. 진정한 부는 지하에 감춰진 게 아니라, 피터의 마음이 향하는 곳에 버젓이 모습을 드러낸 채 있었다.

잠재의식에서 부를 발견하는 방법

내게 상담을 받던 베티나는 자기가 끊임없는 불행의 피해자라고 말했다. 베티나는 이혼의 아픔을 겪고 유치원생 아이 둘을 홀로 키웠다. 전남편은 해외로 떠나 버린 뒤 양육비를 주지 않았다. 집은 있었지만 대출금이 산더미였고 신용카드 사용액은 한도 초과 직전이었다. 정규직 직장에서 야근까지 하며 돈을 벌어도 월급은 입금되는 즉시 흔적도 없이 사라졌다. 식탁에 음식을 차리는 간단한 일조차 베티나에게는 투쟁 그 자체였다. 베티나는 만약 아이 중 한 명이 아프기라도 하면 어떡

하나 걱정하며 뜬눈으로 밤을 지새우기 일쑤였다. 베티나의 걱정이 깊어질수록 삶의 질은 더욱 나빠졌다.

나는 베티나의 잠재의식에 자리 잡은 무한한 지성이 그녀가 필요한 모든 것을 언제든 줄 수 있다고 설명했다. 잠재의식은 새로운 영감과 창의적인 아이디어를 떠오르게 한다. 그러니 그녀에게 돈 문제에서 탈출할 해결책을 제시해서 더 나은 삶으로 인도해 줄 거라 설명했다. 잠재의식을 정확히 사용하는 능력을 기르면 필요한 만큼의 돈을 얻어 경제적으로 자유로워진다. 그러니 오랫동안 가슴에 품어온 꿈이 있다면 그 역시 이룰 수 있을 거라고 덧붙였다.

나는 베티나가 내 설명을 실천으로 옮기도록 설득하고자 '부와 성공'이라는 두 가지 추상적인 아이디어를 제시했다. 다행히도 베티나는 나와 대화하면서 부가 어디에나 존재한다는 사실을 깨닫기 시작했다. 자기 안에 깃든 무한한 힘이 한번 깨어나면 실패하는 일이 없으므로 세상 모든 사람처럼 자신도 성공할 것이며, 자신은 인생이라는 게임에서 승리자가 되기 위해 태어났다는 사실을 깨달았다. 내 제안에 따라 그녀는 잠재의식을 갈고닦는 프로그램을 실천하기 시작했다.

매일 밤 잠들기 전 조용한 곳에서 베티나는 "나는 부자가 되고 성공합니다. 나는 부자가 되고 성공합니다"라고 천천히 읊조리며 부와 성공의 의미를 진정으로 느끼고 이해하는 시간을 보냈다. 그녀는 무엇이든 잠재의식에 한번 새기면 현실 공간이라는 화면에서 증폭되어 구현된다는 사실을 깨달았다. 베티나가 현재의식을 '부와 성공'이라는 두 주제에 집중하자 그녀의 잠재의식에 잠들어 있던 힘이 깨어나 흘러나오기 시작했다.

잠재의식은 올바르게 사용되면 늘 성공한다. 잠재의식은 호소하기만 하면 어떤 상황에서든 우리가 상상도 못한 방법으로 요구사항을 들어 준다. 베티나는 가난한 상황에서 오는 스트레스를 저 멀리 던져 버리고 부와 성공을 향한 생각에만 계속 집중했다.

어느 때와 같이 잠재의식을 다루는 법을 훈련하던 어느 날 밤 이모에게 물려받은 꽃병이 베티나의 눈에 들어왔다. 다음 날 베티나는 충동적으로 인터넷 경매 사이트에 꽃병을 소개하는 글을 올렸다. 꽃병의 가치를 알아본 여러 감정사가 경매에 참여했고 며칠 사이에 경매가는 7000달러까지 치솟았다.

그때부터 베티나는 중고 거래와 경매를 정기적으로 하기 시작했다. 특이한 물건을 찾으면 바로 사서 온라인 경매 사이트에 올렸다. 3개월 만에 골동품과 수집품 거래로 많은 돈을 번 그녀는 정규직 직장을 그만두고 골동품 거래를 전업으로 삼기에 이르렀다.

베티나의 친구와 경쟁자들은 베티나가 이 분야에 타고난 재주가 있다고 입을 모았다. 하지만 베티나는 자신의 진정한 성공 요인을 알고 있었다. 바로 자신을 무한한 보물섬과 연결시켜 준 잠재의식 덕분이었다. 잠재의식에 내재한 무한한 지성은 당신을 통해서만 움직일 수 있다. 생각과 감정이 운명을 지배한다. 절대로 실패하지 않는 잠재의식의 힘에 운명을 올바르게 맡기는 법을 배웠으니 이제 베티나는 두 번 다시 물질적으로도 정신적으로도 어려움을 겪지 않을 것이다.

부의 비밀과 승진의 기회는 내면에 있다

랠프는 실력 있는 젊은 변호사였지만 당시 맡은 소송에서 내리 패소

하자 실의에 빠져 자기비판과 자책을 일삼았다. 오래지 않아 그는 크나큰 빚더미에 올라앉아 경제적으로도 심각한 어려움을 겪었다. 랠프가 다니는 로펌의 선배 변호사들은 그의 직장생활을 진심으로 걱정했다. 결국 랠프는 나를 찾아와 도움을 청했다.

나는 그의 이야기를 다 듣고 난 후 너무나 기본적이어서 사람들이 자주 간과하는 한 가지 사실을 설명했다. 우리의 생각은 창조적이기 때문에 현실을 바꿀 수 있다. 심지어 새로운 현실을 만들어 내기까지 한다. 삶에서 겪는 상태, 상황, 사연, 경험 등은 단순한 사건이 아니라 습관적 사고와 상상을 정확히 반영한 결과물이다. 나는 랠프에게 계속 한계와 결핍에 관한 생각에만 빠져 있으면 한계와 결핍을 경험할 뿐이라고 말했다.

마찬가지로 평화, 성공, 번영, 선행, 풍요에 관한 생각을 주기적이고 체계적으로 지속하면, 생각이 삶에 그대로 실현된다. 콩 심은 데 콩 나고 팥 심은 데 팥 난다. 우리가 온종일 생각하는 것이 곧 우리 자신이 된다. 게다가 의도적으로 특정한 생각을 생생하게 한다면 효과는 더욱 커진다. 생각을 제대로 활용하면 그날부터 인생에서 경험하고 싶은 모든 것을 경험할 것이다.

나는 랠프가 마음의 기적적인 힘을 쓸 수 있게 도와주겠다는 목표를 세웠다. 그에게 '잠재의식에 내재한 무한한 부를 떠올리는 확언'[28]을 알려줬다. 랠프는 하루에 서너 번 시간을 내어 방해받지 않는 조용한 곳에 혼자 머물렀다. 그리고 마음을 차분히 가라앉힌 후 다음 확언을 천천히 진심을 다해 외웠다.

랠프는 자신이 확언하는 그 어떤 것도 부정하지 않는다는 확실한 기준을 세우고 지켰다. 수년이 흘러 랠프는 차기 판사 후보 중 한 명으로 지명될 정도로 업계에서 존경받는 변호사가 되었다.

부는 심장에 있다

매일 아침 내 라디오 방송을 들었다는 세레나라는 여성에게 받은 감동적인 편지를 나는 늘 소중히 간직하고 있다. 세레나의 남편 로버트는 38세라는 젊은 나이에 심장마비로 세상을 떠났다. 남편은 생전에 생명보험에 함께 가입하자는 이야기를 한 적이 있었다. 그러나 빠듯한 형편에 비해 보험금이 너무 비쌌기에 지금은 무리라고 결론을 내렸다.

하지만 얼마 지나지 않아 세레나는 젊은 나이에 갑작스럽게 남편을 잃고 홀로 열 살짜리 아들을 길러야 하는 신세가 되었다. 경제력도 강하지 않은 세레나가 갚아야 할 집 대출금은 엄청난 금액이었는데 통장은 텅텅 비어 있었다. 남편의 장례식 비용도 가장 친한 친구에게 돈을 빌려 겨우 지불했다. 세레나는 단 며칠, 몇 주 만에 완전히 무너져 내리고 있었다.

세레나는 내게 보낸 편지에 이렇게 적었다.

"박사님께서는 사람이 자기 안의 무한한 힘에 귀 기울이고 자신의 마음을 믿으면 우리에게 필요한 것을 제공하며 영감을 불어넣어 줄 거라고 말씀하셨지요. 그 말을 듣는 순간 제 심장이 뜨거워지는 것을 느꼈습니다.

저는 자리를 잡고 앉아 확언을 했습니다. 그때 누군가 제 목소리를 듣고 있다는 확신이 들었어요. 크나큰 평화와 조화의 감각이 제 마음을 채우기 시작했습니다.

두 시간 정도 지났을 때 시애틀에 사는 시아주버니인 밀트의 전화를 받았어요. 밀트는 잘나가는 소프트웨어 엔지니어예요. 어린 시절에는 남편과 사이가 좋았지만 자라면서 서로 왕래가 뜸해졌어요. 로버트가 자신의 일이 잘 풀리지 않은 것을 창피하게 여긴 탓에 그런 것 같아요.

수화기 너머 밀트는 형제를 잃어 너무나 슬프고 죄책감이 든다고 했어요. 우리 가족과 좀 더 많은 시간을 보내야겠다고 늘 생각은 하면서도 일이 너무 바빠 미뤄 왔다고 하더군요. 이젠 다 늦었지요. 그러더니 그간 로버트와 제 경제 사정이 좋지 않았다는 것을 알고 있다면서 저를 돕고 싶다고 하더라고요. 밀트는 자기가 보유하고 있던 회사 지분 일부를 제게 넘길 준비를 하고 있었습니다.

배당금은 우리 가족의 기본 생활비를 충분히 충당할 수 있는 수준이었어요. 게다가 아들의 교육비 지출용 신탁도 하나 들어주겠다고 했어요. 우리 가족이 경제적으로 어려운 상황에 빠질 일은 절대 없을 거라고 약속하면서요. 이 모든 것을 해줄 테니 그저 자신과 연락을 유지하며 가끔 만나기만 해달라고 부탁하더라고요. 자신이 동생 로버트에게 저지른 것과 같은 실수를 조카인 제 아들에게는 저지르고 싶지 않았던 것이지요."

부자가 될 권리

성공하고 인정받으며 삶에서 번영을 누리고 싶다는 욕구는 지극히 당연하고 자연스럽다. 자신이 하고 싶은 일을 원하는 때에 하려면 돈이 필요하다. 가난은 미덕이 아니다. 가난은 지구상에서 사라져야 하며 사라질 수 있는 마음의 병이다. 세상의 모든 빈민가를 없애고 싶다면 빈곤과 결핍을 향해 부정적으로 형성된 마음의 빈민가부터 먼저 없애야 한다.

인간의 잠재의식은 절대 변하지 않는 영원의 한 부분이다. 잠재의식은 어제도 같았고 오늘도 같으며 영원히 같을 것이다. 인간이 달라질 수 있는 방법은 단 하나, 마음을 바꾸는 것이다.

하늘 아래 존재하는 모든 문제에 대한 해답은 바로 잠재의식 안에 숨어 있다. 사람들은 세상의 위대한 비밀을 찾아 모든 곳을 헤매면서 단 한 곳, 자신의 마음속은 들여다보지 않는다. 그러나 비밀은 늘 모든 사람의 손이 닿는 곳에 있다. 지금 당장 당신 안의 엄청난 힘을 건드리기 시작하라.

수년간 개인 상담을 하고 세계를 돌아다니며 수많은 사람 앞에서 강연할 때마다 사람들은 내게 늘 이렇게 말했다.

"돈이 제 발목을 잡아요. 5만 달러나 10만 달러만 있다면 제 인생의 모든 문제가 해결될 텐데 말이죠."

이런 사람들은 자신에게 부족한 것에 집중하는 습성 때문에 빈곤이 만들어진다는 사실을 깨닫지 못하고 있다. 빈곤과 마찬가지로 부도 마음속 생각과 상상이 만들어 내는 패턴이다. 따라서 이 책에 나온 기법을 따라 하며 잠재의식을 활용하기 시작하면 봇물 터지듯 쏟아져 들어오는 부를 인생에서 누릴 것이다.

당신과 가족은 영양소가 풍부해 건강에 좋은 음식을 먹고 좋은 옷을 입고 편안한 집에 살며 삶에 필요한 물건을 살 돈을 가질 권리가 있다. 사람들에게 필요한 것은 명상하고 확언하며 편히 쉬고 기분 전환을 하는 시간이다. 인생에서 필요한 것을 얻기 위해서는 이런 시간이 필요하다. 진정한 풍요는 더 많이 소유하는 게 아니라 정신적·영적·지적·사회적·금전적으로 발전하는 데서 얻을 수 있다.

건강과 부, 사랑, 풍요로운 삶을 누리고 능력을 발휘하는 등 삶에서 좋은 걸 누릴 자격이 있다고 확신하면 그에 걸맞은 일을 경험할 것이다. 반면 자기가 가난하게 살 운명이며 좋은 것은 내 것이 아니라고 생각하면 그 생각이 결핍과 좌절을 만들어 내 스스로 만든 한계에서 벗어나지 못할 것이다.

생각에는 힘이 깃들어 있다. 그 힘이란 바로 창조력이다. 더욱 강력한 생각이 기존의 생각을 무력화하지 않는 이상, 내가 품은 꿈은 현실로 이뤄진다. 좋은 것을 자주 생각하는 사람의 현재의식은 풍요로워져 최고의 것을 누리고 기쁘게 살아간다. 모든 경험은 마음의 법칙이 탄생시킨 산물이다. 좋은 생각을 하면서 그 생각을 계속 키워나가면 더 부유한 삶을 산다. 반면 결핍과 한계에만 집중한다면 손실을 본다. 잠재의식은 고유의 법칙에 따라 잠재의식에 있는 모든 생각을 확장한다. 그렇기에 부정적인 생각을 하는 사람은 점점 더 큰 손실을 본다.

조셉 머피의 미라클 노트

- 당신은 행복, 즐거움, 건강, 부유한 생활로 가득 찬 풍요로운 삶을 누리기 위해 존재한다. 지금부터 당신 안에 있는 보물창고에서 부를 꺼내 누려라.
- 진정한 부는 잠재의식 안에 있다. 잠재의식의 인도 법칙을 믿은 지질학자는 땅속에 묻혀 있던 보물을 쉽고 빠르게 찾아냈다. 반면 그의 경쟁자는 잠재의식의 힘을 향한 믿음이 부족했기에 같은 장소를 몇 주 동안이나 샅샅이 뒤졌는데도 아무것도 찾지 못했다.
- 인도를 구하고 풍요, 부, 안전, 올바른 행동을 주장하면 잠재의식에 숨어 있는 부를 찾아낼 수 있다. 이러한 덕목들에 대한 명상을 습관화하면 잠재의식이 그에 따라 응답할 것이다.
- 매일 밤 잠들기 전, 부와 성공이라는 두 가지 아이디어를 생각하며 마음의 안정을 추구하라. 부와 성공을 계속 되새기면 마음 깊은 곳에 숨어 있는 힘을 발휘할 수 있다는 사실을 깨달아야 부와 성공이 삶에서 나타날 것이다.
- 잠재의식에 있는 무한한 지성은 당신만이 할 수 있는 일을 하도록 작용한다. 운명을 지배하는 것은 생각과 감정이다.
- 잠재의식에 내재한 무한한 지성은 당신이 요구하는 내용의 본질에 응답하려는 본성을 띤다. 이 사실을 믿으면 알지 못하는 방식으로 늘 응답을 얻을 것이다.

5
눈에 보이고 손에 잡힐 만큼 생생하게 부를 느껴라

아낌없이 주는 자연을 바라보면 우주 만물이 얼마나 풍요로운지 느낄 수 있다. 자연은 한없이 풍요롭고 넉넉하다. 삶의 어느 지점에 있더라도, 어떤 삶을 살더라도 자연은 언제나 풍족하다. 매일 필요한 양보다 더 많은 부를 무한하게 주는 게 바로 생명의 원리다.

무언가가 부족한 이유는 인간의 탐욕과 이기심, 공포, 자원의 남용 때문이다. 자연의 부가 올바른 방법으로 생겨나고 분배되었다면 물질적인 부는 충분하다.

수년 전 호주 시드니에서 〈잠재의식의 힘〉이라는 제목의 강연을 했을 때의 일이다. 강연에서 만난 한 치과 의사가 굉장히 흥미로운 이야기를 들려주었다. 치과를 개업했을 당시 그는 마음이 가난했다고 한다. 그러다 보니 마음이 가난한 환자들만 진료소로 몰려들었다. 그 환자들은 가난하다는 콤플렉스가 있어서 지갑을 쉽게 열지 않았다.

다음은 그가 물질적인 부를 얻은 비법이다.

마음속에 그리는 이미지의 힘에 관한 강연을 듣고 집에 돌아가는 길에 그는 주변이 5달러짜리 지폐로 가득 차 있는 걸 상상하기 시작했다.

마음속에 그린 이미지는 문밖에 있는 나무처럼 너무 생생하고 사실적이었다. 그 다음에는 주머니를 지폐로 채우는 상상을 하기 시작했다. 너무 실감이 나는 나머지 진짜 지폐가 보일 정도였다. 갑자기 그는 무한한 부를 믿고, 생각하고 받아들이는 자세를 가진 사람이라면 누구나 무한한 부를 끌어당겨 사용할 수 있다는 것을 깨달았다.

이런 깨달음을 얻은 후 그는 실제로 영향력 있는 부자 고객을 끌어들였고 감당할 수 없을 정도로 많은 환자가 찾아왔다. 그전에는 인색하고 한 푼이라도 아끼려는 구두쇠 같은 태도가 부자 고객을 쫓아버렸던 것이다. 그는 모든 종류의 물질적인 부를 만들어 내는 사고·이미지의 힘을 발견했다.

부유하게 생각하는 방법

부는 마음에서 나온다. 마음속에는 당신이 가슴으로 바라는 욕망을 실현해 주는 인도의 원칙이 있다. 부는 현재의식의 상태이자 마음의 태도이며, 무한한 부를 받아들인 상태다. 이 세상은 내가 태어나기 전부터 존재했다. 삶은 나에게 주어진 선물이고, 생명을 표현하며 숨겨진 재능을 온 세상에 마음껏 펼치기 위해 이 세상에 태어났다.

잠재의식을 깨우는 능력을 얻으면 평생 건강과 마음의 평화를 얻고 자기표현과 사교술의 귀재가 되며 멋진 집을 얻고 하고 싶은 일을 할 수 있는 돈이 마련될 것이다.

잠재의식은 당신에게 부자가 될 무한한 힘을 준다. 당신이 스스로 어떤 생각을 하느냐가 중요하다. 생각은 창조적이다. 성공, 성취, 승리,

풍요, 멋진 인생을 꾸준히 체계적으로 생각하기 시작하라. 생각하는 대로 이루어진다.

지금의 자리에서 최선을 다하며 더 나은 미래를 상상하라

매주 일요일 아침, 나의 강연을 듣기 위해 로스앤젤레스로 오는 여성이 있었다. 그녀는 어린 시절에 겪었던 신기한 이야기를 들려주었다. 여성은 인종 학살이 벌어지는 러시아의 빈민가에서 컸다. 어렵고 척박한 환경에서 배를 곯고 누더기를 걸쳤지만, 그녀는 용기가 있었다. 자신을 얽어매던 환경과 속박에서 벗어나 미국으로 가 음악을 공부하려는 불굴의 의지가 있었다.

전쟁이 일어나자 그녀는 러시아군에 간호사로 지원했다. 그 후 독일군에게 포로로 잡혔지만, 수용소에 있는 사람들을 위해 봉사했다. 수용소에서 그녀는 로스앤젤레스에 있던 삼촌을 포옹하는 그림을 마음속으로 끊임없이 그렸다. 매일 밤 마음의 눈으로 "미국에 온 걸 환영한다!"라고 외치는 삼촌의 모습을 보았고, 삼촌의 목소리를 상상하며 그 말을 자장가처럼 되뇌면서 잠들었다.

미 해방군이 캠프에 도착했을 때 여성은 통역을 맡았다. 얼마 지나지 않아 그녀는 미 보병 장교와 사랑에 빠져 결국 함께 미국으로 갔다. 오늘날 이 여성은 훌륭한 음악가가 되어 학생들을 가르치고 학생들에게 사랑을 받고 있다. 놀랄 만큼 수입을 벌어 부촌에 살면서 세계여행을 다니는 등 하고 싶은 일을 모두 하며 풍요로운 삶을 보내고 있다.

이 여성은 어떻게 하면 가난에서 벗어나 부자가 되는지 보여 주었다. 개인적인 성취로 미루어볼 때 인생의 최고점에 올랐다. 그녀는 자신의 영혼을 달래기 위해 다른 사람을 원망하거나 비통해하거나 미워한 적이 없다. 어려운 환경과 처지를 극복하고 최고점까지 올라가는 힘이 마음속에 있다는 것을 알고 있었기 때문이다.

특정한 방식으로 생각하라

피아노를 갖고 싶다고 가정해 보자. 피아노를 마음속으로 그려본다고 해서 갑자기 내 앞에 피아노가 뚝딱 나오는 건 아니다. 돈이 있다면 분명 밖으로 나가서 피아노를 샀을 것이다.

연습할 피아노가 필요한데 피아노를 살 돈이 없다고 가정해 보자. 예쁜 피아노가 있다고 떠올린 후, 피아노가 방 안에 있다고 상상해 손을 뻗어 건반을 두드려 보자. 단단한 건반이 느껴진다. 피아노를 만지는 게 자연스럽고 실제로 내 눈앞에 있는 것 같다. 손을 피아노 위로 가져가 피아노가 저기 있다고 긍정적으로 확신하라. 피아노는 마음속에 있는 게 맞다.

마음속으로 피아노를 생각한 다음 그 피아노가 나의 것이라고 주장하라. 그럼 잠재의식이 영적인 질서에 따라 피아노를 마련해 줄 것이다. 잠재의식 속의 무한한 지성은 모든 사람의 마음속에서 작용하고 있고, 생각하지도 못한 방법으로 나의 소망을 이루어 준다.

왜냐하면 피아노도 제작자의 생각에서 출발했기 때문이다. 세상의 모든 기계와 악기는 하나의 생각으로부터 나왔다. 누군가의 아이디어로 최신형 자동차, 컴퓨터, 스마트폰, TV, 악기, 가전제품이 세상에 나오고 있다. 이 모든 발명과 발견, 기계의 발전과 우주 시대는 인간이 특정한 목적을 가지고 생각함으로써 이루어진 것이다.

부를 만드는 세 단어

어느 영화배우가 들려준 이야기다. 그는 그릇되고 어두운 생각들을 씻어내 놀랄 만한 결과를 얻었다고 했다.

영화배우는 '기쁨, 부, 성공'이라는 세 단어를 입에 달고 살았다. 매일 집안일을 하면서 기쁘고 부자가 되고 성공하게 해달라고 읊조리곤 했다. '기쁨, 부, 성공'을 10분에서 15분 정도 반복하면 기분이 좋아졌다. 경제적으로 어렵거나 계약이 뜻대로 되지 않을 때도 세 단어를 노래 부르듯이 반복했다.

그는 이 세 단어에 엄청난 힘이 서려 있다는 걸 알았다. 근본적인 실재에 마음을 고정했더니 세 단어는 잠재의식의 보이지 않는 능력을 불러일으켰고, 본질에 부합하는 결과가 결국 현실에 나타났다. 이후 배우는 계약을 차례차례 성사시켰다. 지난 8년 동안 일이 끊이지 않았고 하는 일마다 성공했다.

아주 단순한 진리를 발견한 것이다. 기분이 우울하고 걱정이 넘칠 때면 그런 부정적인 감정이 외적인 환경과 조건을 형성한다. 두려움과 걱정, 우울을 떨쳐 버리고 마음가짐을 바로 하니 외부 상황이 절로 나아졌다.

이 배우처럼 조용한 승리의 노래를 불러보자.

"기쁜 일만 생겼으면 좋겠다. 부자가 돼야지. 꼭 성공할 거야."

생각지도 못한 기적 같은 일이 인생에 일어날 것이다! 생명의 원리에는 가난이 없고 풍요만이 있다. 나의 자원은 무한하다. 잠재의식은 내가 부자가 되길 원한다.

부유함의 법칙을 알면 보상을 얻는다

오렌지를 맛보면 오렌지의 특징을 안다. 마찬가지로 부유함의 법칙을 사용하다 보면 잠재의식에 내재한 부를 느낄 수 있다. 한 사업가는 자기 안에 부를 공급하는 원천이 있다는 걸 알고 있었다. 그리고 잠재의식 속의 무한한 부는 고갈되지 않는다는 사실을 굳게 믿는다고 말했다. 그는 매일 밤 잠들기 전과 매일 아침 일어난 직후 확언을 한다.

늘 존재하고 변함없이 풍요로운 부에 감사합니다.

덕분에 사업을 운영하거나 새로운 지사를 설립하는 데 돈이 부족한 적이 한 번도 없었다.

나는 온 세상을 누리며 즐길 수 있다. 수천 개의 언덕을 거니는 소 떼와 새들의 노랫소리는 내 것이다. 나는 천국의 별, 아침 이슬, 황혼과 여명도 즐길 수 있다. 언덕, 산, 계곡으로 눈을 돌릴 수도 있다. 향기로운 장미 향과 갓 벤 건초 냄새를 맡을 수도 있다. 땅과 바다, 공기에 서린 모든 부도 내 것이다. 과일은 인류 전체를 먹일 수 있을 정도로 넘친다. 자연은 풍성하고 인심이 좋으며 심지어 남아서 버리는 것도 있다.

나는 아름다운 집에서 호화롭게 살아야 한다. 늘 멋진 옷을 입고, 무한하면서도 형용할 수 없는 아름다움을 누리며, 균형적으로 질서 잡힌 세계에서 살아가야 한다. 당신이 하고 싶은 일에 필요한 모든 돈을 가져야 한다. 당신의 자녀들 역시 아름다운 환경에서 자라야 한다. 자녀들 또한 마음속에 끝없는 원천이 있고, 잠재의식에도 부가 내재하기 때문에 부족할 일이 없다는 것을 알아야 한다.

인생에서 마주하는 문제를 해결하고 풍요로운 삶을 살고 싶다면 다음 확언을 외워라.

번영한다는 것은 모든 차원에서 자아가 성장한다는 것임을 압니다. 이제 내 마음과 몸은 건강하고 내가 맡은 일이나 운영하는 사업은 번영을 이룹니다. 내 존재를 이루는 세포 하나하나에 생기를 불어넣는 생명을 느끼며 내적 전율을 느낍니다. 생명이 지금 내게 활기를 불어넣고 나를 지탱하며 나를 더욱 강하게 해주는 것을 압니다. 지금 나는 생명력, 에너지, 힘으로 가득 찬 완벽하고 빛나는 몸을 선보이고 있습니다. 내 몸·마음·일을 통해 나타나는 내면의 완전함을 상상하며 느낍니다. 나는 풍요로운 삶을 감사히 누립니다.

조셉 머피의 미라클 노트

- 자연은 한없이 풍요롭고 넉넉하다. 생명의 원리는 무한한 부를 나에게 주려고 한다.
- 마음이 가난하면 가난 콤플렉스를 가진 사람들만 끌어들일 뿐 결코 부자가 될 수 없다.
- 무엇을 원하는지 명확하게 생각한 후 그 물건이 내 방에 있다고 마음속으로 그려 보자. 그다음 상상 속에서 손으로 만져보고, 얼마나 자연스럽고 견고한지 감촉을 느껴 보자. 진짜라고 느끼면 받을 수 있다.
- 정신적으로 무언가를 사실이라고 받아들이면 나의 잠재의식은 알게 모르게 현실에서 그 사실을 실현한다.
- 수십억을 벌 수 있는 공식은 분명히 존재한다. 그 공식을 깨우쳤다는 듯이 진심을 담아 반복해서 말하다 보면, 인생에서 필요한 부를 모두 얻는 것은 물론 내가 꿈꿔왔던 것보다 더 번영할 것이다.
- 모든 발명의 출발점은 인간의 상상력이다. 상상력은 마음 깊숙한 곳에 숨어 있던 걸 구체적인 형상으로 만든 다음 우주의 스크린에 투영한다.

6

감정을 다스리면 부를 받을 준비가 된 것이다

생명은 선물이다. 우리는 몸과 마음, 영혼을 다해 생명을 표현하고 숨겨진 재능과 능력을 펼치기 위해 이 자리에 있다. 건강하고 풍요로운 삶을 살고 싶다는 욕망, 행복과 평화를 느끼고자 하는 욕망, 내가 있어야 할 자리를 찾고자 하는 욕망은 무한한 생명의 욕망이다. 무한한 생명은 나를 통해 욕망을 표현하므로 나의 욕망은 무한한 생명의 욕망을 모방한 것이다. 나의 욕망을 알아보고 잠재력을 최대한으로 펼쳐보자.

원하는 만큼 무한한 보고에서 끌어 쓸 수 있다는 걸 잊지 말자. 진정한 부는 풍요로움과 위대한 부의 원천과 나 자신을 일치시키는 데서 나온다. 풍요롭게 생각한다는 건 원대하고 너그러운 마음을 품으면서 자유롭게 생각하는 것을 말한다. 풍요롭게 생각하면 돈뿐만 아니라 부를 상징하는 모든 것이 사방으로 흘러들어 올 것이다.

내 안에는 위대한 힘이 있다. 내면에 있는 무한한 부와 손을 잡는 사람은 한없는 평화와 기쁨을 느낄 것이고, 완전한 조화를 이룰 것이다. 성공과 발전으로 이끌고 창조력이 담긴 다양한 아이디어가 샘솟을 것이다. 마음만 준비되어 있다면 당신을 위해 무엇이든 준비되어 있다.

믿음을 잃은 관계를 어떻게 회복할 수 있는가

최근에 한 여성으로부터 편지를 받았다.

"남편과 결혼한 지 30년이 되었습니다. 남편은 65세이고, 저는 51세예요. 다섯 명의 자녀를 두었죠. 제가 상상했던 것처럼 행복하고 평화로운 삶을 살았어요.

그런데 남편이 최근에 고백을 하더군요. 같은 회사에 다니는 여성과 3년 넘게 바람을 피우고 있다고요. 게다가 적반하장으로 자신이 어떻게 할지 결정을 내릴 때까지 이해해 줬으면 좋겠다고 아주 냉정하게 말하더군요.

화가 머리끝까지 솟구쳤어요. 남편이 원망스러웠고 정말 큰 상처를 받았습니다. 아이들도 큰 충격을 받았죠. 다른 사람들은 제게 매력적이고 똑똑하고 멋지다고 말하지만, 나에 대한 믿음을 잃어가고 있어요. 눈물로 매일 밤을 지새우고 있습니다. 배신당한 느낌이에요. 하늘이 무너지는 것 같습니다. 박사님, 정말 어떻게 해야 할까요?"

나는 남편의 도덕적 허들이 낮고 스스로를 부적절하다고 생각하며 열등감을 느끼고 있다고 설명해 주었다. 불륜관계를 오랫동안 지속해왔다는 건 남편으로서의 신의를 저버렸고 성품이 좋지 않다는 걸 보여준다. 함께 일하는 젊은 여성을 이용했을뿐더러, 어떻게 할지 결정을 내릴 때까지 기다려 달라는 건 아내에 대한 의무와 책임도 저버렸다는 것을 뜻한다. 나는 이렇게 답신을 보냈다.

"남편 분은 깊이 죄책감을 느끼고 있으며 결과를 아주 두려워하고 있을 것입니다. 불륜을 털어놓는 것이 얼마나 큰 충격일지도 알고 있겠지요. 아마도 부인께 이야기한 이유는 내연녀가 이혼하고 자기와 결혼을 하자고 압박을 주기 때문일 것입니다. 내연녀가 부인을 찾아와서 남편을 포기하라고 말하기 전에 결혼생활을 유지하고 싶단 뜻을 내비치려고 부인께 솔직하게 털어놓은 것 같습니다. 남편 분은 지금 이도 저도 못 하는 상황이에요. 내연녀와의 관계에 익숙해져 있으면서도 결혼생활을 유지하고 싶어 하죠.

솔직하고 단도직입적으로 이야기하세요. 용기를 내서 도덕적으로 행동하고 정신을 똑바로 잡으라고요. 불륜을 한번에 끊어내야 합니다. 여직원과의 관계를 정리하지 않으면 이혼하겠다고 분명하게 말씀하십시오. 서로를 바라보지 않는다면 결혼생활을 유지할 이유가 있겠습니까? 거짓으로 결혼생활을 하는 건 스스로를 좀먹는 일입니다."

나는 남편과 솔직하게 대화를 나눌 것을 강조했다. 그리고 '미움에 사로잡히지 않고 사랑을 되찾는 확언'[29]을 하라고 말했다. 그렇게 일주일이 지난 후 그녀는 남편과 속을 터놓고 이야기를 나눴고, 남편은 울면서 용서해 달라고 빌었다. 현재 둘은 다시 조화롭고 평화와 사랑이 넘치는 가정을 꾸리고 있다.

부가 시작되는 곳은 내 마음이다

부와 가난이 시작되는 곳은 바로 내 마음속이다. 부자가 되고 성공하겠다는 다짐을 분명하게 해야 한다. 기회나 운이 좋아서 또는 우연히 부자가 되는 건 아니기 때문이다. 내가 가진 유일한 기회는 내가 스스로 만들어 내는 것이다.

젊고 똑똑한 임원이 있었다.

“저는 근면 성실한 사람입니다. 매일 밤늦게까지 사무실을 지키죠. 지금까지 회사는 제 경영 관련 제안이나 조언을 받아들여 상당히 많은 돈을 벌었습니다. 하지만 지난 3년간 승진하지 못하고 제자리걸음을 하고 있습니다. 후배들은 월급이 인상되고 승진을 했는데 말이죠.”

임원은 성실하고 똑똑했으며 정말 열심히 일했다. 하지만 문제는 전 부인과의 관계였다.

이혼 후 3년간 둘은 재산 분할, 위자료, 양육비를 둘러싸고 싸우고 있었다. 무의식적으로 그는 소송이 끝날 때까지 돈을 더 벌고 싶지 않다고 생각했다. 더 많은 돈을 벌수록 법원이 전 부인에게 줘야 하는 이혼 수당도 늘어나기 때문이다. 법원이 임시로 정한 이혼 수당이 지나치게 많다고 분노하면서 최종 판결을 기다리고 있었다.

나는 그에게 잠재의식이 작동하는 방법을 설명해 주었다. 사실 더 많은 돈을 벌고 싶지 않았던 건 자기 자신이었고, 돈을 더 벌고 싶지 않다는 부정적인 생각을 이미지화했다. 나아가 분노와 적대감, 반항심, 전 부인에게 돈을 주고 싶지 않은 마음이 잠재의식에 새겨져 경제생활 곳곳에 드러나고 있었다.

다른 사람이 부자가 되는 것을 원하지 않는 건 내가 부자가 되는 것을 원하지 않는 것과 같다. 그렇기에 이웃을 좋은 사람이라 생각하고 상냥하게 말하며 친절하게 행동하라는 금언을 마음에 새겨야 한다. 부정적으로 생각하면 삶의 모든 방면에서 부정적인 반응이 일어난다.

임원은 자기 자신이 성장과 승진을 방해하고 있다는 것을 깨달았다. 문제에 대한 해답은 그 안에 있었다. 그는 사랑이 증오를 몰아낸다는 결론에 다다르며 마음의 평정심을 찾았다. 전 부인과 아이들이 건강하고 사랑이 넘치며 평화롭고 번영하는 삶을 살길 빌어 주면 자신도 그러한 삶을 살 수 있다고 생각했다. 전 부인이 세 자녀를 키우려면 어느 정도의 양육비가 필요하다는 걸 깨닫기 시작했다. 그래서 기쁘고 즐거운 마음으로 사랑을 담아 그 돈을 전 부인에게 주었다. 마음을 담아 준 돈은 곱절이 되어 돌아올 것이었다. 그래서 '사랑의 힘으로 부정적인 조건을 극복하는 확언'[30]을 반복했다.

몇 주 후 이 젊은이의 마음에 변화가 일어났다. 그는 상냥하고 다정하며 사랑스러워졌다. 영적으로 다시 태어난 것이다. 갑자기 경제적인 문제가 해결되었고 직장에서도 승진했다. 결과는 상당히 흥미롭다. 전 부인은 화해를 청했다. 그들은 한때 빛났으나 꺼지고 만 사랑의 등불을 다시 밝혀 재결합했다.

사랑은 모든 문제를 해결한다

영국 런던의 캑스턴 홀에서 강연을 했을 때의 일이다. 강연을 마친 후에 어떤 배우와 이야기를 나눴다.

그는 품위가 떨어진 오늘날의 연극계에 질려 배우 일을 그만두었다고 말했다. 하지만 내 강의를 들은 후 그는 다른 사람이 자신에 대해 말도 안 되는 헛소문을 퍼뜨릴지라도 신경 쓰지 않으면 소문은 자신을 해칠 수 없다는 걸 깨달았다. 자신에 대해 터무니없는 소문을 꾸며낸 사람들에게 오히려 축복을 내렸더니 소문으로부터 자유로워졌다.

"이제 제가 뭘 잘못했는지 알겠네요. 저는 여태까지 저 자신을 과소평가했습니다. 말씀드리고 싶은 또 다른 이야기가 있어요. 새 책을 출판하면서 문제가 생겼는데, 일을 잘 처리하지 못한 출판사를 탓했어요. 내일 출판사에 갈 겁니다. 사랑이 두려움과 증오, 원망을 이긴다는 걸 증명할 거고요."

나는 런던에 한 주 동안 머물렀다. 런던을 떠나기 전 배우는 내가 묵고 있던 호텔에 전화를 걸었다. 전화기 너머로 자신감 넘치고 기쁨에 가득 찬 목소리가 들렸다.

"오늘 계약서에 서명했어요! 어젯밤 두 시간 동안 '신성한 사랑이 내 영혼을 가득 채웁니다'라고 큰 소리로 말했습니다. 그리고 인류를 향한 깊은 사랑과 선의를 느끼며 잠들었죠."

이 배우는 사랑이 무엇을 의미하는지 새롭게 깨닫고 사랑을 마음에 품었다. 사랑이 부정적인 감정을 녹인다는 것을 이해한 것이다. 사랑은 어떤 문제든 녹여 없앨 수 있는 감정의 용해제다.

마음이 풍요로워지다

독일 뮌헨에서 몇몇 사람들과 마음의 법칙에 관해 이야기를 나눈 적이 있다. 나를 초대한 젊은이는 알파인 스키 강사였다.

알파인 클라이밍을 하던 도중 그의 수강생이었던 약혼녀가 눈사태로 실종되어 싸늘한 주검으로 발견되었다. 그는 기소되어 두 번의 재판에서 유죄 판결을 받았다. 하지만 세 번째 재판에서는 무죄로 판결 났다. 그런데도 그는 극심한 양심의 가책과 후회에 사로잡혔고 현지 언론의 비난에 상처를 받았다.

나는 주의사항을 따르지 않은 행동에 의해 발생한 결과는 그 행동을 한 사람에게 책임이 있으니, 그에겐 책임이 없음을 강조했다. 그리고 자기 비하와 자기 혐오로 가득 찬 사람들이 인사불성이 될 때까지 술을 마시다가 수면제나 다른 약물을 과다 복용하는 것은 스스로의 파멸을 초래하는 무모하고 아슬아슬한 행동이라고 꼬집었다.

그는 자책이 스스로를 파괴하는 행동임을 깨달았다. 그래서 자신을 책망하는 대신 전 약혼녀의 명복을 빌었다. 그렇게 함으로써 자책을 멈추고 약혼녀를 놓아줄 수 있었다.

우리가 살아 있는 동안 부모님과 형제자매, 사랑하는 사람이 영원히 내 곁에 있는 것은 불가능하다. 언젠가는 상황이 변할 수밖에 없다. 이는 모든 사람에게 적용되는 보편적인 법칙이다. 그러니 마음의 울림과 속삭임에 귀를 기울여야 한다. 곁에 있을 때 더욱 많이 표현해야 한다.

세상을 떠난 사랑하는 사람들에 대해 병적으로 사로잡혀 있거나 우울한 생각을 하면 안 된다. 그건 그들을 위해서도 옳은 행동이 아니다. 세상을 떠난 사람이 생각날 땐 그들과의 행복했던 기억을 상상하며 긍정적인 마음과 사랑을 보내라.

내 설명을 듣고 젊은이는 눈동자를 반짝이며 외쳤다.

"마음이 가벼워졌어요! 전 이제 자유의 몸입니다! 마음이 부자가 됐어요!"

조셉 머피의 미라클 노트

- 생명은 선물이다. 우리는 몸과 마음, 영혼을 다해 생명을 표현하고 숨겨진 재능과 능력을 펼치기 위해 이 자리에 있다.
- 내 안에는 위대한 힘이 있다. 내면에 있는 무한한 부와 손을 잡는 사람은 한없는 평화와 기쁨을 느낄 것이고, 완전한 조화를 이룰 것이다. 성공과 발전으로 이끌고 창조력이 담긴 다양한 아이디어가 샘솟을 것이다. 마음만 준비되어 있다면 당신을 위해 무엇이든 준비되어 있다.
- 부와 가난이 시작되는 곳은 바로 내 마음속이다. 부자가 되고 성공하겠다는 다짐을 분명하게 해야 한다. 내가 가진 유일한 기회는 내가 스스로 만들어 내는 것이다.
- 다른 사람이 부자가 되는 것을 원하지 않는 건 내가 부자가 되는 것을 원하지 않는 것과 같다. 부정적으로 생각하면 삶의 모든 방면에서 부정적인 반응이 일어난다
- 다른 사람의 행동에 책임을 질 필요가 없다. 상대방에게 진 빚은 사랑과 선의뿐이다. 이러한 진리는 나를 자유롭게 하며 죄책감에서 해방한다.
- 우리가 살아 있는 동안 사랑하는 사람이 영원히 내 곁에 있는 것은 불가능하다. 언젠가는 상황이 변할 수밖에 없다. 그러니 마음의 울림과 속삭임에 귀를 기울여야 한다. 곁에 있을 때 더욱 많이 표현해야 한다.
- 마음속에 품은 생각과 정신적 이미지, 신념, 태도 그리고 감정은 잠재의식에 하는 투자다. 잠재의식은 복리로 돌려준다. 얼마를 잠재의식에 저금했든 수배로 불려준다는 뜻이다.
- 소문은 자신을 해칠 수 없다. 자신에 대해 터무니없는 소문을 꾸며낸 사람들에게 오히려 축복을 내려 보라. 소문으로부터 자유로워진다.

7

시기와 질투는 성공을 막는 가장 큰 장애물

사실 자신은 빈털터리이고, 계속해서 재물을 추구하지 않는 이상 손에 넣은 재물은 사라져 버릴 거라고 생각하는 사람들이 많다. 현재 상황이 위태롭다면 그 이유는 내 정신 상태에 있다.

성공하고 번영하며 막대한 부를 누려 시기나 질투 또는 짜증을 유발하는 사람이 있는가? 그 사람이 지금보다 더 성공하고 부자가 되며, 축복을 받으라고 구체적으로 기도하라. 그렇게 하면 내 정신 상태가 치유된다.

이게 바로 부자들이 더 부자가 되고 가난한 사람이 더 가난해지는 이유다. 가난한 사람은 보통 남을 부러워하고 증오에 가득 차 있다. 부정적인 감정을 품으면 소득도 줄어든다. 운이 없어서 소득이 주는 게 아니다. 마음 상태가 돈을 빼어가는 것이다.

반면 진정한 부자는 생각에 창조력이 깃들어 있다는 걸 알고, 부자가 되고 번영하리라는 생각을 잠재의식에 계속해서 새기는 사람이다. 부자가 되리라고 계속해서 생각하면 정말로 생각한 내용이 객관적인 경험으로 펼쳐진다.

부자가 되는 사람들에겐 특정한 사고방식이 있다. 부자들은 창조적인 생각을 계속하면 자신의 세계에 생각이 그대로 나타난다는 걸 알기 때문에 겉모습보다 내면에 집중한다.

가난하거나 무언가가 결핍된 상태에서 부자가 된다고 생각하려면 장기간의 집중력이 필요하다. 하지만 생각하는 훈련을 한다면 부자가 될 수밖에 없다. 그들은 원하는 건 무엇이든 손에 넣는다. 마음의 무한한 부에 주의를 기울이는 사람이 재화를 더 많이 소유한다.

부와 치유를 막은 장애물

한 부동산 중개인이 불평했다.

"고객은 제가 중개하는 부지와 주택을 보러는 오지만 사지는 않아요. 온종일 뼈 빠지게 일만 하는데 왜 그런지 모르겠어요. 같이 일하는 다른 영업사원은 매일 계약을 성사시키는데 말이죠."

마음속 한구석의 무언가가 계약을 방해하고 있었다. 사실 그는 동료를 질투했다. 질투 때문에 경제적으로 궁핍하고 매출이 감소한 것이었다. 스스로에게도 해로운 질투라는 감정을 극복해야만 했다. 그는 다른 영업사원들이 거액의 수수료를 받는 걸 보고 매우 부러웠다고 고백했다. 마음속 깊은 곳에서 원망이 터져 나왔다.

중개인은 곧 남을 질투하는 건 누군가가 가질 수 있는 최악의 태도라는 걸 이해했다. 남을 질투하면 부정적인 일밖에 생기지 않는다. 남을 시기 질투하는 한 부가 흘러들어 오기는커녕 밖으로 새어 나갈 것이다.

중개인은 드디어 상황을 타개할 해결책을 발견했다. 자기보다 운이 좋아 더 많은 실적을 올린 동료를 질투하게 부추긴 다른 동료들을 축복하는 것이었다.

그런 다음 '부동산 거래가 늘어나는 축복의 확언'[31]을 신중하게 의미를 담아 자주 반복했더니 마음이 치유되고 성사되는 거래 건수가 점점 늘어났다.

나는 여태까지 한 사람이 영적·정신적 발전을 거듭하거나 경제적인 상황이 뒤바뀌는 건 거의 보지 못했다! 하지만 그는 예외였다. 이 중개인은 회사에서 가장 실적을 많이 올리는 사원이 되었다. 그는 더 친절해지고 고상해졌다. 상냥함과 기품이 더해졌고, 친절과 따듯함이 진심에서 우러나왔다. 그러자 부동산을 훨씬 더 빨리 매매했다. 다른 사람들을 축복함으로써 축복을 받았고 열등감과 결핍을 극복한 것이다.

열심히 일해도 연봉이 제자리인 이유

회사의 한 임원과 면담을 한 적이 있다.

"저는 정말 성실합니다. 밤늦게까지 사무실을 지키면서 열심히 일하죠. 밤마다 번영을 바라는 확언도 합니다. 하지만 바뀐 건 없습니다. 승진은커녕 최근 5년간 연봉은 제자리였어요."

그는 대학 동기들이 조직에서 성공하고 승진하는 것을 질투하고 부러워했다고 인정했다. 대학 친구들은 자기보다 일이 잘 풀렸고, 갈수록 승승장구했다. 그는 억울해하면서 동기들의 선전을 비난했다. 이게 바로 그가 헛걸음만 했던 이유다.

동기들의 선전을 언짢게 생각하며 그들의 부와 승진, 성공을 헐뜯으면 부와 번영은 자취를 감춰 버린다. 기도하며 구하는 대상을 못마땅하게 생각하고 있었기 때문이다! 부정적인 생각과 감정의 대상은 다른 사람이 아니라 자기 자신이기 때문에, 다른 사람의 성공을 못마땅해하는 건 자신에게 피해를 주고 스스로를 해친다.

사실 그는 두 가지 상반되는 기도를 하고 있었다. "나는 좋은 것을 받아들일 준비가 되어 있습니다. 삶은 여러 방법으로 번영합니다"라고 말하면서 다른 한편으로는 "그 녀석이 승진하고 연봉이 올랐다니 억울합니다"라고 말했다.

임원은 자신의 마음이 창조적인 매개체라는 것을 깨닫기 시작했다. 다른 사람에 대해 품은 생각을 내 삶에서 그대로 느끼고 경험한다는 것을 알았다. 그는 태도를 바꿔 의식적으로 주변 사람의 행복과 건강, 평화와 축복을 빌어 주었다. 남이 잘되거나 승진하거나 성공했을 때 기뻐하는 습관을 들였더니 자신도 승진했고 발전의 기회가 찾아왔다. 태도를 바꾸니 모든 게 변했다.

눈에 보이는 성과를 얻지 못한 이유

최근에 파산한 남성과 이야기를 나눈 적이 있다. 파산하면서 집을 날린 데다 관절염으로 고생하고 있었다. 문제를 극복하기 위해 애를 쓸수록 상황은 더 나빠졌고 악순환에 빠졌다.

그가 물었다.

"저는 좋은 일도 많이 하고 매일 기도도 합니다. 그런데 왜 성과가 없을까요?"

이런 노력에도 눈에 보이는 결실을 맺지 못한 이유는 10년 넘게 동료를 미워했기 때문이었다. 동료에게 복수하겠다는 생각과 악의적인 감정에 휩싸여 있었다. 동료를 삐딱하게 바라보며 용서하지 않고 욕설과 비난을 퍼부었다. 이러한 정신상태가 부자가 되는 걸 막고 있었다.

동료를 향한 미움과 앙심, 복수심이 파괴적인 감정을 불러일으켰고 잠재의식에서 이런 감정들이 뒤섞였다. 증오와 질투는 외부로 배출될 출구를 찾고 있었기에 결핍과 한계로 나타났으며 파산과 신체의 질병으로 이어진 것이다.

그는 아주 쉬운 해결책을 찾았다. 평화를 마음속으로 느끼고 지혜가 내 안에 숨 쉰다고 주장하면, 적절한 때 적당한 방법으로 길이 열릴 거라고 믿었다. 미워하는 사람에게 날마다 복을 빌어 주고, 화합·건강·평화·풍요가 내 안에 흐르게 해달라고 기도했다. 그러자 몇 달 만에 상황은 그에게 유리하게 변했다. 그는 번영·성공·성취의 물결을 다시 탈 수 있었다.

경쟁하는 대신 자신의 힘을 믿어라

아일랜드로 강의를 하러 갔을 때 코크에 살던 친척에게 저녁 식사 초대를 받았다. 친척은 스물네 살의 와인 판매원으로, 회사에서 제일가는 영업사원이 되겠다는 꿈을 이루었다고 했다. 그는 3년 연속 판매실적 1위를 차지했다. 더블린 본사는 그를 공식 행사에 초청해, 각인이 새겨진 금시계를 표창으로 주고 급여도 인상해 주었다.

그의 성공 비결은 매일 밤 잠들기 전에 "나는 회사에서 제일가는 영업사원이고 넉넉한 보상을 받습니다"라고 말하면서 아내가 자신을 축하해 주는 모습을 상상하는 것이었다. 그는 내가 쓴《잠재의식의 힘》의 열렬한 독자였는데 그 책이 인생을 바꿔놓은 것이다.

이 청년은 그 누구와도 경쟁하지 않았다. 그리고 잠재의식에 자신이 회사에서 제일가는 영업사원이라는 생각을 심는 데 성공했기에 실제로 성공할 수 있었다.

잠재의식은 항상 응답을 주고 특별한 방식으로 반응한다. 잠재의식의 힘은 너무 깊어서 헤아리기 어렵다.

부동산 매매업자가 대박을 터뜨리다

부동산 매매업자인 릭은 매주 일요일 오전에 내 강의를 수강하고 라디오 방송도 꾸준히 들었다. 그런 그가 어느 날 주식 투자에 실패해 거액의 빚을 졌다. 그의 주 수입원은 부동산 중개 수수료였는데, 몇 개월 동안 주택을 비롯한 부동산 거래를 한 건도 성사시키지 못했다.

릭과 대화를 나눠 보니 그가 지닌 진짜 문제가 무엇인지 보였다. 그의 머릿속은 자기보다 더 많은 거래를 성사시키는 동료들을 향한 질투, 부러움, 비난으로 가득했다. 그는 동료들이 하는 모든 행동이 너무나 눈에 거슬린다고 말하며 동료들의 판매 기술과 전문성, 이들이 쓰는 말, 심지어 옷 입는 스타일까지 모든 것을 비난했다. 급기야는 동료들이 거두는 성공은 평범하기 짝이 없는 그들의 모습을 증명하는 것이나 다름없다고 폄하하기에 이르렀다.

나는 이야기를 나누면서 릭에게 그가 만들어 내는 질투심과 부러움이 고스란히 그에게 돌아오고 있다는 사실을 이해시키려 애썼다. 타인의 성공을 평가절하하면서 릭은 자신의 잠재의식에 성공은 나쁜 것이기 때문에 피해야 한다는 메시지를 전달하고 있었다. 그의 잠재의식은 그에게 받은 메시지대로 응답하고 있을 뿐이었다. 릭이 스스로 만들어 낸 강박관념이 결핍, 한계, 불행을 끌어당기고 있었다.

사람은 타인을 향한 바람과 생각을 자기 삶에서 몸소 경험한다. 모든 개인은 자신의 우주 안에서 유일한 사상가다. 타인을 생각하는 방식과 자신을 생각하는 방식에 대한 책임은 모두 자기 자신에게 있다.

자신이 덫에 걸려 있다는 사실, 자신의 바람과 생각에 대한 책임이 자신에게 있다는 사실을 깨달은 릭은 태도를 바꾸려 노력했다. 점차 그는 자신이 바라는 성공과 성취, 건강과 축복을 동료들도 똑같이 누리기를 바라기 시작했다. 그는 하루에도 몇 번씩 명상하며 '내가 뿌린 부의 열매를 수확하는 확언'[32]을 매일 읊었다.

릭의 태도가 바뀌자 직장 내 동료들과의 관계도 달라졌다. 동료들은 영감과 조언, 도움을 주는 사람으로 릭을 인식하기 시작했다. 오늘날 릭은 회사에서 가장 생산적인 부서의 책임자로 근무한다. 영업부 워크숍을 진행해 달라는 제안도 자주 받는다. 그는 현명하고 공정하게 건설적으로 상품을 판매하는 방법을 타인에게 알려 주는 사람으로 업계에 널리 이름을 떨치고 있다.

조직에 부가 흘러들어 오다

회사를 경영하는 엔지니어 친구가 말해 준 이야기다. 자기 회사에는 승진 원칙이 있다고 했다. 회의에서 그는 직원들에게 회사가 성장하면 직원들이 보상을 받을 거라고 강조하며, 부지런하고 협업에 능한 사람들이 빠르게 승진할 것이라고 덧붙였다. 그는 사업을 사다리에 빗대 설명했다. 열정적이고 근면 성실한 사람들, 기꺼이 일하겠다는 마음이 있는 사람들은 사다리에 올라 재물에 닿을 수 있다. 하지만 만약 그렇게 하지 못한다면 잘못은 자기 자신에게 있다.

그는 회사가 얼마나 성장했는지 직원들과 공유하고, 분기별 성장률에 비례해 직원들과 수익을 나눠 가진다. 그런 방식으로 일하니 몇 년 동안 그만두는 사람이 없었다. 그래서 충성심이 강하고 협동 능력이 높은 성실한 직원들로 가족 같은 회사를 꾸릴 수 있었다. 직원들은 경쟁하기보다 서로 도우려 한다. 계속해서 계약을 체결하고 새로 지점을 열고 있다. 부가 사방에서 이 회사로 흘러들어 가는 것이다.

그런 방식으로 사다리를 올라간 사람들을 위해 기도하고 진심으로 축복과 사랑을 베풀면 내면에 있는 부를 선물처럼 풀 수 있다. 즉 다른 사람이 잘되길 축복하면 나도 축복을 받고 나의 일도 잘 풀린다. 다음의 확언을 통해 모든 사람과 부를 나누어 보자.

다른 사람이 잘되길 빌어 주는 건 곧 내가 잘되는 길임을 압니다. 다른 사람을 축복하면 나에게도 축복이 돌아옵니다. 사랑이 나를 통해 온 인류에 넘쳐흐릅니다. 나보다 부자인 사람과 나를 비판하고 비방하는 사람을 축복합니다. 동료 모두가 성공하고 잘되는 것을 보고 기뻐합니다. 마음의 문을 열고 부의 길로 걸어갑니다. 나는 넘치는 사랑으로 모든 이를 대합니다. 부가 모든 사람의 마음과 가슴에 넘치기를 기도합니다. 모두가 건강하고 행복하며 풍요롭기를 기원합니다. 축복을 받고 삶의 부를 누리기를 진심으로 기도합니다. 무한한 부에 감사드립니다. 정말 멋집니다!

땅에 뿌린 하나의 씨앗이 열매를 맺어 수백 개의 씨앗으로 재탄생하듯이, 부라는 씨앗을 심으면 부가 수배로 불어나는 걸 직접 경험할 수 있을 것이다.

조셉 머피의 미라클 노트

- 경쟁한다고 생각하면 공급이 제한된다. 내 손으로 만들고 협조한다고 생각하면 다른 사람의 것을 뺏지 않고도 내가 원하는 모든 부를 누릴 수 있다. 숨 쉬는 공기가 부족하지 않은 것처럼, 우주의 부는 무한하고 절대 부족하지 않다.
- 타인의 성공, 부, 재산을 부러워하거나 질투하지 마라. 부와 명예를 쌓은 사람을 부러워하거나 비난한다면 당신은 삶의 모든 면에서 가난해질 것이다. 타인을 위해 바라는 것이 당신의 삶에 그대로 나타난다.
- 남을 시기하면 마음 한구석의 무언가가 부자가 되는 걸 방해해 부의 흐름이 막히고 고통받고 가난하게 산다.
- 다른 사람을 후하게 축복하면 나도 축복을 받을 것이다. 형제의 집에 오는 배는 내 집으로도 온다.
- 나의 사업이 사다리가 되어 모든 직원이 사다리를 올라갈 수 있게 하라. 다른 사람을 부자로 만들고 그 사람의 진정한 가치에 해당하는 월급을 주면 나도 부자가 된다.
- 누군가가 부자이고 번영한다고 해서 다른 사람을 헐뜯고 비난하는 것은 나 자신을 해치는 것과 다름없다. 마음은 창조적인 매개체다. 다른 사람에게 빌어 주는 소망은 사실 내가 나에게 바라는 바이다. 나는 생각하는 사람이며, 그 생각은 창조적이다.
- 증오와 앙심, 원한을 품으면 부자가 되게 해달라는 기도에 장애물을 놓는 것과 다름없다. 부가 나에게 흘러들어 오긴커녕 흘러 나간다. 나 자신에게 바라는 것을 똑같이 다른 사람을 위해 빌어 주어라. 그것이 부자가 되는 열쇠다.

8

감사하는 마음은 부를 끌어당긴다

졸업 선물로 세계여행을 보내 주겠다고 약속한 아버지가 있었다. 그 말을 들은 딸은 "고마워요!"하고 소리쳤다. 아직 돈을 받지 못했고 여행을 시작하지도 않았지만, 딸은 이미 여행지로 향하는 비행기에 오른 것처럼 감사하고 행복해했다. 아버지가 약속을 지키리라고 믿고 매우 감사했다. 아직 선물을 주지 않았으나 마음으로 선물을 받았고, 두근두근한 마음으로 여행을 손꼽아 기다렸다.

자동차를 사러 갔다고 하자. 그런데 내가 원하는 모델이 재고가 없다고 한다. 원하는 모델을 구체적으로 말하면 딜러가 해당 모델을 주문해 주겠다고 한다. 나는 딜러에게 원하는 모델의 차를 주문하고 비용을 지불한다. 나는 아무것도 받은 것이 없지만 딜러에게 "감사합니다"라고 인사한 후 집으로 돌아간다. 왜냐하면 조만간 내가 주문한 자동차를 받을 것라는 믿음이 있기 때문이다.

위의 이야기에서 여행비와 자동차를 받기 전에 어떤 말이 필요했을까? 그렇다. 바로 '감사'다. 누군가가 베푼 선의에 감사하는 마음은 그 자체로 마음속에서 우러나오는 확언이며, 이 말의 힘은 나를 축복한다. 감사하는 마음을 가진 사람은 행복한 사람이고 부유한 사람이다. 그런 점에서 셰익스피어의 말은 진리다.

"마음만 준비되어 있다면 더 이상 준비할 건 없다."

감사의 가치

감사는 무한자와 조화를 이루고 창조의 법칙과 연결되어 있다. 감사의 가치는 축복을 끌어당긴다는 점 외에도 셀 수 없이 많다. 감사하는 마음이 없다면 현재의 상태에 만족할 수 없고 상황을 원망한다는 것을 잊으면 안 된다.

빈곤과 결핍, 외로움, 비참하고 비열한 일들을 비롯해 세상의 문제에만 관심을 집중한다면 나의 마음은 이를 구체적인 형상으로 만든다. 마음의 법칙에 따라 관심을 기울인 것을 실제로 경험하는 것이다.

마음이 결핍과 한계에 머무르도록 내버려 둔다면 삶이 불행해지고 비참한 일들만 생긴다는 것을 명심하라. 최고와 최선의 것들만 보고 느끼면, 정말로 최고만을 경험하고 최고의 것들로 둘러싸인다.

잠재의식의 창조 법칙은 내가 생각하고 확언을 하는 이미지와 닮은 것을 현실에 나타낸다. 내가 생각한 모습으로 내가 변해가는 것이다. 감사하는 사람은 계속해서 변함없이 인생에 좋은 일들이 생기리라고 기대하고, 그러한 기대는 필연적으로 물질적인 형태를 취한다.

내가 받는 좋은 것들에 감사하는 습관을 반드시 들여야 한다. 쉬지 않고 감사해야 한다.

모든 사람은 나의 안녕에 기여하고 있다. 그러므로 감사의 기도를 할 때는 세상 모든 사람에게 감사해야 한다. 이렇게 하면 모든 사람의 선의와 잠재의식이 이어져, 삶의 풍요로움과 세상에 흐르는 부가 자연스럽게 나에게 달라붙을 것이다.

지역 신문에서 두 살 때부터 앞이 안 보였던 남성의 이야기를 읽은 적이 있다. 한쪽 눈은 완전히 시력을 잃었지만 다른 쪽 눈은 수술을 받아 앞이 보였다. 시력을 회복하자마자 처음으로 본 것은 아내의 얼굴이었다. 아내의 얼굴은 더할 나위 없이 아름다웠다. 이 이상의 아름다움을 바랄 수도 없었다. 거의 40년 동안 함께 살았는데도 얼굴을 본 건 이번이 처음이기 때문이다.

지금 나의 아내, 남편, 가족과 상사에 고마워하고 있는가? 눈으로 볼 수 있고 두 손 두 다리를 쓸 수 있음에 감사하는가? 모든 선하고 좋은 일들에 얼마나 고마워하고 있는지 생각해 보자.

'감사합니다'의 기적

"여기저기 들어갈 돈이 많은데 수중에 돈이 없어요. 이러면 머지않아 파산하겠죠. 어떻게 해야 합니까?"

나는 그에게 하루 두세 번씩 10분이나 15분 동안 차분하게 앉아 대담하고 당당하게 다음 내용을 확언하라고 조언했다.

지금 이만큼의 부를 누리게 해주셔서 감사합니다.

그리고 감사하는 마음이나 기분이 지배할 때까지 긴장을 풀고 평화로운 상태를 유지하라고 말했다. 그는 부에 대해 떠올리는 생각과 이미지가 자신이 필요한 돈과 부가 들어오는 출발점이라는 것을 깨달았다. 이전에 얼마를 가졌느냐에 관계없이 자신이 가졌던 생각과 느낌이 곧 부의 실체로 이어졌다.

"감사합니다"라고 반복해서 말하니 감사한 마음이 진정으로 받아들여졌다. 두려움이 엄습할 때면 즉시 "감사합니다"라고 말하고 필요한 만큼 이 문장을 반복했다. 감사하는 태도를 유지하면 마음을 부에 대한 아이디어로 채울 수 있다는 것을 알았고 정말 그런 일이 벌어졌다.

어느 날 그는 사교 모임에서 예전에 다니던 회사의 상사를 만났다. 그는 임원직을 제안하며 모든 청구서 대금을 내고 빚을 갚을 수 있도록 선금을 주겠다고 했다. 그는 '감사합니다'의 기적을 절대 잊지 않겠다고 했다.

5000만 달러를 끌어들인 감사

뤼시앵 해밀턴 팅이라는 청년이 있었다. 그는 일리노이주 피오리아에서 태어났는데, 꿈과 야망을 펼치기엔 너무 좁았다. 뤼시앵은 시카고에서 자신의 운을 시험해 보기로 했다. 그는 사무실에서 단순한 잡무를 하는 일자리를 간신히 얻었다. 방세를 내고 나면 하루 식비는 50센트밖에 남지 않았다. 5센트짜리 초콜릿으로 점심을 때웠고, 아침으로 15센트를 쓰고 나면 저녁 식사는 35센트를 넘어서는 안 됐다.

그는 매일 아침 50센트를 쓰기 전 10분 정도 다음 문장을 몇 번이고 반복했다.

이 돈은 몇 배로 불어납니다. 감사합니다. 매일 버는 돈이 늘어나고 있습니다.

그는 총명했고 성공한 사람들을 끌어당겼다. 좋은 기회가 그에게 점점 찾아오기 시작했다. 이러한 기회를 놓치지 않고 활용했다. "감사합니다"를 입버릇처럼 말했다. 세월이 흐르자 영향력이 큰 사람들이 그의 의견을 묻고 따르기 시작했다. 그는 사업에 타고난 재능이 있었고, 통찰력은 점차 깊어졌다. 많은 사람이 시장을 꿰뚫어 보는 그의 지혜에 찬사를 보냈고 그의 말을 전적으로 신뢰했다. 뤼시앵은 수많은 CEO의 사업 문제를 해결했으며, 성공적으로 문제를 하나씩 풀어 나갈때마다 "감사합니다"라는 말을 수십 번씩 반복했다.

어느 날 멋진 아이디어가 떠올라 친한 친구에게 이야기했다. 친구는 뤼시앵의 아이디어에서 무궁무진한 잠재력을 보았다. 둘은 손을 잡고 '제너럴 가스 앤드 일렉트릭 컴퍼니'라는 회사를 세웠다. 사업은 급격하게 성장해 미국 동부 전역에 지사를 세울 정도로 뻗어 나갔고 수년 후에 5000만 달러에 회사를 매각했다.

감사하는 마음은 전염된다

감사하는 마음이 발휘하는 힘을 설명하는 일화가 있다. 한 접골사의 이야기다. 그는 소년 시절 가난에 찌들었던 나머지 경비원으로 일하면서 학비를 벌어야 했다.

개업했을 당시에는 일주일 내내 파리만 날렸다. 찾아오는 환자가 한 명도 없었다. 마음이 쓰라린 나머지 매사를 비관했다. 개업 2주 차가 되어 첫 번째 환자를 받았다.

"동네에 접골원이 있었으면 했는데, 여기에 개업해 주셔서 모두 감사하게 생각하고 있어요. 가게가 잘되길 동네 사람들 몇몇이 모여 기도했답니다. 고마운 일들이 참 많아요. 비참하고 가난하게 사는 사람의 대부분은 감사하는 마음이 부족해서 가난한 거예요."

이 말이 접골사의 마음속 깊은 곳에 가라앉았고, 인생의 전환점이 되었다. 그는 자신의 손을 통해 사람들이 치유될 수 있음에, 치료비를 받을 수 있음에 감사했다.

그러자 환자들이 몰려들었다. 지혜가 솟아나고 많은 환자들의 병을 낫게 했으며 큰돈을 벌었다. 그가 환자들에게 미치는 영향력이 커졌음은 물론이다.

감사하는 마음에 부가 숨어 있다

"왜 '지금' 부자가 될 수 없는 걸까요?"

사람들이 자주 묻는 질문이다. 번영하고 싶다면 과거는 잊고 지나간 일은 과거에 묻어두어야 한다. 예전 일을 곰곰이 생각하다 보면 그때를 지금처럼 생생하게 느낄 수 있지만 살아 있는 건 과거가 아니라 지금 느끼는 기분이나 느낌이다. 기분은 부를 가져다준다.

과거 한때 얼마나 부유했는지 생각하면서 시간과 에너지를 낭비하는 건 어리석은 일이다. 과거에서 벗어나지 못하는 것은 죽음과 침체를 뜻한다. 과거의 성취는 기뻐하되 과거에 부족했던 점에 머물거나 과거보다 부족한 점을 비교하지 말라. 과거에 무엇을 가졌고 무엇을 잃었던 좋은 것을 받아들이고 "이제 다 되었다"를 되뇌면서 길을 걸어가라.

부동산이 안 팔려서 고생하는 남성이 있었다. 수중에 돈이 없었다. 그는 의자에 기대고 누워서 눈을 감고 잠이 오기 시작할 때까지 몸을 움직이지 않았다. 긴장이 풀리니 졸리고 몽롱한 상태로 들어갔다. 노력을 덜 기울여도 되자 더 나은 결과물이 나왔다. 확언할 때는 노력을 들이지 않아야 한다. 남성은 자신이 전하고 싶은 메시지가 응축되어 있는 문구로 "감사합니다"를 택했다. 부동산이 이미 팔린 것처럼 "감사합니다"를 반복했다. 눈을 감고 있었지만 잠든 상태는 아니었다. 정신은 깨어 있었고 생생히 느끼고 있었다. 기대를 품으면서 침묵 상태에 들어갔다. 그는 자신이 원하는 걸 받으리라는 걸 알고 있었다.

그는 자장가를 부르듯 "감사합니다"라고 반복해서 말했다. 그는 이 모든 소원이 이루어진다는 느낌을 받을 때까지 계속해서 감사하다고 말했다. 그리고 그는 잠이 들었다. 꿈속에서 어떤 남성이 수표를 주었다. 그는 "감사합니다"라고 말했다. 잠에서 깼을 때 그는 부동산이 팔렸다는 것을 알았다. 실제로 일주일 안에 꿈에서 본 남성이 와서 열네 곳의 부지와 우물, 집을 모두 사 갔다.

그가 4차원(꿈)적 경험을 한 이유는 잠들 때까지 계속해서 "감사합니다"를 반복했기 때문이다. 매일 밤 잠들면서 입성하는 4차원의 세계에서 그는 부동산이 팔리는 모습을 구체적으로 보았고, 이를 실제로 일어난 일이라 생각했다.

어떤 일을 하든 무한한 지혜는 그 일을 완수할 수 있게 하는 노하우를 가지고 있음을 잊어서는 안 된다. 만약 나에게 축복과 행복을 줄 사람이 중국에 있다면, 그 사람은 내가 있는 곳으로 올 것이고 서로 거부할 수 없을 정도로 강하게 끌릴 것이다. 왜 이렇게 일이 풀리는지, 그 이면의 이유를 이해하지 못하더라도 결국 해결책은 나타난다.

지금 시작하라. 밤낮으로 영적 존재가 몸과 마음에서 번영하고 하는 일마다 번창하라고 명하라. 현실에서도 정말 번영한다고 느껴 보자. 잠자리에 들 준비를 하면서 "감사합니다"라고 자장가를 외듯이 반복하자. 이는 '높은 자아'가 가져다준 풍요와 건강, 조화에 감사하는 걸 의미한다. 진정한 영적 지성은 비전을 제시하거나 꿈에서 나에게 말을 걸 것이다.

감사해야 하는 이유

내가 태어나지 않았다면 어땠을지 잠시 생각해 보자. 찬란한 일몰이나 아름다운 일출을 보지 못했을 것이다. 똘망똘망한 아이의 눈과 주인을 바라보는 강아지의 사랑스러운 눈빛을 보지 못했을 것이다. 별이 반짝이는 하늘의 아름다움을 알지 못했을 것이고 영혼의 양식을 얻지 못했을 것이다. 맑은 날 다이아몬드처럼 반짝이는 눈 덮인 산을 보지 못했을 것이다. 사랑하는 사람들이 포옹할 때 전해지는 애정을 느낄 수도 없었을 것이다. 주변에 널린 부를 발견하지 못했을 것이다. 향기로운 꽃이나 갓 벤 풀의 싱그러운 내음을 맡지 못했을 것이다.

셰익스피어는 이렇게 말했다.

"생명을 주시는 주여, 감사함으로 가득한 마음을 주시옵소서."

다음은 헨리 데이비드 소로의 말이다.

"이 세상에 태어난 것에 감사해야 한다."

아침이 선사하는 아름다움에 고마워하라. 아름다움을 볼 수 있는 눈, 하늘의 음악과 새들의 지저귐을 들을 수 있는 귀, 선율을 연주할 수 있는 손, 다른 사람에게 위로와 용기, 사랑의 말을 할 수 있는 목소리가 있다는 것에 감사하라.

한 몸을 뉠 집이 있다는 것, 사랑하는 사람과 가족이 있고 직업이 있으며 동료와 함께 일할 수 있다는 것에 감사하라. 이런 마음을 가지고 다음의 확언을 하라.

내 가족 모두를 축복하고 가족을 위해 기도합니다. 고마운 마음이 충만합니다. 가족이 하는 모든 일에 축복을 내립니다. 내가 주는 모든 선물을 축복합니다. 받는 사람보다 베푸는 사람이 더 큰 축복을 받는다는 것을 알고 있습니다. 내 사업과 동료, 고객과 모든 사람을 축복합니다. 사업이 성장하고 확장합니다. 수천 배가 되어 저에게 돌아옵니다.

조셉 머피의 미라클 노트

- 정신적, 영적, 물질적 풍요를 누리는 과정은 '감사'라는 한 단어로 요약할 수 있다.
- 누군가가 베푼 선의에 감사하는 마음은 그 자체로 마음속에서 우러나오는 확언이며, 이 말의 힘은 나를 축복한다. 감사하는 마음을 가진 사람은 행복한 사람이고 부유한 사람이다
- 최고와 최선의 것들만 보고 느끼면, 정말로 최고만을 경험하고 최고의 것들로 둘러싸인다.
- 감사의 법칙을 따르면 반드시 성과를 얻는다. 즉 잠재의식에 새긴 내용이 외부 세계에서 그대로 발현된다는 뜻이다. 내가 가진 모든 재물과 부에 기뻐하며 감사하라. 내가 부자라고 느끼면 이러한 느낌이 잠재의식에 새겨져 정말 부자가 될 것이다.
- 감사는 무한자와 조화를 이루게 하고 우주의 창조력과 결합시킨다. 감사는 셀 수 없는 축복을 끌어당기는 정신적·영적인 자석이 된다.
- 사람들과 가족, 동료에게 깊은 감사를 표하라. 사람들은 감사의 인사를 듣고 싶어 한다. 사랑을 담아 마음껏 감사를 표현하라.
- 모든 사람은 나의 안녕에 기여한다. 그러니 세상 모든 사람에게 감사해야 한다. 이렇게 하면 모든 사람의 선의와 잠재의식이 이어져, 삶의 풍요로움과 세상에 흐르는 부가 자연스럽게 나에게 달라붙을 것이다.

9

받고 싶은 만큼 주면 더 크게 돌아온다

언젠가 열 살 소년이 학교에서 만든 재떨이를 선물로 준 적이 있다. 어떻게 금속을 가공하고 납땜했는지 설명하면서 과학의 신비에 벅차오르는 표정을 지었다. 소년은 자신이 발견한 것을 자랑스럽게 이야기하며 칭찬을 원하고 있었다. 이런 경험을 해보면 학교 실험실에서 점점 더 많은 비밀을 찾으려는 의욕이 샘솟는다.

칭찬과 감사는 창조적 법칙을 변화시키진 못하지만 마음에 변화를 가져온다. 무한한 근원에서 돈을 비롯한 온갖 종류의 좋은 것들을 끌어들이는 영적·정신적 자석이 된다. 주의할 점은 부탁을 들어 달라고 아첨하거나 굽신거리면서 호의를 구하는 방식으로 감사를 표하거나 칭찬하면 안 된다.

나 자신을 알고 생명의 원리를 적용한다면 자신과 타인에게 봉사하면서 진정한 성공으로 가는 확실한 길을 걸을 수 있다. 다른 사람들을 위해 기쁜 마음으로 봉사하고, 인류에 유익하고 건설적인 방법으로 공헌하며, 모든 거래에서 황금률을 지킨다면 하늘과 땅에 있는 그 누구도 나의 성공과 번영을 막을 수 없다.

나는 나의 사업이나 직업, 활동이 언제나 번영할 것임을 알고 있다. 매일 지혜가 쌓여가고 이해력이 늘어간다. 풍요로움의 법칙이 언제나 내 주변에 작용하고 있음을 안다. 풍요로움의 법칙을 실현할 수 있도록 돕는 확언을 소개한다.

나의 사업과 직업은 언제나 올바른 행동과 표현으로 충만합니다. 내게 필요한 아이디어, 돈, 상품, 인맥은 지금도 그렇듯이 언제나 나의 것입니다. 끌어당김의 법칙에 따라 이 모든 것이 거역할 수 없을 정도로 나에게 밀려들어 옵니다. 매일 성장하고 뻗어 나가고 발전할 멋진 기회가 있습니다. 나를 대해 줬으면 하는 방식으로 남을 대하며 사업을 이끌어 나가기에 선의가 쌓이고 큰 성공을 거둡니다.

최고 영업 실적의 비밀

젊은 영업사원의 이야기다. 그는 자신이 서비스를 판매한다고 생각했다. 고객이 한 푼이라도 돈을 아낄 수 있게 노력했고 어떤 식으로든 고객을 이용하지 않겠다고 다짐했다. 구매자가 사용하는 데 만족하지 않거나 되팔 수 없는 상품을 팔지 않겠다고 선언하기도 했다. 그래서 고객이 필요로 하는 것을 제공할 수 없을 때는 고객이 원하는 것을 가진 다른 제조업체에 의뢰하기도 했다.

"내가 대접받고 싶은 대로 고객을 대했습니다. 황금률을 실천한 거지요."

모든 손님이 그에게 고마워했다. 이러한 방식 탓에 여러 건의 주문을 놓쳤지만, 오히려 수백 명의 고객을 확보했다. 연간 판매 실적은 회사에서 단연 최고였다.

이 젊은이의 진심과 정직함, 선의는 고객들의 잠재의식에 전해져 자신감과 신뢰로 돌아왔다. 뛰어난 영업실적을 올리고 나아가 임원까지 올라간 비결은 바로 황금률을 실천하는 것이었다.

진정한 성공 비결은 입장을 바꿔 내가 대우받았으면 하는 방식으로 남을 대하는 것이다. 내 집이나 땅, 물건을 사려는 사람이 있다면 역지사지해 내가 무슨 말을 듣고 싶은지 생각해 보고, 내가 듣고 싶은 말을 상대방에게 건네야 한다.

타인에게 선의와 친절을 베풀면 온 세상 사람들이 나에게 잘해 주지 않고서는 배길 수 없다. 그게 성공적인 영업사원으로 거듭나는 비결이다.

진정한 상사를 찾다

텍사스주의 댈러스에서 나를 보러 온 약사가 있었다. 그는 쉽게 화를 내고 심술을 부리는 사장 때문에 마음고생이 심했다. 사장은 불평을 입에 달고 살아서 어울리기 어려운 사람이었다.

"거기서 계속 일하는 이유는 월급 때문이에요. 사장님이 싫어서 죽겠습니다. 정말 속이 터질 것 같아요! 게다가 저만 빼고 다른 보조 약사들 모두를 승진시켜 줬습니다."

이 청년의 마음속에는 독재자와 폭군, 폭력배들이 살고 있었다. 화와 분노, 혐오가 넘쳐나고 파괴적인 태도가 이 청년의 생각과 감정, 반응을 지배하고 통제했다.

나는 그에게 외면은 내면의 거울이라고 설명해 주었다. 부정적인 감정을 품으면 나 자신을 해치는 꼴밖에 되지 않으며 부자가 될 수도 없고 커리어의 발전도 저해한다고 이야기했다. 원망과 적개심은 득이 되지 않는다. 그는 내 말을 듣더니 내면의 감정은 자신이 어떻게 생각하느냐에 따라 달렸다는 걸 금방 깨달았다.

그러고는 마음가짐을 고쳐 성공과 조화, 번영의 사상을 마음속에 심었다. 성공하고 번영하겠다는 태도로 살기 시작했고 규칙적이고 체계적으로 그러한 생각을 키워나갔다. 목적의식을 가지고, 자신을 고용한 상사의 조화와 번영, 평화를 진심으로 빌어 주었다.

몇 주 후 진정한 상사는 사장이 아니라 자신의 마음가짐이라는 걸 알았다. 그리고 마음속에 들어선 아이디어가 삶을 통제한다는 것도 깨달았다. 얼마 지나지 않아 젊은 약사를 대하는 사장의 태도가 달라졌다. 고용주는 그를 승진시켰고 한 약국의 운영을 맡겼으며 월급도 대폭 올려 주었다. 새로운 마음가짐이 모든 걸 바꿔놓은 것이다!

사업 성공을 위한 세 단계

미용실을 운영하는 젊은 여성이 있었다. 어느 날 어머니가 병에 걸렸고, 집에서 어머니를 간호하느라 사업에 신경 쓸 겨를이 없었다. 그러자 그녀가 자리를 비운 동안 두 명의 직원이 자금을 횡령했고, 다시 미용실로 돌아와 보니 남은 건 빚뿐이었다.

그녀는 손해 본 금액을 메우기 위해 다음 세 단계를 따랐다. 먼저 주

거래 은행 지점장이 계좌에 넣어 놓은 돈이 많다고 축하하는 이미지를 5분 정도 상상했다. 다음에는 "사업이 이렇게 잘되다니 너무 뿌듯하구나. 훌륭한 고객을 두었네!"라고 행복에 겨워 기분 좋게 말하는 어머니의 목소리를 3~5분간 들었다. 마지막으로 잠들기 직전 다음과 같이 확언했다.

> 모든 사람에게 정성을 다해 서비스를 제공합니다. 제 가게에 오는 모든 사람을 축복합니다.

3주도 채 되지 않아 미용실에는 사람이 넘치기 시작했다. 미용사를 추가로 고용해야 할 정도였다. 얼마 후 이 여성은 결혼했다. 남편은 결혼 선물로 2만 달러를 주었고, 그 돈으로 사업을 확장하고 새로운 시설을 갖출 수 있었다.

2억 달러 규모의 기업을 이끈 비법

애리조나주 피닉스에서 강의를 마치고 한 남성과 대화를 나눈 적이 있다. 그는 한 기업의 판매 담당자였는데 압박감과 부담감, 사내 정치에 시달려 신경 쇠약에 걸리고 심장마비가 왔다고 한다.

건강을 완벽하게 회복한 후 사무실로 돌아왔을 때 그는 다음과 같이 행동했다. 매일 아침 사무실 문을 닫고 10~15분 동안 확언을 했다.

> 모든 직원에게 사랑과 평화, 선의를 베풉니다. 영적인 법과 질서가 나

자신과 이사회, 회사 전체를 지배합니다.

이런 믿음을 가지고 하루도 거르지 않고 회사에 나갔다. 그는 육체적·정신적으로 건강하고 행복해졌다. 회사 제품 판매를 늘릴 수 있고 홍보할 수 있는 창의적인 아이디어가 계속해서 떠올랐다. 그 결과, 생각했던 것보다 사업이 번창했다. 그는 승진해 임원 자리에 올랐고 2년 후에는 거대한 기업의 대표 이사로 선출되어 엄청난 연봉을 받았다.

용서가 부를 불러오다

크리스마스에 어떤 남성과 나눈 이야기다. 그는 20년 동안 부모와 연을 끊고 살았다. 모든 것은 오해에서 비롯되었다. 그는 부모님이 자기보다 형제에게 유산을 더 많이 물려주었다고 생각했던 것이다. 그는 부모님에게 화가 나 있었고 복수하고 싶어 했다. 크리스마스가 다가오던 날 가게에서 일하던 직원 두 명이 이렇게 말했다.

"모든 직원이 크리스마스에 부모님을 뵈러 고향에 내려가네요. 부모님이 살아 계신 건 축복이에요. 세상에, 크리스마스에 부모님을 뵈러 갈 수 있으면 얼마나 좋을까요. 저희는 고아여서 부모님을 한 번도 뵌 적이 없거든요. 부모님이 계셨으면 좋겠어요"

이 말을 듣자 마음이 찡했다. 부모님을 향해 품었던 분노와 적대감이 사르르 녹았다. 그래서 20년 만에 크리스마스 선물을 사 들고 부모님을 뵈러 고향에 내려갔다. 부모님은 반가이 맞아 주었고, 상당한 액수의 주식을 넘겨 주었다. 형제가 빼어 갔다고 생각했던 몫보다 훨씬 큰 금액이었다.

용서란 타인에게 사랑과 평화, 축복을 베푸는 것을 뜻한다. 베풀면 받는다. 다른 사람에 대한 비판, 원망, 적대감 때문에 부자가 되지 못하는 사람이 많다. 이러한 태도는 나와 부와 건강의 근원을 연결하는 끈을 잘라버린다. 마음속에 박힌 가시가 남아 있지 않을 때까지 다른 사람들을 축복하라.

다른 사람을 일으키는 방법

남에게 베풀 때도 주의해야 할 점이 있다. 다른 사람이 성장하고 발전할 기회를 빼앗지 말라. 아이에게 돈과 도움을 너무 쉽게 자주 주면 안 된다. 자아를 발견하고 자기계발을 하는 것보다 도움을 넙죽 받는 게 더 쉽다. 그러므로 끊임없이 도움을 주는 건 상대방의 성장 가능성을 파괴하는 것이나 다름없다. 그 사람의 특성을 약화시키거나 파괴하지 않고, 힘든 일을 극복하면서 내면의 힘을 발견할 기회를 주어야 한다. 그렇지 않으면 다른 사람에게 의존하는 성향만 키우는 부작용이 발생할 것이다.

친척에게 이것저것 챙겨 주던 여성이 있었다. 여성은 친척에게 월세를 내주고 음식을 사줬다. 취업할 때까지 용돈도 주었다. 그녀는 친척의 처지가 안타까워서 선의로 하는 행동이었지만 나는 당장 도움을 멈추라고 조언했다.

"하지만 톰은 참 안됐는걸요. 여기에 온 지 얼마 안 됐거든요. 취업하기가 어디 쉽나요."

하지만 톰은 취업도 하지 않고 친척에게 빌붙는 걸 택했다. 용돈이 충분하지 않다고 친척을 원망하기까지 했다. 크리스마스 저녁 식사로 여성의 집에 온 톰은 은으로 된 물건들을 훔쳤다. 여성은 큰 소리로 울었다.

"제가 해준 게 얼만데 은혜를 원수로 갚다니요!"

그는 톰이 부족하다고 생각했고, 그의 가능성에 한계를 지었다. 비유하자면 진리를 가르쳐 주는 대신 누더기를 입힌 꼴이었다. 톰 역시 그녀의 시선을 그대로 투영해 누더기를 입고 거지처럼 반응했다.

물론 남을 돕는 건 옳고 선하며 진실한 행위다. 그러나 진정으로 도우려면 준비가 필요하다. 우리의 도움은 그 사람 스스로 역경을 헤쳐나갈 수 있는 발판의 역할로 한정해야 한다. 삶의 풍요로움과 자립심을 키우는 방법과 최선을 다해 인류에 이바지하는 방법을 가르쳐라. 그러면 국밥 한 그릇, 낡은 옷 한 벌을 바라지 않을 것이고 거저 받는 도움을 사양할 것이다.

모든 사람은 선뜻 도움을 주려고 한다. 하지만 그 도움이 남의 결점을 키우고 태만하며 게으르게 만든다면, 무신경과 무관심을 감싸준다면 잘못된 것이다.

학생들을 성장시키다

내 강의를 들으러 주기적으로 오던 교사의 이야기다. 그 교사는 말을 잘 안 듣는 학생들과 자주 부딪쳤다고 한다. 하지만 다음 방법을 따르니 놀라운 결과가 따라왔다.

수업을 시작하기 전에 매일 아침 15분 동안 혼자만의 시간을 가졌다. 마음을 차분하게 가라앉히고 '학생들의 가능성을 믿고 성장을 이끄는 확언'[33]을 했다.

그 후 몇 년 동안 교사는 학생들의 질서와 규율이 잘 잡혀 있다고 거듭 칭찬을 받았다. 학급 성적도 굉장히 우수했다. 최근에는 승진해서 다른 학교로 전근을 갔다. 연봉도 대폭 올랐다. 교사는 자기 자신뿐만 아니라 학생들이 계속해서 성장하고 뻗어 나가리라고 확신했다. 학생들을 위해 기도할 때 축복은 학생뿐만 아니라 자신도 받는다는 걸 알았다.

교사는 책상 위에 좌우명을 써두었다.

'내가 바라는 걸 다른 사람을 위해서도 빌어 주어라.'

이 좌우명대로 살아가니 정말 성공했다.

조셉 머피의 미라클 노트

- 나의 진정한 상사는 마음을 지배하는 정신적 태도다. 마음에 품은 아이디어는 나의 주인으로, 나의 태도를 결정한다. 마음속에 조화, 성공, 번영에 관한 생각을 심은 후 감정을 불어넣어 생각을 키우면 내 안에 '좋은 상사'가 생겨나고, 밖에서도 정말 좋은 상사가 등장할 것이다.
- 영업에서 성공하려면 고객 서비스에 온 힘을 다해야 한다. 그러면 성공이 보장된다.
- 만약 사업이 더디게 진행된다면 다음처럼 기도하라. "무한한 지성은 내가 사람들을 위해 봉사할 수 있는 보다 나은 방법을 알려 줍니다." 사업은 괄목할 정도로 성장할 것이다!
- 어제의 일 때문에 오늘과 같은 경험을 한 것이 아니다. 현재 내가 겪고 있는 일은 지금의 생각이 경험으로 드러난 결과다. 그래서 지금 하는 생각을 바꿔야 모든 걸 바꿀 수 있다. 세상에 존재하는 유일한 순간은 지금이고 현재의 생각이 미래를 결정한다.
- 무언가를 사고파는 데 있어서 적당한 시기에 적당한 사람이 등장하리란 걸 명심하라. 끌어당김의 법칙은 두 사람을 연결해 줄 것이고 거래는 만족스럽고 조화로우며 평화로울 것이다.

10
성공을 원할수록 크게 성공하는 증가의 법칙

모든 사람은 성장하고 싶어 하고, 가지고 있는 것을 늘리고 싶어 한다. 부자가 되고 성장해서 재능을 펼치고자 하는 욕망은 사람의 근본적인 충동이다. 좋은 친구가 많았으면 좋겠고, 더 맛있는 음식을 먹고 싶고, 더 예쁜 옷을 입고 싶고, 더 좋은 차를 타고, 더 넓은 집에서 살고 싶다. 더 큰 호사를 누리고 싶은 건 당연하다. 더 자주 여행을 다니고, 내면의 힘에 관해 더 잘 알며, 더 큰 아름다움을 즐기고 싶은 마음이 있다. 한마디로 우리는 지금보다 더 풍요로운 삶을 살고 싶어 한다.

땅에 씨앗을 심고 물을 주면 열매가 맺힌다. 마찬가지로 마음에 생각과 감정, 상상의 씨앗을 심으면 밖으로 더 크게 드러난다. '증가'란 좋은 일이 더 많이 일어나는 것, 처음에 한 생각이 성장하고 계획이 진전되는 것을 의미한다. 아무런 행동도 하지 않으면 성장하거나 늘어날 것도 없다. 그러므로 잠재의식에 내가 가진 게 불어난다는 생각을 새겨야 한다.

'성공'이라는 단어를 진심과 애정을 담아 반복하면, 성공의 분위기를 끌어낼 수 있다. 성공의 분위기란 무언가를 창조하는 분위기다. 성공을 느끼면서 잠들면 성공의 아이디어가 잠재의식에 새겨지고 성공을 위한 자질과 능력이 배양된다.

인간의 영혼에 녹아 있는 창의력의 힘을 결코 과소평가해서는 안 된다. 창의력은 성공을 위한 계획의 전 단계를 이끄는 에너지다. 생각은 창의적이다. 그리고 이런 생각이 강점과 융합되면 주관적인 믿음이 되어 잠재의식에 새겨진다. 그리고 주관적인 믿음은 객관적인 현실이 된다. 잠재의식에 대한 믿음은 조화로운 상황과 조건을 창조해 내기 때문이다.

새로운 업무, 일, 학업 등 뭐가 됐든 열정과 확신을 가지고 시작하라. 초심을 잃지 않는다면, 처음 시작했을 때의 마음가짐으로 기쁘고 즐겁게 일을 마치는 자기 자신을 발견할 것이다. 확신을 가지고 새로운 일을 시작하면, 승리와 환희, 영광은 내 것이 될 것이고 반드시 경제적인 성공으로 이어진다.

내면의 목소리를 들어라

뉴욕 맨해튼의 우범지대 중 하나로 손꼽히는 헬스키친에서 태어난 17세 소년을 만난 적이 있다. 몇 년 전 뉴욕에서 나의 강연을 들었다는 그는 목소리가 참 아름다웠다. 전문적인 훈련을 받아서 갈고닦은 목소리는 아니었지만 가수가 될 잠재력이 충분했다.

나는 그에게 마음속에서 주의를 기울인 이미지가 잠재의식에서 발전해 결국 현실에서 이루어진다고 이야기해 주었다. 잠재의식은 현재의식에서 그린 정신적 이미지에 언제나 응답한다고 덧붙였다.

소년은 방에 들어가 조용히 앉아 온몸에 긴장을 풀었다. 그리고 마이크 앞에서 노래를 부르는 자신의 모습을 생생하게 그렸다. 악기의 감촉을 느끼기 위해서 손도 뻗어보았다. 그리고 다음과 같이 확언했다.

나는 무대 앞에서 당당하고 멋지게 노래합니다.

그러자 "계약을 성공적으로 따낸 걸 축하합니다. 정말 목소리가 감미롭군요"라는 내 목소리가 들렸다고 한다. 소년은 규칙적이고 체계적으로 정신적인 이미지에 주의를 기울임으로써 잠재의식에 깊은 인상을 남겼다.

얼마 지나지 않아 뉴욕의 유명한 보컬 트레이너가 수업료를 받지 않고 일주일에 몇 번씩 노래를 가르쳐 주겠다고 제안했다. 소년의 잠재력이 크다고 판단했기 때문이다. 그는 결국 소속사와 계약해 남아프리카공화국을 비롯한 유럽, 아시아 등에 위치한 여러 국가에서 노래를 불렀다. 높은 수입을 올렸으니 이제 돈 걱정은 하지 않아도 되었다. 그에게 진정한 부는 바로 숨겨진 재능을 찾은 것이었다.

내가 필요하고 구했던 모든 것들은 내 안에서 발견되기만을 기다리고 있다. 마음속 깊은 곳을 흥미진진하게 탐험하라. 잠재의식으로 모험을 떠나면 이러한 것을 기쁜 마음으로 받을 수 있을 것이다.

수천 달러를 벌게 해준 아이디어

동료였던 올리브 게이즈 박사는 젊은 시절, '일상생활의 심리학'이라는 주제로 강연을 하기 위해 영국에서 미국으로 건너왔다. 당시 묵던 호텔은 시카고 오페라 극장 근처에 있었다.

오후에 창밖을 바라보는데 많은 인파가 오페라 극장에서 쏟아져 나왔다. 낮 공연이 끝날 무렵이었다. 게이즈 박사는 오페라 극장에서 강연을 하는 그림을 그렸고 자신의 아이디어가 실현되리라고 예상하면서 기뻐하고 안도감을 느꼈다. 그리고 다음과 같이 확언을 했다.

> 오페라 극장에서 많은 사람을 앞에 두고 마음의 법칙을 강연합니다. 나와 나의 이야기를 들어주는 모든 사람에게 넘칠 만큼 축복을 내려 줍니다.

오페라 극장에서 강의를 하려면 몇천 달러의 대관료가 필요했다. 당시 그의 수중에는 100달러밖에 없었다. 극장 매니저는 그저 웃었다. 게이즈 박사는 마음의 힘에 관해 이야기했고 매니저는 굉장히 흥미로워하며 그에게 일주일의 유예 기간을 주겠다고 했다.

어느 날 게이즈 박사는 백만장자인 매코믹을 만났다. 그는 게이즈 박사의 정신 기법에 큰 흥미를 보였다. 그래서 다른 11명의 백만장자를 초청해 오찬 모임을 열었다. 게이즈 박사는 오찬 모임에서 마음의 힘에 관해 설명했다. 그의 강의를 들은 백만장자들은 엄청난 액수를 기부했고, 게이즈 박사는 그 돈으로 장소를 대관하고 광고비까지 댈 수 있었다.

게이즈 박사의 꿈은 이루어졌다. 강연이 끝나자 사람들이 오페라 극장에서 우르르 나왔다. 바로 몇 주 전 호텔 방 창문에서 오페라 극장을 보면서 상상했던 것과 똑같은 광경이 눈앞에 펼쳐진 것이다.

오두막을 짓는 목수가 고층빌딩을 짓는 건축가가 되기까지

애리조나주 피닉스에서 강의하던 중 한 남성과 이야기를 나누었다. 그는 20년 전만 해도 사막 도시에서 평범한 일을 하는 목수였다. 도시 근처 산에 있는 낡고 보잘것없는 오두막에 살았다.

어느 날 그는 뉴욕에 있는 고층빌딩 같은 건물을 짓고 싶다는 마음이 들었다. 그리고 다음과 같은 확언을 하기 시작했다.

> 나는 부자가 되고 있습니다. 나는 다른 사람을 부자로 만들고 모든 사람을 축복합니다.

태도를 바꾸자 사람들이 목공 일을 잇달아 의뢰하기 시작했다. 사업은 급속도로 성장해서 혼자 할 수 없는 지경에 이르렀고 더 많은 직원을 고용해야만 했다.

그는 건강상의 이유로 요양을 하러 온 한 자산가에게 집을 지어 주었다. 집을 멋지게 짓자 자산가는 그를 하청으로 고용했고 약간의 중개료를 벌면서 다른 기업과 연결해 주기 시작했다. 자산가가 세상을 떠나기 전 그는 목수에게 사업의 소유권을 넘겨 주었다.

목수였던 남성은 이제 수백만 달러를 가진 자산가로 여러 고층 건물을 짓는다. 목수처럼 스스로를 부자라고 느낀다면 사방에서 흘러들어오는 뜻밖의 축복에 놀랄 것이다. 지금의 사업을 다른 방면으로도 확장할 수 있다.

성장할 기회는 언제나 존재한다

어떤 여성이 남편 문제로 찾아온 적이 있었다. 남편은 정부와 세금, 경쟁 시스템 때문에 돈이 남아나지 않는다고 쉴 새 없이 불평했다.

남편과 이야기를 나눠 보니, 남편은 자신을 현재 처한 상황의 주인이 아니라 사회 구조의 피해자라고 생각하고 있었다. 하지만 창의적인 계획을 세우면 조건과 환경을 극복할 수 있다는 걸 깨닫기 시작했다.

그래서 매일 '증가의 법칙에 따라 사업을 성장시키는 확언'[34]을 했다. 이런 내적 진리로 마음을 채우니 외적인 생활이 더욱 풍요로워졌다. 이제 그는 자기 사업을 하고 있으며, 사업은 매우 번창하고 있다.

회사에서 성장할 기회가 없다거나 임금이 직급별로 정해져 있어서 월급이 오르지 않는다거나 자기계발을 하지도 않으면서 승진할 방법이 없다고 불평불만만 늘어놓는 사람들이 있다. 하지만 항상 맞는 말은 아니다. 자신이 처한 상황과 관계없이 마음의 법칙을 사용한다면 발전하고 앞으로 나아갈 수 있다.

장차 내가 되고 싶은 모습을 분명하게 그린 후, 결단력 있게 꾸준히 앞으로 나아가라. 잠재의식의 힘과 지혜가 도와줄 것이다. 마음속에 품은 이미지가 잠재의식에서 발전해 객관적인 경험으로 펼쳐진다는 것을 믿어라.

지금 하는 일을 사랑하고, 지금 있는 곳에서 최선을 다하라. 친절하고 상냥하며 붙임성 있게 타인을 대하고 선의가 넘치는 사람이 되어라. 크게 보고 부를 생각하면 현재 하는 일은 성공을 위한 도약의 발판이 될 것이다. 나의 진가를 깨닫고 부자가 되리라고 마음속으로 주장하라. 그리고 상사든 동료든 고객이든 친구든 일상생활에서 마주하는 주변 사람들이 부자가 되길 바라라. 그러면 부와 발전의 에너지가 퍼지는 걸 느낄 것이고 무한한 지성은 조만간 나에게 새로운 기회의 문을 열어 줄 것이다.

세상에서 나를 막을 수 있는 것은 아무것도 없다. 나를 막는 것은 나 자신과 내 생각과 내 관념뿐이다.

발전하고자 하는 마음이 있고 마음의 눈으로 성장하는 모습을 그리면, 더 많은 부를 얻고 지위를 높이며 위신을 떨칠 기회가 생겨날 것이다. 새로운 아이디어를 고민하지 말고 받아들이면 더 크고 훌륭한 기회가 찾아올 것이다. 발전하는 삶을 살기 시작하자. 그리고 지금 여기에서 무한한 부를 경험해 보자.

조셉 머피의 미라클 노트

- 창의력은 성공을 위한 계획의 모든 단계를 이끄는 에너지다. 창의적인 생각이 강점과 융합되면 주관적인 믿음이 되어 잠재의식에 새겨진다. 주관적인 믿음은 조화로운 상황과 조건을 창조해 객관적인 현실이 된다.
- 나는 창조적인 중심이다. 모두에게 더 큰 사랑을 베풀고 지혜를 전달하며 이해심을 키워줄 수 있다. 남들에게 베풀면 남들도 나에게 베풀 것이고 인생에서 기적이 일어날 것이다.
- 새로운 업무, 일, 학업 등 뭐가 됐든 열정과 확신을 가지고 시작하라. 확신을 가지고 새로운 일을 시작하면, 승리와 환희, 영광은 내 것이 될 것이고 반드시 경제적인 성공으로 이어진다.
- 기회는 곳곳에 널려 있다. 내가 원하는 모습을 마음속에 그리고 이루어지리라 느끼며 잠재의식의 힘을 진정으로 믿으면 정말 원하는 대로 이루어진다. 지금이 기회다.
- 인내와 끈기, 투지를 발휘해 직장에서 더 높은 지위로 올라가거나 목표로 하던 이상에 더 가까이 다가갈 수 있다. 목표를 높게 잡아라.
- 나는 성공과 승리로 가득 찬 건설적인 삶을 살기 위해 태어났다. 성공으로 가는 왕도가 이제 나의 것이라고 주장하며 믿어라. 그러면 우주의 원리가 나를 위대한 승리와 경이로운 성공의 길로 인도할 것이다.

11

스스로 일어나는 자가 부자가 된다

스스로 일어나는 자, 즉 잠재력과 상황을 한 차원 더 끌어올리는 사람이 되려면 일단 나의 소망을 내가 받아들일 수 있는 수준까지 끌어올려야 한다. 그러면 소망이 이루어지는 모습이 내 앞에 펼쳐질 것이다. 어떤 종류의 궁핍과 질병·결핍·한계가 있더라도 이를 딛고 일어날 수 있다.

마음이 발견한 것을 우리는 몸으로 느낄 수 있다. 하지만 정신을 끌어올리지 않고서 느낄 수 있는 건 기껏해야 우울하고 부정적인 감정들뿐이다. 여기서 정신을 한 단계 높은 차원으로 끌어올린다는 것은, 영적인 힘에 기대어 일상적인 육체적 감각을 초월하는 용기·믿음·힘·지혜를 얻는 것이다. 정신이 한 차원 더 높아지면 예전의 나는 사라지고 새로운 나로 태어난다.

우울한 상태에서는 나의 장점이 드러나지 않는다. 하지만 비전을 보고 현실을 관조하면 모든 장애물과 방해물, 고난을 딛고 일어설 수 있다.

빈민가 출신이 우연히 부자가 되고 명예와 명성을 얻는 법은 없다.

바다에 빠진 사람을 구해 주거나 나에게 호감을 보이는 백만장자를 만난다고 부자가 되는 건 더더욱 아니다. 간단한 진리를 기억하라. 나의 인격은 겉으로 드러나고 인격은 곧 운명을 결정한다.

한 차원 더 높은 곳으로 도약하다

에너지와 재능을 마음껏 발휘하고, 열정과 열의를 계발하며, 내면의 힘을 사용하는 법을 배워야만 아주 높은 곳으로 도약할 수 있다. 자신감과 에너지가 넘치는 기업가가 사업에 집중하고 옳은 일을 하며 황금률을 실천한다면, 자신을 도와줄 낯선 사람을 만나든 정치 인맥을 쌓든 경마에서 판돈을 모두 따든 상관없이 삶에서 성공을 거둘 것이다.

인격과 마음가짐은 한 사람을 만들 수도 있고 망가뜨릴 수도 있다. 나의 인격과 마음가짐이 바로 진정한 나의 모습이기 때문이다. 이러한 진리는 사람뿐만 아니라 국가·사업·교회·조직에서도 적용된다.

더 높은 곳으로 도약하고 싶다면 내가 바라던 모습을 계속해서 생각하라. 그래야 정말 그러한 자질을 기를 수 있다.

나는 성장하고 장애물을 극복하며 내 안의 신성을 발견하기 위해 이 세상에 왔다. 또한 문제와 어려움, 도전을 마주하고 극복하기 위해 태어났다. 문제를 극복하는 데서 얻는 기쁨이 있다! 누군가가 나 대신 낱말 맞추기 게임을 풀어 주었다고 상상해 보라. 재미가 없고 하품만 나올 것이다. 건설업자는 다리를 지을 때 장애물, 실패, 어려움을 극복하면서 기뻐한다. 지혜와 힘을 기르고 이해력을 배양하는 건 정신적이고 영적인 도구를 갈고닦는 것이다. 이러한 훈련이 없으면 결코 내 안의 힘을 발견하지 못할 것이다.

어린 자녀가 부모에게 무턱대고 모든 걸 기대지 않게 하라. 적당한 나이가 되면 잔디를 깎는 법, 신문을 파는 법, 잡일을 하는 법을 가르쳐야 한다. 땀 흘려 일한 대가를 주면서 노동의 가치와 존엄성을 알려 주어라. 이웃집 잔디를 깎거나 신문을 팔아서 번 돈은 일을 잘했기 때문에 준 돈이라고 가르쳐야 한다. 자녀는 이러한 과정에서 성취감을 얻고, 다른 사람을 위해 봉사했다는 데 자부심을 느끼며, 자립심과 자신감이 배양될 것이다.

다른 사람의 장점을 발견하고 칭찬하는 법을 가르쳐라. 그러면 자녀는 남에게 의지하거나 불평하고 징징거리는 사람이 아닌, 자신의 환경을 스스로 개척하는 사람이 될 것이다. 땀을 흘려 돈을 벌면 노동의 가치를 알고 돈을 저축할 것이다. 하지만 부모가 쉽게 돈을 줘버리면 자녀는 그 돈을 유흥에 흥청망청 써버리기 쉽다.

성격은 곧 운명이다

우리는 열심히 노력하려고 이 세상에 왔다. 지금 입고 있는 옷은 다른 사람의 손을 빌려 만든 옷이다. 나는 다른 사람을 위해 무슨 일을 하고 있는가? 나의 재능과 능력을 다른 사람에게 쓰고 있는가?

일할 수 있는 신체적인 조건을 갖추고 있는 사람 중에서도 동냥을 구하는 거지가 많다. 내가 계속 도와 준다면 그런 사람들은 손에 물을 묻히는 일 없이 기생충처럼 남들에게 의존하기만 할 것이다. 그런 사람 중에는 매우 부유하고 도시에 예쁘게 꾸며진 집과 고가의 자동차를 가지고 있는 사람도 있다.

모든 사람 안에는 지금까지 발견되지 않은 재주와 능력, 부가 묻혀 있는 거대한 광산이 있다. 우리는 그러한 재능을 계발해 사회에 이바지할 책임이 있다. 개개인은 생명의 길 위에 놓여 있는 인류의 일부다. 노를 젓든, 차를 운전하든 자신의 몫을 다해야 한다. 믿음과 용기, 인내, 참을성을 가지고 끈기 있게 견딘다면 삶은 더 많은 보상을 가져다준다. 장애물을 극복하면서 만들어 나가는 과정에서 성격은 결국 운명을 결정한다.

로스앤젤레스에 있는 한 기업의 임원이 해준 이야기다. 1929년 경제 대공황으로 그는 모든 것을 잃었다. 그의 형도 마찬가지였다. 형제는 각각 수백만 달러가 넘는 재산을 가지고 있었다. 형은 가진 돈을 모두 잃자 살아갈 이유가 없다며 자살했다. 하지만 이 임원은 자기 자신에게 말했다.

"돈을 날렸지만 뭐 어때? 몸이 건강하고 사랑스러운 아내도 있고 능력과 재능도 있는데. 처음부터 다시 시작하면 되지. 지금부터라도 다시 시작하면 수백만 달러를 벌 수 있어."

그는 소매를 걷어붙이고 정원사로 일하기 시작했고 여기저기서 잡일을 도왔다. 그렇게 약간의 돈을 모아 주식에 투자했다. 투자했던 기업의 주가가 급등하자 다른 이들에게 투자 조언을 해주었고, 그의 조언을 따른 사람들은 큰 이득을 보았다. 그는 환경을 개척했다. 내면의 영성을 깨우니 힘과 용기, 지혜가 찾아왔다.

스스로 일어나 상황을 바꾸는 사람은 사업상의 문제와 기술적인 문제를 비롯한 우주 만물의 문제와 맞서 싸우고 질병과 두려움, 무지를 극복한다.

"약한 병아리는 건강한 병아리에게 쪼여 죽는다"라는 옛말이 있다. 학교에서 힘이 없다고 느끼거나 놀림을 받고 괴롭힘을 당하는 아이들의 내면에는 약한 면이 있다. 하지만 고개를 빳빳이 들고 괴롭히는 무리에 맞서고 도전할 때 대부분은 뒷걸음질 친다.

모든 조건을 극복할 수 있다

스스로의 존엄과 위엄을 느껴라. 타인이 나를 비난하고 욕설을 퍼부으며 모욕을 주더라도 영향을 받지 않으리라는 걸 기억하라. 고통을 거부하고 어떤 상황에서도 물러나지 말아야 한다. 나는 초월적인 존재이다. 어떤 조건이나 상황을 딛고 일어설 수 있는 정신적인 능력이 있다.

에이브러햄 링컨이 대통령 재임 당시 국무장관은 링컨을 '아무것도 모르는 원숭이'라고 모욕하며 명예를 실추시켰다. 하지만 링컨은 "미국이 존재한 이래 이렇게 훌륭한 국무장관을 본 적이 없습니다"라고 맞받아쳤다. 링컨에게 상처를 주거나 자존심을 상하게 할 수 있는 사람은 아무도 없었다. 링컨은 자신의 강점을 파악하고 있었다. 그 말에 마음이 동하지 않는 이상 그 누구도 자신을 깎아내리거나 흔들리게 할 수 없다는 걸 알았다. 링컨은 스스로를 일으킬 수 있다는 걸 알았고 어려운 상황도 딛고 일어섰다. 링컨은 그렇게 국가 전체를 일으키는 힘을 얻었다.

아동 폭력범과 성범죄자를 비롯해 감옥에 수감된 범죄자들을 석방해야 한다고 주장하는 '공상적 박애주의자'들이 있다. 세상 물정을 잘 모르면서 휴머니즘이나 박애주의를 주장하는 사람들이다. 하지만 이러한 범죄자들은 풀려나는 순간 다시 사람을 공격하고 강간하며 심지어 살인을 저지르기도 한다. 신문은 석방된 범죄자들이 다시 잔혹한 범죄를 저지르는 기사로 가득 차 있다.

다른 사람을 격려하고 도와주기 전에 내가 먼저 지혜를 키우고 이해의 폭을 넓혀야 한다. 남에게는 내가 가진 것만 줄 수 있기 때문이다. 다른 사람들에게 일장 연설을 늘어놓는 사람들이나 공상적 박애주의자들은 종종 본인의 단점과 부족함을 다른 사람에게 투영한다. 눈먼 자는 눈먼 자를 인도하지 못한다.

타인을 바꾸려고 노력하지 말라. 나만 바뀌면 된다. 모든 변화의 출발점은 나에게 친절하게 대하는 일부터다. 내 안에 있는 높은 자아를 찬미하고 드높이며 경외하고 존중하다 보면 이웃을 사랑하는 나를 발견할 것이다.

스스로 일어나는 자가 되면 부자가 된다

나 자신을 들여다보자. 나의 심연은 때 묻지 않은 영광 속에서 빛나고 있다. 진리의 빛이 비치고 사랑이 나를 통해 흐르도록 하라. 사랑은 나의 약점과 단점, 부족한 점을 모두 씻어 낸다. 내면을 발견한 사람은 상황을 딛고 스스로 일어날 수 있다.

나는 이기고 정복하기 위해 이 세상에 왔다. 잠재의식 속 무한자는 실패하는 법이 없다는 것을 안다. 좌절하거나 망연자실하지 않는다. 이러한 태도는 모든 좌절감을 씻어 내린다. 낙담하고 의기소침할지라도 굽실거리고 구걸하는 것을 멈춰야 한다. 피상적이고 부침이 심한 삶을 살 필요가 없다! 살아 있음에 감사하라! 나를 새롭게 평가하고 전과는 다른 청사진을 그려 보자.

인간은 더불어 살아간다. 살아가면서 의사, 변호사, 심리학자 또는 목수의 도움을 받아야 할 때가 있다. 반대로 다른 사람들도 나의 도움을 받아야 할 때가 있다. 인간은 서로가 필요하다. 하지만 먼저 모든 사람 안에 있는 신성을 깨워야 한다. 우리는 빛나고 즐거우며 번영하고 자유로운 삶을 살 권리가 있다.

무엇이든 진짜라고 느끼고 주장한다면 잠재의식은 그와 같이 반응할 것이다. 그러므로 모든 한계와 방해, 장애물을 딛고 올라설 수 있다.

조셉 머피의 미라클 노트

- 스스로 일어나는 자, 즉 잠재력과 상황을 한 차원 더 끌어올리는 사람이 되려면 일단 마음이 받아들일 수 있는 수준까지 소망을 끌어올려야 한다. 그러면 소망이 이루어지는 게 보인다. 비전을 가지고 현실을 응시하라.
- 성격과 마음가짐은 한 사람을 만들 수도, 망가뜨릴 수도 있다.
- 세상에는 두 종류의 사람이 있다. 스스로를 일으켜 고난을 딛고 일어서는 사람이 있는 한편 다른 사람에게 기대고 의존하는 사람도 있다.
- 무한한 부를 쥐고 있다는 걸 깨우친 후 다른 사람을 일으켜라. 그러면 내가 꿈꿨던 것보다 더 많은 것을 성취할 것이다.
- 인격은 운명을 결정짓는다. 인생은 용기와 믿음, 인내와 끈기를 보상한다. 인생의 묘미는 장애물을 극복하고 성격을 가꿔 나가는 데 있다.
- 하늘을 향해 눈을 뜨면 내 안에 있는 무한한 치유력을 볼 수 있다. 응답을 느끼기 시작하면 기도의 응답을 받는 기쁨을 안다. 응답에는 경제적인 축복도 포함된다.

12

말의 힘으로 부의 기적을 일으키다

말의 놀라운 힘에 관해 생각해 본 적 있는가? 사람은 생각하는 대로 말한다. 내 생각은 곧 나의 말이라는 뜻이다. 듣기에 좋은 말을 하고 있는가?

"어떻게 출세해요. 말도 안 됩니다. 나이가 너무 많은데 부자가 될 확률이 있겠습니까? 다른 사람은 할 수 있어도 저는 못해요. 이걸 살 돈이 없어요. 시도해 봤는데 별 소용이 없던데요."

모두 꿀같이 달콤한 표현은 아니다. 건설적이지도 않고, 나를 일으키거나 영감을 주지도 않는다.

내가 뱉은 말은 곧 현실이 되므로 '뼈'에 기쁨을 가져다주는 말을 해야 한다. 말이 내 기분을 좋고 신나고 행복하게 만들어야 한다. 뼈는 지지와 대칭의 상징이다. 나의 말은 나를 지탱해 주고 강하게 만든다. 다음 구절의 의미를 살려서 말하라.

> 지금 이 순간부터 내가 사용하는 단어는 나와 다른 사람을 치유하고 축복하며 번영하게 합니다. 영감을 주고 힘을 불어넣습니다.

말은 강력한 힘을 지니기에 적절한 타이밍에 올바른 말을 하는 게 중요하다. 언제나 귀에는 달콤하고 육체에는 기쁨을 가져다주는 말을 하는 게 중요하다.

말로 부를 표현하라

피니어스 파크허스트 큄비 박사에 따르면, 수백 년 전 원시인은 자신의 희망과 열망, 갈망, 호불호, 공포를 표현하고 교감하고 싶어 했다고 한다. 이러한 생각과 감정을 다른 사람에게 전달하고자 하는 간절한 욕망이 있었다. 처음에는 툴툴거리고 끙끙대는 걸로 표현했지만, 소리는 결국 어원을 형성했다. 인류가 정신적인 발달을 거듭하면서 어원은 어휘로 발전해 나갔다.

생각과 느낌을 표현할 수 있는 능력 덕분에 인쇄기, 타자기 등 지식을 글로 전할 수 있는 수많은 현대적 발명품이 등장했다. 이탈리아의 굴리엘모 마르코니는 자신의 말을 전 세계에 전하고 싶어 했다. 친척들은 마르코니가 정신병에 걸렸다고 생각해 정신병원에 잠시 수용시키기도 했다. 그런데도 그는 굴하지 않고 무선 전신을 발명해 소통의 새로운 차원을 열었고, 이제 우리는 시간과 공간을 초월해 소통할 수 있다. 전화기를 들고 지구 반대편에 사는 사람과 대화를 나눌 수 있다!

말의 경이를 느껴 보라. 말로써 나와 이야기를 나누는 모든 사람을 축복하고 드높이고 번영하게 하며 영감을 줄 수 있다. 말의 힘은 핵무기나 원자폭탄보다 강하다. 왜냐하면 이러한 무기를 사용할지 말지 결정하는 게 바로 말이기 때문이다. 말 한마디로 원자력을 이용해 저

바다 건너의 도시나 국가를 황폐하게 만들 수 있다. 한번은 사업가와 인터뷰를 했는데, 그가 이렇게 말했다.

"나는 내가 말한 대로 부와 축복을 얻었습니다. 마음속 깊은 곳에서 떠오르는 느낌을 말에 불어넣었기 때문입니다. 나의 감정은 말의 영혼이 되었고, 말에 창조적 실체를 부여했습니다."

이 남성은 비즈니스 세계에서 큰일을 해냈다. 부는 올바른 말을 적절하게 사용하는 데서 비롯된다는 것을 증명한 것이다.

한 부동산 중개인 역시 잠재의식을 제어하는 비법을 알고 있었다. 그는 '고객과의 관계를 돈독하게 해주는 확언'[35]으로 잠재의식에 명령을 내려 부의 축복을 받았다. 생명과 사랑, 선한 의지, 부를 다른 사람들에게 더 많이 나눠줄수록 더 많은 것을 소유하리라는 태도를 취했다. 나이아가라 폭포가 장대한 이유는 막힘없이 물을 쏟아 내기 때문이다. 이 부동산 중개인은 크게 이름을 떨치고 성공했다.

살아 있는 말이 기적을 일으키다

마음으로 받아들인 관념은 말의 본질과 특성에 따라 살이 된다. 말이란 나의 육체와 정신뿐만 아니라 내가 둘러싸인 환경, 관계, 세상사에서 비슷한 이미지와 일들을 만들어 내는 것이다. 말은 마음속 생각을 그대로 표현한다.

내 동료인 올리브 게이즈 박사는 단어의 힘을 사용해 다른 사람을 풍요롭게 하는 법을 설파한다. 게이즈 박사는 원하는 건 무엇이든 얻을 수 있다고 한다. 원하는 내용을 마음에 단단하게 고정해 현실에 나타내는 것이다. 무언가가 필요하거나 돈이 더 많았으면 할 때 게이즈 박사는 다음과 같이 매일매일 확언하라고 조언한다.

나는 지금 부자입니다. 실제로도 그렇습니다!

이 간단한 방법은 게이즈 박사를 찾아온 모든 사람에게 풍요로운 결과를 낳았다. 많은 이들의 삶에 기적을 일으켰음은 물론이다.

말의 힘으로 사람을 매료하고 끌어당겨라! 무엇이 모자라거나 한계가 있거나 불화가 있다고, 또는 시기가 나쁘다는 말을 삼가고 새로운 환경을 만들면서 정신적·물질적 풍요를 쌓아 올려라. "부야, 나오너라! 건강아, 나오너라! 성공아, 나오너라!"라고 담대하게 확언한다면 기도의 응답을 받는 기쁨을 누릴 수 있을 것이다.

경제적인 문제로 괴로워하던 남성을 도와준 적이 있었다.

"돈이 조금만 더 들어오면 괜찮을 텐데요."

그는 계속해서 아쉬워했다. 나는 그에게 생각 없이 뱉은 말 한마디 한마디에도 책임을 져야 한다고 말했다. 왜냐하면 잠재의식은 진담과 농담을 구분할 줄 모르기 때문이다. 잠재의식은 내가 말한 그대로 받아들인다.

그는 손을 계속해서 덜덜 떨었고, 회의와 불안을 나타내는 단어를 입에 올렸다. 재정 상태는 회전목마처럼 돌고 돌아 제자리걸음을 했다. 하지만 '살아 있는 말의 힘을 사용한 부의 확언'[36]을 자주 되뇌자 '말이 살이 되었다'는 문장이 형체를 드러내기 시작했다. 그는 부의 흐름을 바꾸어 경제적인 어려움을 없애고 손에 돈을 쥐었다.

고객을 끌어당기는 말

나의 강의에 참석한 사람들은 말의 힘을 직접 체험했다. 말은 정말 훌륭한 결과를 가져다주었다. 나는 참가자들에게 마음에 와닿는 몇몇 단어를 선택해 매일 두 번, 최소 10분 이상 소리 내어 말할 것을 권했다. 그중 많은 이가 사무실에서 일하느라 크게 말할 수가 없었다. 그래서 실현되었으면 하는 내용을 종종 글로 적었다. 그렇게 아이디어를 잠재의식에 점차 전달했다.

그중 보험을 판매하던 한 남성은 다음과 같이 대담하게 주장했다.

> 이제부터 자녀 교육과 노후 대비를 위해 투자할 돈이 있는 사람만을 고객으로 끌어들입니다.

계속해서 확언하다 보니 예전보다 보험에 더 관심이 있는 사람들이 찾아왔다. 느닷없이 성공한 것처럼 보였지만 사실은 확언의 힘이었다. 보험 판매원의 생활 규모는 커졌고 삶의 여러 방면에서 큰 걸음을 내딛었다.

말의 힘은 인간이 받은 가장 큰 선물이다. 말로써 다른 사람을 축복하거나 저주할 수도 있다. 병을 고치거나 병들게 할 수 있으며, 부자로도 빈자로도 만들 수 있다. 그러한 말의 힘을 올바르게 사용해야 한다. 나 자신에게 하는 말은 더더욱 중요하다. 언제나 모든 것을 축복하면 내 마음의 정원에는 엉겅퀴 대신 난초가 자랄 것이다.

말이 유산 상속 문제를 해결하다

얼마 전 샌프란시스코에 사는 오랜 친구의 전화를 받았다. 아버지의 유언장을 공증받고 있는데 자신의 이름만 빠졌다는 것이다. 아버지는 형제자매 5명에게만 재산을 나누어 주었고, 친구의 몫은 없었다. 그는 나의 조언에 따라 변호사에게 자문했다.

그리고 하루에 서너 번씩 15분 동안 '현명하게 유산을 나누는 확언'[37]을 했다.

일주일쯤 지나 변호사가 전화를 걸었다. 형제들은 유언장을 두고 싸우는 것을 원치 않는다면서, 단지 종교가 다른 사람과 결혼했다는 이유로 부모님이 친구를 차별하는 건 부당하다고 말했다. 그리고 어떤 사람을 배우자로 맞이하든 아버지가 간섭해서는 안 된다고 했다. 그래서 친구에게도 재산을 똑같이 배분하는 것에 동의했다. 법적 조정은 평화롭게 이루어졌고 재산은 공평하고 균등하게 나뉘었다.

말로 빚을 갚게 한 경우도 있다. 엔지니어링 회사의 신용 담당자 이야기다. 당시 3만 달러의 빚이 연체되어 있었다. 그는 지불 기한이 지난 목록을 만들었다. 매일 아침 일하기 전, 대금을 갚지 않은 사람의 이름을 언급하며 '대출미납자의 축복을 비는 확언'[38]을 했다.

이러한 말과 명령이 마음속 깊은 곳에 도달해 대금을 내지 않던 고객들에게까지 전해졌다. 그리고 모두가 한 달 내로 빚을 갚았다! 잠재의식이 믿음과 신뢰의 말을 받아들였고 대금을 갚지 않던 사람들은 텔레파시를 받았다. 돈을 갚으라고 독촉해도 답이 없던 사람들이었다.

말을 전달한다는 뜻

영국의 소설가이자 시인인 러디어드 키플링은 이렇게 말했다.

"말은 인류가 사용하는 가장 강력한 약이다."

지금부터 사랑하는 사람이나 친구를 위해 치유의 말을 사용하는 방법을 소개하겠다. 친구의 내면에 조화와 건강, 평화가 흐르고 그것이 친구를 에워싼다는 것을 느껴라. 상대방은 느끼지 못하더라도 나는 지금 치유가 이루어지고 있다는 것을 받아들이고 진심으로 믿어야 한다. 원한다면 하루에 여러 차례 반복해도 좋다. 시간이 지날수록 나의 믿음이 점점 커지고, 믿음이 얼마나 굳건하냐에 따라 치유는 느릴 수도 빠를 수도 있다. 이게 바로 '말을 전달한다'에 담긴 뜻이다. 말을 전달한다는 것은 다른 사람에게 생각과 감정을 전달하는 것이기 때문이다.

배우는 게 느리고 굼뜬 학생이 있었다. 선생님들은 가망이 없다고 했다. 하지만 그의 어머니는 아들을 사랑했고 믿음이 강했다. 그래서 낮에 다음과 같이 자주 확언했다.

> 나는 내 아들을 사랑합니다. 무한한 지성이 아들 안에서 솟아납니다. 지혜가 아들을 통해 펼쳐집니다.

지금 이 소년은 다른 학생들과 다를 바 없이 수업을 잘 따라가고 있다. 말에 담긴 사랑과 이해심은 영혼을 치유한다. 어머니의 말에는 화합과 치유의 힘이 있었다.

조셉 머피의 미라클 노트

- 내 생각은 말에 드러난다. 말은 마음에 있는 무기고다. 생각은 곧 사물이고 말은 현실이 된다.
- 말은 원자력보다 강하다. 말 한마디로 사람을 살릴 수도 죽일 수도 있다.
- 말에 영혼(감정)과 생명, 의미를 충만하게 담으면 말이 형태를 취해 경험과 사건으로 드러날 것이다.
- 내 말은 살이 되고 나의 세상에서 형태를 갖추어 나타난다.
- 내 말은 마음속 생각을 그대로 표현한다. 말은 이미지를 만들어 이미지와 똑같은 일을 경험하게끔 한다.
- 권위 있는 사람처럼 말하는 법을 배우라. 잠재의식이 나의 말에 응답한다는 것을 무조건 믿고 확신하라.
- 마음에 와닿는 단어를 선택하라. 마음을 사로잡는 단어이자 말할 때 즐거운 단어여야 한다. 그리고 그 말을 자주 반복하라. 이러한 생각들을 자주 마음에 들이면 인생에서 기적이 일어난다.
- 말은 연체된 금액도 갚게 만든다. 고객에게 축복을 내리면 고객도 무의식적으로 축복을 느끼고 자신이 느낀 대로 행동할 것이다.
- 우리는 나 자신과 다른 사람을 위해 치유의 말을 건넬 수 있다. 말의 즉각적인 결과를 얻지 못하는 이유는 믿음이나 신념의 본질 때문이다.

13

침묵 속에서 부의 근원을 발견하다

침묵이란 마음속에서 안식을 취하는 것이다. 잠을 자면 고단한 몸의 피로가 풀리고 활력이 생기는 것과 같다. 미국의 시인 랠프 월도 에머슨은 "신들의 속삭임을 듣기 위해 침묵합시다"라고 말했다.

침묵이란 잠재의식의 무한한 지성이 반드시 해답을 보여 주리라는 것을 믿으면서, 감각을 통해 외부 세계를 인식하는 것을 멈추고 나의 이상과 목표에 주의를 집중하는 행위다.

영국의 소설가 로버트 루이스 스티븐슨은 침묵을 규칙적이고 체계적으로 수련했다. 그는 잠들기 전 조용한 상태에서 잠재의식에 구체적인 지시를 내리는 습관을 들였다. 주변 세계에 두던 관심을 잠재의식의 지혜와 힘으로 돌린 후 잠재의식에 자는 동안 이야기를 전개해 달라고 부탁했다. 경제적인 상황이 안 좋을 때는 잠재의식에 다음과 같은 명령을 내렸다.

"시장성과 수익성을 겸비한 흥미진진한 소설 줄거리를 주세요."

잠재의식이 얼마나 훌륭한 응답을 주었는지 스티븐슨이 말했다.

"잠재의식의 지성과 힘이 줄거리를 조각조각 들려줍니다. 이 이야기가 어디로 흘러가는지는 모르지만, 조각난 이야기들은 자연스럽게 이어집니다. 그래서 잠에서 깨어나 쓴 글과 이야기를 제 것이라고 말할 수 없습니다. 잠재의식이 자는 동안 써놓은 이야기를 제 손으로 옮기는 것뿐이니까요."

침묵 속에서 문제를 해결하다

한 남성이 씁쓸해하며 하소연했다. 노동조합에 가입하지 않아서 일자리를 구하지 못했다는 것이다. 하지만 그는 노조에 가입할 돈이 없었다. 아들을 대학에 보내고 새집을 장만하고 싶었지만, 현실은 호락호락하지 않았다.

"하루하루가 버겁네요."

나는 그에게 자신의 진정한 목소리에 귀를 기울여야 한다고 말했다. 그는 사물의 부정적인 측면만 바라보고 있었다. 밤이 되자 그는 마음을 가라앉히고 관심을 집중하면서 다음과 같이 확언했다.

> 무한한 지성은 내가 행복하고 번영하며 나를 표현할 수 있도록 문을 열어 줍니다. 아들을 대학에 보낼 방도를 마련해 줍니다. 부가 눈사태처럼 쏟아집니다.

며칠이 지나고 그는 전 직장의 상사를 만났다. 그는 높은 월급을 줄 테니 자신의 공장에서 일하는 게 어떻겠느냐고 제안했다. 그러고는 공장 근처에 있는 집을 그에게 넘겼다. 연봉이 오르자 그 돈으로 아들을 대학에 보낼 수 있었다. 밤의 고요 속에서 묵상하다 보니 마음속 깊은 곳에서 해답이 나온 것이다.

침묵 속의 실험

자주 가는 양복점 주인의 이야기다. 그는 딸이 한 재미있는 비즈니스 실험에 관해 이야기했다. 딸은 뉴욕에서 열리는 패션쇼에 모델로 설 예정이었다.

"오늘 패션쇼에서 아주 아름다운 8000달러짜리 모피 코트를 봤어요. 모피 코트를 살 돈은 없지만 마음속으로 실험해 보려고요. 진짜 갖고 싶거든요!"

아버지는 딸에게 코트를 입고 있는 자신의 모습을 상상하고 아름다운 모피를 손으로 쓸어보며 그 감촉을 느껴 보라고 했다. 딸은 마음속으로 코트를 입는 연습을 했다. 마치 아이가 인형을 귀여워하듯 코트를 손으로 쓰다듬었다. 계속해서 머릿속으로 코트를 입는 모습을 상상하면서 결국 내 것이 된 기쁨을 느꼈다. 매일 밤 그 여성은 침묵 속에서 상상 속의 코트를 입고 코트를 가졌다는 사실에 행복해했다. 그로부터 한 달이 흘렀고 아무 일도 일어나지 않았다. 코트를 입은 느낌을 상상하는 것을 계속했다.

마음속 정신 드라마의 속편은 결국 일요일 오전에 열린 내 강의를 들은 후에 펼쳐졌다. 어떤 남성이 실수로 딸의 발을 밟은 것이다. 그는 거듭 사과하며 어디에 사느냐 물었고 집까지 차로 태워 주겠다고 했다. 딸은 흔쾌히 알겠다고 했다. 그렇게 그 남성과 짧은 만남을 이어갔고,

그는 아름다운 다이아몬드 반지를 주며 청혼했다.

"정말 예쁜 코트를 봤어요. 당신이 입어 주면 더욱 빛날 거예요."

약혼자가 사주고 싶다던 코트는, 그녀가 한 달 전부터 갖고 싶던 그 것이었다.

"부잣집 사모님들이 이 코트가 그렇게 예쁘다고 하던데 어떤 이유에선지 아무도 사 가지 않더라고요. 항상 다른 옷을 골랐어요."

가게 점원이 이상하다는 듯 말했다.

놀라운 결과를 얻는 방법

감각의 문을 닫으면 외부 세계의 감각적 인식에 주의를 뺏기지 않는다. 그럴 때 내 안의 무한한 지성을 조용히 느끼며 부르면, 마음속 무한한 지성이 응답할 것이다.

우리는 물을 마시러 샘이나 우물에 갈 때 양동이나 큰 그릇을 가지고 가서 물을 받는다. 마찬가지로 무한자와 조화를 이룰 때 나의 수용적인 마음(그릇)은 무한한 치유력으로 채워진다.

이제 때때로 침묵의 시간을 가지면서 마음을 재정비하자. 침묵 속에서 자극적인 오감에 주의를 끄고, 사랑으로 영혼을 채우면 내 안의 무한한 지성과 교감할 수 있다.

한 젊은 의사의 이야기다. 병리학을 연구하던 중 어떤 질환의 몇 가지 증상이 몸에 발현되었다. 그는 자신이 끊임없이 병적인 이미지를 떠올린다는 것을 깨달았다. 마음은 자신이 두려워하는 것을 만들어냈고, 결국 병의 증상으로 발현된 것이다. 그는 같은 맥락에서 환자의 왜곡된 사고 패턴 때문에 온갖 질병이 생길 수도 있다고 생각했다. 그래서 조화와 건강, 평화의 완벽한 패턴을 생각하기 시작했다. 부정적인 상태에 집중하기보다는 온전함과 아름다움, 완벽함에 주의를 기울였다. 그러자 모든 질병에 대항하는 면역력이 생겨났다.

그는 이제 아주 행복한 삶을 살고 있다. 격리 병동에서 병든 환자를 돌보지만 어떠한 병도 옮지 않았다.

어떤 유명한 공학자이자 우주과학자는 문제에 직면했을 때 연구실에 혼자 앉아 다음과 같은 확언을 곰곰이 되뇐다고 한다.

나는 해답을 찾는 중입니다. 나는 해답을 압니다. 지금 이 순간 해답이 드러납니다.

그는 한 번도 빠짐없이 응답을 받았다고 했다. 뇌리를 스쳐 지나가는 직관적인 깨달음일 때도 있었고 필요한 아이디어를 얻기도 했다. 머릿속에 떠오르는 그래프일 때도 있었다. 모두 완벽한 해답이었다. 그는 자신이 쓰는 기법을 '침묵의 해결책'이라고 부른다.

모든 사람에겐 천재성이 있다

나는 모든 능력과 자질, 그리고 한 명의 개인으로서 독립적으로 생각하는 힘을 가지고 태어났다. 따라서 나는 창조하는 능력을 지니고 있으며, 마음으로 받아들인 생각이나 믿음을 나를 둘러싼 외부 세계에 투영할 수 있다. 내 안의 창조력을 인식할 때 부자가 된다. 잠재의식 안에는 경제적 안정성이 잠자고 있다.

영화 촬영소에 갔을 때 나는 한 시나리오 작가에게 물었다.

"보통 어떻게 연극을 쓰세요? 무슨 생각을 하시나요?"

"마음을 차분히 하고 긴장을 풉니다. 그리고 잡념을 버려요. 그냥 대본을 어떻게 써야 하는지 아는 것 같아요. 저는 아이디어를 떠올리고 생각하는 걸 즐겨요. 잠들기 전 조용한 상태에서 줄거리를 깊이 생각해봐요. 줄거리를 생각하다 보면 대본의 주제와 등장인물 등 여러 아이디어가 떠오르리라는 걸 알고 있죠. 아침에 일어나면 대본이 머릿속에 있어요. 앉아서 쓰기만 하면 된답니다."

작품은 어디에서 만들어지는 걸까? 바로 작가의 마음이다. 밤의 고요 가운데 즐겁게 생각한 아이디어는 잠재의식에 새겨져 깊은 인상을 남겼다. 잠재의식은 그 아이디어에 저절로 반응해 작품을 위해 필요한 모든 창의적인 아이디어를 주었다.

사람은 마음속에 산다. 그래서 어떻게 마음먹느냐에 따라 부자가 될 수도 가난해질 수도 있다. 거지가 될 수도, 도둑이 될 수도 있다. 인생에서 원하는 걸 창조하는 능력을 내가 갖추고 있음을 깨닫는다면, 손에 고가의 진주 목걸이를 들고 있는 것과 다름없다. 내 안의 부와 권력이 고갈되는 일은 없다. 내 마음속에 있는 부는 내가 한계를 결정하지 않는 이상 무한하다.

《예언자》의 저자 칼릴 지브란은 밤에 조용하게 내면과 교감하며 모두에게 사랑과 평화, 기쁨, 선의를 보냈다. 나아가 내면의 광채·빛·사랑·진리·아름다움에 관해 곰곰이 생각했다. 그리고 고요함 속에서 부를 인류에게 남겼다. 지브란은 무한자와 아름다움, 선함에 자주 주의를 돌렸다. 그리고 "나는 침묵하는 자입니다. 정적 속에서 찾은 보물을 확신을 가지고 남들에게 나누어 줍니다"라고 말했다.

그는 내면의 영원한 샘물에서 지혜와 진리, 아름다움을 퍼 올렸다. 밤의 정적 속에서 무한자와 조화를 이루니 하늘에서 영감이 떨어졌다. 지브란은 그 빛나는 지혜의 보석을 글로 옮겼다. 그는 그렇게 유명해지고 부자가 될 수 있었다.

조셉 머피의 미라클 노트

- 침묵이란 잠재의식의 무한한 지성이 응답해 반드시 해답을 보여 주리라는 것을 믿으면서, 감각을 통해 외부 세계를 인식하는 것을 멈추고 나의 이상과 목표에 주의를 집중하는 행위다.
- 잠들기 전 잠재의식에 조용히 사랑을 담아 지시를 내리면 잠재의식은 그 지시의 본질에 따라 지시를 훌륭하게 수행할 것이다.
- 입으로 내는 말을 줄이고 내면 깊은 곳에서 울리는 진정한 목소리에 귀를 기울이면 사물의 본질적인 면에 관심을 집중시킬 수 있다. 밤의 고요 속에서 묵상하면 마음속 깊은 곳에서 해답을 들을 수 있다.
- 침묵의 시간을 가지면서 마음을 재정비하자. 침묵 속에서 자극적인 오감에 주의를 끄고, 사랑으로 영혼을 채우면 내 안의 무한한 지성과 교감할 수 있다.
- 내 안의 창조력을 인식할 때 부자가 된다. 잠재의식 안에는 경제적 안정성이 잠자고 있다. 내 안의 부와 권력이 고갈되는 일은 없다. 내 마음속에 있는 부는 내가 한계를 결정하지 않는 이상 무한하다.
- 침묵 속에서 새롭게 떠오르는 아이디어를 환영하라. 내 안의 창조력이 응답한 것이므로 그 생각을 따르라. 새로운 아이디어가 삶에 부를 가져다줄 수 있다는 결론을 내리고 몸소 증명하라.

14

기적은 믿음의 결과일 뿐이다

기적은 불가능한 일을 증명하는 게 아니다. 기적은 현재에 가능하고 과거에도 늘 가능했으며 미래에도 언제나 가능할 것을 확인하는 일이다. 기적을 행하는 방법을 알려 주는 지침은 지금까지 거의 없다시피 했으나, 잠재의식의 힘을 활용하면 나도 기적을 행할 수 있다.

믿는다는 것은 무언가를 사실이라 받아들이는 것이다. 그러나 많은 사람이 거짓을 믿기 때문에 결과적으로 자신이 가진 믿음보다 더 많이 고통받는다. 예를 들어 로스앤젤레스가 애리조나주에 있다고 믿으며 틀린 주소를 적어 편지를 보내면 편지는 오배송되거나 반송된다. 아이디어를 받아들이는 것은 믿음을 뜻한다는 것을 기억하라. 누군가가 "당신은 성공하기 위해, 삶에서 겪는 문제를 이겨내기 위해 태어났다"라고 말했을 때 이 말을 온전히 받아들인다면 삶에서 분명 기적이 일어날 것이다!

하지만 잠재의식의 힘으로 인해 일어난 '기적'은 초자연적인 힘이 아니다. 원인에 의해 당연히 도출되는 결과와 같다. 잠재의식(주관적 세계)에 소망을 심으면 객관적 세계, 즉 현실 세계에 존재하는 것이다.

절대적인 믿음이 일으키는 기적

마케도니아의 군주 알렉산더 대왕은 어리고 감수성이 예민하던 소년 시절에 자신이 평범한 인간인 선대왕 필리포스 2세의 아들이 아니라고 굳게 믿었다. 그의 어머니 올림피아가 알렉산더 대왕에게 그가 제우스 신의 아들이며, 신성을 타고났기에 인간의 모든 한계를 초월할 것이라 말했기 때문이다. 이를 진심으로 받아들인 소년은 기골이 장대하고 힘이 센 청년으로 훌륭하게 자라 불가능해 보이는 업적을 끊임없이 달성했다. 뛰어난 전사이자 정복자가 된 그를 사람들은 '신성한 미치광이'라고 불렀다.

기록에 따르면 훈련받지 않아 거칠고 사나웠던 종마 위에 알렉산더 대왕이 안장도 고삐도 없이 올라타자 말이 어린양처럼 온순해졌다고 한다. 필리포스 2세나 마부는 그 말에 감히 손도 대지 못했는데 말이다. 알렉산더 대왕은 자신이 신성한 존재이며 모든 동물에 힘을 미친다고 믿었다. 그는 지금의 그리스에 위치한 마케도니아에서 동쪽으로는 인도 바로 옆 파키스탄, 남쪽으로는 지중해를 마주한 이집트까지 광활한 지역을 정복했고, 점령지에 알렉산드리아라는 도시를 70여 개나 세웠다.

내가 알렉산더 대왕의 이야기를 소개하는 이유는 '불가능'이라 불리는 일들을 가능하게 만드는 믿음의 힘을 보여 주기 위해서다. 알렉산더 대왕은 믿음을 가졌고, 그 믿음을 극적으로 발전시켰다. 자신만의 방식으로 몸과 마음에 무한한 힘을 받아들여 위대한 업적을 달성했다.

되고 싶은 것, 하고 싶은 것, 바라는 것을 모두 얻는 열쇠는 바로 믿음이다. 사랑, 기쁨, 평온, 감사, 친절, 열정을 비롯한 모든 긍정적인 감정은 믿음의 표시다. 의심, 두려움, 불안, 절망, 분노를 비롯한 모든 부정적인 감정은 믿음이 부족하다는 신호다. 영적인 힘과 지성을 통해 내가 되고 싶은 것, 하고 싶은 것, 바라는 것을 모두 얻을 수 있다고 믿어라. 보이는 것 너머를 바라보고, 다른 사람들이 불가능하다고 생각하는 것 이상을 바라보며 이루고자 하는 소원을 생각하라.

삶의 풍요에 대한 잘못된 믿음을 버려라

부·행복·풍요는 자신이 아니라 다른 사람을 위한 것이라고 생각하는 이들이 많다. 이는 열등감이나 거부감에서 기인하는 생각이다. 타인보다 열등하거나 우월한 사람은 없다. 모든 사람은 무한한 힘에 접근할 수 있다.

성공은 가정환경이나 출신 배경, 성장 환경의 제한을 받지 않는다. 금수저를 물고 태어나지 않고도 환경을 극복해 높은 자리에 오른 사람은 너무나 많다. 16대 미국 대통령 에이브러햄 링컨은 통나무집에서 태어났다. 미국 남부의 가난한 농가들을 살린 땅콩 박사 조지 워싱턴 카버는 흑인 노예의 아들이었다. 그러나 너그러운 풍요는 피부색, 성별, 환경 등 여러 차이와 관계없이 모든 이에게 공평하게 쏟아진다.

'내가 원하는 것이 나에게 있는가?'라고 자문해 보라. 훌륭한 친구와 우정을 나눌 수 있다고 믿는가? 내가 필요한 부가 나를 위해 존재한다고 믿는가? 인생에서 내가 있어야 할 곳을 찾을 수 있다고 믿는가? 풍요로운 삶, 행복, 평화, 기쁨, 번영, 깊은 감정, 튼튼한 몸을 가질 수 있을 것이라 믿는가? 이 모든 질문에 긍정적으로 답하고 인생에서 최고의 일이 일어날 것이라 믿으며 기대해야 한다. 그러면 최고의 일이 나에게 찾아올 것이다.

나는 믿는 대로 이루어진다. 소망을 품을 권리가 있다는 사실을 믿지 않는다면 타인이 운명을 결정하게 내버려 두는 것이나 다름없다.

나의 것이 충분히 준비되어 있음을 믿고 남의 것을 탐하지 마라

나는 풍성한 축복을 누리기 위해 이곳에 존재한다. 이타적인 동기를 지니고 나 자신뿐만 아니라 타인에게도 좋은 일이 일어나기를 소망한다면 나에게는 모든 좋은 것을 삶에 불러들일 온전한 권리가 주어진다. 건강·행복·평화·사랑·풍요를 바라는 소망은 누구에게도 해를 끼치지 않는다. 나에게는 멋진 직책을 맡아 엄청난 수입을 벌어들일 권리가 있지만 다른 사람의 직업을 탐내서는 안 된다. 무한한 존재가 나의 성실함과 정직함에 올바르게 부합하는 일자리로 인도할 것이다.

좋은 것을 추구할 권리가 내게 있다고 믿으며 좋은 것을 삶에 직접 가져오기 위해 모든 지식을 동원한다면, 그것은 실제로 나타날 것이다. 나는 다른 사람이 누리고 있는 것을 원하지는 않는다. 신성하고 무한한 부는 모든 사람에게 돌아간다. 무한한 부를 믿고 사용하면, 삶도 그에 따라 반응한다.

모든 경험과 조건, 사건은 믿음에 따라 펼쳐진다. 원인과 결과는 불가분하게 서로 연결되어 있다. 습관적 사고는 삶의 모든 단계에서 만들어진다. 침묵을 지키는 동업자(잠재의식)가 늘 곁에서 나를 위로하고 인도하며 지도한다. 나를 위해 문을 연 채 아무도 그 문을 닫지 못하도록 붙잡고 있다고 믿어라. 즐거운 마음으로 최고를 기대하며 살면 언제나 최고의 것이 나에게 온다.

당당하게 나의 몫을 주장하라

지금 내가 가난하다고 생각하더라도 빈곤하다고 생각하지 마라. 자신을 빈곤하다고 생각하며 부자가 된 사람은 없다. 빈곤에 관한 생각에서 벗어나 번영과 부, 다른 부자들에 대해 생각하라.

"물고기 한 마리를 주면 하루를 살지만, 물고기 잡는 방법을 가르쳐 주면 평생을 살 수 있다."

위의 말과 같이 당장의 수입에 연연하지 않고 새로운 기회와 영감을 바탕으로 사업체 또는 산업체를 구축해 평생 수십, 수백 또는 수천 명의 사람을 먹일 수 있는 부와 기회를 창출하라.

얼마 전 파산한 남성과 면담을 했다. 그는 낙담한 채 우울해했다. 아내와 이혼했고 자녀들도 더는 그에게 연락하지 않았다. 그는 아내가 자녀들의 마음에 독을 풀고 있어서 아이들이 자신에게 연락하지 못하는 거라고 말했다.

나는 비록 그가 지구는 평평하다고 주장할지라도 지구는 여전히 둥글다는 비유를 들며, 무한한 지성도 마찬가지로 그가 믿든 믿지 않든 존재한다고 말했다. 나는 그에게 열흘 동안 아침, 점심, 저녁마다 5분 동안 큰 소리로 '내 안의 무한한 힘을 믿는 확언'[39]을 실천한 뒤 다시 찾아오라고 했다. 그는 내 말대로 했다.

다음 날 그는 나에게 전화했다.

"이 말을 못 믿겠어요. 의미 없는 기계적인 말들 같아요."

나는 그럼에도 계속 훈련해야 하는 이유를 알려줬다.

"일단 이 영적 공식을 확언하고 실천하기 시작했다는 말은 적어도 어느 정도의 믿음은 갖고 있다는 뜻입니다. 믿음을 유지하면 내 안의 의심, 두려움, 부족, 좌절의 산이 무너질 겁니다."

열흘 만에 그는 빛나고 행복한 모습으로 돌아왔다. 그의 두 아들이 그를 찾아와 즐거운 재회의 시간을 함께 보냈다. 새로운 사고방식을 받아들인 뒤 경품 행사에서 딴 돈으로 사업도 다시 시작했다. 그는 무한한 힘이 자신에게도 적용된다는 사실을 발견했다!

그는 확언을 처음 듣고 의미 모를 문장의 나열에 어떠한 힘도 없을 거라고 생각했지만, 나는 확언을 반복할수록 그 내용이 잠재의식에 스며들어 정신의 일부가 될 것임을 알고 있었다. 종교가 없는 사람의 잠재의식 안에도 삶에 놀라운 긍정적인 변화를 일으킬 힘이 내재해 있다. 잠재의식의 토양에 변화의 씨앗을 심은 뒤, 씨앗이 뿌리내려 싹틔우고 열매 맺을 것이라 믿는 것이 중요하다. 잠재의식의 힘을 활용하면 믿음에 따라 경이로운 일과 소위 기적이 일어난다는 사실을 진심으로 이해하고 실천하라.

무한한 힘을 사용해 타인을 인도하라

잠재의식을 사용하면 낯선 사람, 친척, 가까운 친구 등 모든 타인을 인도할 수 있다. 잠재의식은 내 생각에 반응하며 나에게 무한한 해답을 준다는 사실을 알고 있으면 된다. 나는 이 방법을 사용해 수많은 사람을 인도하며 놀라운 결과를 얻었다.

한 젊은 엔지니어가 내게 전화해 이렇게 말한 적이 있었다.

"제가 일하고 있는 회사가 대기업에 매각됐는데, 합병 이후에 제가 있을 자리가 없다는 통보를 받았어요. 저는 이제 어떻게 해야 하죠?"

나는 청년에게 잠재의식이 새로운 문을 열어 줄 것임을 설명했다. 그가 해야 할 일은 보일의 법칙이나 아보가드로의 법칙 같은 과학적 법칙을 믿듯이 잠재의식의 힘을 믿는 것뿐이라고 이야기했다.

내가 청년을 위해 사용한 원칙은 다음과 같다. 나는 이 엔지니어 청년이 내게 "연봉이 높은 자리로 취업했어요. '갑자기' 받은 제안이에요"라고 말하는 모습을 상상했다. 그와의 전화를 끊은 뒤 3~4분 동안 이 장면을 상상한 뒤에는 이 일을 전부 잊었다. 나는 해답이 올 거라 믿으며 기대했다.

이튿날 청년은 내게 다시 전화를 걸어 다른 엔지니어링 기업에 좋은 조건으로 취업이 됐다는 소식을 알렸다. 이 채용 제안은 청년에게 갑자기 찾아왔다!

중요한 것은 마음이다. 내가 주관적으로 상상하며 사실이라 느낀 경험이 엔지니어 청년에게 현실로 이뤄졌다. 타인을 인도하는 이 무한한 원리에 도움을 구한다면 이 원리는 반드시 응답한다. 일어날 것이라고 믿는 일은 반드시 일어날 것이다.

조셉 머피의 미라클 노트

- 믿는다는 것은 무언가를 사실이라고 받아들이는 것이다. 거짓을 믿는다면 믿음의 범위를 넘어서는 수준으로 고통받을 것이다.
- 알렉산더 대왕처럼 자신이 신성한 본성을 타고났다고 믿는다면 다른 사람들이 불가능하다고 믿는 것을 성취할 것이다.
- 믿음의 정도를 확인하고 위대한 확언의 빛에 믿음을 다시 비추어보라. 그리고 영적인 힘과 인도, 영적 풍요를 믿어라.
- 나는 삶의 모든 풍요를 누릴 자격이 있다. 나에게 주어진 좋은 것을 지금 받아들이고, 최고의 기쁨을 누리며 살아라.
- 모든 경험과 상황은 믿음에서 비롯된다. 믿음을 바꾸면 현실이 바뀔 것이다.
- 더 높은 권능의 존재를 믿지 않더라도, 진리를 확언하기 시작했다는 사실 그 자체가 바로 씨앗이 되어 진리를 내 마음속에 퍼뜨린다.
- 잠재의식의 힘을 활용하면 믿음에 따라 경이로운 일과 소위 기적이 일어난다는 사실을 진심으로 이해하라.

제 3 부

지금 이 순간, 부자라 생각하라

JOSEPH MURPHY

——————— 제3부에서는 영업사원, 교사, 가정주부, 데이터 관리 직원, 기업 임원, 가게 점원, 전문직 종사자, 학생, 수련의 등 사회 각계 각층에서 생각과 마음의 법칙을 실천해 성공한 사람들의 다양한 이야기를 담았다. 소득 수준도 다르고 사회적 지위도 제각각이던 이들의 유일한 공통점은 잠재의식의 힘을 올바르게 사용해 원하는 목표를 이뤘다는 사실이다. 정신적·물질적·금전적으로 필요한 모든 부를 담은 무한한 보물창고가 자신의 내면에 있다는 사실을 깨달았기 때문이다.

땡전 한 푼 없이 빈털터리였던 사람들이 잠재의식에 숨겨진 보물의 집을 찾아내 문을 활짝 연 이야기, 삶의 진정한 의미를 찾아 충만하고 행복하며 번영하는 삶을 사는 이야기, 그리고 이런 삶을 영위하는 데 필요한 부를 얻은 이야기를 통해 부자가 되는 세세한 방법과 지침을 터득할 수 있다.

우리는 충만하고 행복한 삶을 살고, 자신이 원하는 일을 할 수 있는 부를 누리기 위해 이 세상에 왔다. 사람은 모두 돈이 막힘없이 흐르는 삶을 살 권리가 있다. 자신을 위해 쓸 돈이 늘 수중에 넘쳐나야 한다. 이러한 진리를 깨우치고 마음의 법칙을 활용한 사람들은 한 명도 빠짐없이 크나큰 번영을 이뤘고 과거와는 전혀 다른 사람이 되어 전보다 늘어난 부를 마음껏 즐기며 살고 있다.

반면 시대를 불문하고 "이토록 열심히 확언하는데 아무런 응답도 받지 못하다니!"라고 한탄한 사람은 숱하게 많다. 자신이 원하고 확언하는 내용과 정반대의 결과를 얻는 이들이 왜 그렇게 많은지, 그렇게 되지 않으려면 어떠한 함정을 피해 가야 하는지를 제3부에서 알려 줄 것이다.

제3부의 이야기를 길잡이로 삼아, 책이 인도하는 대로 따라가 보라.

읽고 또 읽으며 책이 시키는 대로 실천해 보자. 지금보다 더 멋지고 훌륭하며 만족스러운 삶을 살 것이다. 그리고 어마어마한 부가 숨겨진 보물창고의 문을 열 것이다. 보물창고에 숨겨진 부는 누군가가 발견하기만을 기다리고 있다. 마지막 페이지까지 성실히 읽으며, 실용적인 지식을 추구하는 여정을 계속해 보라. 두려움과 실패를 이겨내고 오랫동안 간절히 바라던 삶을 사는 순간까지 말이다.

인생에서 늘 좋은 것만을 누리게 해주는 과학적인 방법은 존재한다. 이러한 방법은 간단하고도 실용적이며 논리적이기까지 하다. 저자로서 분명하게 장담할 수 있는 것은, 이 책에서 설명하는 방법을 실천하면 부유하고 행복하며 성공적인 삶을 살리라는 사실이다.

1

마음속 금광으로 아들을 의사로 키운 광부 이야기

아일랜드의 킬라니에서 있었던 일이다. 아내와 함께 전국을 여행하던 외과 의사와 대화를 나눴다. 마음의 신비에 관한 이야기를 시작하자 그는 믿기 힘들 정도로 놀라운 이야기를 들려주었다. 마음의 신비를 그대로 보여 주는 이야기라 쉽게 풀어서 소개하려 한다.

이 젊은 외과 의사의 아버지는 웨일스에서 광부로 일했다. 아버지는 온종일 뼈 빠지게 일했지만, 월급은 쥐꼬리만 했다. 신발을 사줄 돈이 없어 아들은 맨발로 학교에 가야 했다. 일 년에 두 번, 부활절과 성탄절에만 과일과 고기를 먹을 수 있었으며 평소에는 버터 우유와 감자, 차가 주로 식탁에 올라왔다.

어느 날 청년이 아버지에게 말했다.

"아버지, 저는 외과 의사가 되고 싶어요. 학교에 백내장에 걸린 친구가 있거든요. 안과 의사에게 수술을 받더니 앞이 잘 보인대요. 저도 의사가 되어 그런 좋은 일을 하고 싶어요."

"아들아, 나는 지난 25년간 너를 위해 8000달러를 저축해 놓았단다. 학업을 위해 저축해 놓은 돈인데 의대를 졸업할 때까지는 이 통장에 손을 대지 않았으면 한다. 졸업 후에 이 돈으로 개인 병원이 즐비한 런던의 할리스트리트에 개원하는 게 어떻겠니? 그때까지 이자가 붙으니까 돈은 불어날 거고 이 돈을 가지고 있으면 마음이 든든할 거야. 의대 공부를 하는 동안 정말 돈이 필요한 일이 생긴다면 언제든지 이 돈을 써도 좋아. 그래도 기왕이면 이자가 쌓이도록 손을 대지 않는 게 좋을 것 같다. 졸업하면 엄청난 목돈이 될 거야."

아들은 아버지의 깊은 뜻에 감동을 받았고 기대에 부풀어 올랐다. 그래서 의대를 졸업할 때까지 절대 그 돈에 손을 대지 않겠다고 약속했다. 그는 의대에 다니면서 평일 밤과 주말에는 약국에서 일했다. 약리학과 화학 수업 조교를 하면서 돈을 벌기도 했다. 졸업할 때까지 은행에 있는 돈에 손을 대지 않겠다는 아버지와의 약속을 지키고 싶었다.

졸업할 날이 다가오자 아버지는 아들에게 말했다.

"아들아, 나는 한평생 광부로 살았다. 돈이 안 되는 직업이지. 그때나 지금이나 통장에는 땡전 한 푼도 없구나. 하지만 네 마음속에는 무한한 금광이 있단다. 캐도 캐도 넘치는, 고갈될 일이 없는 금광 말이야. 금광을 발견해 줬으면 하는 마음에서 그런 이야기를 한 거란다."

"그 이야기를 듣는 순간 어안이 벙벙했습니다. 당황한 나머지 온몸이 굳었습니다. 몇 분이 지나 저는 실망과 충격을 극복했고, 아버지와 함께 웃음을 터뜨렸어요. 그제야 깨달았습니다. 아버지가 저에게 가르쳐 주고 싶었던 건 부자라는 '느낌'이었어요. 필요하면 언제든 쓸 수 있는 돈이 은행에 충분히 있다고 생각하면 부자가 된 느낌이 들었거든요. 그 느낌은 용기와 믿음, 자신감을 주었고 나 자신을 믿게 해주었습니다. 은행에 8000달러가 있다는 믿음은 실제로 내 이름으로 8000달러가 저축된 계좌를 가진 것만큼의 효과를 발휘한 거죠."

외과 의사는 밖으로 드러나는 성취는 내면의 믿음과 비전, 신념을 상징할 뿐이라고 생각했다. 아버지는 의대에 진학한 아들을 지원해 줄 돈이 한 푼도 없었지만, 아들이 스스로의 힘으로 의대를 졸업하고 훌륭한 의사로 성장할 수 있는 마음의 부를 갖는 방법을 알려주었다!

성공하고 목표를 달성하며 성취를 이룰 수 있는 비밀은 생각과 느낌의 기적적인 힘을 발견하는 데 있다. 그리고 이 법칙은 세상 모든 이에게 적용된다. 외과 의사는 통장에 돈이 두둑이 있는 것처럼 언제나 당당하게 행동했다.

자신감은 곧 부로 연결된다

그리스의 포세이돈 신전에서 보는 일몰은 인생에 한번은 꼭 봐야 할 장관이다. 그 광경을 보며 가이드와 나눈 이야기다.

가이드는 아테네의 빈민가 출신으로 항상 열등감에 시달렸다. 어렸을 때는 관광객들이 관광 가이드를 고용해 그리스의 유적지를 탐방하는 것을 보곤 했다. 어느 날 부모님께 관광객을 안내하는 가이드처럼 똑똑한 사람이 되고 싶다고 말했다. 하지만 부모는 부자나 그런 교육을 받을 수 있지 가난한 집에서 태어났으니 꿈도 꾸지 말라고 그녀를 비웃었다. 하지만 그녀는 꿈을 버리지 않았다. 고등학교에 진학한 후 그녀는 교장 선생님께 어떻게 하면 고고학자가 될 수 있을지 물었다.

"뭐든지 해낼 수 있다고 믿으면 자신감이 생기지. 자신감만 있다면 세상에 못 할 일은 없단다."

가이드는 말을 이었다.

"저는 그 말을 가슴에 품고 살아요. 지금 고고학과 3학년이에요. 2년만 학교를 더 다니면 졸업할 수 있어요."

내가 원하는 사람이 될 수 있다는 자신감은 돈과 열정, 일에 대한 사랑, 활기, 매력, 훌륭한 인격으로 발현되었다. 고고학자가 되겠다는 그녀의 생각은 마음을 지배하는 아이디어로 거듭났다. 그러자 지혜와 힘으로 가득 찬 잠재의식이 아이디어를 실현한 것이다.

수십억 달러의 가치가 있는 아이디어

한 스코틀랜드 소년은 자신과 다른 사람에게 부를 가져다줄 수 있는 아이디어를 잠재의식이라는 금광에서 채굴했다. 물이 끓고 있을 때 증기로 주전자 뚜껑이 열리는 것을 보면서 증기에 폭발적인 힘이 있다고 생각하기 시작했다. 이게 바로 전 세계에 혁명을 일으킨 증기 기관의 시초다. 증기 기관 덕분에 세계 곳곳에 수많은 일자리와 엄청난 부가 창출되었다.

포드 모터 컴퍼니의 창립자 헨리 포드에게 돈과 사업을 모두 잃으면 어떻게 할 거냐는 질문을 던졌다. 그러자 포드는 이렇게 답했다.

"모든 사람에게 기본적으로 필요한 게 뭔지 생각할 겁니다. 그리고 효율적인 제품을 다른 사람들보다 더 싸게 팔 거예요. 5년 후에는 다시 백만장자가 될 겁니다."

우리는 다양한 기술이 개발되고 우주여행을 할 수 있는 시대에 살고 있다. 한마디로 엄청난 기회가 널려 있다는 뜻이다. 영감을 주는 아이디어를 달라고 잠재의식에 구하면, 잠재의식은 창조력을 발산할 것이다. 세상에 필요하며 부를 얻을 수 있고 나에게 축복을 가져다줄 무언가를 발견할 것이다. 이제 내면에 꽁꽁 감추어져 있던 광채를 발산할 시간이다.

내 안의 금광은 마르지 않는다

세상의 돈은 한정적이며, 몇몇 재벌가가 미국의 부를 쥐었다 폈다 한다고 생각하는 부동산 업자가 있었다. 그는 이런 이야기를 할 때면 억울함에 언성을 높이곤 했다. 하지만 불현듯 자신이 그릇된 생각을 하고 있다는 걸 깨달았다. 꼬인 생각은 부의 창조적인 흐름을 막는다. 다음은 그가 보낸 편지의 한 부분이다.

"박사님께서 말씀하신 대로 해보았습니다. 우선 경쟁이라는 생각을 마음속에서 지웠어요. 원하는 것을 얻을 때까지 물불을 가리지 않는다거나 불공정한 이득을 얻는다거나 다른 사람이 무지하다고 해서 그 사람을 이용하는 걸 멈추었습니다. 다른 사람이 승진했다고 부러워하거나 재물을 탐내는 일을 그만두었습니다. 대신 남에게 아무것도 빼앗지 않고 무엇이든 할 수 있다고 생각했습니다. 있는 것을 두고 다투기보다 새로운 것을 만들기로, 경쟁하기보다 협동하기로 마음먹었습니다. 그리고 다음과 같이 석 달 동안 확언했습니다."

무한한 풍요가 빠르게 흘러들어 와, 부를 받자마자 바로 사용할 수 있습니다. 나뿐만 아니라 다른 사람들도 매일매일 더 부자가 됩니다.

"누가 발견해 주기만을 기다리고 있는, 땅속에 묻혀 있는 수십억 달러의 금을 캐기 위해 이 세상에 왔다는 걸 받아들였습니다. 마음가짐을 새로이 하니 인생에 기적이 일어났습니다. 3개월 만에 수입이 세 배로 늘어났어요!"

석탄은 오랫동안 땅속에 묻혀 있었다. 어느 날 부자가 되고 싶었던 한 광부는 곡괭이로 땅을 파다가 석탄을 발견한다. 그 결과 전 세계 수백만 명의 사람들이 일자리를 얻었고, 그들은 석탄을 채굴해 헤아릴 수 없는 정도의 재산을 모았다. 석탄은 열대의 열기를 북극에 전달하고 극지방의 집을 로스앤젤레스처럼 따듯하게 데운다.

이처럼 땅속 깊은 곳에는 금과 은, 백금, 우라늄, 가스, 석유, 다이아몬드 등 수많은 보석과 광물이 매장되어 있다. 그리고 이러한 물질들을 가공해 얻을 수 있는 부는 무궁무진하다. 하지만 앞서 말했듯 삶의 진정한 부는 인간의 잠재의식 깊숙한 곳에 묻혀 있다. 인간이 지닌 천부적인 지성을 이용하면 언제나 땅속에 있는 보석을 찾고 가공하며 다른 사람과 나눌 수 있다.

잠재의식을 내면의 은행 또는 금광으로 활용하라. 긴장을 풀고, 모든 것을 흘려보낸다는 마음으로 스스로에게 말하라.

내면의 금광을 파서 멋진 아이디어를 발견합니다. 발견한 아이디어를 이용해 인류에 봉사하고 더 큰 일을 할 수 있습니다. 나는 내적인 자원과 힘, 자질, 능력을 갖추고 있다는 것을 압니다. 지금까지 발견하지 못했을 뿐입니다. 내면의 보고를 의식적으로 파헤치면 무한한 지성이 보물을 보여줍니다.

내면의 금광(잠재의식)에 맡겨둔 아이디어를 꺼내 쓴다는 확언을 한 이후로는 놀라울 정도로 창의적인 생각들이 떠오를 것이다. 내면의 금광에서 캐낸 보물인 새로운 아이디어가 부로 이어지는 걸 보고 놀라움을 금치 못할 것이다. 내면의 보고를 찾아 아이디어를 얻고, 그 아이디어를 실행에 옮겨라. 마음속에 있는 금광을 파보기로 마음먹자. 정말 금이 나올 것이다.

조셉 머피의 미라클 노트

- 삶의 진정한 부는 인간의 마음 깊숙히 잠재의식에 묻혀 있다. 인간이 지닌 천부적인 지성을 이용하면 언제나 땅속에 있는 보석을 찾고 가공하며 다른 사람과 나눌 수 있다.
- 내면의 보고를 찾아 아이디어를 얻고, 그 아이디어를 실행에 옮겨라. 마음속에 있는 금광을 파보기로 마음먹자. 정말 금이 나올 것이다.
- 모든 부는 마음에서 나온다. 믿음, 자신감, 열정, 열의, 나에 대한 믿음은 건강과 성공, 부, 성취로 바뀐다.
- 성공하고 목표를 달성하며 성취를 이룰 수 있는 비밀은 생각과 느낌의 기적적인 힘을 발견하는 데 있다. 통장에 돈이 두둑이 있는 것처럼 언제나 당당하게 행동하라.
- 마음속에 있는 재산을 요구하려면 내 안에 있는 무한한 지성에게 나와 인류를 축복하는 새로운 아이디어를 보여달라고 요청하라. 믿는 대로 이루어진다.
- 당신이 삶에서 진정 필요하므로 가져야겠다고 마음먹은 것을 반드시 현실에서 가질 수 있다. 부, 건강, 아름다움, 안전, 올바른 행동을 갖겠다고 결정하라.
- 생각은 창조적이다. 당신이 하는 모든 생각은 삶에서 실현된다. 부, 확장, 성취를 향한 생각을 부정하지 않고 계속한다면 그대로 실현된다.
- 비전이 있는 곳으로 가라. 무엇을 성취하고 싶은지를 마음속으로 그려본 후, 성취하는 느낌을 생생하게 살리면 정말 원하는 게 이루어진다.

2
전재산 5달러를 다 쓰고 새 인생을 찾은 싱글맘 이야기

어느 날 강연이 끝난 뒤 수강생 캐럴이 나를 찾아와 말했다.

"박사님이 가르쳐 주시는 기법이 효과가 있다는 걸 알아요. 제 인생에서 그 효과를 몸소 경험했거든요."

"자세한 이야기를 듣고 싶네요."

내 요청에 캐럴은 자신의 이야기를 들려주었다.

"저는 이혼하고 초등학교 2학년 아이를 키우는 싱글맘이에요. 몇 개월 전에는 파산할 뻔했어요. 직장을 잃고 나서 세금 청구서가 산더미처럼 쌓였거든요. 지갑에 든 건 고작 5달러짜리 지폐 한 장뿐이었어요.

5달러 지폐를 꺼내 손에 들고 멍하니 쳐다보는데 갑자기 평온한 감정이 마음에 가득 퍼졌어요. 30분 이상 시간이 흘렀다는 것도 잊을 정도로 저는 마음속에서 이런 말을 되뇌고 있었어요. 정말 놀라운 경험이었죠."

이제 나는 무한의 부로 가득 차 있습니다. 내가 필요한 모든 것이 즉시 마련되며 돈은 차고 넘칠 정도로 불어납니다.

나는 캐럴이 내면의 강력한 도구를 스스로 찾아냈다는 사실에 크게 감동했다.

"그 후에는 어떤 일이 일어났나요?"

"굉장한 일이 일어났어요. 저는 슈퍼마켓에 가서 지갑에 있던 5달러로 식료품을 샀어요. 가격은 신경 쓰지 않고 물건을 골랐는데, 계산대에 가져가니 정확히 5달러어치를 샀더라고요. 제 물건을 계산해 주던 직원에게 웃으면서 이 이야기를 했어요.

계산원이라고 생각한 사람은 알고 보니 가게 점장이었어요. 캐셔 한 명이 갑자기 그만두는 바람에 대신 계산대를 지키고 있는 거라고 하면서, 제게 혹시 계산원으로 일할 생각이 있느냐고 권했어요. 저는 바로 좋다고 했죠. 그리고 그와 가까워져 곧 사귀었어요. 진지한 관계로 발전할 것 같다는 예감이 들어요. 얼마 전까지만 해도 인생의 구렁텅이에 빠져 있었는데 지금은 인생에서 모든 풍요를 누리네요."

캐럴이 마음속으로 부의 근원을 믿으며 찾자 무한한 힘이 그에게 축복을 내렸다. 인생에서 점점 커지는 부를 누리며 즐겁게 살았다. 사실 그녀는 잠재의식의 작동 원리를 몰랐다. 자신이 확언한 내용을 잠재의식이 어떻게 수행하는지도 알지 못했다. 단지 축복을 받으리라고 온 마음을 다해 믿었다. 믿음이란 영원한 진리에 따라 사는 것을 말한다. 그 믿음 덕분에 좋은 일이 계속 생겨났다.

우리는 말에 진심을 담고 지금 무슨 일을 하는지, 왜 그런 일을 하는지 명확하게 알고 있어야 한다. 현재의식이라는 펜으로 쓰는 글은 잠재의식에 새겨지고, 잠재의식에 새긴 모든 것은 좋든 나쁘든 형태를 갖추어 경험이나 사건으로 표출된다. 그러므로 잠재의식에 새기는 내용은 반드시 사랑이 넘치고 가치 있는 것이어야 한다.

쓰면 쓸수록 늘어나는 부를 경험하라

인생에서 기쁨을 누려 보자. 기쁨은 삶을 약동하게 하며 생명력을 표현하는 원천이다. '기쁨을 누리기 위해서는 이를 악물고 노력해야 하는 게 아닌가?'라고 생각하는 데 시간과 에너지를 낭비하지 말아라. 의지력이나 물리적인 힘을 발휘하지 않아도 기쁨을 얻을 수 있다. 그저 기쁨이 내면에 흐른다는 사실을 확언하기만 하면 된다. 이렇게 확언하면 자유와 마음의 평화가 놀라울 정도로 넘쳐나는 삶을 살 것이다.

좋은 것들은 팽창하며 증식한다는 사실을 끊임없이 확언하고 느끼며 믿어라. 그러면 매일의 모든 순간이 영적·정신적·지적·경제적·사회적으로 풍요로울 것이다. 일상에서 누릴 수 있는 영광에는 한계가 없다. 이 진리를 잠재의식에 새긴 뒤 얼마나 놀라운 일들이 일어나는지 두 눈으로 확인하라. 영광스러운 미래가 앞길에 펼쳐질 것이다.

생각을 조심하라. 경제적 결핍이나 한계에 대한 말은 절대 하지 마라. 가난이나 부족함에 대한 말은 한마디도 하지 마라. 힘든 일이나 경제적으로 어렵다는 말을 이웃이나 친척에게 하는 것은 바보 같은 짓이다. 축복에만 집중하라. 번영을 향한 생각으로 머릿속을 채워라. 어디에서나 부에 관한 이야기를 나눠라. 부를 향한 감각이 실제로 부를 만들어 낸다는 사실을 깨달아라. 돈이 얼마나 부족한지, 자신이 얼마나 쓸모없는 사람인지, 현재 상황이 얼마나 힘든지는 이야기하지 마라. 생각은 창조적이기 때문에 사람이 생각하는 것을 그대로 현실로 만들어 낸다. 부정적인 생각을 하는 것은 자기 자신을 가난하게 만드는 일이나 다름없다.

현재 수중에 있는 돈을 마음대로 써라. 기쁘게 돈을 쓰고 부가 폭포

줄기처럼 쏟아진다는 것을 깨달아라. 이웃과 동료뿐 아니라 낯선 사람들도 당신에게 물질적 도움을 주러 올 것이다. 확언을 매일 실천하고, 필요한 모든 것을 얻을 수 있다고 믿어라. 이러한 마음의 태도를 습관으로 만들면 인간의 눈에는 보이지 않는 풍요의 법칙에 따라 눈에 보이는 부가 만들어질 것이다.

학생들의 성적을 올려준 선생님의 확언

하와이행 비행기에서 옆자리 승객과 대화를 나누었다. 사람들에게 영감을 주는 책을 쓴다고 나를 소개하자 남성의 표정이 밝아졌다.

"저도 박사님의 책을 읽고 영감을 얻은 사람입니다."

남성은 학교에서 스페인어와 프랑스어를 가르치는 교사였다. 2년 전 그는 학업 성취도가 낮을 뿐 아니라 버릇까지 없는 학생들의 모습을 보며 크게 상심해 교직을 떠나야 할지 심각하게 고민하고 있었다. 그때 한 친구가 그에게 《잠재의식의 힘》을 읽어보라고 권했다.

"박사님께서 소개하신 기법이 마음에 와닿았어요. 그래서 기법을 활용해 보기로 했지요. 매일 아침 반 아이들을 모아 '학습 능력과 의지를 키워 주는 확언'[40]을 따라 하라고 했습니다."

"결과는 어땠나요?"

"놀라웠습니다. 큰 변화가 일어났어요. 확언을 시작한 뒤로 낙제하는 아이들이 없어졌습니다. 그뿐만 아니라 아이들이 열정적으로 수업에 임하기 시작했어요. 몇 년 만에 처음으로 스페인어와 프랑스어를 배우고 싶어 하는 학생들로 교실이 북적이고 있습니다. 올가을에는 멕시코와 퀘벡 수학여행도 계획해 볼까 합니다."

그는 아이들에게 매일 아침 다음의 확언도 권했다.

> 나는 학업에 정진할 것이며 암기해야 할 수업 내용을 모두 기억할 것입니다. 나는 결국 시험에 통과할 것입니다.

아이들은 선생님의 말씀을 따라 확언 내용을 진리로 믿고 내면 깊이 받아들였다. 그의 반 학생들은 매일 아침 친구들과 함께 확언하며 불변의 진리를 잠재의식에 되새긴다. 아이들이 잠재의식에 새기는 것들이 이들의 삶에서 그대로 펼쳐진다. 지혜로운 이 교사는 확언하면 수없이 많은 방법으로 놀라운 기적이 일어난다는 사실을 깨달았다.

효과적인 확언으로 직장과 결혼생활을 지켜낸 부부

밥과 도나 부부는 내가 자신들의 마지막 희망이라며 간곡히 도움을 청했다. 나는 부부를 한 명씩 만나 자초지종을 들어보았다. 중견 건설기업에서 관리직으로 일하던 남편 밥은 음주벽뿐만 아니라 직장 내 여성 동료와 부적절한 관계를 맺은 것이 들통나 해고당하고 말았다.

그는 아내가 이 일을 어떻게 받아들일지, 앞으로 수입은 어떻게 마련하고 미래는 어떻게 헤쳐나갈지 고민하며 큰 스트레스를 받았다. 밥은 아내 도나가 질투와 의심이 많다고 불평했다. 도나는 밥에게 늘 잔소리를 했고 매일 저녁 몇 시에 집에 들어오는지 감시했다. 밥이 제때 귀가하지 않으면 도나는 크게 화를 냈다.

"하지만 부인이 질투하실 수밖에 없지 않나요? 어쨌든 바람을 피우셨으니까요."

"바람피우기 전에도 아내는 늘 그랬어요. 아내에게 휘둘리고 싶지 않았기에 저도 아내에게 복수하고 싶어 다른 여자와 부적절한 관계를 맺은 것 같아요."

도나는 나에게 자기가 질투 많은 사람이라는 점을 인정했다.

"남편이 저를 피한다는 느낌이 가시지 않아요. 집에 있을 때도 남편이 멀게 느껴져요. 그이를 제 곁에 붙들어 놓으려 할수록 더 멀리 달아나 버려요."

나는 부부가 잘못된 행동을 하며 상대방의 잠재의식에 잘못된 메시지를 보내고 있다고 설명하고 그 결과 둘 사이의 문제가 점점 심각해지는 거라고 덧붙였다. 이 악순환의 고리를 끊는 해결책은 상대방의 잠재의식에 이전과 다른 건설적인 메시지를 보내는 것이었다.

매일 아침과 밤에 함께 확언하겠다는 나와의 약속을 실천하니 사랑이 발현되어 서로 간 쌓였던 앙금과 적개심, 그리고 원한이 점차 사라지는 것을 느꼈다. 도나는 '남편을 위한 축복의 확언'[41]을, 밥은 '아내를 위한 축복의 확언'[42]을 매일 두 번씩 반복했다.

서로를 위해 확언을 계속한 밥과 도나는 부부 관계에 대해 확신을 갖고 서로를 더욱 편하게 느끼기 시작했다. 그러나 부부의 경제적 상황은 아직도 어려웠다. 그러던 어느 날, 밥의 옛 직장 상사가 그에게 전화를 걸었다. 상사는 밥이 큰 성과를 올리며 회사의 발전에 이바지했던 점을 언급하며 복직할 생각이 있는지 물었다. 밥은 당연히 제안을 받아들였다.

이후 밥에게 복직을 제안한 상사가 도나에게도 연락했다. 도나는 상사에게 현재 부부 관계를 회복하는 중이며 밥이 술도 끊었다는 소식을 전했다. 또한 매일 두 번씩 서로를 위해 함께 확언하는 시간도 갖는다고 했다. 확언을 시작한 이유와 확언 내용을 듣고 마음이 움직인 상사는, 밥이 단점을 개선하면 전보다 더 유능한 직원이 될 거라고 말했다.

부부에게는 기적적인 힘이 발현되었다. 부부 관계는 회복되었고 밥은 직장을 되찾았다. 비 온 뒤 땅이 굳어진다는 사실을 이 부부는 몸소 경험했다.

무한한 부가 당신 안에 흐르게 하라

무한한 부가 당신 앞에 새로운 문을 열어 주는 것을 지켜보라. 그리고 삶에서 놀라운 일이 일어나는 것을 확인하라.

확언을 실천할 때는 무리하게 투쟁하지 말아야 한다. 압박과 투쟁은 불신의 증거다. 잠재의식은 문제를 해결하는 데 필요한 모든 지혜와 힘을 갖고 있다. 현재의식은 외적 요인에만 집중하기 때문에 끊임없는 투쟁과 저항의 늪에 빠지기 쉽다. 하지만 마음이 평안해야 모든 일이 잘 된다는 사실을 기억하라. 몸을 차분하게 다스리는 시간을 주기적으로 가져라. 몸을 침착하고 편안한 상태에 두면 몸이 당신에게 순종할 것이다. 현재의식이 차분하고 수용적인 상태에 있으면 잠재의식의 지혜가 수면에 떠올라 해결책을 제시한다.

확언한 뒤 느낌을 살펴보면 올바르게 확언했는지 알 수 있다. 확언을 마친 뒤에도 걱정과 불안이 가시지 않고 언제, 어디서, 어떻게, 무엇을 통해 해답을 얻을지 고민하는 행동은 잠재의식의 지혜를 온전히 신뢰하지 못해 간섭하는 것과 같다. 종일, 아니 가끔이라도 나 자신을 들볶지 마라. 바라는 것을 생각할 때에는 무엇보다도 가벼운 마음을 유지하는 게 중요하다. 무한한 지성이 문제를 처리하고 있으며 인간의 현재의식이 애쓰는 것보다 무한한 지성이 훨씬 더 문제를 쉽게 처리할 수 있다는 사실을 되새겨라.

얼마나 자주 확언을 해야 할까?

"병에 걸려 입원한 사람, 경제적 어려움을 겪고 있는 사람을 위해서는 얼마나 자주 확언해야 할까요?"

사람들이 자주 묻는 질문이다. 내가 해줄 수 있는 최선의 답변은, 만족할 때까지 혹은 현재 자신이 할 수 있는 모든 것을 다했다는 느낌이 들 때까지 확언하라는 것이다. 조화, 온전함, 생명력, 풍요를 바라는 확언이 이뤄지리라 기대하라. 자신 안에서 일어나는 영혼의 움직임에 따라 하루 중 적당한 때에 확언하라. 마음속에 평화와 확신의 감정이 퍼진다면 확언의 응답을 받았다는 뜻이다.

장시간 확언을 하는 건 정신에 지나친 압박을 주므로 좋지 않다. 자칫하면 원하는 것과 정반대의 결과가 일어날 수 있다. 확언하다 보면 짧은 순간 가슴에서 우러나온 확언이 오랫동안 올린 확언보다 더 큰 효과를 발휘한다는 사실을 확인할 것이다.

내려놓고 쉬는 법을 배워라. 질병이나 어려운 환경에 힘을 부여하지 마라. 치유력을 지닌 무한한 존재를 굳게 믿으며 이 존재에 힘을 전하라. 수영 강사가 수영하는 법을 가르칠 때를 생각해 보라. 침착하고 차분하게 있으면 물이 몸을 받쳐 주기 때문에 자연스레 물에 뜨지만 행여 겁을 먹고 불안해하면 바로 가라앉는다.

생명, 사랑, 진리, 아름다움이라는 황금빛 강이 당신 안에 흐르며 몸과 마음에 조화, 건강, 평화를 가져다준다고 믿어라. 생명이라는 광활한 바다를 헤엄치는 자신의 모습을 느껴라.

조셉 머피의 미라클 노트

- 현재의식이라는 펜으로 쓰는 글은 잠재의식에 새겨지고, 잠재의식에 새긴 모든 것은 좋든 나쁘든 형태를 갖추어 경험이나 사건으로 표출된다. 그러므로 잠재의식에 새기는 내용은 반드시 사랑이 넘치고 가치 있는 것이어야 한다.
- 의지력이나 물리적인 힘을 발휘하지 않아도 기쁨을 얻을 수 있다. 그저 기쁨이 내면에 흐른다는 사실을 확언하기만 하면 된다. 이렇게 확언하면 자유와 마음의 평화가 놀라울 정도로 넘쳐나는 삶을 살 것이다.
- 좋은 것들은 팽창하며 증식한다는 사실을 끊임없이 확언하고 느끼며 믿어라. 일상에서 누릴 수 있는 영광에는 한계가 없다.
- 현재 수중에 있는 돈을 마음대로 써라. 기쁘게 돈을 쓰고 부가 폭포 줄기처럼 쏟아진다는 것을 깨달아라. 이웃과 동료뿐 아니라 낯선 사람들도 당신에게 물질적 도움을 주러 올 것이다.
- 무한한 부가 당신 앞에 새로운 문을 열어 주는 것을 지켜봐라. 그리고 삶에서 놀라운 일이 일어나는 것을 확인하라.
- 몸을 침착하고 편안한 상태에 두면 몸이 당신에게 순종할 것이다. 현재의식이 차분하고 수용적인 상태에 있으면 잠재의식의 지혜가 수면에 떠올라 해결책을 제시한다.
- 바라는 것을 생각할 때에는 무엇보다도 가벼운 마음을 유지하는 게 중요하다. 무한한 지성이 문제를 처리하고 있으며 인간의 현재의식이 애쓰는 것보다 무한한 지성이 훨씬 더 문제를 쉽게 처리할 수 있다는 사실을 되새겨라.

3

꿈을 종이에 적어서 가지고 다니던 청년 이야기

스페인 여행길에 세비야도 방문했다. 세비야는 페니키아, 로마, 서고트, 무어가 남긴 풍부한 문화유산을 간직하고 있으며 스페인의 진정한 매력을 가장 잘 드러낸다. 또한 세비야는 예술계의 거장 바르톨로메 에스테반 무리요와 디에고 벨라스케스를 낳은 도시로도 유명하다.

우리를 인솔한 가이드 중에는 성격 좋고 똑똑한 젊은 남성이 있었다. 이 가이드는 세비야와 세비야 문화를 꿰뚫고 있었을 뿐만 아니라 도시에 관한 흥미로운 일화도 많이 알고 있었다. 호텔에서 나와 성당으로 걸어가면서 그에게 물었다.

"영어는 어디서 배우셨나요? 영어 실력이 원어민급인데요."

"원어민 맞아요. 뉴욕 퀸스에서 자랐거든요."

그가 웃으며 말했다.

"그러시군요. 그럼 다시 여쭤야겠네요. 스페인어는 어디서 배우셨나요? 스페인어 실력이 원어민급인데요."

"저는 꽤 재미있는 인생을 살았어요. 어머니가 세비야 출신이에요. 아버지가 공군으로 스페인에 주둔해 있을 때 만나 결혼하셨대요. 어머니는 집에서 늘 스페인어로 이야기했어요. 그리고 뉴욕에는 스페인어 구사자들이 많아서 스페인어로 말할 기회가 많았고요."

"아, 그렇군요. 그럼 가이드 일은 어떻게 시작하신 건가요?"

"아주 어린 시절부터 유럽에서 가이드로 일하며 살고 싶었어요. 다른 아이들이 추리소설을 읽을 때 저는 여행 안내서를 읽었어요. 지도를 들여다보는 것도 아주 좋아했죠. 세계에서 손꼽히는 도시의 역사 유적지를 구경하는 제 모습을 상상했지요. 열네 살이 되었을 때 꿈을 이루기 위해 뭔가 해야겠다고 결심하고는 원하는 것을 모두 써보았어요. 프랑스어와 독일어를 배워 스페인을 비롯한 여러 유럽 국가에서 가이드 일을 하겠다고 적었지요. 그러고는 종이를 접어 지갑에 넣고 다니며 틈날 때마다 꺼내 읽었어요. 그때마다 이것은 꿈이 아니라 아직 일어나지 않은 현실이라고 스스로에게 말했습니다."

나는 이 청년의 말을 듣고 엄청난 충격을 받았다. 잠재의식의 작동법을 배운 적이 전혀 없는데도 아주 효과적으로 활용했기 때문이다.

"지금 여기서 우리를 인솔하는 걸 보니 모든 게 생각한 대로 된 거네요. 그렇다면 그 꿈은 어떻게 실현된 건가요?"

"아주 간단해요. 하지만 저의 힘으로 꿈을 이뤘다고 생각하지는 않아요. 어느 날 외가 친척이 편지를 보냈어요. 친척 집에서 살면서 세비야에 있는 고등학교에 다니는 게 어떻겠느냐는 내용이었죠. 뛸 듯이 기뻤어요. 세비야에 오니 졸업하면 가이드가 될 수 있는 관광학과가 있더라고요. 그렇게 해서 가이드가 된 거예요."

그가 다시 한번 미소 지으며 답했다. 이 청년은 종이에 적은 자신의 바람을 계속 되새기면서 잠재의식을 발동시켰고, 잠재의식은 결국 특별한 방식으로 소망을 실현했다.

생각과 상상 자체가 부라는 사실을 발견하다

몇 년 전 스페인과 포르투갈을 여행하며 여러 명소를 구경한 적이 있다. 투어 가이드와 약 30명의 다른 여행자와 함께 다녔는데, 그중에는 마리아라는 젊은 여성이 있었다. 환영식에서 마리아를 만나 대화하며 내 소개를 하자 마리아가 눈을 크게 떴다.

“혹시《잠재의식의 힘》저자님이세요? 제가 여행을 올 수 있었던 건 모두 박사님 덕분이에요!”

마리아는 늘 스페인 여행을 꿈꿨다고 말했다. 마리아의 조상이 이번에 방문하기로 되어 있는 스페인 남부 도시 말라가 출신이었기 때문이다. 하지만 여행 경비를 마련할 여유가 없었다. 그래서 오랫동안 체념하며 지냈다. 하지만 잠재의식의 놀라운 힘을 설명하는 책을 읽은 뒤 책에서 설명하는 기법을 시험 삼아 실천해 보기로 했다.

가장 먼저 마리아는 스페인을 소개하는 모든 관광 팸플릿과 잡지 기사를 모으는 일부터 시작했다. 모은 자료들을 보던 중, 이상하게 자꾸 말라가 팔라시오 호텔 관광 팸플릿이 눈길을 끌었다. 잠재의식이 자신에게 신호를 보낸다고 생각한 마리아는 매일 밤 자기 전 관광 팸플릿 속 사진을 집중해서 바라봤다. 그러고는 꿈꾸는 듯 수용적인 마음 상태에서 그 호텔에 머무르는 자신의 모습을 상상했다. 자신이 묵는 객실, 창가에서 바라보는 아름다운 풍경, 테라스에서 먹는 화려한 식사를 최대한 상세히 그려봤다.

일주일 정도 이 기법을 실천했을 때 마리아는 여행업체 중 한 곳으로부터 같이 일하자는 제안을 받았다. 점심을 먹으러 나가기 전 마리아가 서류를 살펴보고 있는데 낯선 남자가 다가왔다. 그는 서류를 들여다

보며 자기도 너무나 스페인에 가보고 싶다고 말했다. 함께 점심을 먹으러 나간 둘은 말이 잘 통한다고 느꼈고 곧 진지한 사이로 발전했다. 마리아가 남자와 약혼을 하자 마리아의 이모는 결혼 선물로 스페인에 신혼여행을 보내주겠다고 했다.

"박사님 덕분에 결혼도 하고 스페인 여행도 왔어요!"

"제가 한 건 없습니다. 모든 것은 잠재의식과 잠재의식을 활용한 지혜 덕분이죠."

나는 미소 지으며 답했다. 이 이야기는 깊은 내면의 작동 방식을 설명하는 좋은 사례다. 마음은 당신이 생각하는 것을 그대로 구현한다. 말라가 여행을 마음으로 그렸더니 정말 여행을 왔을 뿐 아니라 새로운 연인과 진실한 관계까지 맺었다.

잠재의식은 복합적인 이득을 가져다준다. 잠재의식에 전달하는 건 무엇이든 그보다 몇 배의 놀라운 결과물을 가져다줄 것이다. 마리아의 생각과 상상은 진정한 부가 있는 곳을 알려줬다.

잘되는 가게가 더 잘되는 비결

무언가에 특별한 관심을 기울이면, 날이 갈수록 관심의 대상이 인생에서 차지하는 비중이 커진다. 그 대상에 집중하면서 모든 방면에서 성장한다고 생각하는 게 핵심이다. 성공하고 번영한다고 느끼면, 부자가 되는 느낌이 실제로 부를 창출하는 걸 볼 수 있다. 타인이 더 많은 부와 행복을 누리기를 바랄수록 더 많은 부를 끌어당긴다는 걸 명심해야 한다. 그러니 주변에 있는 모든 사람이 성공하고 행복하며 풍요롭게 살기를 빌어 주는 게 좋다.

살면서 만나는 모든 사람을 위해 다음과 같이 차분하게 확언을 하라. 간단한 확언도 삶에 기적을 불러올 수 있다.

모든 걸 풍족하게 누릴 수 있습니다. 내가 원하는 것보다 훨씬 더 크게 번영할 것입니다.

부자가 되고 성공하고 번영하며 건강하리라는 생각은 정말로 그런 상황과 환경을 빚어낸다. 이러한 진리를 진심으로 깨달으면 자기 발전에 필요한 조건을 만들어 내는 건 식은 죽 먹기다. 또한 더 많은 사람을 손님, 고객, 친구, 동료로 끌어당기고 도움을 받아 마침내 꿈을 이룰 것이다. 나도 모르는 사이에 부를 누리며 사는 사람들을 무의식적으로 끌어당긴다는 뜻이다.

명품 브랜드가 즐비한 베벌리힐스의 한 상점을 구경하고 있을 때였다. 멋지게 차려입은 한 여성이 다가와 이 가게의 주인인 론다라고 자신을 소개했다. 그리고 자신이 엄청난 성공을 거두고 수많은 고객에게 사랑받는 유명인사가 된 비결을 들려주었다. 매일 아침 영업을 시작할 때마다 다음의 확언을 되뇌는 것이었다.

이 가게에 들어오는 모든 사람은 축복받고 번영이 넘쳐나고 영감을 받아 부유해집니다.

소망을 가슴에 새긴 방법

공개 강연을 마친 뒤 베티라는 젊은 수강생이 나를 찾아왔다. 베티는 들떠서 말했다.

"박사님 강연을 듣는 동안 아주 멋진 아이디어가 머릿속에 떠올랐어요. 갑자기 현재의식은 지워지지 않는 펜이라는 생각이 들었거든요. 진정 원하는 것을 의식적으로 생각할수록 소망이 잠재의식에 강하게 새겨지지 않을까요? 그러면 잠재의식은 생각을 현실로 이루기 위해 더 바빠지겠죠. 제가 잘 이해한 것 맞나요?"

"정확히 이해하셨습니다. 진정으로 바라는 것을 마음에 자주 되새길수록 소망을 잠재의식에 더욱 선명하게 쓸 수 있습니다."

열정적인 베티의 모습을 보자 내 입가에 미소가 번졌다. 그러자 베티가 의기양양하게 말했다.

"해봐야겠어요! 두 가지 바람이 있는데, 각각 따로 생각하려고요. 그러면 잠재의식이 제일 나은 방법으로 소망을 이뤄주겠죠. 잠재의식이 그렇게 해줄 거라는 걸 알아요!"

나는 베티에게 두 가지 바람이 무엇인지 물었다.

"첫 번째 바람은 어머니와 함께 멕시코 여행을 가는 거예요. 늘 멕시코에 가고 싶어 하셨는데 아직 기회가 없었거든요."

"두 번째 바람은요?"

"누군가와 사랑에 빠져 연애를 하다가 결혼하고 싶어요."

베티가 망설이다 얼굴을 살짝 붉히며 말했다. 나는 미소 지었다.

"잠재의식이 어떻게 바람을 들어줄지 지켜봅시다."

우리는 베티가 바람을 잠재의식에 어떻게 새겨야 할지 논의했다. 첫 번째 바람의 경우 베티는 여행 가방을 들고 비행기를 타 멕시코에 도착한 뒤 멕시코의 아름다운 명소를 구경하는 모습을 어머니와 함께 그려 보기로 했다. 베티와 어머니는 혼자 있든 둘이 있든, 때를 가리지 않고 늘 다음의 확언을 되새겼다.

무한한 지성이 부의 길을 열어 줍니다.

3주 후에 베티가 잔뜩 흥분한 채 사무실로 나를 찾아와 말했다.

"엄청난 일이 일어났어요. 지난주에 한 아이가 복권을 팔고 있길래 다섯 장을 샀어요. 그날 밤 당첨자를 발표했는데 제가 산 복권 중 하나가 당첨된 게 아니겠어요? 무슨 경품을 탔는지 아시겠어요?"

"멕시코행 여행권 두 장이요?"

나는 농담처럼 말했다. 베티가 멍하니 나를 바라봤다.

"세상에, 어떻게 아셨어요? 제가 당첨됐다는 이야기를 듣고 거의 기절할 뻔했어요! 너무나 이상한 일 아닌가요?"

"아니요. 놀랍지만 결코 이상한 일은 아닙니다. 잠재의식은 이해할 수 있는 경지를 벗어난 방법으로 결과를 도출하는 방법을 알거든요. 결과를 받아들이고 즐기세요."

두 번째 바람을 이루기 위해 베티는 현재의식이라는 펜으로 잠재의식에 '사랑하는 사람과의 결혼을 이뤄 주는 확언'[43]을 적어 내려갔다.

몇 주 뒤 베티는 치과 진료를 받으러 갔다. 그날 치과의 마지막 환자가 베티였다. 멕시코 여행을 하고 싶다는 베티의 말을 들은 의사는 자신이 가장 좋아하는 멕시코 식당으로 베티를 데려갔다. 그날 이후 둘은 점점 깊은 관계로 발전했다. 이후 나는 기쁜 마음으로 둘의 결혼식 주례를 서주었다. 잠재의식의 놀라운 능력을 알아보는 통찰력을 지녔던 베티는 자신의 바람을 현실로 이뤘다. 번영을 이루는 건전한 생각을 가슴에 품고 확언하면 놀라운 일이 일어난다.

소망을 이루고 기적을 일으키는 글쓰기

해마다 새해 전야가 찾아오면 나는 매년 같은 사람들을 만나 새해맞이 확언을 한다. 이 모임에 참여하는 이들은 각자 자신이 원하는 소망을 종이에 써온다. 건강, 부, 사랑, 표현과 관련된 바람을 적는 것만 허용된다. 즉 네 가지 주제 중 어느 하나에 속하는 소망이라면 어떤 내용을 써도 된다. 예를 들어 새해에 바라는 것이 오직 지혜뿐이라면 이는 표현과 관련된 소망으로 분류된다. 삶과 사랑, 진리와 아름다움, 깊은 내면의 부를 바깥으로 더 많이 풀어내고 싶다는 소망이기 때문이다.

소망을 적을 때는 친구나 친척을 위한 바람도 한 가지 적어야 한다. 예를 들어 친구나 친척 중 어려움을 겪고 있는 사람이 있으면 "○○의 문제를 해결할 수 있는 조화로운 해결책을 소망합니다"라고 적는 식이다.

참가자들이 소망을 다 적으면 그 종이를 모두 모아 하나의 봉투에 넣고 봉한다. 이 봉투는 모임에 참석한 이들 중 한 명이 집에 가져가 안전한 곳에 보관했다가 다음 새해 전야의 모임에 가져온다. 그리고 봉투를 열어 종이를 주인에게 돌려준다. 사람들은 1년 전 자신이 종이에 쓴 소망을 혼자 다시 읽어본다.

사람들은 지난 1년간 소망을 이룬 이들이 많은 데 깜짝 놀란다. 한 남성이 내게 보여 준 종이에는 아내와 아이들과 더 많은 시간을 보내고 싶다는 바람과 가족과 여행을 떠나고 싶다는 내용이 쓰여 있었다.

실제로 그는 지난해 회사에서 승진하며 다른 지역으로 발령받았다. 발령지로 떠나기 전 6주의 휴가를 받은 덕분에 그 기간에 가족과 장기 크루즈 여행을 다녀올 수 있었다. 새로 부임한 지역에서는 회사와 가까운 곳에 집을 얻어 매일 가족과 집에서 더 많은 시간을 보냈다.

이 모임에 참석하는 사람들은 잠재의식이 지닌 무한한 지성이 바람을 이뤄줄 것이라 굳게 믿으며 진심을 담아 가장 간절히 원하는 바람을 적는다. 이들을 위한 나의 신년 인사는 매년 다음과 같이 끝을 맺는다.

> 우리는 잠재의식에 각자의 소망을 씁니다. 질서에 따라 모든 소망이 현실로 이뤄지리라 믿습니다.

종이에 소망을 적은 뒤 봉하는 이유는 신뢰와 확신을 갖고 잠재의식의 지혜에 전적으로 맡기기 위해서다.

아침에 해가 떠오르듯 소망도 질서에 따라 실현되리라는 것을 안다. 이를 '신성한 무관심Divine indifference'이라 부른다. 모든 걸 잠재의식에 맡기고 관심을 거두면 늘 확언의 응답을 받을 것이다. 신성한 무관심이란 확언을 글로 옮겼기 때문에 응답받지 못할 일은 결코 없다는 사실을 믿는 것이다.

조셉 머피의 미라클 노트

- 생각과 상상은 진정한 부가 있는 곳을 알려 준다. 특히 잠재의식은 복합적인 이득을 가져다준다. 잠재의식에 전달하는 건 무엇이든 그보다 몇 배의 놀라운 결과물을 가져다줄 것이다.
- 종이에 자신의 소망을 적어서 가지고 다녀라. 그 내용을 계속 되새기면서 잠재의식을 발동시키면, 잠재의식은 결국 특별한 방식으로 소망을 실현해 줄 것이다.
- 원하는 것이 있다면 그것에 대한 지식을 쌓아라. 거기에 유독 눈에 띄는 직감이 발휘되는 것을 눈여겨보라. 그리고 내가 원하는 것을 어떻게 얻을 수 있는지 상상하라. 마음은 당신이 생각하는 그대로를 현실에 구현할 것이다.
- 무언가에 특별한 관심을 기울이면, 날이 갈수록 관심의 대상이 인생에서 차지하는 비중이 커진다. 그 대상에 집중하면서 모든 방면에서 성장한다고 생각하는 게 핵심이다.
- 타인이 더 많은 부와 행복을 누리기를 바랄수록 더 많은 부를 끌어당긴다. 나도 모르는 사이에 부를 누리며 사는 사람들을 무의식적으로 끌어당기고, 그들의 도움을 받아 마침내 꿈을 이룰 것이다.
- 이뤄지리라고 진심으로 믿고 확언하면 반드시 이뤄진다는 사실을 아는 상태가 바로 신성한 무관심이다. 신성한 무관심을 실천하는 사람은 기적을 바라는 사람보다 더 자신감이 있으며 확신을 갖고 매사에 임한다.

4

돈에 대한 생각을 바꿔 부자가 된 작가 이야기

그 사람의 태도가 부자가 되느냐 가난하게 사느냐를 결정한다. 주디는 여러 편의 글을 기고해 대중에 알려진 실력파 작가다. 한번은 그녀가 내게 이렇게 말했다.

"돈을 벌려고 글 쓰는 게 아니에요."

"돈이 뭐가 어때서요? 물론 돈이 유일한 목표가 아니라는 건 잘 알겠습니다. 돈 생각을 전혀 하지 않고 글을 쓰실 때도 있겠죠. 하지만 작가님의 글은 다른 사람에게 지식과 영감, 용기를 줍니다. 그에 대한 보상을 받으시는 게 어때서요? 올바른 태도만 취하면 금전적인 보상은 따라옵니다."

내 말에 주디는 몸서리치며 말했다. 그녀는 정말로 돈을 좋아하지 않는 듯 보였다.

"돈과 글을 연결해서 생각하는 게 싫어요. 제 글에 담긴 정직함이 얄팍한 돈 때문에 변질되는 것 같거든요. 솔직히 말씀드리면 돈 같은 건 없었으면 좋겠어요. 돈은 더럽고 악의 근원이에요. 모든 걸 망치죠. 가난한 사람이 부자보다 더 따뜻하고 인간적인 것도 그 때문이에요."

"우주에 악한 것은 없습니다. 선과 악은 사람들의 생각과 동기에서 비롯된 개념이에요. 모든 악은 사람들이 삶을 그릇되게 해석하고 마음의 법칙을 잘못 사용해서 발생합니다. 다시 말해 유일한 악은 무지예요. 무지의 결과는 고통뿐입니다."

"이해가 잘 안 되네요."

"이렇게 생각해 보세요. 구리막대가 악하다고 생각하시나요? 쇠막대는요? 금은요?"

"그건 다르죠."

"엄밀히 따져보면 다른 게 맞지만요. 사실 다를 게 뭐 있습니까? 숫자가 인쇄된 종이에 그렇게 특별한 점이 있을까요? 100달러 지폐는 사실 그저 숫자가 인쇄된 종이에 불과해요. 생각이 지폐에 힘을 부여하는 거죠. 우리의 생각에 따라 지폐가 선이 되기도 하고 악이 되기도 하는 겁니다."

"무슨 말씀인지 알 것 같아요. 돈이 있다면 돈을 선하게 쓸 방법을 찾을 거예요. 하지만 돈을 벌려면 뭘 해야 할지 모르겠어요. 돈 때문에 제 성격이 바뀌고 직업까지 바뀌면 어떡하죠? 저는 진실한 마음을 잃지 않을까요?"

"만약 그런 일이 일어난다면 마음의 법칙을 잘못 사용했기 때문입니다. 여러 가지 방식으로 발전할 수 있어요. 어렵게 생각할 필요는 없습니다. 부의 흐름을 향상하는 것뿐만 아니라 재능을 계발하는 것도 발전이니까요."

주디는 내가 가르쳐준 '돈에 대한 긍정적인 이미지를 키우는 확언'[44]을 연마하기 시작했다. 이 기법을 더 많이 훈련할수록 더 많은 돈을 벌었다. 주디는 매일 컴퓨터 앞에 앉아 일하기 전 이 확언을 외웠다.

돈에 대한 사고를 바꾸자 삶에서 놀라운 일이 펼쳐졌다. 돈은 악하고 가난은 선하다고 믿었던 미신에서 벗어났다. 무의식적으로 돈을 비난했기 때문에 돈이 도망갔다는 것도 알았다. 주디의 수입은 석 달 만에 세 배로 늘어났으나 이는 주디가 앞으로 누릴 경제적 번영의 시작에 불과했다.

돈에 대한 올바른 태도를 갖추는 게 가장 중요하다. 돈과 친구가 되면 늘 돈이 넘쳐날 것이다. 더 충만하고 부유하며 행복하고 멋진 인생을 살고 싶은 건 자연스러운 욕구다. 돈은 튼튼한 경제를 위한 수단이다. 인생에서 돈이 막힘없이 흐르면 나는 경제적으로 건강한 사람이다. 지금부터 돈의 진정한 의미와 역할을 알아보자. 돈은 교환의 상징이자 자유를 얻을 수 있는 수단으로 여겨야 한다. 돈은 곧 아름다움이자 호화로움이고 풍요와 안전, 그리고 고상함을 뜻한다.

숨 쉬는 공기처럼 성공을 내 안에 쌓아라

한 친구가 우리 집과 가까운 곳에 사는 바버라를 소개해 주었다. 바버라는 보험 중개사로 일하면서도 늘 경제적으로 쪼들리는 남편이 너무나 걱정된다고 털어놓았다.

"남편 사업이 잘 안 돼요. 인터넷에서 경쟁업체가 너무 많아졌거든요. 하지만 파산해서 집을 날릴까 두려움 속에 하루하루를 살아가는 것도 할 짓이 못 되잖아요."

바버라의 말을 듣자 걱정이 앞서 강력하게 충고했다.

"긍정적인 생각을 더 많이 하도록 남편분을 설득해야 합니다."

"물론 노력해 봤죠. 하지만 제 말을 듣지 않아요. 남편은 마치 작정하고 실패하려는 사람 같아요. '그거 봐, 내가 그럴 거라고 했지'라고 말하고 싶은 사람 같아요."

한 달쯤 지났을까. 친구로부터 바버라의 남편이 운영하는 보험사가 파산했으며 집도 싼값으로 경매에 넘어갔다는 소식을 들었다. 결국 그 집은 투자를 하려는 이웃의 소유가 되었다.

부자는 더욱 부자가 되고 가난한 사람은 더욱 가난해지는 이유는 확실하고도 타당하다. 마음의 법칙은 분명하게 작용한다. 손실과 결핍, 실패, 파산을 끊임없이 생각하는 사람에게 번영과 성공을 기대하긴 힘들다. 부자는 의식적으로 성공하리라 생각하고 번영을 숨 쉬는 공기처럼 여긴다.

가난한 사람을 도와주는 것은 부자의 태도이지 부자가 가진 돈이 아니다. 악을 생각하며 선을 누릴 수는 없다. 선을 생각하며 악을 겪을 수도 없다. 마음의 법칙은 완벽하게 작동해 내면에 품은 생각을 구체적으로 보여 주려는 속성이 있다. 가난한 사람, 즉 마음속에 있는 부를 풀어 움직이게 하는 법을 모르는 사람은 스스로 가난을 만들어 낸다. 이를 뒤집어 말하면 가난한 사람도 언제든 원하기만 하면 부의 법칙을 훈련해 부, 성공, 재산을 사방에서 끌어당길 수 있다.

왜 확언이 제대로 이루어지지 않을까

"수년간 꾸준히 번영의 확언을 해왔습니다. 다 소용없었어요. 전 여전히 가난하죠. 그나마 더 나빠지지 않아서 다행인지도 모르죠."

제임스가 메마른 목소리로 말했다.

"확언의 응답을 받지 못했다고 생각하시는군요."

"맞아요. 그저 상황이 전보다 나빠지지 않기만을 바랄 뿐이에요. 지금 제가 진 빚이 산더미에요. 이 빚을 다 어떻게 갚아야 할지 너무 걱정되어 밤에 잠도 오질 않습니다."

제임스는 로스쿨에서 석유·가스법을 전공한 뒤 석유회사에 취업했다. 그러나 해외 유전이 개발되면서 국내 석유 탐사 활동이 크게 위축되자 회사는 구조조정을 단행했다. 당시 법무부 신입사원이었던 제임스는 구조조정 대상 1순위였고, 해고된 후에는 계약직과 임시직을 전전했다.

"제가 왜 지금 박사님의 시간을 빼앗고 있는지 모르겠어요. 만약 제 확언이 효과를 발휘한다 해도 석유수출국기구가 다음에 내릴 결정까지 바꿀 수는 없잖습니까? 전 망했어요."

"제 말을 들어보시겠습니까? 번영을 구하는 확언을 했다고 말씀하셨죠. 물론 그랬을 거라고 믿어요. 하지만 가난하고 실패하지는 않을까 걱정하는 데 훨씬 더 많은 시간을 쓰셨어요. 서로 상충하는 두 가지 생각을 잠재의식에 들이대면 잠재의식은 그중 더 강한 생각을 수용합니다. 가난을 향한 두려움이 결핍과 한계를 끌어당긴 거예요."

"제가 하는 생각이 저의 상황을 결정한다는 말씀인가요?"

제임스가 의심스럽다는 듯 물었다.

"바로 그겁니다. 모든 생각은 창조적입니다. 생각을 무력화하는 방법은 그보다 더 강한 다른 생각을 하는 거예요. 주변에 편재하는 무한한 부를 향한 믿음보다 가난을 향한 믿음과 생각이 훨씬 더 컸던 거지요. 가난을 시각화한다는 것은 가난을 창조하는 일을 돕는 것이에요. 부를 시각화하면 부를 만들어 낼 수 있습니다."

대화가 끝날 무렵 제임스는 생각을 고쳐먹겠다고 굳게 다짐했다. 그의 부탁을 받아 나는 '번영을 부르는 효과적인 확언'[45]을 하나 써주며 매일 아침 눈을 떴을 때와 매일 밤 잠들기 전 반드시 명상하라고 권했다.

제임스는 가난으로 향해 있던 생각을 버리고 오로지 부를 향한 생각에만 집중했다. 경제적 상황을 걱정하다가 확언 내용을 부정하지 않도록 특히 조심했다. 매일 아침과 밤에 각각 10분씩 시간을 내 번영을 부르는 확언의 진리를 확언했다. 이렇게 하면 잠재의식에 진리를 새기고 잠재의식의 힘을 일깨워 숨겨진 부를 찾아낼 수 있으리라 믿었다.

한 달 뒤 제임스가 편지를 한 통 보내왔다. 다음은 그의 편지에서 일부 발췌한 내용이다.

"지난주 공원에서 열린 무료 콘서트를 보러 갔습니다. 돈이 없어 유료 공연은 보러 가지 못했지만 그러한 자신의 처지를 탓하지 않고, 음악을 선물로 여기며 기쁘게 받아들였지요.

중간 휴식 시간에 옆자리에 앉은 부부와 이야기를 나눴습니다. 타지에서 여행 온 사람들이라 동네 맛집과 상점을 몇 군데 추천해 줬습니다. 제 직업을 이야기하니 조안이 '이렇게 될 운명이었나 봐요'라고 말하더군요.

알고 보니 조안 부부의 직업은 석유 시추업자였습니다. 두 사람은 제가 살던 지역으로 사업을 확장하고 싶어 이 지역 사정을 잘 아는 석유·가스법 전문 변호사를 급히 찾고 있었습니다.

콘서트가 끝난 뒤 부부는 근사한 식당에서 제게 저녁을 대접했어요.

식사를 마치기도 전에 우리는 함께 일하기로 협의했습니다. 전 직장에서 받던 것보다 훨씬 많은 연봉을 받고 수익에 따라 지분까지 받기로 했어요. 번영하겠다는 꿈이 현실로 이뤄졌습니다!"

번영은 단순한 성공을 넘어선 진정한 번창을 뜻한다. 번영하는 사람은 영적·정신적·경제적·사회적·지적으로 성장한다. 진정으로 번영하려면 생명의 원리가 자유·조화·기쁨·사랑 속에서 흐르도록 돕는 통로가 되어야 한다. 진심으로 이 통로가 되고 싶다면 통로가 되는 결정적인 방법을 익히기 위해 매일 체계적으로 수련할 것을 권한다.

매일 건전한 생각을 해 이득을 보다

소프트웨어 엔지니어인 리처드가 어느 날 내게 상담을 청했다. 그는 최근 이혼을 겪었다.

"다 제 탓 같아요. 저는 썩 재미있는 사람이 아니거든요. 제 인생도 마찬가지고요. 직장과 집, 그리고 헬스클럽만 쳇바퀴처럼 돌고 있어요. 매일 아침 일어나 같은 일과를 반복하죠. 이런 일상을 함께 공유하고 싶은 사람이 어디 있겠어요. 말만 들어도 따분해할걸요? 그래서 친구가 하나도 없나 봐요. 저랑 같이 있으면 죽을 만큼 지루하니까요."

"컴퓨터 프로그램을 분석하고 있다고 가정해 봅시다. 프로그램에서 매번 같은 명령어를 입력하면 결과는 항상 같을 거예요, 그죠?"

"그렇죠. 명령어를 바꿔야 결과도 바뀔 테니까요."

리처드가 귀를 문지르며 멋쩍은 듯 말했다.

"바로 그거예요. 생각에는 창조하는 능력이 있습니다. 자신이 지루하고 친구도 없는 사람이라 생각하면 그 부정적인 생각 때문에 문제가 일어납니다. 잠재의식은 우리가 집중하는 것을 극대화해서 삶의 경험으로 표현하거든요."

"이해했습니다. 그러니까 생각을 바꾸면 다른 결과를 얻을 거라는 말씀이군요. 해볼게요. 그런데 어떻게 해야 하죠?"

나는 그에게 다음 확언을 체계적으로 자주 하라고 했다.

> 나는 행복하고 기쁘며 자유롭습니다. 나는 사랑이 넘치고 친절하며 조화롭고 평화로운 사람입니다.

리처드는 자신이 하는 생각이 현실에서 그대로 표현된다는 마음의 법칙을 깨닫고 이해했다. 마음의 진리를 확언하는 습관을 들이자 그의 삶은 완전히 달라졌다. 그는 이제 재미없고 칙칙하며 외로운 사람이 아니었다. 충만하고 부유한 삶을 사는 리처드는 다양한 취미 생활을 하고 여러 친구를 사귀었을 뿐 아니라 자신에게 내재된 놀라운 힘을 깨닫는 통찰력까지 얻었다.

번영과 행복을 계획하고 얻어낸 방법

"저는 겉으로 보면 부족한 게 아무것도 없어요. 그런데요, 쳇바퀴처럼 매일 똑같이 굴러가는 일상에 갇혀 있다는 느낌이 들어요. 하루도 빠짐없이 요리하고 설거지하고 빨래하고 장을 보고, 아이들 숙제를 봐주고 있어요. 늘 피곤해요. 의욕도 예전 같지 않고요. 마치 방전된 것 같다고 할까요."

어린 두 자녀를 키우는 전업주부인 클레어가 진심 어린 목소리로 말했다. 나는 신중한 목소리로 물었다.

"인생이 생각했던 것과 다른가요?"

"네, 정확히 말하면 인생이 그냥 스쳐 지나가는 것 같아요. 생각했던 방향과 정반대로 흘러가고 있어요."

나는 자신의 부정적인 생각과 상상이 지금의 현실을 만들어냈기 때문에 지금 행복하지 않은 거라 설명했다.

"정서적으로 메마른 삶은 마음 상태에서 비롯됩니다. 행복하고 번영하는 삶도 마찬가지입니다. 사고방식을 바꾸는 법을 배우시면 생생하고 놀라운 일을 인생에서 경험할 겁니다."

클레어는 하루 두 번 '성공과 부가 내 것임을 확인하는 확언'[46]을 하며 자기 안에 내재한 부라는 선물을 발견했다. 집안 분위기가 달라졌고 자녀와의 관계도 좋아졌다. 그간 마음속에 갇혀 있던 탁월한 능력이 다시 발현되어 전혀 기대하지 않았던 곳에서 돈이 흘러들어 왔다. 클레어는 새롭게 시작된 자신의 인생에 매우 만족했다.

조셉 머피의 미라클 노트

- 무의식적으로 돈을 악하다고 비난하면 돈이 도망간다. 돈에 대한 올바른 태도를 갖추고 돈에 대한 사고를 바꾸어 돈과 친구가 되면 돈이 넘쳐나기 시작한다.
- 마음의 법칙은 완벽하게 작동해 내면에 품은 생각을 구체적으로 보여 주려는 속성이 있다. 악을 생각하며 선을 누릴 수는 없다. 선을 생각하며 악을 겪을 수도 없다. 이는 가난한 사람도 원하기만 하면 마음의 법칙을 훈련해 부, 성공, 재산을 사방에서 끌어당길 수 있다는 뜻이다.
- 부자는 의식적으로 성공하리라 생각하고 번영을 숨 쉬는 공기처럼 여긴다.
- 모든 생각은 창조적이다. 생각을 무력화하는 방법은 그보다 더 강한 다른 생각을 하는 것이다. 그러니 부를 시각화하면 가난을 향한 믿음을 내쫓고 부를 만들어 낼 수 있다.
- 번영은 영적·정신적·지적·경제적 방면을 비롯해 삶의 모든 분야에서의 성장을 뜻한다. 진정으로 번영하려면 생명의 원리가 자유·조화·기쁨·사랑 속에서 흐르도록 돕는 통로가 되어야 하고, 그 통로가 되기 위해 매일 확언을 통해 체계적으로 수련해야 한다.
- 잠재의식도 프로그램처럼 매번 같은 명령어를 입력하면 결과값은 항상 같다. 잠재의식은 우리가 집중하는 것을 극대화해서 삶의 경험으로 표현하기 때문이다. 다른 인생과 다른 결과를 원하면 잠재의식에 입력하는 명령어를 바꿔야 한다.

5
증가의 법칙을 이용해 1달러로 비행장을 산 조종사 이야기

알래스카의 주노에 머물던 때 점심을 먹다가 옆 테이블 사람과 대화를 나눴다. 남성이 입고 있던 빈티지 가죽 재킷을 멋지다고 칭찬했더니 재킷에 얽힌 사연을 들려주었다.

"젊은 시절 전투기 조종사였던 삼촌께 물려받은 옷이에요. 한때 너무나 힘든 시기를 겪은 적이 있었습니다. 어깨에 이 재킷을 둘러메고 주머니에는 단돈 1달러만 넣은 채 이곳 주노까지 왔어요."

"정말 힘드셨겠어요. 그렇게 힘든 시기를 어떻게 극복하셨어요?"

"고이 접은 1달러 지폐를 손에 쥐고 걷기 시작했습니다. 그러자 머릿속에 '이 돈은 몇 배로 불어날 것입니다'라는 목소리가 맴돌더군요. 마을 밖까지 멀리 걸어 나갔습니다. 갑자기 배가 고파져 주위를 둘러보자 공항이 보이더군요. 터미널 건물 안으로 들어가 매점에 갔어요.

1달러로 살 수 있는 물건이 있냐고 묻자 주인은 자기를 도와주면 뭐든 마음껏 고르게 해주겠다고 했습니다. 계산대를 보는 직원이 지난주에 그만둬 주인이 모든 일을 해야 했기에 정신없는 상황이었어요. 결론을 말씀드리면 저는 그 매점에서 먹고 자면서 일했습니다. 얼마 지나지 않아 매점을 공동 운영했고 지분까지 나눠 받았지요."

"갖고 있던 1달러가 정말로 엄청나게 불어났군요. 그런데 그 재킷은 이 이야기와 무슨 관련이 있나요?"

"그게 이 이야기에서 가장 흥미로운 부분이에요. 어느 날 퇴근해 집에 돌아가는데 알래스카 지대를 주로 비행하는 조종사가 재킷을 알아보고는 제게 말을 걸어왔어요. 이야기를 나누다 보니 삼촌처럼 비행기 조종사가 되고 싶어 했던 저의 예전 꿈이 되살아났어요. 그래서 훈련을 받고 조종사 면허를 취득했습니다.

그리고 7년 뒤 제 소유의 비행장을 가졌지요. 제 명의인 전세기 여러 대에 승객들을 태우고 알래스카 전역을 비행합니다. 열심히 일한 덕에 성공했지만 물론 제 노력만으로 이뤄진 것은 아니에요. 이제 저는 부가 자유롭고 즐겁게 끊임없이 제 인생에서 흐른다는 것을 압니다."

주노에서 만난 조종사처럼 누구나 마음의 법칙을 활용해 발전하고 성장할 수 있다. 지금 자신이 하고 있는 일에 최선을 다하는 것이 중요하다. 지금 하는 일이 성공과 성취의 주춧돌이라 믿고 일을 신성하게 여겨라. 자신의 진정한 가치를 인식하며 부, 승진, 인정을 마음속으로 확언해 보라.

주변 사람과 세상의 모든 사람을 배려하며 친절하게 대하고 이들에게 사랑과 친절, 선의를 베풀어 보라. 상사, 동료, 고객, 친구 등 만나는 모든 사람이 발전하며 부유해질 거라 확언하라. 확언을 습관으로 만들면 그대로 잠재의식에 새겨진다.

동시에 망설이지 말고 크게 생각하라. 증가의 법칙을 이해하면 법칙이 효과를 발휘하는 것을 경험할 것이다. 그러면 당신이 발하는 부와 성장의 빛을 타인도 알아보고, 끌어당김의 법칙에 따라 새로운 기회가 당신에게 다가올 것이다.

가진 것이 정신적·감정적·사회적·경제적 측면에서 고루 늘어나는 것이 진정한 증가다. 모든 생각은 행동의 첫걸음이다. 잠재의식에서 부를 생각하면 인생의 모든 방면에서 부를 경험할 것이다.

다른 사람의 성장을 나의 것처럼 기뻐하라

어느 해 8월, 초호화 크루즈에서 세미나를 개최한 적이 있다. 크루즈는 캐나다와 알래스카를 경유했는데, 캐나다의 빅토리아에 도착하자 법학을 전공하는 학생 18명이 배에 올라 내 강연을 들으러 왔다. 우리는 그날 오후 내내 잠재의식의 지혜와 놀라운 능력을 주제로 토론했다. 몇몇 학생은《잠재의식의 힘》에서 배운 원리를 실천했더니 이전과 비교할 수 없을 정도로 부유하고 행복하며 심적으로 평안한 삶을 살고 있다고 간증했다.

크루즈 세미나를 들은 사람 중에 언어학 교수 어맨다가 있었다. 어맨다는 학자이자 교수로서 성공한 비결 중 연구에 쏟은 시간과 열정은 극히 일부분이라고 고백했다.

"연구를 시작한 초반부터 동료 학자들이 성과를 거둘 때마다 기뻐했어요. 인류의 지식과 학문을 위해 협업하는 한 팀이니까 누가 성공하든 곧 제가 성공하는 거라고 생각했어요."

"그 결과 어떤 일이 일어났나요?"

어맨다가 뭐라고 답할지 짐작이 갔다.

"동료들이 모두 성공했어요. 증가의 법칙을 몸소 느끼며 어디든 풍부하게 존재하는 부를 누렸습니다. 그런데 주변 사람들이 잘되는 것을 진심으로 축하하고 기뻐하니 제 일도 잘 풀리기 시작했어요. 동료들과 마찬가지로 발전하며 부를 누릴 수 있는 거지요."

어맨다는 마음의 법칙을 꽤 정확히 이해했다. 타인의 성공을 바라는 생각이 어맨다의 잠재의식에 스며들었다. 어맨다는 유서 깊은 명문대학교에 최연소 교수로 취임했다.

잠재의식에 새겨지는 모든 생각은 60배, 100배, 심지어 1000배까지 증가한다. 생각의 패턴을 이루는 열정과 기쁨, 그리고 강도에 따라 결과도 달라진다. 모든 사람이 부를 얻기를 바라며 타인의 행복에 기뻐하면, 자신의 삶에서도 증가의 법칙을 경험할 수 있다.

증가의 법칙이 통하지 않은 이유

로저가 강연 후 나를 찾아왔다.

"가르치시는 내용이 이론적으로는 좋은데요. 실전에서는 안 통해요. 박사님 강연을 들은 지난달부터 하루에 두 번씩 번영, 풍요, 성공을 확언하고 있는데 아무 일도 안 일어났어요. 제가 지지리 못사는 게 놀라운 일은 아니죠. 사업으로 번 돈이 고스란히 세금으로 빠져나가니까요. 고리타분한 공무원들과 복지 수당을 축내는 사람들에게 산 채로 잡아먹히는 기분입니다."

대화를 나눠 보니 스스로 의식하지 못하지만 늘 경제적 어려움을 한탄하는 습관이 보였다. 그는 정부, 세금 제도, 연방 정책, 복지 제도 등 사회 시스템을 탓하며 자신이 그로 인한 피해자라고 굳게 믿고 있었다.

"잠재의식은 가장 주목받는 생각을 흡수해 인생에서 경험으로 보여준다고 강연에서 말씀드렸었죠. 이 내용 기억나시나요?"

"당연히 기억하죠. 그렇지 않으면 제가 왜 번영을 확언하는 데 시간을 쓰고 있겠어요?"

그가 곧바로 응수했다. 나는 다시 물었다.

"번영을 확언하는 데 시간을 얼마나 쓰시나요?"

"음, 아침 저녁 5분씩이요. 박사님께서 그렇게 하라고 하셨잖아요, 맞지요?"

"금전적인 어려움이라든지 세금이나 정부에 대해 생각하고 이야기하는 데는 하루에 시간을 얼마나 쓰시나요?"

로저의 표정이 급변했다.

"아, 무슨 말씀이신지 알겠습니다."

"금전적으로 어렵다고 끊임없이 불평할수록 문제가 계속 커져 궁핍하게 됩니다. 자기가 피해자라고 생각하면 잠재의식이 힘을 발휘해 정말 피해자로 만듭니다. 지금 겪고 계신 문제에 관해 외부 요인을 탓하시면 그런 외부 요인의 먹잇감이 되는 겁니다. 하지만 상황의 주인이 바로 나 자신이라는 점을 깨달으면 진정으로 상황의 주인이 될 수 있어요. 이것이 진정한 마음의 법칙입니다."

내 제안에 따라 로저는 사고방식을 바꿨다. 자신이 처한 상황과 환경의 조건을 바꿔줄 창조적인 생각을 하기 시작했고 매일 '부의 생각에 집중하도록 돕는 확언'[47]을 했다.

내면의 진리를 마음에 새기자 로저의 사업은 번창했고 부가 로저의 삶 안팎으로 풍요롭게 흘렀다. 월말이 되자 경제 상황에 엄청난 변화가 일어났다는 사실이 확인되었다. 로저는 결핍과 한계에 관한 생각을 버리고 좋은 것을 확언할 때 훨씬 더 큰 이익을 얻는다는 사실을 몸소 체험했다. 부에 집중하는 것이 경제적으로 성공하는 길이라는 것을 깨달은 것이다.

증가의 법칙을 활용해 큰 부를 얻다

내가 참여한 토론 참가자 가운데 제러미라는 사람이 있었다. 중공업 분야에서 일하는 그는 지난 수년간 잘되게 해달라고 확언을 했지만 경제적인 문제로 골머리를 앓는 일이 끊이지 않았다.

오랜만에 친척을 만났는데 어려운 살림살이만 눈에 들어왔다. 마음속으로는 친척에게 이미 누더기를 입혔다. 왜 자신과 친척들이 이렇게 어렵게 사는지 이해할 수 없었다.

어느 날 제러미는 정신과학 전문가에게 상담을 청했다. 잘살게 해달라고 그렇게 열심히 확언을 하는데 왜 응답을 받지 못하는지 물었다. 전문가는 모든 생각이 창조적이라 설명했다. 늘 자신이나 가까운 사람이 겪는 빈곤과 한계만 생각하다 보니 확언이 효력을 발휘하지 못했고, 결국 가난에서 벗어날 수 없었다고 말해 주었다.

상담에서 큰 깨달음을 얻은 제러미는 생각을 고쳐먹기로 했다. 자기와 일가친척 그리고 만나는 사람이 부를 얻을 거라는 확언을 하기 시작했다.

그러자 이후 제러미의 경제 사정이 굉장히 좋아졌다. 상상했던 것보다 훨씬 더 사업이 번창했다. 오늘날 제러미는 전용기 두 대를 타고 세계 곳곳을 누비며 중공업 공사 현장을 방문하는 기업인이 되었다.

인도에는 "형제의 집을 찾아오는 배는 우리 집에도 온다"라는 오랜 격언이 있다. 타인을 위해 확언하는 것은 곧 자기 자신을 위해 확언하는 것과 같다는 뜻이다. 제러미는 이 위대한 풍요의 법칙을 배웠기 때문에 성공했다.

세상 모든 사람은 좋은 것을 더 많이 누리고 싶어 한다. 세상 모든 사람들의 내면에는 "자리에서 일어나 한계를 뛰어넘고 성장하라"라는 목소리가 끊임없이 울려 퍼진다.

사람들은 많은 친구를 사귀고 좋은 직장에서 일하며 편안한 삶을 살기를 원한다. 돈 걱정을 하지 않아도 될 만큼 돈이 많았으면 한다. 맛있는 음식과 예쁘면서도 편안한 옷, 편리한 모든 것이 다 갖춰진 집과 멋진 자동차를 비롯해 삶을 윤택하게 하는 모든 것을 원한다. 세계를 여행하며 자연의 신비를 몸소 체험하고 인류가 만들어 낸 아름다운 것들을 구경하고 싶어 한다. 무엇보다도 부를 만들어 내는 마음의 법칙을 배워 마음속 무한한 보물창고의 문을 열어 자신이 원하는 풍요로운 삶을 살기를 원한다.

땅에 심는 것이 그대로 무럭무럭 튼튼하게 자라 땅 위로 솟아오른다. 도토리를 심으면 얼마의 시간이 지난 후 도토리를 수확한다. 마찬가지로 부, 풍요, 안전, 올바른 행동이라는 생각을 마음속에 심고 믿음과 기대를 주며 기르면 부와 영광을 수확한다.

조셉 머피의 미라클 노트

- 진정한 증가란 가진 것이 정신적·감정적·사회적·경제적 측면에서 고루 늘어나는 것이다.
- 모든 생각은 행동의 첫걸음이다. 잠재의식에서 부를 생각하면 인생의 모든 방면에서 부를 경험할 것이다.
- 지금 자신이 하고 있는 일에 최선을 다하는 것이 중요하다. 지금 하는 일이 성공과 성취의 주춧돌이라 믿고 일을 신성하게 여겨라. 자신의 진정한 가치를 인식하며 부, 승진, 인정을 마음속으로 확언해 보라.
- 망설이지 말고 크게 생각하라. 증가의 법칙을 이해하면 법칙이 효과를 발휘하는 것을 경험할 것이다. 그러면 당신이 발하는 부와 성장의 빛을 타인도 알아보고, 끌어당김의 법칙에 따라 새로운 기회가 당신에게 다가올 것이다.
- 잠재의식에 새겨지는 모든 생각은 60배, 100배, 심지어 1000배까지 증가한다. 생각의 패턴을 이루는 열정과 기쁨, 그리고 강도에 따라 결과도 달라진다. 모든 사람이 부를 얻기를 바라며 타인의 행복에 기뻐하면 자신의 삶에서도 증가의 법칙을 경험할 수 있다.
- 내가 겪는 문제에 관해 외부 요인을 탓하면 외부 요인의 먹잇감이 된다. 하지만 상황의 주인이 바로 나 자신이라는 점을 깨달으면 진정으로 상황의 주인이 될 수 있다. 이것이 바로 마음의 법칙의 핵심이다.
- 형제의 집을 찾아오는 배가 우리 집에도 온다. 이 오랜 격언은 타인을 위해 확언하는 것은 곧 자기 자신을 위한 확언과 같다는 뜻이다.

6

생생한 상상력으로 자전거를 선물 받은 소녀 이야기

같은 동네에 8세 정도의 스페인 소녀가 살았다. 동네 남자아이들과도 싸워 눈가에 멍을 달고 들어올 때도 있을 정도로 괄괄한 성격의 개구쟁이였다. 나는 소녀의 가족과도 잘 알고 있는 터라 때때로 소녀의 집에 갔었다.

몇 달 동안 소녀는 부모님께 공원에서 자전거를 타고 싶다며 자전거를 사달라고 졸랐다. 어머니의 대답은 한결같았다.

"그만 조르렴. 시내 한복판에서 자전거를 타는 건 너무 위험해."

소녀는 계속 부모님을 졸랐고 부모님은 성가셔했다. 어느 날 나는 소녀에게 말했다.

"메리야, 자전거를 갖고 싶다고 했지? 어디서 사는지 알려 줄까?"

메리의 눈이 초롱초롱 빛나기 시작했다. 메리는 귀를 쫑긋 세우고 기대에 차서 답했다.

"어디서요?"

"일단 지금 바로 침대로 가서 눈을 감으렴. 그다음 또래 친구들이 공원에서 메리의 자전거를 타는 걸 상상해 보는 거야. 활짝 웃는 친구들의 얼굴이 눈앞에 선하지 않니! 자전거가 없는 친구들에게 자전거를 빌려주면 다 같이 즐겁잖아, 그렇지?"

"그렇네요. 저도 그렇게 할게요. 그런데 엄마는 산타클로스가 자전거를 선물로 주지 않을 거라고 했어요. 이제 2주밖에 안 남았는데요!"

"내가 말한 대로 해보렴. 침대에 누워서 눈을 감고 자전거를 타는 모습을 상상하고 느껴 보는 거야. 아까 말한 것처럼 친구들이 네 자전거를 타는 모습을 꼭 봐야 해. 친구들이 미소 짓고 크게 활짝 웃으면서 즐거워하는 모습을 말이야. 자전거를 가질 수 있어! 지금 자러 가렴. 깨지 말고 깊게 푹 자봐."

다음 날 메리는 친구와 6시쯤 잡화점에 있었다. 그런데 메리가 갑자기 울음을 터트렸다. 옆에 있던 아주머니가 우는 소리를 듣고서는 메리에게 다가왔다. 아주머니는 상냥하게 물었다.

"얘야, 무슨 일 있니? 혹시 누가 못살게 굴었니?"

"아니요, 어제 우리 집에 온 아저씨가 있었는데요. 산타클로스 할아버지가 자전거를 갖다 주실 테니까 곧 가질 거라고 했는데요. 이제 밤이 다 되어 가는데 아직도 자전거가 없어요."

이야기를 들은 아주머니는 마음이 짠했다.

"아니 누가 그런 말을 한담!"

아주머니는 소녀를 근처에 있는 자기 집으로 데리고 가 2년 전 죽은 딸이 쓰던 자전거를 주었다. 아주머니는 아이에게 이 자전거를 주고 싶었다고 했다. 이게 바로 '상상력의 힘'이다.

"상상력 없는 영혼은 망원경 없는 천문대와 다름없다."

"상상력에 모든 것이 담겨 있다. 상상력은 세상에서 가장 아름다운 덕목인 아름다움, 정의, 행복을 창조한다."

"시인의 눈은 광란 속에서도 하늘에서 땅까지, 그리고 땅에서 하늘까지 한눈에 바라본다. 상상력이 미지의 것들에 형상을 부여할 때 시인의 펜은 형상을 형태로 바꾸고 형태가 없는 것에 살 곳을 주며 이름을 붙인다. 이러한 속임수는 풍부한 상상력에서 나온다."

위의 말들은 순서대로 헨리 워드 비처, 블레즈 파스칼, 윌리엄 셰익스피어가 상상력에 대해 이야기한 것이다. 왜 사람들은 상상력을 중요하게 생각할까?

상상력은 인간의 가장 강력한 능력 중 하나로 잠재의식의 깊은 곳까지 도달하도록 도와주는 도구다. 상상력을 잘 단련해 능숙하게 제어할 수 있는 경지에 오르면 발명품을 개발하고 새로운 물질을 발견하며 시나 음악 등 예술 작품도 창작할 수 있다. 게다가 공기, 바다, 지구에 넘쳐나는 부를 인식할 수도 있다. 과학자·화가·음악가·물리학자·발명가·시인·작가는 풍부한 상상력을 발휘해 잠재의식에 숨겨진 보고에서 무한한 보물을 꺼내 인류의 삶을 윤택하게 하는 사람들이다.

보물지도 덕분에 부를 얻고 인생의 동반자를 만나다

얼마 전 결혼한 어맨다의 주례를 맡았다. 6개월 전 어맨다를 처음 만났을 때, 홍보회사에서 광고 기획자로 일하던 그녀는 회사 사정도 어려운데 인생도 원하는 대로 풀리지 않아 고민에 빠져 있었다.

어맨다는 나와 대화를 나눈 뒤 내면에 보물지도를 그리기 시작했다. 네 개 구역으로 나눈 지도에는 각각 다음의 구절을 적었다. 다섯 번째 문장은 네 개 구역 아래에 적었다.

> 내 삶에 부가 자유롭게 흐름에 감사드립니다.
>
> 세계여행을 할 수 있어 감사합니다.
>
> 나와 완벽하게 통하고 성숙한 멋진 남성과의 만남에 감사합니다.
>
> 아름답고 조화로운 집에 감사합니다.
>
> 저의 모든 소망을 이뤄주셔서 감사합니다.

어맨다는 매일 아침저녁으로 자신이 바라는 것을 생각하며 소망이 이뤄진 모습을 최대한 생생하고 상세하게 상상했다. 상상한 이미지가 점차 잠재의식에 새겨져 결국 현실에서 이뤄지리라 믿었다. 한 달 만에 첫 번째 소망이 이뤄졌다. 뉴욕에 사는 이모가 어맨다에게 15만 달러 이상의 증권을 유산으로 남긴 것이다. 이후 어맨다가 다니던 회사는 문을 닫았는데, 이틀 뒤 캐나다에 사는 부모님이 어맨다에게 연락해 함께 세계여행을 떠나자고 했다. 어맨다는 도쿄를 여행하던 중 샌프란시스코 출신의 젊은 과학자를 만났다. 첫눈에 서로에게 반해 연인이 된 두 사람은 캘리포니아로 돌아가 결혼식을 올렸다. 어맨다는 태평양이 내려다보이는 산 중턱 고지대에 있는 멋진 집에서 신혼생활을 시작했다.

그녀는 보물지도에 쓴 내용이 이뤄지리라 믿어 의심치 않았다. 잠재의식의 무한한 지성을 굳게 믿었기 때문이다. 소원이 이뤄지는 장면을 더욱 생생히 상상하기 위해 여권을 발급받고 관광 안내서를 보며 여행지를 정했고, 밤마다 다른 외국 도시 정보를 수집하며 여행 계획을 세웠다. 이미 멋진 남성과 결혼했다고 생각하며 네 번째 손가락에 결혼반지가 끼워진 모습까지 상상했다.

어맨다는 생각과 상상을 마음대로 제어하는 방법을 적극적으로 활용했다. 덕분에 주도적으로 경제적 상황을 관리하며 동시에 연애에도 성공할 수 있었다.

상상력을 발휘하며 확언한 덕분에 소송을 원만하게 해결한 변호사

마야 유적지 치첸이트사를 보러 멕시코 유카탄반도를 여행하던 중에 텍사스 출신 변호사인 더그를 만났다. 더그는 휴가가 끝나면 고생할 일만 남았다고 푸념했다. 댈러스에 돌아가면 막대한 금액의 유산을 놓고 다투는 한 가문의 소송을 처리해야 했다. 그나마 가족 중에는 시간과 돈을 잡아먹는 소송을 피해 평화롭게 해결하고 싶어 하는 사람이 한 명 있어 더그는 그 사람과 자주 연락하고 있었다.

"욕심 많은 가문 사람들을 타일러서 합의하는 것보다 개와 고양이를 결혼시키는 게 더 쉬울 것 같네요."

더그가 자포자기한 사람처럼 말했다. 내가 답했다.

"제가 제안을 하나 해도 될까요? 상상 요법을 써보시는 게 어떻겠습니까? 댈러스에 있는 회사 회의실에 앉아 있는 모습을 상상해 보세요. 그 가족도 같은 회의실에 앉아 있어요. 이제 사람들이 조화롭고 평화롭게 서로 이해한다고 확언하고 굳게 믿어 보세요. 고객이 '사건을 법정까지 끌고 가지 않고 고인이 유언장에 남긴 내용에 따르기로 합의했습니다'라고 말하는 모습도 상상해 보세요. 매일 밤 잠자리에 들기 전 같은 상상을 반복한 다음 '해피 엔딩'이라고 말하며 잠드세요."

"말씀하시는 대로 뭐든지 다 해보겠습니다."

더그가 관심을 보이며 답했다. 멕시코 여행을 마치고 집으로 돌아왔을 때 우편함에는 댈러스에서 온 편지 한 통이 들어 있었다. 더그가 보낸 편지였다.

"박사님 말씀대로 확언을 실천했습니다. 고객들과 만나기로 한 날, 조화로운 해결책을 모색하리라 확신하며 회의장으로 걸어 들어갔습니다. 결과는 기대한 대로였습니다.

고객 중 가장 완고히 소송을 고집하던 사람들이 '생각해 봤는데 유언장의 내용을 따르는 게 맞는 것 같습니다'라고 말하더군요. 결국 법정 싸움까지 가지 않고 사건이 해결되었습니다. 게다가 고객들이 감사의 표시로 두둑한 수임료도 챙겨 주었어요."

상상력이 풍부한 멕시코 가이드의 진짜 직업

유카탄주 남부에 있는 도시 욱스말은 대표적인 마야 유적지다. 메리다와 캄페체를 잇는 고속도로 중간 지점에 위치한 욱스말은 유카탄에서 차로 1시간 거리다. 나를 욱스말까지 데려다준 운전기사 포르피리오의 진짜 직업은 수맥으로 점을 치는 점쟁이였다. 관광객이 뜸한 비수기에는 점을 치며 돈을 벌었다. 그는 농장 지주로부터 수맥을 찾아 달라는 청을 받으면 수직으로 꺾인 구리선을 들고 농장 전체를 돌아다녔다. 수맥을 찾느라 여기저기 발걸음을 옮기면서 자신의 팔에 대고 "수맥에 가까워지면 단단해지고 뻣뻣해지렴. 구리선이 물이 있는 지점을 정확히 가리킬 테니까"라고 말했다.

"거의 매번 효과가 있어요. 실패할 때도 있는데 그건 너무 피곤해서 제대로 집중하지 못해 그런 거예요."

포르피리오는 차에서 지도를 여러 장 꺼냈다.

"이 지도로도 수맥을 찾을 수 있어요. 목장에서 소 몇 마리가 도망가면 도망간 소들을 열심히 생각해요. 그런 다음 구리 막대를 지도 위에 올리면 소들이 어디로 갔는지 알 수 있거든요."

포르피리오는 수맥 점쟁이로 일하며 번 돈으로 대학교 학비를 내고 있었다. 하루빨리 고고학자가 되어 대학에서 학생들을 가르치고 싶다고 했다. 포르피리오는 신이 나서 말했다.

"유카탄에는 정글에 가려 발굴되지 않은 고대 유적이 많아요. 구리 막대를 들고 다니며 아직 발견되지 않은 유적들을 찾을 거예요. 수맥과 잃어버린 소를 찾아내는 것처럼 고대 유적지도 찾아낼 거라 확신해요. 오래전 이 땅을 지배했던 선조들이 남긴 놀라운 유적을 보면 전 세계가 깜짝 놀랄걸요."

포르피리오는 어렸을 적에 아버지로부터 "너는 수맥을 찾는 능력을 물려받았다"라는 말을 들었다. 그는 아버지의 말을 믿었다. 잠재의식은 암시를 쉽게 받아들이기 때문에 암시의 영향을 크게 받는다. 포르피리오의 잠재의식은 그가 믿는 대로 반응했다. 잠재의식은 이 세상의 모든 지혜와 지성과 공존한다. 잠재의식은 모든 것을 알고 모든 것을 본다. 물이나 금이 있는 곳뿐만 아니라 가축이 도망간 방향이나 고대 유적이 숨겨진 장소도 알아낼 수 있다.

수맥이 있는 곳을 찾아 걷는 동안 포르피리오의 믿음과 결단력이 잠재의식에 명령을 내린다. 명령에 따라 포르피리오의 팔 근육이 수축하고 들고 있던 구리선은 특정한 지점을 가리킨다. 구리 막대는 그저 용기를 북돋아 주는 버팀목에 불과하다. 구리 막대 대신 나뭇가지나 밧줄을 들고 걸어도 결과는 똑같을 것이다. 중요한 건 포르피리오의 믿음이기 때문이다.

나는 헌신적으로 믿음을 지키는 그의 태도를 칭찬하며 앞으로 계속 성공하길 바란다는 덕담을 건넸다. "수맥이 있는 곳에 이르면 나는 정확히 몇 미터 아래에 물이 흐르고 있는지도 알 수 있을 것입니다"라는 말을 잠재의식에 자주 전달하면 능력이 더욱 발전할 거라 충고했다.

건설적인 상상의 법칙 덕분에 좌절을 극복한 사람

버지니아를 처음 만난 건 몇 년 전이었다. 당시 그녀는 광고회사에서 잘나가는 미디어 바이어였다. 변호사인 남편과의 결혼생활도 행복했다. 나와 두 번째 다시 만난 날 버지니아는 실의에 빠져 낙담한 채 우울해했다. 회사에서 은퇴한 지 얼마 되지 않은 남편이 1년 전에 뇌졸중으로 쓰러졌다고 했다. 이후 버지니아는 집을 팔려고 내놨지만 사겠다는 이는 아무도 없었다. 집 유지비와 각종 지출은 버지니아가 감당하기 어려운 수준이었다. 실버타운에 있는 아파트 한 채가 마음에 들어 계약금을 걸어 놓은 상태였지만 이른 시일 안으로 집이 팔리지 않으면 계약금만 날릴 터였다.

나는 버지니아에게 상상력을 활용하라고 조언하며 어떻게 해야 할지 알려 주었다. 매일 밤 잠자리에 들기 전, 팔려고 내놓은 집의 정확한 가격이 쓰여 있는 수표를 두 손에 든 모습을 상상하라고 했다. 버지니아는 수표를 은행에 입금한 뒤 크게 만족해하는 모습을 상상했다. 이어서 실버타운에 입주해 안방 침대에 누워 자는 모습까지 상상했다. 새 침대에 누워 "내 확언을 충만하게 이뤄 주셔서 감사합니다"라고 말한 뒤에 잠드는 모습을 상상했다.

버지니아는 3일 동안 이 상상을 계속했다. 네 번째 날 아침, 버지니아의 매물을 관리하던 부동산 중개업자가 전화를 걸어와 미국 동부에서 발령받아 새로 이사 온 한 기업 중역이 버지니아의 집에 관심이 있다는 말을 전했다. 전화를 끊은 지 한 시간 뒤, 중역과 중개업자가 찾아왔고 저녁이 되기도 전에 거래가 성사됐다.

아인슈타인은 "상상력은 지식보다 중요하다"라고 말했다. 진짜라고 믿고 느끼며 상상하는 모든 일은 현실로 이뤄진다. 상상력은 생각의 옷을 입은 채 현실 공간이라는 화면에 투사된다. 마음이 하는 상상을 믿으면 어느 날 상상이 현실로 이뤄질 것이다.

상상력을 발휘해 경쟁심을 극복한 배우

모나는 연기력과 미모를 고루 갖춘 배우다. 하지만 처음 만났을 때는 6개월째 일거리가 없어 놀고 있었다. 한 신작 영화에 출연 제의를 받았는데 모나 말고도 다른 배우 세 명과 경쟁해야 한다고 했다. 오디션을 본 모나는 배역을 가장 잘 소화할 수 있는 배우는 자신이라는 확신이 들었다. 하지만 감독도 그렇게 생각하는지는 모를 일이었다.

"이 배역을 따지 못하면 앞으로 어떻게 해야 할지 모르겠어요. 오디션 결과에 따라 배우로서 커나갈지, 아니면 영화계를 떠나야 할지가 결판날 거예요."

"말을 조심하세요. 경쟁심은 불안과 긴장을 낳아 잠재의식의 활동을 방해합니다. 배역을 따내지 못할 가능성도 있죠. 능력과 관계없는 다른 이유로도 오디션에 떨어질 수 있어요."

나는 모나에게 믿음과 확신을 갖고 '나에게 맞는 배역을 연기할 수 있다고 믿는 확언'[48]을 외워보라고 권했다. 모나는 이 확언을 잠재의식에 새겼다. 영화 계약이 걱정될 때마다 "무한한 지성이 이 일을 주관합니다"라고 되뇌었다. 안타깝게도 그토록 간절히 원한 배역을 따지는 못했지만, 오래지 않아 그보다 훨씬 멋지고 중요한 배역에 캐스팅되었다. 그 후 전혀 예상치 못한 기회를 잡은 덕에 배우로서 쑥쑥 성장했다.

경쟁심을 유발하는 업무나 과제를 할 때마다 이 간단한 확언을 외우면 놀랍고도 아름다운 방식으로 응답을 받을 것이다.

확신이 담긴 상상력이 발휘하는 놀라운 힘

마음속을 지배하는 상상이 삶 전체를 주관한다. 두 개의 생각이 상충할 때, 잠재의식은 그중 더 지배적인 생각만을 수용한다.

그래픽 디자이너로 일하는 후고가 나를 찾아왔다. 후고에게는 10대 청소년인 두 아들이 있었다. 후고의 부인은 원래 알레르기를 앓았는데 공기 오염이 심각한 로스앤젤레스에 살며 증상이 더욱 심해져 일도 할 수 없을 정도였다. 후고의 연봉은 높았지만 4인 가족을 문제없이 꾸려 가기에는 충분하지 않았다. 이들은 도시 외곽의 단층집에서 살았으며 5년 전에 산 경차는 걸핏하면 고장이 났다.

나는 후고에게 상상력을 건설적으로 사용하는 방법을 설명했다. 내 말에 따라 그는 '멋진 집과 차를 요구하는 확언'[49]을 적었다.

후고 부부는 공기 좋은 지역에서 예쁜 마당이 딸린 넓은 집에 살며 이웃과 친하게 지내는 모습을 상상했다. 차고에 자동차 네 대가 주차된 모습도 상상했다. 매일 밤 잠들기 전 후고는 잠재의식에 확언을 보냈다. 3개월 동안 아무 일도 일어나지 않았지만 후고 부부는 잠재의식을 굳게 믿으며 확언을 계속했다.

후고가 부서장으로 승진한 지 얼마 안 있어 소프트웨어 전문 대기업이 회사를 인수해 후고가 소유한 스톡옵션이 하루아침에 폭등했다. 게다가 회사가 공기 좋은 텍사스의 오스틴으로 이전하면서 후고는 로스엔젤레스의 단층집과 비슷한 가격에 큰 정원이 딸린 넓고 좋은 집을 살 수 있었다. 그러자 부인의 알레르기 증상도 크게 호전되었다. 두 아들은 아버지가 각자에게 사준 스포츠카를 타고 등교했다.

조셉 머피의 미라클 노트

- 상상력 없는 영혼은 망원경 없는 천문대와 다름없다. 상상력은 인간이 지닌 강력한 능력이며 생각을 현실 공간이라는 화면에 실현하게 한다.
- 마음속으로 간절히 바라는 소망을 적는 보물지도를 만들어 보자. 하루에 여러 번 보물지도를 펼쳐보며 지도에 쓴 소망이 모두 이루어진다고 상상하며 확언해 보자. 이를 계속하면 잠재의식에 상상이 새겨져 결국 현실로 이뤄질 것이다.
- 수맥을 찾는 능력을 물려받았다고 굳게 믿자 잠재의식도 이를 믿었다. 수맥을 찾아 땅을 걸을 때마다 팔이 딱딱해지고 구리 막대는 수맥이 흐르는 곳을 정확히 짚었다. 잠재의식은 믿음에 응답해 엄청난 예지력을 발휘했다.
- 부를 얻고 승진하며 성공하는 게 상식적으로 이뤄지기 어려워 보이더라도, 성공과 경제적 자유를 얻은 모습을 계속 상상해 보라. 강하게 상상할수록 잠재의식에 그 상상이 스며들어 실현될 것이다.
- 마음속을 지배하는 상상이 삶 전체를 주관한다. 두 개의 생각이 상충할 때, 잠재의식은 그중 더 지배적인 생각만을 수용한다.

7

싸우지 않고 이기는 법을 깨달은 은행가 이야기

전도유망한 은행가인 브렌던과 최근 오랫동안 대화를 나눌 일이 있었다. 브렌던의 친구가 나를 찾아가면 금연에 도움을 받을 수 있을 거라고 추천했다고 했다. 친구의 말을 다 믿지는 않았지만, 그는 지푸라기라도 잡는 심정으로 나를 찾아왔다.

이야기를 나눠 보니 브렌던은 날마다 세상과 외부 환경에 맞서 전투를 치르고 있었다. 그는 모든 동료를 잠재적 경쟁 상대라 의식했고, 동료들이 뱉는 단어 하나하나에 적대심과 악의가 배어 있다고 여겼다. 그는 매일 아침 신문의 경제란을 읽으며 욕설을 내뱉었다. 새롭게 출시되는 물건 하나하나가 마치 자신을 조준하는 무기처럼 느껴졌다. 그러니 골초가 된 것은 당연한 일이었다. 담배를 끊어야 한다는 의사의 말에도 콧방귀를 뀌었다.

그러던 어느 날 브렌던에게 호흡곤란 증세가 찾아왔다. 좋아하는 테니스를 그만둬야 하는 상황이 되자 그는 마침내 금연을 해야겠다는 생각이 들었다. 브렌던은 직장에서 일할 때처럼 전투적인 자세로 금연에 임했으나 결국 실패했다. 담배를 끊으려 노력하면 할수록 인내심이 바닥났고 짜증이 솟구쳐 담배를 더 찾았다.

그는 전투에서 중상을 입은 병사처럼 마음에 상처를 입었다. 업무상 위험한 결정을 내리기 시작하더니 어느새 상사와 부하직원들에게도 무례하게 굴기 일쑤였다. 곧 그의 경력 전체가 위태로워졌다. 그는 업계를 완전히 떠나는 최악의 상황까지 각오했다고 털어놓았다.

"늪에서 허우적거리는 사람 같군요. 늪에서 빠져나오려 발버둥 칠수록 오히려 더 깊이 가라앉지요. 담배를 끊는 것은 중요하지요. 하지만 그게 다가 아닙니다. 당신은 자신이 세상에 맞서 싸우고 있다고 생각하지만, 사실은 잠재의식에 맞서 싸우고 있는 겁니다. 매일 인생이 갈등과 전투로 가득 차 있다고 생각하면, 실제로 싸울 일만 생깁니다."

내가 이렇게 말하자 브렌던이 응수했다.

"하지만 저는 진심으로 담배를 끊고 싶은걸요."

"물론 그렇겠죠. 하지만 마음의 기본 법칙에 대해 아직 모르시는군요. 상상하는 대로 이뤄집니다. 갈등을 상상하면 정말 갈등이 생깁니다. 담배에 맞서 싸우는 모습을 상상하기 때문에 정말 금연을 위해 고군분투하는 거지요."

"그럴 수도 있죠. 하지만 담배와의 격렬한 전투에서 꼭 이겨야 해요. 지면 안 된다고요. 지금 인생과 건강이 위기라고요. 이 싸움에서 이기려면 어떻게 해야 하나요?"

나는 심호흡을 한 뒤 그가 쉽게 받아들이지 못할 말을 했다.

"항복해야 합니다. 포기하세요. 싸움을 내려놓으라는 말입니다."

"절대 안 돼요! 깃발을 내리고 죽은 체하라고요? 절대 안 돼요!"

브렌던이 반발했다 나는 차분히 설명했다.

"죽은 체하라는 게 아니에요. 당신이 해야 할 일은 더욱 큰 힘을 모을 방도를 찾는 겁니다. 그 길로 향하는 입구는 투쟁과는 정반대에 있지요."

브렌던이 어깨를 축 늘어뜨리고는 낮은 목소리로 답했다.

"이해가 안 되지만 뭐든 해봐야죠. 그럼 제가 뭘해야 하나요?"

내 제안에 따라 브렌던은 하루 두 번, 아침에 일어난 직후와 밤에 잠들기 전에 시간을 냈다. 그는 조용한 장소에 앉아 편안하고 수용적인 상태가 될 때까지 차분하고 천천히 호흡했다. 마음이 가라앉으면 '고요한 마음을 되찾아 주는 확언'[50]을 하고 시각화했다.

명상을 계속하자 브렌던의 잠재의식이 반응하기 시작했다. 흡연 욕구가 점점 줄어들더니 마침내 완전히 사라졌다. 이어서 그는 마음속 깊이 원하는 것을 습관처럼 계속 상상하고 시각화했다. 이후 병원에 가자 의사는 검진 결과를 보며 그간 걱정스러웠던 증상이 많이 완화되었다고 했다. 브렌던의 건강 상태는 좋아졌다.

잠재의식을 향한 브렌던의 새로운 접근법은 이 말고도 큰 효과를 냈다. 직장에서 더 차분하고 협력적인 자세로 일했고 업무적으로도 더 올바른 의사결정을 내리기 시작했다. 마음이 차분해야 일도 잘할 수 있다는 사실을 깨달았다.

금연에 성공한 지 몇 개월이 흘렀지만 그는 여전히 하루 두 번 명상시간을 지킨다. 명상할 때는 몸에 긴장을 풀라고 말하며 몸을 차분히 한다. 몸은 그의 말을 따른다. 현재의식이 조용하고 침착하며 평화롭고 수용적인 상태에 있으니, 잠재의식에 깃든 지혜가 현실에 모습을 드러낸다. 그에게 멋진 응답과 해결책을 주는 것이다.

아들과의 관계를 내려놓다

나를 찾아온 애나는 제정신이 아닌 것처럼 불안해했다. 열여덟 살 난 아들이 남편과 말다툼을 한 뒤 집을 나갔기 때문이다. 아들은 다니던 대학교도 중퇴한 뒤 편지 한 통만 남기고 사라졌다. 애나가 금방이라도 미쳐 버릴 듯한 상태였기 때문에 의사는 강한 안정제와 항우울제를 처방했다. 그녀는 수면제를 복용하지 않으면 잠을 이루지 못했다.

애나와 이야기하며 나는 몇 가지 간단한 진리를 되짚어 줬다.

"아들은 당신의 소유물이 아닙니다. 당신이 아들을 낳은 건 사실이지만, 자신의 재능을 세상에 선보이는 것은 아들의 몫이에요. 아들도 어른으로 성장해 어려운 문제와 난관을 극복하고 자신 안에 있는 힘을 스스로 발견해 내야 합니다. 흥분하고 화를 내고 분개해서는 아들을 도울 수 없어요. 오직 사랑과 이해 그리고 올바른 행동으로만 아들을 도울 수 있습니다."

대화가 마무리될 무렵 애나는 아들을 완전히 놓아주기로 했다. 애나는 이후로 마음을 다해 열정적으로 확언을 했다.

> 아들은 자신이 진정으로 있어야 할 곳을 찾아내고, 그곳에서 최고의 모습을 세상에 드러냅니다. 나는 아들을 완전히 놓아줍니다.

애나는 충실히 확언을 했다. 하루에 두 번씩 자신과 아들을 위해 평화, 조화, 기쁨, 사랑을 확언했다. 몇 주 뒤 아들이 돌아왔다. 그를 꼬드겨 집을 나오게 부채질했던 사람들이 그를 도와주려는 게 아님을 깨달은 것이다. 그들이 원하는 건 그를 입맛대로 조종하려는 것임을 알고 환멸을 느꼈다고 했다.

이후 애나의 아들은 신학 공부를 시작했다. 매일 명상도 했다. 명상을 하며 떠오른 생각을 글로 옮기고 있을뿐더러 부모와도 자주 대화를 나눈다. 애나는 이제 아들을 소유하려 들지 않는다. 사랑과 자유가 가져다주는 부를 발견했기 때문이다.

외부의 상황과 환경만 보고 판단하는 태도를 버리고 내부로 관심을 돌렸다. 상황보다 내면을 더 중요시하는 관점을 발견한 것이다. 어떤 상황에 부딪히든 생명의 원리와 질서에 따라 자신이 원하는 환경을 만들어 나갈 수 있다. 애나는 잠재의식이 지혜를 발휘해 일을 처리하도록 잠재의식에 모든 걸 맡겼다.

부정적인 감정에 자신을 낭비하지 마라

실비아는 심리학자다. 하지만 한 내담자가 소송을 걸어 복잡한 문제에 휘말렸다. 수많은 서류를 확인하고 법정에 출두하는 일은 실비아의 시간과 에너지를 끔찍할 정도로 앗아갔다. 소송에 신경 쓰다 보니 실비아는 자신의 생활을 잃어버렸다. 그간 실비아는 자신이 내면의 위대한 힘을 무시하고 있었다는 사실을 깨달았다. 그래서 변호사를 만나거나 소송에 관련된 사람을 만날 때마다 그녀는 조용히 '잠재의식에 답을 구하는 확언'[51]을 시작했다.

실비아가 태도를 바꾸자 흥미로운 결과가 나타났다. 소송을 건 환자가 자기 잘못을 인정하고 용서를 빈 것이다. 소송은 곧바로 기각되었다. 실비아는 모든 법적 분쟁에서 벗어날 수 있었다.

해묵은 짜증, 원한, 불만을 곱씹는 데 시간과 소중한 자원을 낭비하지 마라. 이는 오래된 무덤을 다시 열어보는 일이나 다름없다. 무덤을 파헤쳐 봤자 그 안에는 유골밖에 없다. 인생에서 일어나는 좋은 일에 집중하라. 조화로운 생각은 건강, 행복, 풍요, 마음의 평화 등 아름다운 결실을 맺게 해 멋진 미래가 펼쳐질 것이다.

"과거를 떠올리며 슬퍼하지 마라. 과거는 다시 오지 않는다. 더 나은 현재를 살도록 지혜를 발휘하라. 현재와 미래가 중요하다. 보이지 않는 미래를 두려워하지 말고 당당하게 나아가라."

미국의 시인 롱펠로의 말이다. 고대 로마 철학자 세네카는 "현재를 제대로 살지 못하는 사람만이 미래를 걱정한다"라고 했다. 인생의 부와 모든 좋은 것을 확언하라. 잠재의식의 지혜와 힘을 발휘하면, 상상하는 것을 모두 가질 수 있다.

문제를 잠재의식에 넘기는 법

몇 년째 애용하는 집 근처 단골 가게가 하나 있다. 나는 3대째 가업을 잇는 주인 형제와도 잘 아는 사이였다. 그래서 형이 세상을 떠났다는 소식을 들었을 때 마음이 너무 아팠다. 그로부터 몇 주 후, 형을 떠나보낸 빈센트가 이야기를 나누고 싶다며 나를 찾아왔다. 그는 죽은 형이 가게 지분의 절반을 두 조카에게 남겼다고 했다.

"이유를 모르겠어요. 친자식처럼 사랑하는 조카들이지만 이 아이들 때문에 너무 힘들거든요. 해달라는 건 많은데 가게를 위해 새로운 무언가를 하자고 하면 무조건 거부해요. 곧 있으면 조카들과 중요한 결정을 내려야 하는데 막다른 지경에 이르지 않을까 걱정돼요. 가족끼리 운영하던 가게 중에 서로 의견 차이를 좁히지 못해 결국 문을 닫은 곳이 많다고 들었어요. 우리 가게는 그렇게 되지 않았으면 좋겠어요."

"가게 지분을 전부 인수하실 수 있나요?"

"쉽지는 않겠지만 불가능한 건 아니에요. 이미 제안해 봤는데 조카들이 결사반대했어요. 모욕감을 느낀 것처럼 반응하더라고요. 이제는 어떻게 해야 할지 모르겠습니다."

"전부 내려놓으셔야 해요. 걱정에서 비롯된 부정적 에너지가 문제를 더 어렵게 하고 있는 겁니다."

나는 빈센트를 설득했다. 빈센트는 내 도움을 받아 다음 확언을 완성해 종이에 적었다.

> 내 두 조카를 온전히 놓아줍니다. 조카들은 그들이 진정으로 속하는 곳에 있으며 영감을 받고 올바르게 행동합니다. 영원한 것은 없습니다. 이 상황도 지나갑니다.

빈센트는 책상 서랍에서 서류철을 꺼내 그 안에 확언을 넣었다. 서류철에 확언을 넣어둔 지 2주가 지났다. 확언의 존재도 잊고 있던 빈센트에게 어느 날 두 조카가 찾아왔다.

"아버지는 가게를 지키는 방법 중에서 제일 나은 선택을 바라실 거예요."

조카들은 적절한 가격에 가게 지분을 모두 넘기겠다고 했다. 모두에게 만족스러운 결말이었다. 빈센트의 가게와 가족은 조화를 되찾았다. 빈센트는 건전한 기법을 활용해 자신이 바라는 결과를 잠재의식에 새겼다. 확언을 적은 종이를 책상 서랍에 보관한 행위는 그저 상징에 불과했다. 잠재의식은 모든 문제의 해결책을 알려 주는 비밀의 장소다. 잠재의식에 내재한 무한한 지성에 문제를 맡김으로써 빈센트는 해결책을 얻었다.

잠재의식에 대한 의심을 멈추어라

그래픽 디자이너인 젊은 여성 소피가 강연 후 나를 찾아왔다. 속상하다 못해 화가 난 듯한 모습으로 그녀는 이렇게 토로했다.

"중요한 프로젝트를 진행하고 있는데 완전히 궁지에 몰렸어요. 이번 일을 망치면 업계에서 매장되고 말 거예요. 박사님께 배운 대로 문제를 이겨내도록 도와달라고 계속 확언했어요. 하지만 전혀 도움이 안 되는 걸요. 무슨 수를 써도 상황이 나빠지기만 해요. 박사님이 알려 주신 기법에 무슨 문제가 있는 것 아닌가요? 왜 제대로 효과를 내지 못하는 거예요?"

"소피, 당신이 컴퓨터 앞에 앉아 열심히 프로젝트 작업을 하고 있다고 해봅시다. 상사가 뒤에 서서 당신이 일하는 걸 지켜보면서 끊임없이 참견하면 도움이 될까요?"

"당연히 아니죠. 그런 식으로는 일 못 해요."

"상사가 괜찮은 조언을 준다 해도요?"

"그래도 도움은 안 돼요. 상사라면 제가 업무를 잘 파악했는지 확인만 하고, 제가 알아서 일하도록 내버려 둬야죠. 옆에 딱 붙어서 닦달하면 제가 당연히 실수하지 않겠어요?"

"나도 동의해요. 그 말은 잠재의식에도 똑같이 적용됩니다. 끊임없이 확언하는 행위는 잠재의식 옆에 딱 붙어서 하나하나 간섭하고 잔소리하는 것과 같아요. 지금 당신의 행동은 잠재의식이 자기 할 일을 하도록 돕는 게 아니라, 잠재의식이 과연 일을 잘 해낼지 걱정하며 의심하는 거예요. 이루고 싶은 결과를 최대한 생생하고 온전하게 시각화한 다음, 시각화한 상상을 현실로 이루는 일은 무한한 힘을 지닌 잠재의식에 그저 맡겨만 두세요."

"박사님 말씀을 알 것 같아요. 하지만 도움을 구할 때 확언하는 일이 벌써 습관이 된 걸요. 그동안 저는 더 많이 확언하면 효과도 더 커질 거라고 생각했던 것 같아요. 이 습관을 없애려면 어떻게 해야 할까요?"

"굳어진 습관을 깨는 데 효과가 아주 강력한 방법이 있습니다. 하루에 한두 번 시간을 내서 심각한 문제를 겪고 있는 타인을 위해 확언하세요. 이는 당신 안에 있는 무한한 부를 자유롭게 풀어 주는 행동입니다. 친구, 이웃, 회사 동료, TV에서 본 사람 등 누구든 상관없어요. 영적 활동인 이 확언을 하는 동안에는 그 어떤 의지력도 강제로 발휘하지 않기만 하면 됩니다."

소피는 내가 제안한 방법을 꼭 실천하겠다고 맹세하며 돌아갔다. 며칠 뒤 소피가 잔뜩 흥분한 목소리로 전화를 걸어왔다. 그날 아침 소피는 알람 시계가 울리기 1시간 전 정신이 말똥말똥한 상태로 잠에서 깨어났다고 한다. 그 순간 회사 프로젝트의 문제를 해결할 기발한 방법이 불현듯 떠올랐다. 소피는 곧장 컴퓨터 앞으로 달려갔다. 그리고 아침 식사 시간이 되기도 전에 그토록 오랫동안 골머리를 앓던 문제를 마침내 해결했다.

유능한 경영인처럼 잠재의식을 관리하라

잠재의식의 부를 끌어내려면 유능한 경영인이 필요하다. 어떤 사람이 유능한 경영인인지 알아보려면 과제를 처리하는 방법을 살펴보면 된다. 유능한 경영인은 통찰력과 총명함을 갖췄기 때문에 각 업무에 적임자를 골라내 일을 위임할 줄 안다. 담당자에게 일을 위임하고 나면 유능한 경영인은 그 일에서 손을 떼고 담당자에게 모든 것을 맡긴다. 반대로 무능한 경영인은 사업, 과학, 예술, 산업, 교육 등 분야를 막론하고 무슨 일을 하든 타인에게 업무를 분배해 놓고는 끊임없이 참견한다.

확언할 때는 유능한 경영인의 자세로 확언하라. 잠재의식에 권한을 위임하는 법을 배워야 한다. 잠재의식은 만물의 이치를 꿰뚫고 모든 것을 보기 때문에 자기만의 방식으로 확언을 이뤄 줄 것이다. 확언하거나 해답을 구할 때는 잠재의식에 전달하는 모든 소망이 이뤄지리라는 온전한 믿음과 확신을 지니고 잠재의식에 원하는 바를 구하라.

믿음과 확신을 갖고 모든 걸 잠재의식에 맡겼는지를 어떻게 확인할 수 있을까? 바로 자신의 느낌을 확인하면 된다. 언제 어디서 확언의 응답을 받을지 끊임없이 걱정되고 불안하다면, 이는 잠재의식의 지혜를 완전히 신뢰하고 있지 않다는 증거다. 잠재의식에 바가지를 그만 긁어라. 부정적으로 걱정하면 실제로 부정적인 일이 일어나고 만다. 바라는 것에 대해 생각할 때는 가볍게 생각해야 한다.

믿는 자에게는 하지 못할 일이 없다. 믿음은 무언가를 사실로 받아들이는 것과 같다. 진리를 사실이라 생각하며 가슴으로 받아들여 진리를 살아 숨 쉬게 하는 것이다. 진리를 의식적이나 이론적으로 받아들이는 데서 그치지 말고, 가슴으로 확언하며 진심으로 느껴야 한다.

성공과 실패, 건강과 질병, 행복과 불행, 부와 가난을 가르는 것은 사람들이 마음속에 지닌 믿음이다. 부는 마음의 상태이며 빈곤도 마음의 상태다. 진정한 부자는 무한한 존재와 무한한 힘이 자기 안에 깃들어 있음을 아는 사람이다. 생각은 창조적이고, 느끼는 것을 끌어당긴다. 상상하는 그대로 이루어진다는 사실을 아는 사람이 진정한 부자다. 마음에서 일어나는 창조적인 과정, 즉 잠재의식에 새긴 생각은 형태를 갖춰 삶에서 기능, 경험, 사건의 형태로 실현된다는 사실을 아는 사람만이 진정한 부자가 될 수 있다.

조셉 머피의 미라클 노트

- 믿는다는 것은 무언가를 사실로 받아들이는 것이다. 믿음이 성공과 실패, 부와 가난, 건강과 질병을 결정한다. 잠재의식에 깃든 무한한 힘에 내재한 부를 믿으면 그 부를 경험할 것이다.
- 눈앞에 닥친 문제가 너무나 버거워 보일 때는 아프거나 심각한 문제를 겪고 있는 사람을 위해 진심으로 확언하며 긴장을 풀어라.
- 사랑하는 사람을 위해 확언할 때는 그 사람이 빛나고 행복해하는 모습을 그려라. 확언하고 싶은 마음이 들 때 확언하라. 이렇게 확언하면 놀라운 일이 일어날 것이다.
- 생각은 창조적이다. 모든 생각은 현실에서 발현되는 경향이 있다. 차를 운전하는 것처럼 생각을 조종할 수 있다. 생각은 사물이다. 부, 성공, 성취를 향한 생각과 상상은 그 생각과 상상에 맞는 것을 당신에게 끌어당겨 준다.
- 마음이 평안해야 모든 일이 잘된다. 몸을 진정시키고 모든 것을 아는 잠재의식의 무한한 지성을 생각하며 마음을 평안히 다스려라. 현재의식이 평안하고 몸이 편안할 때 잠재의식의 지혜가 표면으로 드러날 것이다.
- 과거를 덮어두고 다시는 해묵은 원한이나 불만을 곱씹지 마라. 지금 당신이 하는 생각이 미래에 현실로 나타난다. 조화, 아름다움, 사랑, 평화, 풍요를 꾸준히 체계적으로 생각하라. 그러면 멋진 미래가 펼쳐질 것이다.
- 잠재의식에 내재한 무한한 부를 생각하라. 조화, 평화, 기쁨, 사랑, 인도, 올바른 행동, 성공을 생각하라. 더욱 풍요로운 삶을 생각하면 당신 안에 깃든 힘이 발휘된다. 당신이 지금 바로 이곳에서 풍요로운 삶을 살 수 있도록 잠재의식이 도와줄 것이다. 생각은 실체다.

8

잠재의식으로 재능을 찾고 이직에 성공한 실직자 이야기

얼마 전 티머시와 대화를 나눴다. 티머시는 30년간 계속 같은 비영리 기구에서 일했는데 이번에 새로 부임한 대표가 그를 해고했다. 그는 앞이 막막한 심정을 털어놓았다.

"벼랑 끝으로 몰린 기분이에요. 지원하는 모든 회사에서 거절당했습니다. 대놓고 말하지는 않지만 제 나이 때문이라는 걸 알아요. 대부분은 면접에서 불합격한 사유를 말해 주지 않지만 몇 군데 회사에서 하는 말을 들어보면 참신한 아이디어를 내고 새로운 접근법을 가진 인재를 찾는다고 하더군요. 그 말에 담긴 진짜 속뜻이 뭔지 알아요. 제가 더는 스물다섯 살 신입이 아니라는 거죠."

"사실이긴 하죠. 하지만 회사는 나이만 보고 판단하지는 않습니다. 수년간 쌓은 지식과 경험, 지혜를 보는 거니까요. 어떤 목표를 추구하는지도 중요할 거고요."

내 제안에 따라 티머시는 새로운 접근법을 써보기로 했다. 잠재의식이 풍요롭고 부유하게 사는 삶의 길을 열어 주는 관문이라는 사실을 인지하며 매일 아침과 밤마다 '자신의 재능을 찾고 표현할 수 있도록 돕는 확언'[52]을 했다.

그러던 중 텔레비전을 보던 티머시의 눈에 모금 광고가 들어왔다. 광고를 제작한 회사가 전달하고자 하는 메시지를 더욱 효과적으로 전달할 좋은 방법이 머릿속에 떠올랐다. 회사 웹사이트를 살펴보니 직원 가운데 한 명이 몇 년 전 세미나에서 만났던 사람이었다.

티머시는 그 사람에게 연락해 직접 만나 자신의 아이디어를 설명했고, 그 이야기를 유심히 들은 직원이 말했다.

"티머시, 마침 자네가 회사에서 맡을 수 있는 역할이 있다네. 우리에겐 자네처럼 참신한 아이디어를 가진 사람이 필요해."

티머시는 그 자리에서 제안을 수락했다. 새 직장에서는 전 직장보다 더 높은 직급에 연봉도 더 많이 받았다.

바깥이 아니라 안에 집중할 때 인생의 부를 찾을 수 있다는 사실을 기억해야 한다. 또한 원하는 결과를 얻으려면 잠재의식이라는 올바른 도구를 사용할 수 있는 효과적인 확언이 필요하다.

돈이 흐르기 시작한 삶

몇 년 전에 사상가 랠프 월도 에머슨의 글을 인용해 정신과 마음의 법칙에 관해 강연을 한 적이 있다. 캐럴은 그날 아침 실업급여를 신청한 뒤 강연을 들으러 왔다. 그녀는 어린 두 아이의 엄마로 최근 남편이 집을 나가 자취를 감춰 버렸다.

에머슨의 글을 인용하며 마음의 법칙을 설명하는 동안 캐럴이 깊은 관심을 보이며 강연에 집중하는 모습이 눈에 들어왔다. 캐럴에게 가장 큰 감명을 준 글귀는 에머슨이 남긴 다음 글이었다. 내가 가장 좋아하는 글귀이기도 하다.

> 개인의 마음은 무궁무진한 힘을 발휘해 필요한 것을 마음에서 얻을 수 있습니다.

강연이 끝나자 캐럴이 나를 찾아왔고 우리는 대화를 나눴다. 대학 시절 에머슨의 글을 읽었지만 당시에는 아무런 감흥도 느끼지 못했다고 한다. 당시 대학교수는 에머슨을 19세기 미국을 대표하는 문학가로 소개했을 뿐 오늘날까지 전해 내려오는 위대한 교훈을 남긴 사상가라는 사실은 알려 주지 않았기 때문이다. 강연을 들은 후로 에머슨의 글은 캐럴에게 완전히 새롭게 다가왔다. 원하는 것을 구하는 연습도 시작했다. 그리고 나중에 어떤 일이 일어났는지 알려 주겠다고 약속하고는 집으로 돌아갔다.

몇 주가 지난 후 캐럴이 사무실로 찾아왔다. 다시 만난 캐럴은 전과 달리 좋은 일이 가득한 사람처럼 싱글벙글하며 말했다.

"인생이 완전히 바뀌었어요. 어떤 일이 일어났는지 전부 말씀드리고 싶어요. 부디 제 이야기를 많은 사람에게 전해 주세요."

"그럴게요. 무슨 일이 있었어요?"

캐럴이 내게 종이를 보여주며 설명하기 시작했다. 거기에는 '잠재의식에서 원하는 것을 얻는 확언'[53]이 쓰여 있었다.

"강연이 끝난 뒤에 집으로 돌아가 잠재의식에 전하고 싶은 메시지를 종이에 썼어요. 그리고 하루에 여러 번 열정을 다해 간절한 마음으로 이 확언을 읽었어요. 그리고 내면의 생각과 삶을 다듬는 대로 외면의 삶이 따라온다는 것을 깨달았어요. 확언은 정말 효과가 있었어요!"

"그거 아시나요? 에머슨은 '모든 사람의 열쇠는 바로 생각이다'라고 말했습니다. 캐럴 씨는 그 열쇠를 사용하는 방법을 알아내신 것 같네요. 원하던 평화와 번영을 얻으셨나요?"

캐럴이 미소 지으며 답했다.

"당연하죠! 확언을 시작했을 때부터 마음이 차분해지고 자신감이 충만해졌어요. 아이들에게 소리 지르지 않았고 우편함에 쌓인 고지서를 봐도 마음이 무너지지 않았어요. 부로 향하는 입구가 열리고 있다는 것을 알았죠.

그러다 어제 우편함을 확인했더니 휴스턴의 한 변호사로부터 편지가 와 있더라고요. 한 석유회사가 우리 가족이 소유한 광산의 채굴권을 임대하고 싶어 한다는 소식이었어요. 몇 년 전에 돌아가신 할아버지가 저와 사촌들에게 텍사스 서부 광산 채굴권을 물려주셨거든요. 지금까지는 광산에서 얻은 수입이 고작 연 50달러 정도였는데 이제는 천연가스 가격이 폭등해서 올해 로열티로 약 10만 달러를 받았어요. 앞으로 더 많아질 거래요. 돈이 제 삶에 흐르기 시작했어요."

번영으로 향하는 관문은 잠재의식 너머에 있다는 사실을 깨닫자 캐럴의 경제적 문제가 말끔히 사라졌다.

일본 여행의 꿈을 현실로 이루다

젊은 일본 여성 다쓰코는 내가 진행하는 라디오 방송을 꾸준히 듣다가 내게 편지를 보내 라디오 방송에서 가르친 내용이 자신의 삶을 어떻게 바꿨는지를 알려줬다.

"여든 살이 넘은 할머니를 보러 일본에 가고 싶다고 늘 꿈꿨습니다. 하지만 항공권이 너무 비싸 엄두를 내지 못했지요. 그러던 어느 날 박사님께서 수중에 돈 한 푼 없는데 여행을 가고 싶다면 어떻게 해야 하는지를 라디오에서 설명하셨어요. 확언에 대한 응답을 이미 받았다고 믿어야 하며 마음속 깊이 이를 믿으려면 실제로 확언이 이뤄진 것처럼 행동해야 한다고 하셨어요. 그래서 박사님 말씀대로 했습니다. 여권 유효기간을 확인한 다음, 필요한 짐을 여행 가방에 챙긴 뒤 아파트 출입문 바로 옆에 두었어요.

이어서 일본에 도착해 할머니 집으로 가서 할머니를 품에 안고 일본어로 기나긴 대화를 나누는 모습을 매일 아침과 밤에 상상했어요. 이것이 그저 상상이 아니라 실제로 일어난 일처럼 느껴질 때까지 상상하고 또 상상했습니다.

상상을 시작하고 얼마 지나지 않아 대학교 동창을 만났는데 호주에서 살다 돌아온 지 얼마 안 됐다고 하더군요. 비싼 호주 여행비를 어떻게 마련했냐고 묻자 물품 운반 아르바이트를 해서 돈을 벌었다고 말해 줬어요. 어떤 기업들은 섬세한 물건을 해외로 보낼 때 더욱 안전하고 빠르게 전달하기 위해 화물칸에 수하물로 싣지 않고 비행기 탑승객에게 운반을 맡긴다고 하더군요. 기업의 촉박한 일정에 잘 맞춰 물건을 운반해 주면 엄청나게 큰돈을 벌 수 있다고요.

그날 오후 바로 물품 운반 아르바이트 자리를 알아보기 시작했습니다. 이틀 뒤, 디자인 모형 하나를 도쿄까지 운반해 달라는 의뢰를 받았어요. 도쿄까지 왕복 항공권을 단돈 100달러에 구매할 수 있었어요! 다음 날 저녁 저는 할머니 댁에 도착해 할머니를 품에 꼭 끌어안았어요.

상상한 대로 이루어진 거예요.

잠재의식의 무한한 힘을 반드시 믿어야 한다고 사람들에게 전해 주세요. 상상도 못 한 방법으로 부가 찾아올 수 있다는 것을 저는 몸소 경험했습니다."

물질은 필요한 모든 돈을 얻게 해주는 관문이다

얼마 전에 인도 첸나이 출신인 젊은 물리학자 라비가 나를 보러 왔다. 자신도 영혼과 물질이 하나라는 사실을 믿는다고 했다. 에너지와 물질은 상호 호환이 가능하다. 물질은 영혼의 가장 낮은 단계이며 영혼은 물질의 가장 높은 단계다. 다시 말해 물질과 영혼의 본질은 같다. 더 자세히 말하면 물질은 우주의 물질, 즉 영혼이나 에너지를 가시적인 형태로 축소한 것이다. 형태를 갖춘 세계와 형태가 없는 세계는 우리가 영혼이라 부르는 하나의 물질로 이루어져 있으며 모든 물질은 영혼의 자아성찰에서 나온다.

라비는 자신의 이야기를 들려주었다.

"저는 정상적인 생활을 하기에는 턱없이 부족한 액수의 장학금만 손에 쥐고 미국에 왔습니다. 하지만 두렵지는 않았어요. 보이지 않는 것이 눈에 보이리라는 걸 알았거든요. 마음속으로 확언했습니다."

음식, 옷, 돈, 친구를 비롯해 내가 지금 당장 이곳에서 필요로 하는 물건이 공급됩니다.

그의 확언은 대단히 신기한 방식으로 현실에서 이뤄졌다. 라비가 엘리베이터에서 우연히 만난 한 남성은 최근 인도 출장을 다녀왔다며 말을 걸어왔다. 알고 보니 그는 실리콘밸리에 있는 대규모 반도체 제조업체의 연구소장이었다. 라비가 물리학을 전공했다고 말하자마자 그는 높은 연봉과 넉넉한 회사 지분을 제시하며 연구소 일자리를 제안했다.

전능한 힘을 확언하면 무시할 수 없는 힘이 생겨난다. 지금 이 순간뿐만 아니라 영원히 필요한 것이 마련된다고 믿으면 여러 가지 방법을 통해 받는다. 라비처럼 생판 모르는 사람으로부터 필요한 것을 받을 수도 있다. 모든 사람은 내면의 힘을 활용해 부자가 되어 번영하는 삶을 살기 위해 태어났다는 사실을 잊어서는 안 된다.

태도가 부로 향하는 문을 연다

샌디에이고에 머물며 시리즈 강연을 하던 때 클리프라는 사람이 호텔로 찾아왔다. 금융 브로커인 그는 이렇게 말했다.

"승진하게 해달라고 매일 밤낮으로 확언을 하지만 아무런 효과가 없어요. 저는 학력도 높고 경력도 많습니다. 자격은 다 갖췄는데 저를 부르는 곳이 없어요. 게다가 경제적 상황도 너무 좋지 않습니다. 바이오 기술 쪽에 최근 무리하게 주식 투자를 했거든요. 이른 시일 내로 대박이 터지지 않으면 파산하고 말 거예요. 그런데 전부 제 잘못은 아닙니다. 주변 사람들이 너무 형편없는 조언을 해줬거든요. 저를 망하게 하려고 일부러 그랬을지도 모르죠."

대화를 나눠 보니 클리프는 전 직장 상사들과 현재의 직장 상사들을 원망하며 앙심을 품고 있었다. 나는 마음이 적개심이나 원한, 분노로 가득 차 있는 한 아무리 확언을 해도 효과가 없을 것이라 설명했다. 이는 산성 물질과 알칼리성 물질을 섞는 것처럼 모든 것을 무효로 만드는 행동이다. 그러니 마음을 고쳐먹고 생산적인 생각에 집중하며 타인과 자신을 용서하도록 노력해 보라고 제안했다. 내 말에 따라 클리프는 하루에 두 번씩 '직장 동료를 축복하고 승진을 요구하는 확언'[54]을 되새기며 명상했다.

클리프는 확언을 충실히 반복하며 그 내용을 무의식적으로 부정하지 않도록 특별히 조심했다. 그러자 잠재의식은 그에게 맞는 책과 수업, 선생님을 끌어당겼다. 그는 자신이 잠재의식의 미묘한 힘을 발동시켰다는 사실을 깨달았다.

얼마 지나지 않아 클리프는 회사에서 승진해 더 높은 연봉을 받았다. 게다가 그가 과거에 투자했던 기업 중 한 곳이 특허를 획득해 주가가 3배나 올랐다. 클리프는 태도를 바꾸는 것이 꿈을 현실로 이루는 관문을 열어 주는 열쇠라는 사실을 깨달았다. 고결한 꿈을 꾸면 그대로 이뤄질 것이다. 사람은 비전이 있는 길을 따라 걷는다.

진정한 부로 향하는 관문을 찾아낸 방법

무한한 부로 향하는 입구는 내면의 보고에 숨어 있다. 시대를 불문하고 사람들은 부와 성공을 가져다주는 열쇠를 찾아 헤맸다. 그 열쇠가 바로 자기 안에 있다는 사실을 모른 채 바깥에서만 찾았다.

우리는 충만하고 행복한 삶을 살기 위해 숨겨진 재능을 세상에 드러내려 한다. 우리는 우리의 내면에 숨겨진 놀라운 덕목을 발휘하기 위해 존재한다. 부는 누군가가 발견해 즐겁게 쓰기를 기다리고 있다. 마음의 법칙을 활용하면 필요한 모든 것이 담긴 마음속 보물의 집 문을 열어 부유하고 영광스러우며 풍요로운 삶을 살 수 있다.

인생에서 자신이 진정 속해야 할 곳을 찾아 풍족하게 누리며 베풀고 싶어 하는 친구, 친척, 동료를 도와주고 싶다면 다음 확언을 외우면 된다. 그러면 그들 안에 있던 잠재의식의 힘이 발동할 것이다.

> 무한자가 지혜를 발휘해 ○○이 삶에서 진정한 자신의 모습을 드러낼 수 있도록 관문을 열어 줍니다. ○○은 자기가 하고 싶은 일을 하며 사랑을 받고 행복하게 번영합니다. ○○을 그의 재능을 알아보는 올바른 사람들에게 인도합니다. ○○은 실력을 한껏 발휘해 많은 이익을 얻습니다. ○○은 자신의 진정한 가치를 잘 알며, 부와 축복을 누리며 자신의 꿈을 이루고 번영합니다. 나는 이 확언을 잠재의식에 전달합니다. 확언을 현실로 만들기 위해 잠재의식이 작동합니다.

이 확언을 이루는 단어 하나하나에 생명과 사랑과 열정을 담아 천천히, 그리고 차분하게 진심을 다해 반복해 읽을 것을 권한다. 잠재의식이 지혜를 발휘해 응답하는 방식에 놀랄 것이다. 잠재의식은 절대 실패하지 않는다.

조셉 머피의 미라클 노트

- 무한한 부로 향하는 관문은 영혼의 보석 안에 숨어 있다. 우리는 충만하고, 행복하고, 부유한 삶을 살기 위해 존재한다. 행복의 마지막 한 방울까지 짜내어 즐기는 인생을 살기 위해 존재한다.
- 나는 나이가 아니라 수년간 쌓은 재능과 능력, 지혜 그리고 경험으로 회사에 이바지한다. 당신이 찾고 있는 것도 지금 당신을 찾고 있음을 잊지 말아야 한다. 무한한 영이 경제적으로 풍족하게 사는 길로 향하는 새로운 문을 열어준다고 확언하라. 그러면 확언에 걸맞은 응답을 받을 것이다. 잠재의식은 절대 실패하지 않는다.
- 세계 어디든 여행을 하고 싶다면, 그 확언이 이미 이뤄진 듯 행동해야 한다. 여행자금이 이미 준비된 것처럼 여행을 준비하라. 여행자금은 이미 주어졌으며 곧 받을 것이라 믿어라. 여행하고 싶은 나라나 도시에 있는 모습을 상상해 보라. 잠재의식에 새겨질 때까지 상상을 계속하면 상상이 현실로 이뤄질 것이다.
- 태도가 변하면 모든 것이 변한다. 과거의 실패, 결핍, 원한에 관한 생각에만 매달렸던 사람이 자기 자신과 모두를 용서하며 모두에게 선의를 베푸는 사람으로 변할 수 있다. 승진, 부, 확장, 영광, 특권, 인정을 추구하는 마음에 생명과 사랑, 에너지, 활력을 쏟을 수도 있다. 가슴 깊이 이러한 확언을 계속 새기면 사막처럼 메말랐던 마음에 다시 꽃이 피어오를 것이다.

9

선택의 힘을 깨달은 알코올 중독자 이야기

"제가 정말 알코올 중독자가 아닐까 하는 생각이 들어요. 술을 마시고 싶다는 충동이 들면 그냥 마셔버리거든요. 감당하지 못할 정도예요. 인생이 망가지고 있어요. 직장생활에서도 문제가 생겨서 미래가 어떨지도 걱정돼요."

베로니카가 창피해하며 말했다. 베로니카의 말에 공감하며 내가 답했다.

"감당하지 못할 정도라고 하셨죠. 얼마나 끔찍한 기분인지 잘 압니다. 사실 베로니카 씨는 음주 습관을 없앨 강력한 무기를 이미 갖고 있답니다. 바로 선택 능력이지요. 선택 능력을 발휘하면 술이 들어가지 않은 맨정신, 마음의 평화, 행복, 번영을 지금 당장 이 자리에서 선택하실 수 있습니다."

"방법을 알려 주세요. 술을 끊을 수만 있다면 뭐든 하겠습니다."

나는 베로니카에게 확언을 적어 주었다. 베로니카는 하루에 네다섯 번 이 '술에 의존하려는 마음을 없애는 확언'[55]을 외웠다. 확언에 담긴 생각을 전달받은 잠재의식은 베로니카가 확신에 차 결연하게 확언한 생각 패턴을 그대로 수용했다.

술을 마시고 싶은 충동이 올라올 때가 가끔 있었지만, 그때마다 베로니카는 확언을 마음속 스크린에 다시 떠올렸다. 나쁜 습관을 없애고 싶다는 욕구가 술을 마시고 싶다는 욕구보다 더 강하기 때문에 잠재의식은 베로니카를 든든하게 뒷받침해 줬다.

매일 아침 일어나서 오늘 하루는 어떻게 흘러갈지 고민하기 전에, 먼저 다음과 같은 영원불변의 진리를 떠올리고 확언해 보라. 인생에서 겪는 경험과 닥치는 상황, 조건은 자신이 하는 선택의 총합이라는 사실을 기억하며 다음의 확언을 담대하게 외쳐라.

> 나는 조화, 평화, 완벽한 건강 상태, 질서, 사랑을 비롯해 아름다움과 풍요, 안전, 영감을 선택합니다. 이러한 진리를 삶에서 확언하면 잠재의식이 깨어나 모든 힘과 능력을 발휘한다는 것을 압니다.

제각기 다른 직업에 종사하며 서로 다른 상황을 마주하는 모든 사람은 매일 선택을 내려야 한다. 위에 소개한 확언은 생명의 원리를 담고 있다. 생명의 원리를 확언하면 삶에 힘이 발휘되는 모습을 볼 수 있다. 잠재의식은 현재의식이 믿는 것을 수용한다. 조화, 평화, 아름다움, 사랑, 기쁨, 풍요의 원리를 믿는 건 사실 쉬운 일이다.

아름다움의 원리는 있지만 추함의 원리는 없다. 조화의 원리는 있지만 불화의 원리는 없다. 사랑의 원리는 있지만 증오의 원리는 없다. 기쁨의 원리는 있지만 슬픔의 원리는 없다. 풍요와 풍부의 원리는 있지만 결핍과 빈곤의 원리는 없다. 올바른 행동의 원리는 있지만 잘못된 행동의 원리는 없다.

어떤 결정을 내리느냐에 따라 삶에서 건강, 부, 번영, 성공을 누릴 수도 있고, 누리지 못할 수도 있다. 세상에서 가장 위대한 진리는 무한한 지혜와 능력이 이미 내 안에 있다는 사실이다. 이를 깨달으면 인생의 모든 문제를 해결해 부유하고 행복하며 기쁘고 자유로운 삶을 산다. 모든 사람은 승리하고자 이 세상에 태어났다. 능력을 갖췄기에 자기 운명을 이끄는 주인이 될 수 있다.

모든 이의 내면 깊은 곳에는 선택하는 능력이 선물로 숨겨져 있다. 선택하는 능력은 가장 고매하고 훌륭한 능력이다. 선택 능력과 결정된 일을 실천으로 옮기는 행동력은 창조 능력이다. 자신에게 이런 선택 능력이 있다는 사실을 모르는 사람은 사건, 상황, 주변 환경에 따라 결정을 내리거나 선택을 하고 만다. 그러면 설상가상으로 내면에 위대한 능력이 있는지도 모른 채, 특정한 상황에서 일시적으로 발휘된 힘을 좇을 위험이 있다. 마음속 숨겨진 능력을 활용해 결정을 내려야 행복, 건강, 지혜, 기쁨이 가득한 풍요로운 인생으로 한 걸음 더 가까이 다가갈 수 있다.

선택을 잘못하면 어떤 일이 벌어질까?

선택하기를 두려워하는 사람들은 사실 자기 안에 있는 존재를 인정하기를 거부하는 것이다. 불변의 진리와 위대하고도 영원한 삶의 원칙을 기반으로 선택을 내리는 것은 우리의 권리다. 건강하고 행복하고 번영하고 성공하는 삶을 선택해야 한다. 인생을 살며 경제 상황과 사업 성과, 직업, 건강, 타인과의 관계를 주도하는 사람은 바로 자기 자신이기 때문이다. 잠재의식은 현재의식이 결정하고 확신하는 것의 영향을 받기에 확신하며 결정하는 것은 무엇이든 현실로 이뤄진다.

그레타가 고민을 털어놓았다.

"무엇을 선택해야 할지 모르겠습니다. 무엇이 이성적이고 논리적인지 어떻게 구분해야 하나요?"

"당신은 지금까지 무수한 선택을 내렸습니다. 자신을 위한 선택을 내리지 않고 모든 사람이 공유하고 있는 집단 정신이나 평균의 법칙에 따라 선택했죠. 해변 리조트로 휴가를 떠났다고 가정해 봅시다. 객실을 선택할 때는 전망이나 시설을 고려해 선택하지요. 당신이 직접 객실을 선택하지 않는다면 프런트 직원이 마음대로 배정해 주는 객실에서 묵을 겁니다. 자기 자신보다 프런트 직원을 더 신뢰하시나요?"

그레타는 생각에 잠겼다가 내게 답했다.

"썩 현명한 행동은 아닌 것 같네요. 제게 선택 능력이 있다면 저 자신을 위한 생각이나 상상을 선택하지 않는 것은 정말 바보 같은 짓일 거예요. 생각도 마찬가지겠네요. 다른 사람이 마음대로 저에 대해 생각하게 두면 사람들이 제멋대로 결정한 일에 휘둘릴 테니까요."

대화가 끝날 무렵, 그레타는 태도를 바꾸기로 결심했다. 그날부터 그레타는 '자신의 선택을 믿는 확언'[56]을 하며 건설적인 태도를 길러 나가기 시작했다.

그레타가 선택의 순간에 이러한 마음가짐으로 결단을 내리자 인생이 바뀌었다. 건강이 좋아졌고 업무에서도 더 큰 성과를 달성했다. 친구들은 그레타를 의리 있고 자상한 친구로 여기며 좋아했다.

선택을 뒷받침하는 무한한 힘

모든 개인은 자유 의지를 갖춘 존재이므로 선택 능력이 있다. 그래서 옷이나 신발 같은 일상에서부터 목사, 의사 또는 살 집과 배우자, 음식, 그리고 자동차까지 모든 것을 심사숙고해 선택한다. 사람은 누구나 인생을 사는 동안 끊임없이 선택할 상황에 놓인다. 지금 당신은 어떤 생각이나 상상을 선택하는가? 한 사람의 인생은 그가 결정한 선택의 총합이라는 점을 다시 한번 강조하고 싶다. 지혜롭고 분별력 있게 선택하고 건설적으로 판단해야 한다. 어제도 변함없었고 오늘도 변함없으며 앞으로도 영원히 변함없을 진리를 선택해야 한다.

사람은 선택하기 위해 존재하고 자유 의지와 행동력이 있다. 모든 사람은 제각기 개인으로서 존재하므로 내면의 신성과 책임감을 받아들여 스스로 선택을 내려야 한다. 자신에게 최선이 무엇인지 타인이 알 수 없으니 스스로 의사결정을 내려야 한다. 스스로 선택하는 것을 거부하는 사람은 자기 안의 신성과 특권을 거부하는 것이다. 이는 자기 결정권이 없는 노예가 되는 길을 선택하는 것이나 다름없다.

캘리포니아 산타크루즈에서 부동산 중개업을 하는 델마는 배우자와 사별한 54세 여성이다. 그녀는 어느 날 당황하고 좌절한 채 나를 찾아왔다.

"재혼하고 싶어요. 그런데 문제는 제가 지금 두 명을 동시에 사귀고 있다는 거예요. 두 사람 다 정말 좋아요. 그들도 저를 진심으로 좋아하고요. 둘 다 저와 결혼할 생각이 있다고 은연중에 내비치더라고요. 하지만 두 사람과 결혼할 수는 없는 노릇이잖아요. 누구를 택해야 할지 모르겠어요. 시간은 계속 흘러가고 있는데 말이죠. 어떻게 해야 좋을까요?"

"당나귀 이야기를 들어보셨나요? 자기 양옆에 놓인 여물 더미 사이에서 어느 쪽 여물을 먹을지 고민하다가 굶어 죽은 당나귀 이야기 말입니다."

내 말에 델마가 웃음을 터뜨리며 말했다.

"마냥 웃지만은 못하겠네요. 지금 제 심경이 딱 그렇거든요!"

"어떤 선택을 해야 할지 모르겠다고 하셨지요. 현재의식에 선택해야 한다는 압박을 너무 과도하게 줘서 그럴 수도 있습니다. 당신에게는 선택을 내릴 능력이 있습니다. 내면의 무한한 지성이 인도하고 이끌어 주니까요. 무한한 지성은 즉각적으로 반응하는 성질이 있으므로 명료하고 확실한 질문을 하면 해답을 알려 줄 거예요."

"언제 해답을 받을지는 어떻게 알 수 있을까요?"

델마가 걱정하며 물었다.

"절로 아실 겁니다. 해답을 얻었다는 확실한 느낌을 받으실 거예요."

그날 밤 잠들기 전 델마는 다음의 확언을 내면에 되새겼다.

올바른 해답을 알려 주어 감사합니다.

아침에 일어난 델마는 간밤에 꾼 꿈을 생생히 기억했다. 델마가 만나고 있는 두 남성이 꿈에 나왔다. 두 남성은 델마를 가운데 두고 양쪽에 서서 그의 손을 한쪽씩 잡고 있었다. 델마가 슬프지만 단호한 목소리로 "안녕!"이라고 작별 인사를 하자, 두 사람은 마치 보이지 않는 컨베이어 벨트 위에 서 있는 것처럼 차츰 멀어져 갔다.

홀로 남은 델마가 멍하니 서 있는데, 갑자기 세 번째 남성이 나타났다. 델마는 그가 누군지 단번에 알아봤다. 죽은 전남편의 가장 친한 친구였다. 중서부에 사는 그를 마지막으로 본 지는 수년이 흘렀지만, 둘은 사이가 좋았다. 그가 자신을 향해 두 손을 내미는 순간 델마는 잠에서 깼다. 그날 아침 델마는 외로우면서도 이상하리만치 희망에 찬 느낌을 받았다.

바로 그날 우편함을 열어보니 꿈속에 나온 세 번째 남성이 보낸 카드가 들어 있었다. 그동안 다니던 전력회사에서 은퇴해 산타크루즈로 이사 올 거라는 내용이었다. 그다음 주에 남성은 살 곳을 둘러볼 겸 산타크루즈에 왔고 델마는 일정을 조정해 그와 저녁 식사 약속을 잡았다. 동네까지 안내해 준 델마는 그와 헤어진 뒤 바로 전화를 걸었다. 그로부터 2개월 뒤 나는 두 사람의 결혼식에서 주례를 섰다.

델마처럼 내면의 무한한 지성의 목소리에 귀를 기울이면 확언에 응답을 받는 기쁨을 누릴 수 있다. 델마처럼 확신, 부, 충만한 삶을 선택할 수 있다. 많은 사람이 살면서 질병, 실패, 좌절, 외로움을 겪었다고 토로한다. 느낌과 감정은 생각을 따른다. 따라서 인생에서 새로운 감정을 느끼는 것 또한 선택할 수 있다.

조셉 머피의 미라클 노트

- 선택 능력은 인간에게 주어진 가장 위대한 특권이다. 내면에 있는 무한한 보물의 집에서 무엇을 골라야 할지 알려 주는 능력이 바로 선택 능력이다. 축복받는 삶을 살려면 선택 능력이 필요하다.
- 삶은 일련의 선택으로 이루어진다. 인생에서 겪는 모든 경험은 선택의 총합이다. 사람들은 읽을 책, 입을 옷, 학교, 배우자, 살 집, 자동차 등을 늘 선택한다. 자신이 어떤 생각, 상상, 아이디어를 선택하는지 살펴봐야 한다. 온종일 선택하는 것이 곧 나 자신이기 때문이다. 좋은 결과를 가져다주는 사랑스러운 것들을 선택하라.

10

시험 스트레스와 불안을 이겨낸 대학생 이야기

대학교 졸업반인 잭이 꽉 쥔 두 손을 무릎 위에 올려둔 채 말했다.

"전 시험에 떨어질 거예요. 그냥 알아요. 매일 밤 책을 읽으며 공부하지만 다음 날이 되면 아무것도 기억나지 않아요. 시험 시간이 되면 두렵기만 해요. 어떻게 해야 할까요? 대학을 졸업하지 못하면 부모님께서 크게 상심하실 거예요."

나는 잭에게 문제의 근원은 그가 끊임없이 느끼는 긴장과 불안이라고 말했다. 그는 강의실에 출석할 때마다 배운 내용을 하나도 기억하지 못할 거라 걱정했고, 시험을 볼 때마다 낙제할까 봐 미리 걱정했다.

스트레스를 받는 상태에 계속 놓이면 마음에는 장벽이 생기고 만다. 시험에 합격하는 데 필요한 정보는 모두 잠재의식에 저장되어 있지만 스트레스로 생긴 장벽에 막혀 정보가 현재의식으로 통하지 못하고 있었다.

나는 잭에게 매일 밤 공부를 시작하기 전 확언을 하라고 했다. 잭은 매일 밤 이 진리의 문장들로 마음속을 채웠다. 이 확언이 땅에 심긴 씨앗처럼 잠재의식에 스며들어 자신의 일부가 되는 장면을 상상했다. 내면의 힘에만 주목하고 걱정거리나 문젯거리는 이제 신경 쓰지 않았다. 이제 잭은 매일 밤 잠들기 전에 확언한다.

> 나는 내가 알아야 할 모든 것을 기억하는 완전한 기억력을 가졌습니다. 나는 모든 시험을 통과합니다. 나는 이에 감사합니다.

이제 잭은 모든 걱정에서 벗어나 정신적·영적·육체적으로 편안한 상태에 있다. 불안감은 사라졌고 그의 실력과 기억력에도 한계가 없다. 확언으로 마음을 채우니 잠재의식에 있던 모든 부정적 패턴이 사라졌다. 그의 마음은 새로워졌다.

긴장을 에너지로 바꾸는 방법

랠프 월도 에머슨은 "생명의 원리가 제대로 작동할 때만 마음의 평화가 찾아온다"라고 말했다. 마음이 작동하는 방식을 배워 현명하게 활용한다면 평화·번영·평정·균형·안전이 삶에 가득할 것이다.

다리를 건설하는 설계자는 수학 공식을 활용해 다리의 설계도를 완성한다. 자재의 압력과 강도 등 아는 지식을 총동원한다. 다리 건설에 사용되는 규칙은 어제도 같았고 오늘도 같으며 앞으로도 같은 불변의 규칙이다. 마찬가지로 마음의 법칙도 변하지 않는다.

장력이 너무 세면 수많은 사람의 목숨을 앗아가는 참사가 일어나듯, 긴장이 과하면 불안 장애를 앓는다. 하지만 어느 정도의 불안감은 정상적이며 필요하기도 하다. 무대에 오르기 직전에 가수는 약간의 긴장을 느끼기 마련인데 이는 영적·정신적 에너지를 채우는 데 필요한 과정이라 이해할 수 있다. 에너지가 차면 가수가 무대에서 실수할 가능성이 줄어들기 때문이다.

위험한 것은 과도하며 오래 계속되어 잉여 에너지를 만들어 내는 긴장이다. 잉여 에너지를 만드는 것은 시계태엽을 너무 많이 감는 것과 같다. 태엽을 너무 많이 감으면 용수철이 고장 나 시계가 더는 작동하지 않는다. 하지만 모든 것을 할 수 있다고 믿으며 적당량의 에너지를 채우면 할 일을 멋지게 해낼 수 있다.

불안을 통제하는 두 단어

엔터테인먼트 업계 임원인 론을 만나 이야기를 나눴다. 론은 최근 의사에게 불안장애라는 진단을 받았다. 늘 긴장 상태에 있었고 불면증에도 시달렸다. 돈 걱정과 미래 걱정이 끊이지 않았다.

나는 그에게 장력이 전혀 없는 강철은 양질의 강철이 아닌 것처럼, 약간의 긴장감은 좋은 것이라 설명했다. 의사가 지적하는 것은 통제할 수 없는 긴장이나 에너지를 뜻하는 것이라 짚어 주었다. 의사와 협력해 치료를 받고 말의 힘을 빌리는 치료 요법 또한 함께 실천해 보라고 권했다.

론은 하루에 서너 번씩 조용히 명상하고 진심을 다해 '긴장을 완화하고 마음에 평화를 주는 확언'[57]을 하며 불안장애를 이겨냈다. 론이 이 진리를 되뇌이자 영적 울림이 일어나 잠재의식에 있던 모든 불안감을 없앴다.

이제 론이 가장 좋아하는 두 개의 단어는 '평온과 평정'이 되었다. 그는 모든 불안하고 걱정스러운 생각을 없애는 영적인 힘이 자기 안에 있음을 깨달았다. 오늘날 그는 모든 일이 잘될 거라 믿는다.

열등감에서 벗어나 자신의 가치를 찾다

백화점에서 티셔츠를 고르다가 옆에 있던 직원에게 어울리는 색과 무늬를 골라 달라고 부탁했다. 부탁을 받은 직원이 얼굴에 불안한 기색을 비추더니 황급히 말했다.

"아, 죄송하지만 저한테 부탁하지 않으시는 게 좋을 것 같아요. 티셔츠는 잘 볼 줄 몰라서요. 매니저님을 불러드리겠습니다."

놀란 나는 직원 명찰에 적힌 이름을 보고 말했다.

"아, 샐리 씨. 그러실 필요까지는 없습니다. 그냥 의견이 궁금해서 여쭤봤어요. 전문가만이 의견을 낼 수 있는 건 아니잖아요."

"죄송합니다. 제가 무식해서요. 대학교도 못 나왔거든요. 손님을 더 잘 도와드릴 수 있는 다른 직원을 불러올게요."

"대학교를 안 나왔다고 해서 열등감을 느끼실 필요는 없어요. 자신의 내면에는 아직 자신도 모르는 능력이 있거든요. 대학교 진학뿐만 아니라 삶에서 일어난 모든 문제는 샐리 씨 생각이 낳은 결과물입니다. 생각을 바꾸면 인생도 바뀝니다."

"손님 말씀을 믿고 싶네요. 하지만 어디서부터 시작해야 할지도 모르겠는걸요."

샐리가 한숨을 쉬었다. 나는 티셔츠를 사서 사무실로 돌아갔고, 샐리는 퇴근한 뒤 내 사무실로 오기로 했다. 그날 오후 나는 샐리에게 '자기 비하에서 벗어나 자신의 가치를 찾는 확언'[58]을 반복해서 외우라고 제안했다.

이 진리를 명상하자 샐리의 마음속에 있던 모든 불안감과 열등감이 사라졌다. 자신이 진정 관심 있는 분야가 무엇인지 생각하던 샐리는 야간 학교에 등록해 정보처리를 공부했다.

샐리는 곧 자신이 일하던 매장의 관리직으로 승진했다. 관리자가 된 지 얼마 되지 않아, 샐리는 자신감이 부족한 동료 직원이 자신감을 되찾도록 도와주었다. 두 사람은 사랑에 빠졌고, 오늘날 조화롭고 영성이 가득하며 번영하는 결혼생활을 함께하고 있다. 샐리가 자기 안의 부를 발견하자, 그 부가 현실에서 모습을 드러낸 것이다.

빚더미에 쌓인 사업가가 긴장과 불안을 이겨낸 방법

최근 라스베이거스행 비행기에서 인터넷 쇼핑몰 CEO인 마리아와 이야기를 나눴다. 마리아는 회사를 설립한 지 얼마 되지 않았을 때 현금 흐름에 문제가 생겨 큰 곤경을 겪었다고 했다. 공급업체는 밀린 대금을 지급하라고 독촉하며 물품 배송을 끊었다. 그간 벌인 모든 활동이 수포로 돌아갈 것만 같았다.

"앞날이 캄캄해 보이기만 하던 어느 날, 갑자기 머릿속에 어떤 생각이 떠올랐어요. 식탁에 앉아 돈을 갚아야 할 사람들의 이름을 써 내려갔지요. 이름 옆에는 정확히 갚아야 할 액수를 적었습니다.

이어서 한 명 한 명 집으로 찾아가 수표를 건네며 빚을 갚는 제 모습을 상상했어요. 상상 속에서 그들은 제게 미소 지으며 책임을 다해 줘서 고맙다고 했습니다. 사람들과 악수하며 느낀 온기와 얼굴에 서린 미소, 그리고 저를 늘 신뢰하겠다는 말이 생생하게 느껴졌어요."

마리아는 매일 밤 이 상상을 반복했다. 최대한 생생하게 상상하다 보니 나중에는 상상하면서 기쁘기까지 했다. 매번 상상한 다음에는 확언으로 마무리했는데, 확언할 때마다 엄청난 안도감과 평정심이 가슴을 가득 채웠다.

2주 뒤 마리아는 아주 생생한 꿈을 꿨다. 어디선가 나타난 손이 마리아를 카지노로 데려가 룰렛 테이블에 앉히더니 화면에서 몇 가지 숫자를 가리켰다. 잠에서 깬 마리아는 꿈에서 본 숫자를 적어두었다.

그날 저녁 마리아는 꿈에서 본 카지노로 갔다. 30분 만에 마리아는 빚을 전부 갚고도 남을 정도의 돈을 땄다. 태어나 한 번도 카지노에 간 적이 없던 마리아는 도박으로 돈을 따리라 생각해 본 적이 전혀 없었지만, 잠재의식의 지혜가 나름의 방식으로 마리아의 요청을 들어준 것이다.

눈에 보이지 않는 것을 믿는 힘

눈에 보이지 않는 보급원의 존재를 믿는 것은 생각보다 쉽다. 인간은 오감으로 3차원 세계에 존재하는 것을 느낄 수 있다. 인간의 귀는 특정 영역대의 주파수만 들을 수 있지만 라디오나 텔레비전에서는 귀에 들리지 않는 교향곡과 음악, 웃음소리, 드라마 소리, 연설 소리, 수백 킬로미터 먼 곳에서 나는 소리 등 모든 소리가 송출되고 있다.

육안으로는 주변의 사물만 볼 수 있지만 눈에 보이지 않는 이미지나 영화, 역사적 사건, 희극, 비극을 비롯해 수많은 광고로 공간이 가득 차 있다. 인간의 눈으로는 감마선, 베타선, 알파선, 전파, 우주선(線)을 볼 수 없지만, 지구에는 이런 물질들이 끊임없이 쏟아지며 진동을 일으키고 있다.

부와 돈, 재산에 관한 생각과 상상은 눈에 보이지 않지만 생각하면 실제로 부자가 된다. 이러한 진리를 받아들이고 느끼면 보이지 않는 생각과 상상이 돈과 재산을 비롯해 눈에 보이는 형태로 나타날 것이다. 모든 사물은 생각에서 나온다.

나는 독촉장과 체납 고지서에 시달리는 사람들에게 다음의 확언을 나눠줬다.

나의 보급원은 지금 내 수중의 돈을 수천 배로 늘립니다. 내가 가진 모든 돈은 무한한 부의 상징입니다. 내 안의 무한한 존재가 모든 빚을 청산하고도 남을 경제적 여유를 누리는 길을 보여 주리란 걸 알고 그 존재를 향해 나아갑니다. 내가 진 모든 빚이 청산되었음에 감사합니다. 부가 내 삶에 순환하고 모든 채권자가 돈을 받게 됩니다. 매우 기쁩니다. 내가 기대한 것보다 훨씬 더 크게 나는 번영합니다. 나는 내게 필요한 것이 주어졌음을 알며 믿은 대로 이루어진다는 걸 압니다.

나는 채무를 진 사람들에게 이 진리를 즐겁고 기쁘게 확언하면 그에 따라 응답을 받을 거라 말한다. 머릿속에 걱정스러운 생각이 떠오를 때마다 독촉장이나 체납 고지서와 돈 문제는 절대 생각하지 말고, 풍요로운 부로 빚을 청산했음에 감사하고 미소 지으라 말한다. 마음을 다해 이 기법을 실천하면 마음이 부를 향하고, 놀라운 결과가 일어난다. 나의 도움을 받은 사람들처럼 독자들도 이 확언을 실천하면 삶에서 놀라운 일을 맞이할 것이다.

다른 사람의 부정적인 감정을 방어하는 법

"매일 아침 출근하느니 차라리 죽는 게 더 나을 것 같아요. 직원들 간 갈등과 불화가 너무 심해요. 서로 험담도 많이 하고요. 신경 쓰지 않으려고 해봤지만 이런 환경에 있다는 현실 자체가 너무나 괴로워요. 저뿐만 아니라 다들 이런 기분일걸요. 정말 끔찍해요!"

대형 로펌의 임원 비서인 리사가 털어놓았다. 나는 충분히 공감해 주었다.

"그런 분위기에서 일하기란 쉽지 않지요. 하지만 당신을 괴롭히는 건 다른 사람이 아니라 자신입니다. 주변에서 일어나는 일에 대한 반응, 마음속에서 하는 생각이 당신을 괴롭히는 거예요.

생각을 지배하고 명령하는 자는 그 누구도 아닌 당신 자신입니다. 마음의 평화와 평정은 타인이 뿜어내는 부정적 에너지로부터 당신을 지켜주는 우산이지요."

나아가 타인의 의견이나 주장, 행동을 보면서 '저 사람은 나를 괴롭힐 능력이 없어'라고 잠재의식에 새기면 된다고 이야기해 주었다. 조화, 평화, 건강, 부는 자신에게 달려 있다.

나는 리사에게 '회사 분위기에 영향을 받지 않고 평온을 얻는 확언'[59]을 주기적으로 외우라고 권했다. 리사는 매일 아침 출근하기 전과 잠들기 전에 이 확언을 외웠다.

곧 리사는 회사 사람들의 부정적인 의견과 생각으로부터 자신을 보호하는 능력을 갖췄다. 누군가 불쾌하거나 무례하거나 비꼬는 말을 할 때면 리사는 속으로 확언을 되뇌었다. 직장에서 어느 누구도 리사를 괴롭히거나 건드릴 수 없었다. 귀찮게 하는 사람도 두려움을 심어 주는 사람도 없었다.

이렇게 리사는 내면의 안정을 찾았다. 그것으로 충분했다. 확언하는 법을 깨닫자 크나큰 보상이 주어졌다. 확언하는 법을 깨달은 모든 사람이 리사와 같은 보상을 받을 것이다.

조셉 머피의 미라클 노트

- 무언가를 생명의 원리를 통해서 얻어야지만 마음이 편안하다.
- 밀린 세금 고지서나 갚지 못한 빚이 쌓여 있을지라도 근심하지 말라. 돈을 빚진 사람의 이름과 금액을 종이에 적고 모든 빚을 갚을 수 있었다며 감사하라. 한 명 한 명에게 수표를 건네며 빚을 청산하는 모습과 수표를 받아든 채권자들이 미소 지으며 축하의 말을 건네는 모습을 상상해 보라. 현실처럼 생생하게 느껴질 때까지 계속 상상해 보라.
- 모든 빚을 청산하고 부가 삶에 순환하며 기대했던 것보다 훨씬 크게 성공하는 자신의 모습을 상상하며 기뻐해 보자.
- 부에 대한 생각과 이미지는 부를 낳는다. 마찬가지로 갖고 싶은 컴퓨터, 차, 집을 생각하고 찬양하기 시작해 보라.
- 나 아닌 그 누구도 나를 괴롭힐 수 없다. 다른 사람의 말이나 행동이 날 괴롭힐 수 없다. 내가 괴로운 이유는 말이나 행동에 반응하는 나의 방식 때문이다. 관심을 주지 않으면 고통을 느끼지도 않는다.
- 과도한 긴장과 불안은 기억력과 실력에 악영향을 미친다. 마음을 차분하게 하고 확언을 되뇌어라. 그러면 삼투 현상이 일어나듯 진리와 지혜의 말씀이 잠재의식에 스며들어 마음의 평화가 찾아온다.

11

아침 확언으로 아이들의 자존감을 키워준 교사 이야기

후고는 라스베이거스에서 주일 학교를 운영하는 젊은 교사다. 그가 가르치는 학생 중 대다수가 수줍음이 많고 소심하며 성격도 제각각이었다고 한다. 개중에는 심각한 열등감으로 괴로워하는 아이도 있었다.

"자신의 가치를 인정하는 길을 보여 주는 게 교사로서 해야 할 일이라고 생각했습니다. 그래서 칠판에 확언을 적었어요."

나는 남들과 다릅니다. 나는 특별한 일을 합니다. 내 안에 에너지, 사랑, 지혜가 자랍니다.

"확언을 복사해 아이들에게 한 장씩 나눠주고 매일 밤 잠들기 전에 5분 동안 확언을 외우라고 했지요. 아이들에게 매일 이 내용을 확언하면 응답받을 거라고 했습니다. 그러면 훌륭한 학생이 되어 대학생활도 잘하고 삶에서 모든 축복을 누릴 거라 했지요."

"그래서 어떻게 됐나요?"

나는 후고가 이 기법을 스스로 터득했다는 사실에 놀라며 물었다.

“이후 아이들은 정말 바뀌었어요. 능력을 마음껏 펼칠 수 있었지요. 자신감과 자존감이 크게 올라가고 부모와 사이도 좋아졌어요. 놀라운 일이죠.”

확신은 ‘믿음과 함께한다’라는 뜻이다. 믿음은 사고방식이나 마음의 태도, 마음의 법칙에 관한 이해다. 생각과 감정이 운명을 만든다는 사실에 관한 자각이 바로 확신이다. 잠재의식에 새겨진 생각을 현재의식이 받아들이면 현실 공간에서 생각이 이뤄진다는 사실을 아는 사람은 바로 믿음이 있는 사람이다. 쉽게 말하면 믿음은 내 안의 힘을 인식하는 것이다. 인생을 살아가면서 장애물을 맞닥뜨리고 어려운 일에 부닥쳐도 모든 것을 물리칠 수 있다는 것을 알면 아무 걱정이 없다. 내면의 힘을 믿으면 인생의 우여곡절을 헤쳐 나갈 수 있다.

나의 것이라고 당당하게 요구하라

젊은 사업가 로리가 최근 나를 찾아왔다. 몇 년 전 대학교를 중퇴한 로리는 인터넷 관련 회사를 두 곳이나 창업했다. 처음에는 성공하리라는 기대감이 가득했지만 막상 시작하고 보니 사업은 생각한 만큼 잘되지 않았다. 낙심한 로리는 심한 자책감에 시달렸다.

“저 자신을 속인 것만 같아요. 저를 믿고 사업에 투자해 준 사람들까지도 속인 것 같고요. 시대를 잘 따라가지 못하나 봐요. 어린 친구들을 보면 이제 제가 한물갔다는 사실이 느껴져요. 전 끝났어요!”

“아니요, 당신은 어린 친구들과 똑같은 능력을 갖추고 있습니다. 로리 씨 안에는 무한한 지성이 있습니다. 세상을 창조한 무한한 지성 앞에는 어떤 장애물도 없지요. 게다가 무한한 지성은 당신이 필요로 하는 모든 것을 준답니다. 당신은 성공하고 승리하기 위해 태어났어요. 무한한 지성은 실패하지 않기 때문입니다.

이게 전부가 아닙니다. 당신이 자신감을 얻으면, 자신감은 전염된다는 것을 알 거예요. 안정감·믿음·침착함·균형을 전하는 사람이 될 겁니다. 영적·정신적 자석으로 사방의 모든 좋은 것을 끌어당길 거예요."

로리의 표정이 약간 밝아졌지만 내 말을 완전히는 믿지 않는 것처럼 보였다. 그럼에도 그날 이후 로리는 아침에 일어나 양치질한 뒤에 거울을 보며 큰 목소리로 말했다.

나를 강하게 하는 힘으로 나는 모든 것을 할 수 있습니다. 성공은 내 것이며 부도 내 것입니다. 감사합니다.

로리는 이 위대한 진리를 매일 5분씩 시간을 내 외웠다. 그리고 이 진리가 현재의식에서 잠재의식으로 서서히 스며들 것이라 굳게 믿었다. 잠재의식은 충동적이기 때문에 로리가 부와 성공을 바라자 잠재의식은 그에 맞춰 반응했다.

몇 주 뒤 어느 날, 한밤중에 깨어난 로리의 머릿속에 엄청난 아이디어가 떠올랐다. 로리는 이른 새벽까지 깨어 새로운 사업 계획서를 써 내려갔다. 이전 사업 파트너에게 연락하자 그는 친구인 댄이 비슷한 아이디어를 갖고 있다며 로리에게 댄을 소개해 줬다. 로리와 댄은 대화를 나누며 서로 사고방식이 비슷하다는 사실을 깨달았다. 두 사람은 사업에서만이 아니라 인간적으로도 잘 통했기에 새로운 회사를 공동 설립했다. 현재 이들의 회사는 주식시장 상장을 앞두고 있다. 그뿐만 아니라 댄과 로리는 진지한 연인 관계로 발전했다.

나의 불안을 환경 탓으로 돌리지 마라

어느 날, 강연이 끝난 뒤의 일이다. 데버라가 다가와 명함을 건넸다. 내가 명함을 보고 물었다.

"부동산 중개업자시군요. 요즘 업계 상황은 어떤가요?"

"끔찍합니다. 집값이 미친 듯이 올라 집을 살 수 있는 사람이 없어요. 이자율도 너무 상승해 죽을 맛이죠. 시장이 과열됐으니 부동산 시장에서 돈 벌기가 어려워졌어요."

다른 업계에서 일하면 어떻겠느냐고 물어보고 싶은 마음이 들었지만, 혹시나 내가 자신을 놀린다고 오해할까 싶어 아무 말도 하지 않았다. 대신 한계와 결핍 등 부정적인 생각에 그토록 많은 에너지를 쓰면 정말 한계와 결핍이 생길 거라고 조언했다. 어려운 상황만 늘어놓는 데버라에게 집을 사겠다는 손님이 찾아오지 않는 것은 당연했다.

나는 하루에 여러 번 잠재의식에 건설적인 생각을 새기라고 제안하며 비서를 시켜 확언 한 장을 인쇄해 데버라에게 전해 줬다. 데버라는 매일 '좋은 거래와 고객을 끌어당기는 확언'[60]을 외웠다.

확언을 들고 다니며 틈날 때마다 외우는 동안 데버라는 자신감을 되찾았다. 그리고 열심히 판매 활동에 나섰다. 그는 점점 더 많은 매매 계약을 성사시키며 크게 성공했다. 몇 주 뒤 다시 강연을 들으러 온 데버라가 나를 찾아와 말했다.

"삶에서 기적이 일어나고 있어요. 지난주에만 수백만 달러짜리 집을 두 채나 팔았어요. 비슷한 가격의 다른 주택 세 채도 협상 중이고요."

축복은 멈추는 법이 없다. 머리와 가슴을 활짝 열고 주어지는 모든 부를 기쁘게 받자.

상상 속 연인을 실제로 만나다

"왜 마음에 꼭 드는 사람을 못 만나는 걸까요? 공부만 하느라 사회 경험이 적어서 그런 걸까요? 아니면 제가 타고난 숙맥인지도 모르죠."

레오가 슬픈 목소리로 말했다. 내가 대답했다.

"타고난 숙맥은 없습니다. 숙맥이 된 사람만 있을 뿐이지요. 상실이나 고독을 생각하며 그 누구에게도 사랑받지 못한 채 외롭게 사는 모습만 상상하면 실제로 그런 상태를 안팎에서 끌어당깁니다. 하지만 무한한 부의 징표인 자신의 타고난 자질을 깨닫기 시작하면 현실에서 그 자질과 능력을 펼칠 수 있어요. 그러면 영적으로 통하는 사람이 자연스레 다가오지요."

나는 레오에게 쉽게 실천할 수 있는 간단한 기법을 가르쳐줬다. 먼저 그는 아름다운 해안가나 나무가 우거진 숲속과 같이 영혼을 풍요롭게 하는 아름다운 장소에 있는 자신의 모습을 상상했다. 이어서 그는 자신과 비슷한 자질을 지닌 사람과 대화하는 모습을 상상했다. 두 사람은 서로를 만나게 한 잠재의식의 힘을 인정하며 감사를 표현했다. 매일 아침 일어난 직후와 매일 밤 잠들기 직전, 그는 이 장면을 최대한 생생하고 자세하게 상상했다. 나는 당부했다.

"상상하는 내용을 굳게 믿으세요. 대화가 잘 통하는 이상형을 만나고 싶다고 했죠? 이상적인 연인과 함께 있는 모습을 상상하면 마음은 이를 이미 일어난 일로 받아들입니다. 마음속에서 일어나는 일은 객관적 세계인 현실에서도 반드시 일어납니다. 상상이 현실로 이뤄지는 일이 얼마나 까다롭고 어려울지는 상관없습니다. 결국 승리할 겁니다. 행복하고 즐거우며 자유로운 삶을 살 겁니다."

레오는 조언에 따라 자신이 원하는 이상적인 연인 관계를 상상했고 상상이 이미 현실로 이뤄졌다고 믿으며 그에 감사했다. 매일 아침과 밤 상상을 되풀이한 지 열흘째 되던 날, 레오는 해변에서 진행되는 영성 훈련 프로그램 안내 책자를 보았다. 책자 속 해변의 풍경은 자신이 상상하던 해변의 모습과 똑같았다. 레오는 영성 훈련 프로그램에 참여했고 상상 속에서 본 여성을 실제로 만났다. 나는 두 사람의 결혼식 주례를 서주었다.

나의 특별함을 깨달을 때 나만의 성공이 찾아온다

모든 사람은 고유하다. 세상에 나는 하나뿐이다. 나는 나이기 때문이다. 나의 손가락 지문, 심장 박동, 망막 무늬, 분비물, 몸의 각 세포에 새겨진 유전 정보는 역사를 통틀어 존재한 모든 인류의 것과 다르다. 생명의 원리에 따라 사람은 저마다 무한하게 다르다. 모든 사람의 삶을 향한 생각과 태도, 믿음과 신념도 제각기 다르다.

사람은 저마다 다른 자질, 재능, 능력, 특성을 타고났다. 모든 사람은 더욱 풍요로운 삶의 기쁨을 경험하고자 존재한다. 내가 삶을 살며 생명을 표현하는 방식은 세상 모든 사람의 방식과 다르다. 모든 사람은 각자 되고 싶은 모습도 하고 싶은 일도 그리고 갖고 싶은 것도 다 다르다.

우리는 상상력, 생각, 이성, 선택 능력과 행동력을 갖추었기 때문에 삶의 모든 목표를 이룰 수 있다. 조화, 아름다움, 사랑, 기쁨, 건강, 부, 충만함으로 가득한 삶을 살 수 있다.

생명의 원리는 늘 우리를 통해 더 높은 단계의 능력을 펼치려 한다. 더 높은 곳으로 성장해 올라가라고 설득하는 목소리가 끊임없이 우리 안에 울려 퍼진다.

그래서 우리는 삶에서 늘 최고를 추구해야 한다. 차선에 만족하지 말아야 한다. 잠재의식에 내재한 무한한 지성이 창조적인 새로운 아이디어를 제시하고 더 나은 길을 보여 준다고 믿으며 지금 하는 일에 생각과 느낌, 관심을 집중해 보라.

자신이 무한한 존재와 하나이며 무한한 존재는 절대 실패하지 않는다는 사실을 깨달아야 한다. 에머슨은 "나 자신 외에는 그 누구도 나의 성공을 앗아갈 수 없다"라고 했다. 영국 철학자 토머스 칼라일은 "인간의 부는 그가 사랑하고 축복하는 것들의 수만큼 많다. 그의 사랑과 축복을 받은 것들이 그를 축복한다"라고 했다. 영국 시인 새뮤얼 테일러 콜리지는 다음과 같은 시를 남겼다.

사랑할 줄 아는 사람이 기도할 줄 안다네.
사람, 새, 짐승 모두를 위해 기도할 줄 안다네.
사랑을 잘할 줄 아는 사람이 기도도 잘한다네.
큰 것뿐 아니라 작은 것을 위해서도.

자신에게 성공과 무한한 부를 허락하라

성공이나 부를 가로막는 것은 운명이나 경제적 결핍, 정책, 인간관계가 아니라 바로 자기 자신이다. 성공해서 부를 얻고 싶다면 삶을 향한 생각을 바꾸고, 바꾼 생각을 영원히 유지하기만 하면 된다. 다음의 확언을 습관적으로 생각해 보라. 생각은 창조적이다. 종일 생각하는 것이 삶에서 그대로 펼쳐진다.

이제 나는 풍요로운 삶을 누립니다. 나는 아름다움과 안위, 발전, 평화에 이바지하는 모든 것을 받습니다. 내 안에 있는 생명이 맺은 결실을 매일 경험합니다. 내게 주어진 좋은 것을 받아들입니다. 나는 모든 부가 드나드는 통로입니다.
나는 빛 속에서 걷기 때문에 모든 좋은 것은 내 것입니다. 나는 평화롭고 균형을 누리며 평안하고 고요합니다. 나는 내 생명의 원천과 함께합니다. 모든 시간과 공간에서 내 필요가 충족됩니다. 나는 부자입니다.

많은 사람이 결핍과 질병에 시달리며 하루하루 근근이 먹고사는 이유는 잠재의식에 내재한 무한한 보물을 꺼내는 법을 모르기 때문이다. 하지만 진정한 효력이 있는 믿음을 지닌 사람도 많다. 이들의 믿음은 건강한 몸, 번영하는 사업, 튼튼한 재정 상태, 건설적인 인간관계 등 삶의 모든 양상에서 표현된다.

믿음은 그 사람의 삶을 통해 드러난다. 그 믿음은 눈빛에서 나타난다. 부는 풍요의 법칙을 믿는 사람에게 주어지는 증표다. 자연은 우리에게 넘치도록 준다는 사실을 믿고 이해하는 사람은 내면의 힘을 발휘하며 늘 자신감 넘치는 삶을 살아간다. 풍요로운 삶을 사는 사람은 늘 긍정적인 태도와 행동, 발언을 견지하며 밝은 미소를 띤다.

삶, 빛, 영감, 조화, 번영, 행복, 평화, 더욱 풍요로운 삶을 꾸준히 체계적으로 생각하라. 이러한 진리를 이루는 조건이 아닌 진리 그 자체를 생각하라. 당신이 생각하는 모든 것을 당신의 경우에 가장 들어맞는 방법으로 실현하는 잠재의식의 작동 방식을 믿어라. 바로 이것이 더욱 풍요로운 삶을 시작하는 멋진 방법이다.

조셉 머피의 미라클 노트

- 확신은 '믿음과 함께한다'라는 뜻이다. 잠재의식에 요청하면 응답을 받으리라고 믿어야 한다. 생각은 창조적이고, 느끼는 것을 끌어당기며, 상상하는 대로 삶이 펼쳐진다는 것을 알면 믿음이 자란다. 마치 사실인 것처럼 생생하게 느껴지는 상상을 잠재의식에 새기면 그대로 이뤄진다. 이 원리를 깨우치고 마음의 법칙을 믿으며 실천하면 삶에서 놀라운 일들이 펼쳐질 것이다.
- 삶에서 늘 최고를 추구하면 실제로 최고의 인생을 산다. 무한한 존재가 나와 하나라는 사실을, 그리고 무한한 존재는 실패하는 법이 없다는 사실을 잊지 말자.
- 지금 이 순간 부유하고 성공한 삶을 살고 있다고 상상하라. 최대한 생생하게 상상하되 꿈을 이루는 것을 방해하는 장애물이나 문젯거리는 생각하지 마라. 마음속에서 상상하는 대로 삶에서 경험하기 때문이다. 마음속 상상은 곧 왕이며 절대군주다. 믿음을 주고 관심을 쏟으며 확신하는 것이 현실로 이루어진다.

12

마법의 시간에 확언해 부와 성공을 거머쥔 사업가 이야기

잠들기 전의 졸리고 나른하며 편안한 순간은 현재의식과 잠재의식의 경계가 흐릿해지는 때다. 그래서 마음 깊은 곳, 잠재의식에 새로운 아이디어를 주입하기에 적절한 마법의 시간이다. 새롭게 주입된 아이디어는 잠자는 동안 마음속 깊이 어두운 곳까지 닿는다. 그러면 잠재의식은 부와 번영을 이루고 성공하는 최고의 방법을 찾아낸다.

기업 임원인 로저는 경제적 곤경에 처하고 파산할까 봐 두려워서 잠들 수가 없다고 토로했다. 할 수 있는 데까지 최선을 다해 채권자들을 안심시키고 있었지만 얼마나 오래 기다려 줄지 모를 노릇이었다. 나는 그에게 '자신감, 부, 성공을 가져다주는 확언'[61]을 매일 밤 잠들기 전 차분하고 여유로운 마음으로 진심을 다해 되뇌라고 권했다.

로저는 매일 밤 확언을 실천했다. 잠재의식에 생명의 패턴을 새기자 그의 일상과 사업에 큰 변화가 일어났다. 로저가 몸담은 업계로 진출하려는 한 글로벌 기업이 있었다. 기업은 좋은 조건에 로저의 기업을 매수하겠다는 의사를 보내왔다. 기대했던 것보다 훨씬 더 큰 액수로 기업을 매각한 로저는 그간 밀린 빚을 청산하고 은퇴를 한 후 하와이에서 새로운 생활을 시작했다.

내면의 자아는 상상하지 못한 방법으로 모든 문제를 해결한다. 잠재의식은 마음속의 생각을 그대로 발전시켜 현실로 이뤄 준다는 사실을 깨달으면 모든 사람이 로저와 같은 경험을 할 수 있다.

마음에 확신의 씨앗을 심어라

"자신을 믿어라. 모든 이의 심장은 직감이라는 현을 튕겨 소리를 낸다."

에머슨이 자신감에 관해 남긴 말이다. 많은 사람이 자기 자신을 믿지 못하고, 자신의 능력을 비하한다. 그럴 때 찾아가 문을 두드려야 할 곳은 바로 우리 마음속이다.

자신감은 주관적 자아 깊숙한 곳에 있다. 잠재의식에까지 닿을 정도로 믿음과 확신을 가지면 삶의 모든 우여곡절을 이겨내고 모든 문제에 맞서 승리할 것이다.

지금은 작고한 옛 동료 올리브 게이즈 박사가 해준 이야기다. 한 내담자가 큰돈을 몰래 빼돌린 두 형에게 크게 분노했다. 형들이 돈을 가로채 간 이후 경제적 상황이 무척 어려워졌기 때문이다. 게이즈 박사는 남성이 자신감을 되찾을 수 있게 도와주며 '형들을 향한 증오에서 벗어날 수 있게 해주는 확언'[62]을 알려줬다.

사랑과 확신이라는 씨앗을 마음속에 심자 증오심이 녹아내렸다. 남성은 오래전부터 연로하신 할머니를 돌봐 왔다. 요양원에 들어가기 싫어 혼자 지내는 할머니를 하루에 두 번 찾아가 보살폈다. 할머니가 필요한 물건을 사다 드리고 공과금도 대신 처리했으며 매주 일요일에는 할머니를 차로 교회에 모셔다드렸다. 할머니가 적은 액수의 노인 연금으로 생활한다는 것을 알았던 그는 할머니에게 한없는 사랑과 친절을 베풀었다. 할머니를 보살폈다고 해서 그 어떤 보상도 기대하지 않았다.

할머니는 어느 날 저녁 갑자기 세상을 떠났다. 이후 변호사의 전화를 받은 남성은 깜짝 놀랐다. 할머니가 수만 달러에 이르는 재산을 자신에게 남기고 떠나셨던 것이다. 두 형에게 사기당한 돈보다 훨씬 많은 금액이었다. 할머니에게 사랑과 선의를 베풀며 형제를 용서하기까지 한 그는 삶에서 큰 축복을 받았다.

마음을 고요하게 다독여 부를 일구다

하루는 제지회사의 영업사원인 베티나가 걱정스러운 얼굴로 나를 찾아왔다. 그녀의 상사로부터 일을 효율적으로 하지 못한다는 비판과 이른 시일 내에 영업 실적을 개선하지 못하면 해고될 수 있다는 경고를 담은 서신을 받았기 때문이다.

나는 베티나에게 아침저녁으로 마음을 고요히 다스리고, 직장에서는 상상력을 건설적으로 활용해 보라고 제안했다. 상상력은 자신이 떠올려 상상하는 내용을 생산적으로 바꾸는 능력이다.

베티나는 내 지도에 따라, 형편없는 영업 실적과 실패로 가득하던 상상을 버리고 전혀 다른 상상을 하기 시작했다. 매일 아침과 밤에 5~10분씩 시간을 내어 마음을 차분히 하고 영업부장이 사무실의 전 직원 앞에서 자신의 영업 실적을 칭찬하는 모습을 상상했다.

영업부장과 악수하는 손길이 느껴질 정도로 또렷하게 상상했다. 상사가 미소 지으며 "뛰어난 실적을 거뒀군. 승진도 축하하네"라고 말하는 목소리까지 생생하게 들었다. 그녀는 매일 밤 잠들기 전에 이 장면을 상상하며 자신의 마음을 달랬다.

곧 베티나의 영업 실적이 오르기 시작했다. 3개월 뒤에는 부서의 관리자가 되어 더 높은 연봉과 성과급을 받았다. 이제 베티나는 성공 가도를 달리고 있다. 수동적이고 수용적인 상태에서 고요한 마음을 유지하며 상상을 반복하자 잠재의식에 상상이 전해졌다. 그러자 잠재의식은 베티나가 상상한 모습을 현실에 완벽하게 재현했다.

자신을 인정하면 부가 쏟아진다

처방약을 기다리다 젊은 약사와 대화를 나눴다. 약사 면허증의 성姓이 가게 이름과 같았다.

"가족이 함께 경영하는 약국인가 봐요?"

"정확하게는 아닙니다. 2년 전까지만 해도 대형 약국에서 약사로 일했어요. 하지만 약국 주인과 사이가 안 좋았어요. 정확히 말씀드리면 약국 주인이 윤리에 어긋나는 일을 하려 했는데 제가 반대했거든요. 그러자 제가 능력이 부족하다며 해고하더라고요."

"끔찍하네요."

약사는 내 말에 미소 지으며 답했다.

"아니에요! 결과적으로 전화위복이 되었어요. 무슨 일이 일어날 때마다 더 좋은 일이 생기리라는 걸 알았거든요. 무한한 지성이 저를 다음 단계로 인도하리라는 걸 알았어요. 장인어른께 해고됐다는 소식을 알리며 자초지종을 말씀드렸더니 크게 속상해하셨어요. 그러면서 약사로서의 능력을 믿는다며 돈을 빌려줄 테니 약국을 차리라고 하셨죠."

"그렇게 해서 이 약국을 운영하기 시작하셨군요."

얼마 전 지어진 듯 반짝이는 약국의 내부를 둘러보며 내가 말했다.

"약국이 아주 잘됐어요. 장인어른께 돈을 갚고 남은 돈으로 2호점을 냈습니다. 여기가 2호점이에요."

젊은 약사는 자기 자신을 신뢰했고 능력을 발휘해 성공하리라 믿었다. 그러자 정말 자신감이 응답해 믿음에 보답했다. 약사는 돈만 번 게 아니라 평정심과 안정감을 얻었고 보기 드문 유머 감각도 갖췄다. 자신감은 전염성이 있다. 자기 마음이 무엇을 원하는지 정확히 아는 사람에게는 자신감의 힘이 퍼진다.

그러니 나 자신을 인정하고 받아들여야 한다. 나는 세상에서 유일한 존재다. 사람마다 각각 다른 형상을 한다. 생각하는 대로 늘 응답하는 내면의 위대한 지성을 깊이 신뢰하면, 자기 자신을 이해하는 기준이 바뀐다.

칭찬은 다른 사람에 대한 믿음의 표현이다

오랜 친구의 아들 로비가 나를 찾아왔다. 교수가 미적분 강의를 추천했는데, 잘할 수 있을지 걱정된다고 털어놓았다.

"분명 낙제할 거예요. 미적분의 기초도 모르거든요."

"얘야, 난 그렇게 생각하지 않는단다. 네 능력을 믿지 않았다면 교수가 그런 제안을 했을 리가 없어. 게다가 더 중요한 건 네 안에 무한한 지성이 있다는 거야. 무한한 지성은 언제나 네게 응답을 준단다. 무한한 지성의 힘을 믿기만 하면 돼. 네가 마음의 법칙을 믿는다면 잘 해낼 것이라고 확신한단다. 교수님의 제안을 받아들였으면 좋겠구나. 학업에 정진하는 동안 네가 알아야 할 모든 것을 알게 될 거야."

내 칭찬과 격려를 들으며 로비는 활짝 웃었다. 그리고 미적분 과목에서 수석을 차지한 로비는 대학원에 진학해 석사학위 과정을 할지 고민하고 있다. 로비에게는 자신감을 북돋아 주고 자신을 인정해 줄 사람이 필요했을 뿐이다. 자기 자신과 타인을 진심으로 믿으면 자신과 타인의 삶에서 엄청난 기적이 일어난다.

아내의 내면에 잠들어 있던 자신감을 깨우다

"아내는 정말 똑똑한 사람인데, 교수로서는 잘 안 풀리네요."

애덤이 나를 찾아와 말했다. 법조계에서 떠오르는 스타 변호사인 애덤과 명문대 예술사 교수인 앤 부부는 나와 잘 아는 사이였다.

"이유가 뭐라고 생각하시나요?"

"야망이 부족해서 그래요. 아내가 가진 능력의 절반도 없는 사람들이 승진해서 잘나가는 걸 보면 속이 터져요. 아내는 자신을 과소평가하는 것 같아요. 아내를 붙잡고 입에 침이 마르도록 설득해 봤지만 아무 소용도 없습니다."

"새로운 방법을 써보는 게 어떻겠습니까?."

나는 애덤에게 앤을 대화로 설득하려 하지 말고 침묵 기법을 써보라고 권했다. 하루에 5분씩 서너 번은 '아내 안에 숨겨진 능력을 끌어올리는 확언'[63]을 하라고 했다.

"이렇게 하면 부인이 확언을 무의식중에 받아들일 겁니다. 그러면 부인의 잠재의식이 숨겨왔던 능력을 바깥으로 내보낼 거예요."

내 제안을 받아들인 애덤은 그날 오후부터 확언하기 시작했다. 3개월 뒤 앤의 논문이 학술지에 등재되었고 종신 교수직도 제안받았다. 여름에 이탈리아에 머무르며 오랫동안 주목받지 못한 르네상스 시대 화가들에 관련해 연구할 기회도 얻었다. 아내의 내면에 숨겨진 능력을 믿은 남편이 확언을 하자 아내의 능력이 바깥으로 모습을 드러낸 것이다.

조셉 머피의 미라클 노트

- 누군가에게 원한을 품었다면 그 사람의 삶에 축복이 가득하길 빌며 그 사람을 미움으로부터 놓아줘야 한다. 사랑으로 마음과 영혼을 채우면 모든 원망과 원한이 사라져 인생에 좋은 것들이 가득할 것이다.
- 잠들기 전 번영, 성공, 부를 향한 생각을 잠재의식에 전해 보라. 이를 습관으로 만들면 삶에 부와 성공의 패턴이 새겨질 것이다. 잠재의식은 충동적인 힘을 지녔기 때문에 생각한 것을 구현한다. 내면에 잠들어 있던 힘이 풀려나 삶에서 영원히 좋은 것들을 누릴 것이다.
- 나는 생명과 부를 상속받았음을 알고 믿어야 한다. 그러면 늘 변화하는 세상 속에서 평화와 부를 누리며 살 것이다.
- 타인의 자질, 능력, 재능, 장기를 칭찬해 보라. 칭찬은 기적을 일으키는 힘이다. 타인을 칭찬해 보라.
- 배우자나 주변 지인을 속으로 칭찬하면 그들에게 부를 전할 수 있다. 마음은 시공간의 제약을 받지 않는다. 배우자가 엄청난 성공을 거둬 모든 방면에서 번영할 수 있다고 믿으면, 배우자의 잠재의식에 그 믿음이 전해져 배우자는 그 믿음대로 성공할 것이다. 바라는 것은 이뤄진다.

13

침묵의 힘으로 수백만 달러의 매출을 올린 사업가 이야기

"침묵은 훌륭한 것들이 모두 결합한 요소다."

영국 철학자 토머스 칼라일의 말이다. 〈포춘〉 선정 글로벌 500대 기업 중 하나인 미디어 기업의 부회장 엘리너와 대담을 나눈 적이 있다. 엘리너의 사무실 벽에는 위의 문장을 새긴 나무판이 걸려 있었다. 엘리너는 이렇게 말했다.

"제가 성공을 거둔 것은 모두 저 글 덕분입니다. 저는 매일 아침 출근하기 전 15분 동안 명상합니다. 바깥세상을 향한 감각을 거둬들이고 제 몸을 차분히 합니다. 그리고 눈을 감고 저를 비롯한 모든 사람의 내면에 있는 무한한 지성의 위대한 진리를 생각하지요."

엘리너는 명상하는 동안 새롭고 창의적인 아이디어가 떠오르고, 그날의 회의가 성공적으로 진행되고, 위대한 지혜를 발휘해 자신이 올바른 말을 할 것이며, 기업 운영에 관한 모든 결정이 옳은 방향으로 전개될 거라고 조용히 확언한다.

15분간의 명상을 마치고 나면 평화의 강이 자신 안에 흐르는 모습을 5분간 상상한다. 고요 속에서 상상하다 보면 사업에서 어려웠던 사안이나 며칠 동안 골머리를 앓았던 개인적 문제를 해결할 방법이 갑자기 머릿속에 불쑥 떠오르기도 한다.

"고요한 상태에서 답을 구하는 게 문제의 해결책을 찾는 가장 빠른 방법이라는 걸 깨달았습니다. 저는 마음속에 해답이 떠오를 거라는 걸 알아요. 한 시간 만에 바로 해답이 떠오르기도 하고 몇 날 며칠, 심지어 몇 주가 걸릴 때도 있지만 결국 떠오르기는 합니다. 신기한 점은 다른 일로 바쁠 때 문제에 대한 응답을 받는다는 거예요. 잠재의식이 문제 해결에 필요한 모든 정보를 수집하다가 때가 되면 이성적인 현재의식에 불현듯 응답을 가져다주는 것 같아요."

이런 식으로 떠오른 응답 중에는 엘리너에게 크나큰 도움이 된 것들도 있었다. 최근 고요한 상태에서 불현듯 떠올린 아이디어를 적용한 신규 사업은 회사의 시장 가치를 몇백만 달러 이상 높여 주었다.

고요한 마음은 비판적이고 파괴적인 생각을 쫓는다

서비스 업체에 다니는 더그는 최근 부장으로 승진했다. 하지만 자신이 관리하는 부하직원보다 나이가 어리고 근속기간도 짧았기 때문에 더그는 직원들의 입방아에 자주 오르내렸다. 더그의 말을 들은 내가 물었다.

"그런 말씀을 굉장히 침착하게 하시네요. 이 상황을 어떻게 헤쳐나가고 계십니까?"

"동료들의 부정적인 생각과 말은 제가 받아들이지 않는 한 제게 아무런 영향도 미치지 못해요. 제가 하는 선한 생각은 창조적이며 힘이 깃들어 있어요."

더그는 위대한 일을 해낼 운명을 타고난 현명한 젊은이다. 그는 타인이 자신에게 어떤 말을 하든, 자신이 마음속으로 받아들이지 않으면 그 어떤 영향도 미치지 못한다는 것을 잘 알고 있다. 타인의 말은 나 자신에게 아무런 힘도 미치지 못한다. 생각은 창조적이며 모든 사람은 자기 마음의 주인이다. 따라서 자신을 방해하거나 조종하려는 사람이 있다면 긍정적인 힘을 발휘해 이를 거부해야 한다.

독일 속담에 "거짓말은 다리가 짧다"라는 말이 있다. 진실은 금세 밝혀진다는 뜻이다.

마음을 조용히 가라앉히는 법

"혼란스럽고 문제투성이인 이 세상에서 어떻게 마음을 조용히 다스릴 수 있을까요? '마음이 고요해야 할 일을 끝마칠 수 있다'라는 말을 저도 압니다. 그렇지만 신문을 읽고 라디오를 듣고 TV를 볼 때마다 자극적인 뉴스 때문에 마음이 어지럽습니다."

얼마 전 한 사업가와 대화를 나눈 끝에 그가 물었다. 나는 두려움과 불안을 가라앉히고 할 일을 끝마칠 수 있도록 그가 겪고 있는 문제를 덜어 주겠다고 했다. 하루 종일 전쟁·범죄·고통·질병·사고·불행으로 가득 찬 생각을 한다면 자연히 우울과 불안, 공포를 느낄 것이다.

반대로 매일의 근심과 걱정거리에서 눈을 돌려 삶의 위대한 원칙과 진리에 관심을 기울이며 성찰한다면 내면의 정신이 안전함과 평온으로 가득 차는 것을 느낄 것이다.

> 나는 내 마음의 고요 안으로 들어가 신성하고도 영원한 진리를 묵상합니다.

사업가는 위의 확언을 하루 세 번 마음속에 채우며 사소한 것은 잊고 위대하고 경이로우며 좋은 것들에 대해 생각하기 시작했다. 세상의 시련과 문젯거리에 대해 시시콜콜 이야기하지 않고 완전히 등을 돌리자 근심과 걱정이 사라졌다. 그는 문제투성이 세상에서 고요한 마음을 갈고닦기 시작했다. 평화가 자신의 마음을 지배하도록 자리를 내주었다. 갈수록 그의 의사 결정력은 더욱 날카로워졌고, 그의 사업은 더욱 번창했다.

마음의 안정이 필요할 땐 타인을 축복하라

마크가 샌프란시스코에서 비행기를 타고 나를 찾아왔다. 그는 엄청나게 긴장해 있었다. 의사는 그를 불안장애라고 진단했다. 불안장애의 주요 증상은 만성적 걱정과 극도의 긴장이다. 대기업 영업부장으로 일하며 경제적으로 성공한 그는 기업 회장과 부회장의 총애를 받는 인재였다. 그와 잠시 대화를 나눠 보니 불안의 원인을 알 수 있었다. 경쟁사 임원이던 대학 동기가 최근 CEO로 임명되었기 때문이었다.

"참을 수 없이 화나요! 그 녀석은 대학 시절부터 늘 저를 앞서갔죠.

사교클럽 대표를 뽑는 선거 때도 전 그 친구 때문에 회장이 되지 못했어요. 제 연인까지 뺏어서 결혼했고요. 그런 그가 이젠 CEO까지 되다니요!"

나는 마크에게 유일한 경쟁은 머릿속에서 성공과 실패가 충돌하는 것이라고 설명했다. 그는 패배가 아니라 승리하기 위해 태어났으며 무한한 지성이 내면에 있으므로 실패할 수 없다는 말도 덧붙였다. 잠재의식의 법칙은 충동이기 때문에 성공에 관심을 집중하면 잠재의식이 모든 힘을 발휘해 그를 도와줄 것이라는 말도 해줬다.

과거는 힘이 없으며 중요한 것은 지금 이 순간이라는 사실을 그는 깨달았다. 마크를 더욱 가난하게 만드는 것은 질투심이었다. 절대로 지녀서는 안 될 최악의 마음가짐이다. 부정적인 생각과 열등감이 마크의 질투심과 시기심을 자극해 정신과 감정에 더욱 큰 혼란을 일으키기 때문이다. 마크가 삶에서 목표를 달성하고서도 성장할 수 없던 것도 바로 그 이유였다.

해결책은 간단했다. 마크는 질투의 대상이던 친구가 더욱 행복하고 성공한 삶을 살기를 진심으로 바라며 '친구를 위한 축복의 확언'[64]을 하기 시작했다.

몇 주가 지나자 마크의 마음속에서 질투심이 사라졌다. 마크는 그동안 겪은 불안과 극도의 긴장감이 전부 다 마음에서 비롯된 거란 걸 깨달았다. 최근 마크는 기업 부회장으로 승진해 승승장구하고 있다.

주변 사람이 승진하거나 성공을 거머쥐고 부자가 된 데 대해 질투와 시기심이 일어난다면, 그 사람이 모든 방면에서 더욱 번영하고 성공하기를 진심으로 확언해 보라. 그러면 마음이 치유되고 무한한 부를 향한 문도 활짝 열릴 것이다. 마음이 풍요로워야 칭찬과 사랑, 기쁨과 웃음을 주변 사람에게 선사할 수 있다. 용기와 믿음, 확신을 주변에 나누고 다른 사람들이 축복받기를 확언해야 나도 축복받을 수 있다. 또한 마음 속 시기심과 열등감, 결핍감도 사라질 것이다.

침묵에서 응답을 얻는 방법

능력과 성공, 힘, 부는 평정심과 생명의 원리 그리고 잠재의식이 응답하리라는 사실을 믿을 때 자신에게 다가온다.

피터는 매일 아침 일어나 이 진리를 느긋하고 차분하게 진심을 담아 되뇐다고 한다. 그는 잠재의식에 진리가 새겨지면 성공하고 건강하며 활기찬 인생을 살 수 있을 뿐 아니라 창조적인 아이디어까지 떠오른다는 사실을 알고 있었다.

피터는 대기업 창립자이자 12개 기업의 이사회 소속 임원이며 다양한 분야의 기업 임원들이 신뢰하는 고문이다. 전 세계를 돌아다니며 일하고 있는 피터는 만나는 사람들에게 확언이 적힌 카드를 나눠준다고 했다. 내게도 카드 한 장을 주었다.

그는 30년 전 유럽으로 향하는 배 안에서 자기 인생을 변화시킨 남성을 만난 이야기를 들려주었다. 그 역시 피터에게 영원한 진리와 법칙을 담은 구절을 알려 주고, 반복해서 외우면 가슴 깊은 곳에 잠들어 있던 힘을 일깨울 수 있다고 했다. 덕분에 그는 쭉쭉 뻗어 나가고 있다.

다음 확언을 자주 되뇌면 진심으로 원하는 것들이 예상하지 못한 방식으로 이뤄질 것이다. 확언을 활용하면 차분하고 고요한 마음에서 비롯되는 여러 이점을 경험할 것이다.

나는 차분하며 평화롭습니다. 내 마음과 정신은 선의와 진리, 아름다움으로 고무됩니다. 나의 마음이 차분해집니다. 진정한 자아는 이제 스스로 움직이며 내 몸에 평화와 조화, 건강을 가져다주고 모든 일을 관장합니다. 나는 마음속 깊이 신성함을 느낍니다. 내 몸이 저절로 움직이는 것이 아니라 내 생각과 감정에 따라 몸이 움직인다는 것을 압니다.

이제 나는 내 몸에 차분하고 고요하라고 말합니다. 몸은 내 말에 순종합니다. 나는 물질세계에서 관심을 거두고, 내 안의 집에서 향연을 즐깁니다. 나는 조화와 건강, 평화 속에서 명상하며 향연을 즐깁니다. 나는 평화롭습니다.

조셉 머피의 미라클 노트

- 공자는 "군자는 언제나 태연하고 차분하다"라고 했다. 건강하고 부유하며 놀라운 성과를 달성하는 비밀은 '고요한 마음'을 단련하는 것이다. 마음이 고요하면 큰 부를 경험한다.
- 이미 답을 안다는 사실을 이해하고 해답과 해결을 곰곰이 생각해 보라. 잠재의식에서 창조적인 해답이 떠올라 삶에 혁신이 일어날 것이다.
- 타인의 의견이나 발언, 행동은 내게 해를 끼칠 수 없다. 내 생각을 움직이게 하는 것은 내 안의 창조력이다. 내 마음을 지배하는 것이 다른 사람의 생각인지 내 생각인지 돌아봐야 한다.
- 진리가 잠재의식까지 전해져 모든 두려움과 걱정이 사라지고 평정과 평화가 마음을 다스리는 것을 느껴 보라.
- 삶에서 겪는 유일한 경쟁은 머릿속에서 충돌하는 성공과 실패다. 우리는 패배가 아니라 승리하기 위해 태어났다. 무한한 힘이 우리 안에 있으므로 실패할 수 없다. 성공에 관심을 집중해 보라. 잠재의식이 모든 힘을 발휘해 뒷받침하며 성공하도록 도와줄 것이다. 확언하는 사람은 늘 번성한다.

14

잠재의식을 통해 진정한 사랑의 의미를 깨달은 남성 이야기

잠재의식 안에는 놀라운 치유력이 잠들어 있다. 이 힘은 위태로운 경제적 상황뿐만 아니라 부부간 불화나 감정적 고통 등 인간관계에서도 효과를 발휘한다.

"아내가 돌아오게 할 확언을 써주시길 부탁드립니다."

부은행장인 조지가 딱딱하고 사무적인 말투로 의뢰했다. 내가 물었다.

"부인이 어디 가셨나요?"

"모르겠습니다. 20년을 같이 살았는데, 하루아침에 저를 떠났어요. 이게 말이 됩니까? 20년간 저희는 행복한 결혼생활을 이어갔습니다. 그런데 어느 날 클리블랜드에서 회의를 마치고 돌아와 보니 아내가 이혼을 원한다는 쪽지 한 장을 남긴 채 떠나고 없더군요. 대체 어떻게 이런 일이 있을 수 있죠?"

"무엇을 바라면서 제게 확언을 써달라고 하신 건가요?"

"말씀드렸잖아요, 아내를 돌아오게 만들고 싶다고요! 그런 짓을 하다니 지금 제정신이 아닌 게 분명합니다. 아내를 다시 돌아오게 할 방법을 알려 주세요. 돌아오면 제정신을 단단히 차리게 해줄 거예요."

이야기를 나눠 보니 조지는 아내를 한 개인으로서 존중하기는커녕 제멋대로 지배하려 드는 사람이었다. 독선적이고 소유욕이 강했다. 나는 그에게 어떤 방식으로든 타인에게 강요하거나 정신적으로 압박을 주고 영향력을 미치려는 사고는 잘못된 것이라고 설명했다. 자신을 원하지 않는 여성을 억지로 곁에 두려 하면 안 될 노릇이었다. 아내가 스스로 결정할 권리를 존중해야 했다. 나는 찬찬히 설명했다.

"아내가 이유 없이 불현듯 떠나 버렸다고 하셨지요? 그건 사실이 아닙니다. 부인은 집을 떠나 새로운 삶을 사는 상상을 오랫동안 하셨을 거예요. 결국 그 상상을 구체적으로 실현한 거지요. 한순간에 짐을 싸 떠난 것처럼 보이지만, 잠재의식은 충동적인 본성을 지니고 있으니 부인은 오랫동안 떠나는 상상을 하셨을 거라는 뜻입니다. 몸과 마음이 서로 다른 곳에 있으면 몸은 결국 마음이 있는 곳으로 향하는 법이거든요."

사랑은 소유하는 것이 아니며 질투하는 것도 아니다. 사랑은 지배하거나 강요하는 것이 아니다. 누군가를 사랑한다면 그 사람이 행복하고 기뻐하며 자유로워하는 모습을 보고 싶은 게 당연하다. 사랑은 자유다.

내 말을 주의 깊게 듣던 조지는 마침내 입을 열었다.

"그래도 확언을 써주셨으면 좋겠습니다. 가장 최선의 결과를 일으켜 줄 확언을 부탁드립니다."

조지의 요청에 따라 나는 '아내를 떠나보내는 확언'[65]을 써줬다. 조지는 확언의 내용을 진심으로 믿으며 성실히 실천했다. 몇 주 뒤 아내가 조지에게 전화를 걸었다. 아내는 이혼 서류를 모두 준비했다고 전하며 조지를 떠나고 싶은 이유를 차근차근 설명했다. 결국 두 사람은 이혼했고 나중에 각각 재혼했지만 서로 연락을 주고받으며 지낸다.

무한한 지성은 모든 방면에서 지혜롭다. 올바른 행동을 하도록 인도해 달라고 확언하면 무한한 지성이 모든 일을 알아서 처리해 준다. 조지가 힘든 상황을 올바르게 처리했기 때문에 사랑의 법칙이 그에게 평화와 평안을 가져다줬다. 사랑이란 건강과 행복, 번영 그리고 마음의 평화를 표현하는 것이다.

다른 사람을 놓아주면 사랑이 돌아온다

54세의 장성한 아들 때문에 걱정이라는 노부인이 찾아왔다.

"아들 부부가 눈만 마주치면 싸우니 손주들이 뭘 보고 자라겠어요. 아들 내외가 아이들을 키우는 방식도 마음에 안 들고요. 그래서 그런지 손주들도 아주 제멋대로예요!"

"아들 부부가 사이좋게 지내길 바라시는 건가요?"

"그럼요. 그래서 박사님을 뵈러 온 걸요."

"그렇다면 아드님의 결혼생활에 간섭하시면 안 됩니다. 아들과 며느리 안의 무한한 지성이 알아서 해결할 테니까요. 머나 씨가 생각한 대로 아들이 행동하고 생각하기를 바라는 건 이제 멈추셔야 합니다. 아드님을 자유롭게 놓아주고 마음의 안정과 평안을 얻으세요."

상담을 마치기 전 나는 머나에게 '아들 부부와 손자에게 매인 자신을 자유롭게 하는 확언'[66]을 써줬다. 진심으로 확언한 지 몇 주가 흐른 뒤, 머나는 지금까지 느껴 본 적 없는 내면의 평화와 평안을 느꼈다. 타인을 자유롭게 놓아주면 모두가 자유로워진다는 단순한 진리를 깨달았기 때문이다.

사랑하는 사람과 친구들이 내면의 힘을 스스로 발견하도록 두어야 한다. 타인에게 내 의견과 믿음을 강요해서는 절대 안 된다. 만약 아끼는 사람이 실패를 겪는다고 해도 그 경험이 인생의 전환점이 될 수도 있다. 무한한 힘은 늘 잔잔한 미소를 띤 채 모든 사람의 내면에 자리 잡고 있다. 타인을 자유롭게 두고 믿으면 모두가 자유에서 오는 부를 누릴 것이다.

부모님의 마음를 되돌린 진정한 사랑

대프니는 능력이 출중한 사람이었다. 20대 중반이라는 젊은 나이에 벌써 대형 제약회사 중간급 관리자로 승진했다. 그런 그녀가 어느 날 나를 찾아와 무척 속상한 일이 있다고 하소연했다. 대프니는 같은 회사에서 생화학자로 근무하는 미겔과 사귀고 있으며 아직 약혼은 하지 않은 상태였다.

"다시 만나서 반갑네요. 그런데 왜 행복해 보이지 않죠?"

대프니가 지긋지긋하다는 듯 말했다.

"어머니 때문이에요. 남자친구가 아르헨티나 출신의 유대인이에요. 저희 어머니는, 좋게 표현하면 약간 보수적인 분이고요."

"편견 있는 분이라는 말씀이군요. 미겔의 출신과 종교 때문에 두 사람이 결혼하는 걸 달가워하지 않으신다는 거죠?"

대프니가 와락 울음을 터뜨렸다. 휴지를 건네준 뒤 대프니가 울음을 그칠 때까지 기다렸다. 얼마 뒤 대프니가 다시 입을 열었다.

"어머니가 사람을 그렇게까지 싫어할 수 있다는 걸 처음 알았어요! 미겔의 흉을 보면서 저한테 어울리지 않는 사람이라고 해요. 미겔에게 '더러운 외국인'이라고 한 말이 가장 점잖은 표현일 정도예요!"

"어머니가 왜 그렇게 반응하시는 것 같아요?"

내가 물었다. 대프니가 씁쓸한 표정을 지으며 답했다.

"몇 년 전 아버지와 이혼한 뒤 어머니는 돈이라는 사람과 사귀고 있어요. 그런데 돈은 편견이 아주 심한 사람이에요. 게다가 멍청한 조카가 있는데, 어머니는 저와 그 조카를 이어 주려고 해요. 어떻게 이럴 수가 있죠? 어머니는 이래라저래라 간섭하면서 제 삶을 망치려고 해요! 더 이상 이렇게는 못 살겠어요."

"무슨 말씀인가요?"

나는 불안해졌다. 대프니가 시선을 피하며 말했다.

"얼마 전부터 이런 생각이 들었어요. 고통이나 두려움으로부터 도망치고 싶다는…. 잠들고 난 뒤 다시 깨어나지 않으면 너무 편할 것 같아요. 아주 위험한 생각이라는 건 잘 알아요. 하지만 이런 생각을 떨쳐내지 못하겠어요. 마음이 약해졌을 때 혹시나 잘못된 선택을 할까 봐 무서워요."

"샤워하던 중 비누가 손에서 미끄러지는 느낌을 아세요?"

"그럼요. 그런데 그건 왜요?"

대프니가 내 질문에 깜짝 놀란 듯 답했다.

"그럴 때 보통 어떻게 하시죠?"

"음, 떨어뜨리지 않으려고 비누를 더 세게 쥐죠. 그러면 비누가 미끄러져서 바닥으로 떨어지고요."

"바로 그거예요. 지금 이 상황에서 당신이 그 비누입니다. 어머니는 당신이 손안에서 빠져나가려 한다고 생각하죠. 그래서 더 세게 쥐려는 거예요. 하지만 당신은 마음속 깊이 빠져나가야 한다는 걸 알죠. 그 느낌이 무조건 맞습니다. 하지만 지금 생각하는 그 고통스러운 방법이 유일한 탈출구는 절대 아닙니다. 당신은 발전하고 성장하기 위해 이 세상에 왔습니다. 일부러 생명을 끊어내려 온 게 아니에요."

"무슨 말씀이신지 알겠어요. 하지만 어떻게 해야 할까요? 저는 미겔을 사랑해요. 국적이 다르고 종교가 달라도 전혀 상관없어요. 전 미겔과 결혼하고 싶어요!"

대프니가 두 손을 꼭 쥐며 말했다. 나는 중요한 점을 지적했다.

"당신은 성인입니다. 인생의 반려자를 직접 선택할 권리와 의무가 있어요. 마음속 깊이 이미 알고 있듯 사랑에 종교나 인종, 피부색 같은 건 중요하지 않습니다. 사랑은 모든 외적인 차이를 초월합니다. 그와 결혼하겠다고 결정하는 순간부터 치유가 시작될 겁니다. 무서운 생각도 영원히 사라질 거고요."

3주 뒤, 나는 대프니와 미겔의 결혼식 주례를 섰다. 그러고 나서 대프니는 어머니에게 전화해 결혼식을 마쳤으며 남미로 신혼여행을 떠나는 길이라고 알렸다. 불같이 화를 내는 어머니에게 대프니는 이렇게 말했다.

"어머니, 더 이상 제게 간섭하지 마세요. 이제는 제 소신대로 살겠어요. 안녕히 계세요."

이후 대프니에게 편지를 받았다. 남편과 함께 부에노스아이레스에 살며 같은 제약회사에 다닌다는 소식이 적혀 있었다. 두 사람은 무척 행복한 결혼생활을 하며 삶에서 풍요로움을 누리고 있다. 대프니의 어머니는 이후 내게 상담을 받아 딸과 화해했다. 사랑은 크나큰 보상을 가져다준다.

새 삶을 살게 놓아주니 부가 찾아왔다

샌디에이고에 있는 동안 프랭크와 도리스 부부가 찾아왔다. 미국 동부에서 대학을 다니던 딸 엘런이 느닷없이 학교를 중퇴하고 남자친구와 하와이로 떠나 버리자 부부의 근심은 이루 다 말할 수 없었다.

"두 사람은 왜 하와이로 간 거죠?"

"서핑족으로 지내러 갔을 거예요. 달리 이유가 없거든요."

프랭크가 씁쓸하게 말했다

"엘런과 남자친구는 고등학교 시절부터 알고 지내던 사이에요. 남자친구는 전문 서핑 선수고요."

도리스의 말에 프랭크가 말꼬리를 잡았다.

"서핑에 전문 선수 같은 게 있나?"

"엘런에게서 연락은 왔나요?"

"네, 두 번 전화가 왔어요. 목소리를 들으니 마음이 좀 놓이더군요."

"돈이 필요해서 전화한 거예요. 돈은 절대 안 보낼 겁니다!"

프랭크가 목소리를 높이자 도리스의 목소리도 커졌다.

"여보, 돈 보내 주기로 했잖아요."

부부의 대화를 끊고 내가 말했다.

"따님은 성인입니다. 부모님의 간섭을 받지 않고 자기 뜻대로 인생을 살 권리가 있어요. 하지만 따님이 나태하게 사는 데 일조하는 것은 도덕적으로나 윤리적으로 잘못된 일입니다. 자꾸 오냐오냐하다 보면 따님은 징징대고 남에게 의지하는 사람이 되어 버려요. 돈을 너무 쉽게 자주 주시면 따님은 독립심을 기를 수도 없고 두 분도 속상하기만 할 겁니다."

오랜 상담 끝에 도리스와 프랭크는 딸을 완전히 놓아주기로 했다. 마음의 법칙을 올바르게 사용하면 무한한 치유력이 딸을 올바른 길로 이끌어 줄 거라 믿었다. 나는 둘에게 확언을 써줬다.

> 나는 딸을 온전히 놓아줍니다. 생명의 원리와 질서가 딸의 삶 전체를 관장합니다.

상담한 지 6주가 지나도록 도리스와 프랭크는 엘런에게 아무런 연락도 받지 못했다. 돈을 보내 주지는 않았지만 밤낮으로 딸을 위해 확언했다. 7주 차가 되던 주의 화요일, 엘런이 보낸 편지가 도착했다. 딸은 현재 하와이에서 가장 큰 호텔 리조트에서 일하고 있으며 다음 학기에 하와이대학교에 편입해 학사 학위를 취득할 거라고 소식을 전했다. 갑작스레 떠나며 부모님에게 상처를 준 데 대해 죄송하다며 용서를 구한다고도 쓰여 있었다.

그날 도리스는 내게 전화해서는, 남편과 함께 딸을 만나러 하와이로 갈 계획이라고 했다. 얼마 뒤 도리스와 프랭크 가족이 하와이에서 보낸 엽서가 도착했다. 다시 만난 가족이 예전처럼 잘 지낸다는 기쁜 소식이 담긴 엽서였다. 도리스와 프랭크는 모든 것을 알며 내다보는 무한한 힘에 딸을 온전히 맡겼다. 무한한 힘은 인생에 평화와 기쁨만을 가져다준다.

치유력을 믿으니 엄청난 돈이 들어왔다

멕시코시티행 비행기에서 옆자리에 앉은 낸시와 대화를 나눴다. 뉴욕 출신 간호사인 낸시는 멕시코의 한 어린이병원으로부터 초청을 받고 멕시코시티로 향하는 길이었다. 낸시는 설레어 보였다.

"예전에 초청받았을 때는 결혼해서 갈 수가 없었어요. 이번에는 잃어버린 것을 되찾으러 모험을 떠나는 기분이에요. 정말 기대됩니다."

"이혼하셨나요?"

"네. 정신과 병동 간호사였던 마이크와 5년간 부부로 살았어요. 그런데 어느 날 마이크가 이혼하자고 하더라고요. 병원에 근무하는 다른 동료와 사랑에 빠졌다면서요."

"힘든 시간을 보내셨겠네요."

"네, 아무렴요. 정말 충격이었죠. 하지만 마이크에게 바람처럼 자유롭게 하고 싶은 대로 하며 행복하게 살라고 했어요. 사랑은 언제나 자유로워야 한다는 걸 알고 있었거든요. 제가 화내거나 속상해하지 않는 모습을 보고 오히려 마이크가 놀랐을 정도예요. 진정한 사랑은 소유하지 않는 것이라 말하며 '당신을 자유롭게 놓아주면 나도 자유로워지는 거야'라고 설명했어요. 마이크가 제 말을 완전히 이해했는지는 모르겠지만 어쨌든 고마워하더라고요."

"저는 이해했습니다. 그 뒤로 낸시 씨는 모든 일이 잘 풀린 것 같은데요. 전남편 분은 어떻게 되셨나요?"

내 질문에 낸시가 슬픈 목소리로 말했다.

"안타깝지만 잘 지내지 못하고 재혼한 지 몇 개월 만에 헤어지더니 작년에 급성 심장마비로 세상을 떠났답니다. 그런데 마이크의 생명 보험금 수령인이 저로 되어 있다는 사실을 알고 깜짝 놀랐어요. 액수도 꽤 컸거든요. 보험금 덕분에 이번 멕시코행을 결정할 수 있었어요. 멕시코 병원은 월급이 그다지 많지 않거든요."

전남편을 자유롭게 놓아주고 삶에 축복을 빌어 주며 낸시는 사랑과 선의를 실천했다. 그 결과 자신이 베푼 사랑과 선의의 대가를 수천 배로 돌려받았다.

모든 동료에게 치유력을 전파하다

샌디에이고에 있는 호텔에서 며칠간 강연한 적이 있었다. 전 세계 선박들이 정박해 있는 아름다운 항구가 보이는 호텔이었다. 일정 중 하루는 면담을 위해 비워 두었다. 첫 번째 내담자는 대학을 갓 졸업하고 증권사에서 수습사원으로 일하고 있는 주디였다. 주디가 열띤 목소리로 말했다.

"지금 하는 일이 정말 좋아요. 일도 재미있고 급여도 괜찮아요. 장기적으로 보면 전망도 좋고요."

"그럼 뭐가 문제일까요?"

내가 미소 지으며 물었다. 주디가 얼굴을 붉히며 답했다.

"문제는 교육을 함께 받는 다른 직원들이에요. 저는 대개 사람들과 잘 지내는 편인데요. 이 사람들은 너무 부정적이에요! 프로그램도 맘에 안 들고 급여도 적은 데다 상사들도 못마땅하다며 맨날 불평만 해대요. 이 사람들은 아마 로또 1등에 당첨돼도 실수령액이 너무 적다며 불평할걸요! 온종일 부정적인 에너지를 뿜어대는 사람들과 있으니까 너무

지치더라고요. 퇴근할 때가 되면 너무 우울해져서 몸이 축축 처져요!"

"한 가지 제안을 해도 될까요?"

나는 주디에게 함께 훈련을 받는 모든 직원의 이름을 적고 매일 출근하기 전과 퇴근한 뒤에 '회사 동료들을 축복하는 확언'[67]을 하라고 했다.

다음 달이 되자 교육에 가장 불만이 많던 몇몇 동료가 업계를 떠났다. 남은 사람들은 일에서 만족을 찾으며 점점 더 긍정적인 태도로 업무에 임하기 시작하더니 모두 기분 좋게 일했다.

교육이 끝난 후 다음 기수가 입사하자 회사는 주디에게 오리엔테이션에서 교육 후기를 발표해 달라고 부탁했다. 주디는 새로운 참가자들이 열정적이고 긍정적이며 건설적인 사고방식을 갖춘 것에 기뻐했다. 주디는 다른 사람을 축복하면 그들이 좋은 일들을 누리는 데 도움을 줄 뿐만 아니라 자신에게도 큰 축복이 돌아온다는 사실을 깨달았다.

조셉 머피의 미라클 노트

- 무한한 치유력은 어디에나 존재한다. 이 치유력은 베인 상처와 화상을 입어 생긴 물집을 낫게 하며 피부를 원래 상태로 회복시킨다. 무한한 치유력은 부부간 불화와 경제적 어려움도 해결한다. 치유력은 모든 문제의 해결책이다.
- 결혼한 아들딸이 부모의 생각과 행동, 믿음을 그대로 따라야 한다고 우기는 것은 어리석은 일이다. 자녀가 자유롭게 살도록 놓아줘야 한다. 의견이 없으면 마음고생 할 일도 없다.
- 배우자가 짐을 싸고 떠난다면 그 결정을 존중해야 한다. 배우자가 돌아와야 한다고 감정적으로 강요하며 압박하는 것은 잘못된 행동이다. 무한한 지성이 모든 방면에서 배우자를 안내해 줄 것임을 깨달아야 한다. 그러면 두 사람 각자의 인생에 축복이 가득할 것이다. 사랑은 소유하지 않는 것이다. 사랑은 자유로운 것이며 주는 것이다.
- 사랑한다면 사랑하는 이를 언제나 자유롭게 해줘야 한다. 사랑은 소유하지 않는다. 아내든 남편이든 누군가를 사랑한다면 그 상대가 기쁘고 자유로우며 행복하게 사는 모습을 보고 싶은 게 당연하다. 그 사람이 자신의 모습대로 사는 것을 보고 흡족해할 줄 알아야 한다. 배우자가 다른 사람과 불같은 사랑에 빠지더라도 그의 삶에 축복이 가득하길 바라며 자유롭게 놓아줘야 한다. 사랑은 상대방을 자유롭게 놔주는 것이다.
- 자녀가 성인이 되면 자유롭게 살도록 놓아줘야 한다. 인내심을 갖고 내면의 무한한 지성을 믿어 보라. 마음속에서 갈등하면 안 된다. 무한한 지성은 모든 것을 알고 모든 것을 본다. 무한한 지성에게 신뢰와 믿음을 주는 일만 남았다. 믿고 또 믿으면 정말 믿는 대로 된다.

15

돈 때문에 우정을 잃고 싶지 않았던 의사 이야기

알레르기내과 전문의 마거릿은 나와 수년 동안 알고 지낸 사이이다. 최근 한 친구가 자신에게 치료를 받은 뒤 몇 달 동안 치료비를 내지 않고 있다고 털어놓았다. 지금까지 밀린 치료비가 수천 달러에 달했다.

"친구가 경제적으로 어려운 상황이라면 그냥 안 받고 말았을 거예요. 하지만 자기 분야에서 꽤 성공을 거둔 데다가 물려받은 재산도 많아요. 아마 제게 지불하지 않은 금액보다 더 많은 돈을 한 달 외식비로 쓸걸요."

"친구와 이 내용을 이야기해 보셨나요?"

"아, 네. 전화로 얘기했죠. '혹시 네가 잊어버렸나 해서…'라고 운을 띄우며 아주 조심스럽게 물어봤어요. 그랬더니 갑자기 발끈하면서 치료비가 비싸기만 하고 효과도 없다고 주절주절 불평하더라고요. 조금 듣다가 솔직히 말해 줘서 고맙다고 하고 그냥 끊었어요."

"속상하셨겠네요."

내가 공감하며 말했다. 생각에 잠겨 있던 마거릿이 말했다.

"꼭 그렇지는 않았어요. 친구가 뭘 하든 제게는 큰 상관이 없다는 걸 깨달았거든요. 한때는 미수금을 대신 받아 주는 회사에 이 건을 넘기고 손을 뗄까도 생각했지만, 그러면 친구를 잃을 것 같았어요. 그래서 사랑의 법칙을 따랐어요.

아침저녁으로 명상하며 친구 도로시가 정직하고 사랑스러우며 친절하고 마음의 평화를 얻은 사람이라고 확언했습니다. 사랑과 조화가 친구를 가득 채운다고도 확언했지요. 도로시가 제 앞에 서서 수표를 건네며 도와줘서 고맙다고 말하는 모습을 상상했습니다."

"원하던 결과를 얻으셨나요?"

내가 물었다. 마거릿이 미소 지으며 말했다.

"네! 명상을 시작한 지 며칠 만에 도로시가 병원으로 찾아왔어요. 못되게 굴어서 미안해하면서 치료비를 완납하더니 제가 회원으로 있는 알레르기 연구 재단에 큰 금액을 기부했다고 하더라고요. 고급 레스토랑에서 점심도 사더군요! 도로시를 알던 사람이라면 그 친구가 이렇게 달라진 걸 보고 놀랄 거예요."

마거릿은 사랑의 법칙이 가져다주는 부를 몸소 경험했다. 친구를 비판하거나 친구에게 앙갚음하지 않았다는 점이 중요하다. 마거릿은 그저 사랑과 평화로 친구를 포용했다.

사랑을 적극적으로 표현하면 생기는 일

몇 년 전 셰익스피어의 희곡 〈헨리 4세〉 연극 공연을 보러 간 적이 있다. 팔스타프 역을 맡은 배우가 인물의 순수한 매력을 정말 잘 표현해 그의 연기에 감명을 받았다. 팸플릿에서 해당 배우의 이름을 찾아봤다. 그의 이름은 드루였다.

연극이 끝난 뒤 나는 배우 대기실로 드루를 찾아가 축하 인사를 전했다. 그는 기분이 좋아 보였지만 어딘가 불편해 보이기도 했다. 내가 어떤 일을 하는 사람인지를 설명하자 그가 쓴웃음을 지으며 말했다.

"박사님 같은 분과 함께 일하면 좋겠어요. 도움이 될 테니까요."

"어떤 도움이요? 연기 지도는 당연히 아니겠지요. 오늘 보니 연기를 너무 잘하시던데요."

"칭찬해 주셔서 감사합니다. 하지만 막이 오르기 전 30분 동안은 너무 두렵고 긴장돼요. 못 믿으시겠지요?"

"다른 분들도 같은 고민을 한답니다. 일단 자세히 말씀해 보세요."

"아, 걱정하는 이유는 뻔해요. 처음에는 연극을 다 망쳐 버리는 건 아닌지 불안해요. 대사를 잊어버릴까 봐 걱정하는 거죠. 대사를 잊어버려서 멍하니 서 있는 게 아니라 너무 이상한 말을 뱉어버려 극 전체를 망치는 모습을 자꾸 상상하게 돼요. 그런 실수를 저지르면 누가 저를 캐스팅하겠어요? 다시는 무대에 못 서지 않을까요? 그러면 제 인생은 끝나요. 연극은 제 삶 그 자체예요!"

두려움에 질린 드루의 말을 들은 후 나는 이야기를 이어나갔다.

"몸이나 목소리, 표정, 몸짓을 쓰는 연습을 많이 하죠?"

"뭐, 당연하죠. 연기의 기본이니까요."

"연기 연습을 하듯 마음도 훈련해야 합니다. 우리는 생각과 아이디어, 상상, 반응을 마음대로 제어할 수 있어요. 명령을 내리면 생각과 아이디어, 상상과 반응이 복종한답니다."

드루가 무대 분장을 전부 지우고 평상복으로 갈아입은 후 우리는 근처 카페로 가 대화를 이어나갔다.

"새로운 배역을 준비할 때 그 배역이 되는 것처럼, 다른 사람이 되도록 노력해 보세요. 그간 훈련한 연기 능력을 최대한 발휘해 내면의 자아를 처음으로 만나는 장면을 생생하게 상상하세요. 지금까지 만나본 어떤 사람보다 가장 멋진 사람을 만나는 거예요."

드루가 미소 지으며 말했다.

"사랑에 빠진 순간을 떠올리면 되겠네요."

"바로 그거예요! 사랑을 감추지 말고 바깥으로 드러내세요!"

나는 '자신감 있게 연기에 몰입할 수 있도록 하는 확언'[68]을 적어 그에게 줬다.

"이 문구를 하루에 서너 번 외우세요. 모든 신념을 쏟아부어 확언하시는 거예요. 이 확언이 효과가 있는지 나중에 제게 알려 주시면 고맙겠습니다."

내가 드루에게 준 진리들을 계속 확언하자 실패를 두려워하는 생각이 드루의 마음속에서 사라졌다. 이후 그는 많은 연기상을 받았으며, 지금은 유럽과 미국을 오가며 연출가로 활동하고 있다.

내 일을 사랑하라

우주의 가장 기본적인 법칙은 사랑이다. 사랑은 늘 바깥으로 표현된다. 안에서 밖으로 발산되는 것이다. 사랑에는 언제나 대상이 있다. 음악·예술·대형 프로젝트·기업·과학 등 인간이 노력을 쏟아야 하는 분야를 사랑할 수도 있고, 만고불변의 원리나 영원한 진리를 깊이 사랑할 수도 있다. 이상과 대의를 실현하고 나의 전문 분야에서 발전을 이루겠다는 감정적 애착이 바로 사랑이다.

아인슈타인이 수학을 사랑했기에 수학의 원리와 비밀이 드러난 것이다. 이게 바로 사랑의 힘이다. 정신과학과 사랑에 빠지면 정신과학의 비밀이 드러난다. 원하는 것을 얼마나 간절히 원하느냐가 중요하다.

낡은 사고와 관점을 뒤로하고 새로운 생각을 해야 한다. 참신한 시각을 가지고 싶다면 마음을 열고 새로운 대상을 수용하는 훈련을 해야 한다. 음식을 잘 소화하길 바란다면 마음에 앙심을 품으면 안 된다. 불쾌한 감정과 원한도 버려야 한다. 부와 성공을 원한다면 안팎으로 가득한 부를 수용하겠다는 의지를 다져야 한다.

우리는 성공하기 위해 태어났다. 내면의 무한한 부는 실패하는 법이 없다. 질투나 부러움을 비롯한 잘못된 감정을 버리고 풍요와 부를 기쁘게 누리며 살아야 한다.

사랑에는 치유력이 있다

소중한 사람을 향한 마음을 사랑으로 가득 채우고 축복한다고 확언해 보라. 사랑이 발하는 빛 안에서 보호받는 모습을 상상해 보라. 치유의 빛이 이들의 몸과 마음을 따뜻하게 에워쌀 것이다. 이렇게 확언하면 놀라운 일이 가득 일어난다.

어느 날 친구가 여동생의 일을 상의해 왔다.

"여동생이 불쌍해 죽겠어. 피부가 엉망이야. 온갖 로션과 치료제를 발라도 소용이 없어. 피부 때문에 너무 스트레스를 받아 집에만 틀어박혀 있어. 자네가 도와줄 수 있겠나?"

"내가 도와줄 수 있을 것 같네."

다음 날부터 여동생은 매일 아침 거울을 보며 다음의 확언을 되풀이 했다.

> 내 피부는 사랑이 담긴 봉투입니다. 봉투는 작은 티끌이나 틈 하나 없이 깨끗합니다. 어린아이의 피부보다 생생합니다. 젊음과 아름다움의 빛이 내 안에 가득합니다.

몇 주 만에 여동생의 얼굴은 깨끗해졌고 늘 바라던 대로 부드럽고 깨끗한 피부를 얻었다. 이제 여동생의 피부는 사랑을 받아 햇살처럼 밝게 빛난다.

사랑을 베푸는 것이 축복을 받는 가장 빠른 길이다

사랑은 마음에서 우러나와 베푸는 행위다. 그리고 사랑은 모두에게 선의를 베푸는 행위다. 사무실이나 공장, 가게에서 일하면서 주변의 모든 사람이 건강하고 행복하며 평화롭게 지내며 승진해서 부를 얻고 삶에서 모든 축복을 누리기를 확언해 보라. 일터에서 엄청난 보상을 받을 것이다. 모두에게 사랑과 선의를 베풀며 승진을 빌어 주고 부를 누리기를 확언하면 마찬가지로 축복받고 성공할 것이다. 타인을 위해 무언가를 빌어준다는 것은 나 자신을 위해 확언하는 것과 같다는 사실을 잊어서는 안 된다. 베풀지 않으면 받는 것도 없을 것이다.

나의 우주에서는 나만이 생각한다. 생각은 창조적이므로 타인에게 선의를 갖고 사랑을 베풀며 삶의 축복을 내리는 것은 지극히 당연한 일이다.

전국에 가맹점을 보유한 한 대형할인점 대표가 내게 해준 말이 있다. 해고 명단에 오른 직원 중 90%의 해고 사유는 결근이나 무능 또는 부정행위가 아니라 동료 직원이나 고객들과 잘 지내지 못하기 때문이라고 한다.

사랑은 가족과 국가를 하나로 이어 주는 응집력이다. 사랑은 지구상에 있는 전 세계와 우주의 모든 은하계가 영겁의 시간 동안 조화를 이루며 평화롭게 순환하도록 해주는 힘이다. 사랑은 건강, 행복, 평화, 번영, 성공을 누리며 기쁜 삶의 법칙이다. 사랑받은 자녀들은 조화롭고 건강하며 평화롭고 친절하다. 기쁘고 정직하며 진실하고 공정해서 늘 웃음을 준다.

지금부터 자신 주변에 있는 모든 사람과 전 세계 사람들에게 삶의 축복을 전해 보라. 다른 사람을 존경하라. 그들의 안에 부가 흐르고 있음을 생각하라. 이제 번영하며 축복받는 삶을 보며 놀랄 일만 남았다.

트라우마를 마주할 수 있는 사랑의 힘

마음과 정신의 법칙을 전 세계에 알리던 해리 게이즈 박사가 젊은 영국인 남성의 이야기를 해준 적이 있다.

면담을 통해 그가 금융업으로 취직을 하길 원하면서도 은행원이나 브로커를 싫어한다는 사실을 발견했다. 어릴 적 아버지가 지역 은행에 빚을 갚지 못해 집을 차압당했을 때부터 금융계 종사자에 대한 반감이 생겼다고 한다. 그때 만난 한 명의 은행원을 모든 금융인으로 일반화하고는 덮어놓고 싫어하는 것이다.

게이즈 박사는 그 남성에게 런던 증권거래소로 가서 한 시간 동안 건물 근처에 서 있으면서 지나가는 사람들을 향해 다음과 같이 확언을 하라고 했다.

사랑이 당신의 영혼을 채웁니다. 부는 이제 당신 것입니다.

내키지 않았지만 그래도 상담사의 말을 따랐다. 지나가는 사람들을 보며 의식적이고 의도적으로 사랑과 부를 확언하자 좋은 일이 자신에게 되돌아왔다. 이후 남성은 전도유망한 금융 기업에 취업해 성공한 삶을 살았다. 사랑이 지갑마저도 두둑하게 채워 준 것이다.

부정적인 감정을 사랑으로 덮어라

빈센트가 크게 낙담한 모습으로 나를 찾아왔다. 수년 전부터 민사소송의 피의자로 지내면서 경제적으로나 심적으로나 많이 지쳐 있었다. 그는 공정하지 못한 판사들과 비양심적인 변호사들, 그리고 일부러 거짓으로 증언하는 증인들에 대한 불만만 잔뜩 늘어놓았다.

"소송을 마무리할 힘이 없어요. 그렇다고 판결을 받아들일 수도 없는 노릇이고요. 이 일 때문에 다른 일이 손에 안 잡힙니다. 어떻게 해야 할지 모르겠습니다."

"지금까지 시도한 방법이 효과가 없었던 것 같군요. 아주 다른 방법을 시도해 보시는 건 어떨까요?"

내 제안에 따라 빈센트는 매일 아침과 밤에 다음과 같이 확언을 시작했다.

> 이 소송에 관련된 모든 사람의 마음과 정신을 사랑·진리·조화가 지배합니다. 사랑의 법칙은 승리합니다.

이렇게 확언하자 빈센트의 마음에 응어리져 있던 원한과 울분, 그리고 적개심이 깨끗이 씻겨나갔다. 몇 주 뒤에 원고는 해당 소송과 관련 없는 혐의로 체포되었고 심문 중에 빈센트에게 혐의를 씌우려고 문서를 위조했다는 사실을 자백했다. 얼마 지나지 않아 원고의 변호사는 변론을 포기했다.

인정을 받고 싶은 마음의 다른 표현법

가족과 친한 지인들에게 그들이 사랑받고 환영받는 존재이며 세상에서 중요한 존재라는 사실을 느끼게 해줘야 한다. 최근에 변호사 마크가 나를 찾아왔다.

"작년부터 같은 회사에 다니는 동료와 남몰래 만나고 있습니다. 아내와 아이들을 너무나 사랑하는 제가 이런 짓을 하고 있다니, 미쳐 버리겠어요. 가정을 지키고 싶습니다, 선생님."

"어쩌다 이렇게 됐지요? 그 여성에게 끌리는 이유가 있을 텐데요."

"케이틀린과 있으면 제가 중요한 사람처럼 느껴져요. 자신도 성공한 변호사이면서 늘 제 성과를 칭찬하고 제가 너무나 멋지고 대단한 사람이라 해주거든요. 말도 조리 있게 잘하는 데다 너무 똑똑하고 능력 있는 사람이라고요. 저 기분 좋으라고 해주는 말인 건 알지만 그래도 좋아요. 케이틀린과 있으면 왕이 된 느낌이에요."

"부인은 어떤가요?"

"좋은 사람이죠. 성실하고 가정밖에 모르고 무엇보다도 진실한 사람이에요. 좋은 엄마이기도 하고요. 하지만 집에 있으면 잔소리만 합니다. 뭘 해도 저는 인정을 못 받아요. 그래서 제가 쓸모없는 사람처럼 느껴집니다."

나는 마크에게 인정과 관심, 칭찬에 굶주렸을 때 사람들은 잔소리를 한다고 설명해 주었다. 또한 상대방이 불륜을 저지르면 촉이 오기 마련이고, 소중한 사람이 떠나갈 것 같으면 붙잡으려 하는 건 당연지사라고 말했다.

마크는 이혼을 원치 않았다. 그리고 그 의지가 확고했다. 그래서 나는 마크와 부인을 한자리에 불렀다. 오랫동안 진솔한 대화를 나눈 끝에 둘은 아직도 서로 사랑하는 마음이 남아 있으면서도 지금까지 그 사랑을 제대로 표현하지 못했다는 사실을 알아냈다. 몇 년 동안이나 두 사람 중 누구도 상대방에게 사랑한다고 말하지 않았을 정도로 서로의 존재를 당연히 여기며 살았다.

두 사람은 결혼생활을 지키기 위해 확언을 시작했다. 부부는 주기적이고 체계적으로 상대에게 사랑을 표현하고 부부 사이에 평화를 지키며 조화롭게 살기로 약속했다.

그리고 매일 5분간 다음과 같이 확언했다.

사랑이 당신의 영혼을 채웁니다. 나는 당신을 사랑합니다.

두 사람은 사랑으로 다시 하나가 되었다. 사랑은 우주에서 불화를 녹이는 유일한 용제溶劑다. 사랑은 인간의 상처를 치유할 수 있다. 다음의 확언을 통해 사랑과 선의로 일상에서 부를 누려 보자.

나는 모든 상황과 인간관계에 조화와 평화, 기쁨을 가져옵니다. 평화가 집과 직장, 그리고 모든 사람의 마음을 지배한다는 것을 믿습니다. 어떤 문제가 닥치더라도 나는 평화롭고 평정심을 견지하며 인내하고 지혜를 발휘합니다. 과거 내게 무슨 말을 했고 무슨 짓을 했든, 나는 모두를 완전히 용서합니다. 내가 진 모든 짐을 내려놓습니다. 나는 홀가분합니다. 경이로운 느낌입니다. 용서하면 축복을 받는다는 것을 압니다. 나는 모든 문제나 상황 뒤에 해답이 있다는 것을 압니다. 내가 이뤄야 할 모든 일이 이루어집니다. 절대적 질서와 진리가 지금을 비롯해 언제나 나를 통해 행해집니다. 이제 내 마음은 치유되어 완전한 조화 속에서 기쁘게 기대합니다. 나는 완벽한 해결책이 결과로서 주어질 수밖에 없다는 것을 압니다. 나는 응답을 받습니다.

조셉 머피의 미라클 노트

- 생각, 상상, 아이디어, 반응 위에 군림하는 자는 바로 자기 자신이다. 고용주가 직원에게 할 일을 지시하듯 내 생각에 명령을 내릴 수 있다. 자동차를 운전하듯 생각도 조정할 수 있다.
- 원하는 일을 하는 모습을 상상하면 더 위대하고 고매하며 고귀한 자아와 사랑에 빠질 수 있다. 상상을 현실로 믿으며 마음속에 흡수하고 되새기면 이루어질 것이다. 자신의 이상을 사랑하면 모든 두려움은 사라진다.
- 모든 주변 사람에게 사랑, 평화, 선의를 베풀어 보라. 이들이 건강하며 행복하고 평화로우며 풍요롭고 삶에서 모든 축복을 누리기를 확언하라. 이를 습관처럼 하면 삶에서 수없이 많은 축복을 누릴 것이다. 삶에서 실패를 겪는 사람 중 90%는 타인을 위한 확언을 하지 않기 때문에 실패한다. 사랑과 선의가 답이다.
- 건강하고 행복하며 성공한 모습, 그리고 부의 법칙을 실현한 모습이 사랑이다. 사랑은 모두를 향한 선의다. 타인에게 바라는 것은 즉 자신에게 바라는 것이기도 하다.

16

유전병을 앓고 있다고 믿었던 입양아 이야기

아일랜드를 여행했을 때의 일이다. 코크에서 약 8킬로미터 떨어진 곳에 블라니성이 있다. 블라니성은 탑 꼭대기에 있는 블라니스톤으로 유명하다. 전설에 따르면 블라니스톤에 입을 맞추는 사람은 축복을 받아 말솜씨가 좋아진다고 한다. 전해져오는 이야기에 의하면 '블라니'라는 단어는 상대방의 감정을 상하지 않게 하면서 듣기 좋은 말을 해 기분 좋게 하는 대화를 의미한다. 전 세계의 여행객들이 블라니스톤에 입을 맞추려 성을 찾아온다. 그러나 블라니스톤에 입을 맞추는 일이 그리 쉽지만은 않다. 등을 바닥에 대고 누워 쇠로 된 손잡이를 잡은 채 절벽 쪽으로 상체를 젖혀야 하기 때문이다. 하지만 입을 맞추는 데 성공하면 놀라운 말솜씨를 얻는다고 한다.

블라니스톤을 본 지질학자는 아무리 유명한 성에 있는 명물이라고 해도 돌덩어리에 불과하다고 말할 것이다. 돌에는 말주변을 좋게 하는 효력이 없기 때문이다. 그런데 그저 블라니스톤에 입을 맞췄다고 해서 말주변이 좋아지는 일이 어떻게 가능한 것일까? 이유는 바로 우리의 믿음과 기대가 잠재의식 안에 잠들어 있는 힘을 일깨우기 때문이다. 잠재의식의 힘은 늘 같은 자리에 머무른 채, 누군가 자신을 알아보고 사용할 날을 기다리고 있다.

블라니성을 떠난 나는 갭 오브 던로Gap of Dunloe로 향했다. 튼튼한 조랑말을 타고 협곡을 건널 때 빙하가 산봉우리에 남긴 흔적을 보며 전율을 느꼈다. 굽이굽이 이어지는 높은 산맥과 고독한 절벽이 자아내는 장관은 평생 잊지 못할 것이다.

일행 중에 젊은 영국인 청년 배질이 있었다. 좁은 협곡을 걷다 길이 넓어지는 구간에 다다랐을 때 배질이 급성 천식 발작을 일으켰다. 다행히 배질이 응급 사태에 대비해 미리 처방받은 흡입기와 에피네프린 자가 주사기를 챙겨온 덕분에 큰 위기는 넘길 수 있었다. 발작이 잦아들자 그는 매일 정오쯤에 이런 일이 일어난다고 고백했다.

"천식을 앓는 게 놀랄 일은 아니죠. 아버지도 평생 천식으로 고생하셨거든요. 아버지가 천식 발작으로 돌아가시던 때 그 자리에 있었는데 정말 끔찍했죠."

혼란스러워진 내가 물었다.

"전에 입양됐다고 하지 않았었나요?"

"네, 맞아요. 갓난아기였을 때 입양됐어요."

그는 '천식은 나를 입양한 아버지도 앓으셨던 유전 질환이다'라는 자기 말에 담긴 모순을 이해하지 못하고 있는 듯 보였다. 휴식 시간에 배질과 단둘이 깊은 대화를 나눴다. 나는 그가 한 말의 모순을 지적했다. 처음에 반박하던 그는 결국 양아버지를 싫어했다고 털어놓았다.

"왜 양아버지가 싫은가요? 나름의 사연이 있겠죠?"

"네, 제가 열두 살 무렵이었을 거예요. 사소한 일로 아버지가 제게 화를 낸 적이 있어요. 그때 아버지가 '너는 내 아들이 아니다. 누군가에게 버림받은 자식이라고. 똥통에서 굴러다니던 놈을 데려와 길러 줬더니 은혜를 이런 식으로 갚아?'라고 하셨어요."

그의 말을 들은 나는 충격을 받았다.

"당신이 입양아라는 사실을 그때 안 건가요?"

"맞아요. 그래서 아버지가 싫었어요. 하지만 아버지 말이 맞았죠. 아버지의 은혜를 분노와 원한으로 갚았으니까요. 사실 저는 아버지 말처럼 그렇게 행동하고 있었어요."

배질의 눈에는 어느새 눈물이 고여 있었다.

"아버지가 분을 못 이겨 중요한 이야기를 그런 식으로 터뜨리는 게 옳았다고 생각하나요?"

"아니요, 그러면 안 된다고 생각해요. 하지만 저는 골칫거리였을 거예요. 아버지가 굳이 책임지지 않아도 됐는데 떠맡은 거죠."

청소년기에 배질은 양아버지를 향한 분노와 원망을 없애려 애썼다. 하지만 그럴수록 그의 마음속에는 부정적인 감정이 더욱 짙게 새겨졌다. 부정적이고 파괴적인 감정 상태에 놓이면 결국 그 감정은 금방 겉으로 드러난다. 양아버지가 죽자, 배질은 양아버지가 앓던 천식을 앓기 시작했다. 자신을 입양해 준 아버지를 증오하는 것에 대한 죄책감, 아버지에게 받은 상처로 인해 스스로를 가치 없는 존재라 여기는 부정적인 감정들이 천식 증상으로 나타난 것이다.

나는 배질에게 찬찬히 설명해 주었다. 비록 배질은 자신이 입양아라는 사실에 크게 좌절했겠지만, 그의 양아버지는 최선을 다해 그를 길렀을 거라 설명했다. 그러니 화를 내고 모진 말을 한 아버지를 용서해 보라고 했다.

배질은 내 말을 바로 이해했다. 그는 남은 일정 동안 생각에 잠겨 조용히 걸었다. 킬라니에 있는 호텔에 돌아와 나는 그가 매일 읽을 수 있도록 '미움에 갇힌 자신과 상대방을 용서하는 확언'[69]을 써줬다. 나는 배질에게 이 위대한 진리를 아침, 점심, 저녁 5분씩 확언하며 절대 부정하지 말라고 했다. 무서운 생각이 들거나 천식 증상이 일어나려 할 때마다 다음과 같이 말하라고 했다.

나는 평화를 들이마시고 사랑을 모두에게 내쉽니다.

캘리포니아에 있는 집으로 돌아간 지 얼마 후 배질이 보낸 편지가 도착했다. 나와 대화를 나눈 뒤로 천식 증상이 완전히 사라졌다는 반가운 소식이었다. 이렇게 잠깐의 설명과 이해만으로도 해결되는 일들이 있다.

아이가 음식을 거부했던 이유

아일랜드를 여행하는 동안 킬라니에 사는 친척을 만나러 갔다. 킬라니는 세계에서 가장 아름다운 여행지로 손꼽히는 곳이다. 수 세기 전부터 시인, 예술가, 작가들은 자작나무, 참나무, 딸기나무가 울창한 숲속에 있는 수정 같은 호수와 푸르른 산으로 완성된 이곳의 아름다운 색채와 풍경을 묘사했다.

교외의 아름다운 경치를 감상하고 있는데 친척이 딸 이야기를 하며 넋두리를 늘어놓았다. 친척의 딸 메리가 거식증에 걸려 체중이 급격하게 줄었다는 것이다. 메리가 식사를 거부한 이유는 아버지가 너무 스트레스를 줬기 때문이었다. 동네 의사가 메리에게 비타민과 영양소가 담긴 주사를 놓아줬지만 이제는 가망이 없는 지경에 이르렀다. 더블린에 있는 정신과 의사에게 데려갔지만 메리는 의사와 말도 섞지 않았다. 친척은 딸이 걱정되어 미쳐 버리기 직전이었다.

나는 메리와 세 번의 긴 대화를 나눴다. 세 번째 대화를 나눈 곳은 멀리 호수가 내려다보이는 돌담이었다. 돌담에 걸터앉아 나는 단도직입적으로 물었다.

"오빠를 편애하는 아빠에게 복수하고 싶어서 아빠가 네게 했던 그대로 갚아 주려는 거니?"

메리는 고통에 잠긴 눈빛으로 나를 바라보더니 불쑥 내뱉었다.

"아빠가 싫어요, 아빠가 싫다고요! 아빠는 더블린에서 대학을 다니며 재미있게 사는 오빠에게는 아무 말도 안 해요. 고향에 남아서 집을 지키는 건 난데, 내게는 따뜻한 말을 해주는 법이 없어요. '아빠 말 들으라고 했지?'라는 말밖에 안 해요. 제가 죽으면 그제야 후회하겠죠."

나는 자상하게 메리를 달랬다.

"메리야, 음식을 거부하는 건 몸을 파괴하는 행동이야. 자살이랑 다를 게 없어. 정말 자살하고 싶은 건 아니잖니?"

메리는 고개를 저었다. 눈가에는 눈물이 맺혀 있었다. 나는 집으로 돌아가 친척과 따로 이야기를 나눴다. 메리의 말을 전하자 그는 얼굴을 붉히며 욕을 하기 시작했다. 태어났을 때부터 골칫거리였던 배은망덕한 아이를 기르느라 인생을 낭비했다며 소리를 질러댔다. 친척이 숨을 고르느라 잠시 멈췄을 때 내가 물었다.

"왜 그런 식으로 말합니까?"

그는 내가 누구이고 여기서 뭘 하고 있는지 잊어버린 사람처럼 멍하니 나를 바라봤다. 그가 힘없이 말했다.

"그 애 때문에 사랑하는 아내가 죽었어요. 그때 이후로 단 한 번도 행복하거나 즐거웠던 적이 없어요. 내가 죽어서 아내의 옆에 묻혀야 다시 행복해지겠죠. 아마 그날이 생각보다 빨리 올지도 모르겠네요."

그의 아내가 메리를 낳다 세상을 떠났다는 게 생각났다. 그제야 나는 사랑하는 아내를 잃어 슬픔에 빠진 그가 모든 책임을 힘없는 아이에게 돌리고 있다는 것을 알아차렸다. 지금 그는 같은 실수를 또다시 저지를 위험에 놓여 있었다. 이번에 닥칠 위험은 심지어 사고가 아니라 그의 실수에서 비롯됐기 때문에 더 끔찍한 결과를 낳을 터였다.

나는 그에게 다시 물었다.

"아내가 자신이 낳은 아이를 당신이 싫어한다는 사실을 알면 뭐라고 할 것 같아요? 당신의 증오 때문에 아이가 죽었다고 하면 아내가 뭐라고 하겠어요? 잘했다고 할까요? 올바른 방식으로 자기를 추모해 줘서 고맙다고 할까요?"

한동안 그는 분을 이기지 못하며 나를 한 대 치기라도 할 듯 주먹을 꽉 쥐고 있었다. 그러더니 손으로 얼굴을 가리고는 흐느껴 울기 시작했다. 눈물을 흘리며 그가 말했다.

"메리를 사랑하지 않는 게 아니에요. 그 아이 얼굴에서 제 엄마 모습이 보일 때가 있어요. 그럴 때면 가슴이 찢어지는 것만 같아요. 하지만 그런 생각이 들 때마다 아내를 배신하는 느낌이 든다고요."

"배신하는 게 아니에요. 메리를 보며 그 아이의 엄마를 다시 추억하고 축복하는 거죠. 메리와 아내는 물론 당신 가족 모두를 축복하는 거예요."

내가 메리를 데려오자 친척은 딸에게 미안하다며 용서를 빌었다. 앞으로 메리를 다정하게 대하며 사랑과 애정을 보여 주겠다고 약속했다. 당연히 메리는 아버지가 바뀔 거라는 사실을 믿지 않았다. 그러나 메리의 아버지는 딸에게 끊임없이 진정한 사랑을 표현하며 넘치는 애정을 줬다. 그러자 메리의 마음도 차차 누그러졌다.

과거에 메리는 '나는 굶어 죽어야 해. 아무도 날 사랑하지 않아. 이렇게 하면 아빠가 내게 조금이라도 관심을 주겠지'라고 생각했다. 이제 아버지의 사랑을 받는 메리는 자기 자신을 사랑한다. 다시 만났을 때 메리가 저녁밥을 맛있게 먹는 모습을 볼 수 있었다.

사랑은 자유를 가져온다. 사랑은 베푸는 것이다. 사랑은 감옥 문을 열어 갇혀 있던 자를 자유롭게 풀어 주고 두려움, 원한, 적개심에 갇혀 있던 모든 이를 해방한다.

오늘날 메리는 하루에도 여러 번 '자신이 사랑받고 있음을 확인하는 확언'[70]을 외우며 잠재의식을 단련한다. 메리는 최근에 전도유망한 청년과 약혼했다는 소식을 전했다. 메리가 내면의 기쁨을 느끼며 새로운 삶을 살고 있다는 것이 편지에서 느껴졌다. 메리는 사랑, 결혼, 내면의 평화, 풍요 등 무한한 힘이 발산하는 풍부한 부를 진정으로 경험했다.

아버지에 대한 믿음이 말더듬을 고치다

아일랜드에 사는 친척 집을 떠난 나는 운전기사에게 글렌달록으로 가자고 했다. 글렌달록은 '두 개의 호수가 있는 협곡'이라는 뜻이다. 글렌달록에는 6세기에 수도사 성Saint 케빈이 지은 수도원이 있다. 성지가 된 수도원은 병을 고치고 싶어 하는 사람들로 늘 붐볐다.

운전기사는 자신이 아주 어린 시절 심각하게 말을 더듬어서 학교 친구들에게 '말더듬이'라고 놀림을 당했다고 했다. 더블린과 코크에서 제일가는 언어치료사와 심리상담사를 찾아가도 차도가 없었다.

"여덟 살이 되었을 때 아버지가 저를 글렌달록으로 데려가셨어요. 성 케빈이 지내던 수도실로 저를 데려가더니 '여기서 한 시간 자고 나면 다 나을 거다'라고 하셨어요."

나는 놀라서 물었다.

"그래서 어떻게 됐나요?"

"저는 아버지가 제게는 절대 거짓말하지 않는다고 믿었어요. 아버지 말씀대로 그 수도실에서 잠을 잤지요. 일어나니 정말로 말더듬증이 나았어요. 그 뒤로는 단 한 번도 말을 더듬거나 웅얼거린 적이 없습니다."

운전기사의 믿음이 맹목적 믿음이라는 점을 그 자리에서 지적하지는 않았다. 그의 잠재의식에 내재한 치유력을 발동시킨 것이 바로 그 맹목적 믿음이었기 때문이다. 여덟 살 소년이 지녔던 마음가짐치고는 굉장히 인상적이었다. 소년은 결국 믿은 대로 이루었다.

잠재의식은 모든 것을 기억한다

런던에 있는 동안 오랜 친구가 내가 묵고 있는 호텔로 찾아왔다. 친구는 열두 살 난 아들 에드워드를 데리고 왔다. 2년 전부터 어둠을 극도로 무서워하는 에드워드가 걱정이 되어 찾아온 것이다. 나는 아들에게 충격을 줄 만한 특별한 사건이 일어났는지를 물었다. 현재의식은 자각하지 못해도 잠재의식은 모든 경험을 기억하기 때문이다.

"음, 있었지. 리버풀에 살 때였는데 글쎄 집에 불이 난 거야. 연기에 질식하지 않게 남편이 에드워드를 코트로 덮어서 안고 대피했어. 끔찍했지."

"아빠가 저를 죽이려고 했어요! 숨을 쉴 수가 없었다고요!"

별안간 에드워드가 소리를 질렀다. 문제의 실마리가 보였다. 에드워드가 어둠을 무서워한 것은 당연했다. 아빠가 어둠 속에서 자기를 죽이려고 했으니 말이다!

나와 친구는 에드워드에게 아빠가 코트로 덮은 이유는 아들을 죽이려던 게 아니라 보호하기 위한 것이라고 설명했다. 우리는 연기를 들이마셨을 때 일어나는 증상을 설명했고, 실제로 화재가 일어났을 때 불에 타서 죽는 사람보다 화재로 인한 연기에 질식해 죽는 사람이 더 많다고 말해 주었다. 그러니 아버지를 사랑해야 한다고 타일렀다.

나는 친구에게 잠들기 전 외우면 좋을 '에드워드의 마음이 편안해지도록 돕는 확언'[71]을 건넸다. 집에 돌아온 뒤 얼마 되지 않아 친구의 편지를 받았다.

"아들이 다 나았어. 꿈속에서 현자가 다가와 이런 말을 했다네. '너는 자유야. 어머니에게 가서 자유로워졌다고 말하렴.' 아주 생생한 꿈이었대."

반가운 소식이었다. 꿈을 통해 마음이 치유되었음을 잠재의식이 알려준 것이었다.

조셉 머피의 미라클 노트

- 우리의 믿음과 기대가 잠재의식 안에 잠들어 있는 힘을 일깨운다. 잠재의식의 힘은 늘 같은 자리에 머무른 채, 누군가 자신을 알아보고 사용할 날을 기다리고 있다.
- 부정적이고 파괴적인 생각은 나의 몸을 아프게 할 수도 있다. 자신이나 타인에게 악감정이 든다면 평온하고 침착한 마음을 찾기 위해 노력해야 한다.
- 사랑은 자유를 가져온다. 사랑은 베푸는 것이다. 사랑은 감옥 문을 열어 갇혀 있던 자를 자유롭게 풀어 주고 두려움, 원한, 적개심에 갇혀 있던 모든 이를 해방한다.
- 사랑하는 사람이 한 말과 행동에 대한 맹목적 믿음은 놀라운 결과를 가져다줄 때도 있다. 그러니 사랑하는 사람에 대한 태도와 말이 중요하다.
- 현재의식은 자각하지 못해도 잠재의식은 모든 경험을 기억한다.

17

치유사의 기적을 경험했으나 완치되지 못한 환자 이야기

아일랜드 워터퍼드에 사는 친구 로저 덕분에 명품 크리스털을 제조하는 워터퍼드 유리 공장을 돌아볼 기회가 있었다. 솜씨 좋은 장인들이 가공되지 않은 유리로 멋진 세공 제품을 만들어 내는 모습은 정말 인상적이었다. 일꾼 중 한 명이 자기가 만들고 있던 꽃병을 빛에 비춰 보았다. 그러자 다이아몬드와 홈 주름, 타원형 조각으로 장식되어 형언할 수 없는 아름다움을 뽐내는 꽃병의 표면이 보였다.

로저는 지팡이에 의지해 힘겹게 걸음을 옮기고 있었다. 나는 그에게 적절한 치료를 받고 있는지 물었다. 그가 대답했다.

"아, 그럼. 코르티손 주사를 주기적으로 맞고 매일 진통제를 먹지. 치료를 받지 않는 것보다야 낫지만 큰 도움이 되지는 않아. 이봐, 자네는 이런 문제에 있어 전문가이지 않은가.

작년에 스코틀랜드를 여행하던 중 한 교회의 치유 모임에 참여한 적이 있어. 모임은 잔뜩 들뜬 사람들로 가득했지. 불구였던 사람이 목발을 집어던지고 걸었어. 태어나 처음으로 소리를 들었다고 한 사람도 있었지. 어떤 여성의 몸에 있던 종양이 줄어드는 모습을 거기 있던 사람들이 직접 보기도 했다네."

"그럼 자네는? 자네에게는 어떤 일이 일어났나?"

"그게 참 이상해. 치유사가 나를 만지자 몸 전체에 강력한 진동이 느껴졌어. 몇 년 만에 처음으로 지팡이에 의지하지 않고 고통 없이 걸을 수 있었지. 그런데 다음 날이 되니 몸 상태가 다시 원래대로 돌아갔어. 왜 그런지 혹시 아는가?"

"알 것 같네. 몰려든 인파가 자아낸 무게감, 환한 조명, 울려 퍼지는 음악 소리와 노랫소리에 감정적인 분위기가 달아오르니 자네의 마음 상태가 아주 민감해졌을 거야. 소위 '치유사'라는 사람은 손을 자네 다리 위에 올리며 예수님께서 자네를 치유해 주셨으니 일어나 걸으라고 말했겠지."

로저가 놀란 표정으로 나를 바라봤다.

"맞아. 자네 말대로였다네!"

"굉장히 민감한 상태에 있었기 때문에 잠재의식이 힘을 발휘해 잠깐 지팡이 없이도 걸을 수 있게 만든 거야. 하루 동안 최면 상태에 빠져 고통을 잊은 거지. 하지만 잠재의식에 건 최면 암시는 금방 사라지고 말아. 그래서 몸 상태가 원래대로 돌아온 거라네."

로저가 왜 완치되지 못했는지를 알았다. 나는 진정하고 영원한 치유는 모든 사람을 향한 용서와 사랑, 선의를 비롯해 영적인 통찰력에서 오며, 이것이 질병을 치유하는 힘이라는 걸 깨달았다.

그는 자기와 달리 다리가 불편하지 않은 사람들을 향한 적개심과 원한, 증오를 품고 있었다고 인정했다. 자신의 파괴적인 감정이 병세에 영향을 미쳤다는 것 또한 알았다. 나는 의사의 말을 잘 따르며 의사를 위해 확언하고 의사에게 축복을 내리라고 말했다. 그는 내게 그러겠다고 약속했다.

로저의 부탁을 받은 나는 '부정적이고 파괴적인 감정을 없애는 확언'[72]을 써줬다. 로저는 매일 밤낮으로 이 진리의 확언을 차분한 마음으로 천천히 진심을 다해 읽었다. 그러자 수년간 로저의 마음을 가득 채우고 있던 사악하고 파괴적인 생각을 부수고 부정적인 악순환의 고리를 끊었다.

로저가 내게 보낸 두 번째 편지에는 그의 호전된 모습을 보고 의사가 대단히 놀랐으며, 이제 지팡이 없이 걸을 수 있도록 재활 치료를 계획하고 있다는 소식이 쓰여 있었다.

맹목적 믿음은 부적, 주술, 성인의 유골, 성지, 성수 등을 향한 믿음이다. 즉 이해가 없기에 눈속임은 할 수 있을지언정 길게 지속할 수 없는 믿음이다. 반면 진정한 믿음은 특정한 목표를 위해 현재의식과 잠재의식의 파장을 맞추면 실현되리라는 것을 확실히 이해하고 믿는 것이다. 나 자신에게 내재된 힘을 믿는 것이므로 그에 맞는 결과가 나올 수밖에 없다.

나는 아픈 사람들에게 의사의 치료를 받으면서 자기 자신뿐 아니라 의사를 위해서도 확언하라고 권한다. 그때 건강을 구하는 확언을 하면 빠르게 건강을 되찾을 수 있다. 사랑과 평화를 늘 의식하며 살면 아플 일이 없다.

물론 제대로 치료할 수 있는 전문 의료인을 통한 치료가 우선되어야 한다. 다만 의사도 환자의 건강한 삶을 향한 의지와 나을 거라는 믿음을 중요시한다는 것을 기억해야 한다. 결국 생각이 우리의 몸과 환경으로 드러나는 것이기 때문이다.

스스로를 용서하는 법

영국에서 셰익스피어 컨트리 투어를 했을 때의 일이다. 셰익스피어 컨트리는 위대한 시인이자 극작가인 셰익스피어의 삶과 작품에 미쳤던 영향의 흔적을 고스란히 느낄 수 있는 곳이다. 우리 일행은 오랜 역사를 자랑하는 워릭의 한 여관에서 점심을 먹었다. 나는 마거릿이라는 젊은 간호사와 같은 식탁에 앉았다. 내 직업이 사람들의 문제를 심리학적·영적으로 해결하는 글을 쓰는 일이라고 말하자, 그녀는 몇 달 전부터 피부 발진으로 고생하고 있다고 털어놓았다. 자기가 일하는 병원의 피부과 전문의들에게 진료를 받고 각종 로션과 연고도 처방받았지만 아무런 차도가 없었다고 한다.

"심신의 문제로 발진이 생긴 게 틀림없어요. 하지만 원인을 안다고 해서 치료가 되는 건 아니잖아요."

"그럴 수도 있고 아닐 수도 있죠. 심신의학 전문가들은 피부가 내부 세계와 외부 세계가 만나는 지점이라고 말합니다. 많은 피부병이 적개심, 원한 같은 부정적 감정 때문에 일어난다고 하지요. 피부는 일종의 배설기관입니다. 마음에 퍼진 독은 죄책감이나 불안과 같은 억압된 감정을 낳지요. 이런 감정이 신체 증상으로 발현되고요."

마거릿은 잠시 생각에 잠기더니 이렇게 말했다.

"굉장히 흥미로운 의견이네요. 영국에 오래 머무르시나요? 괜찮으시다면 박사님께 상담을 받고 싶습니다."

"좋습니다."

시간과 날짜를 정한 뒤 내가 런던에 갈 때마다 묵는 호텔의 주소를 마거릿에게 알려줬다. 며칠 뒤 호텔 로비에서 마거릿을 만났다. 나는 마거릿이 무언가에 죄책감을 느끼며 스스로 벌을 주는 것 같다고 솔직하게 말했다. 잠재의식 안에 억압되어 있는 감정은 신체 증상으로 발현되는 경우가 많다. 마거릿이 모든 일을 솔직하게 털어놓고 마음을 비우면 가려움증과 발진은 쉽게 없어질 터였다.

마거릿이 약간 창피해하며 말했다.

"사연이 있어요. 저는 유부녀예요. 남편은 해외 발령을 받아 외국에서 일하고 있는데 지난 14개월 동안 휴가 나왔을 때 딱 한 번 봤어요."

"정말 힘드시겠군요."

"네, 쉽지 않네요. 사실 제가 일하는 병원에 마음이 잘 통하는 의사 선생님이 한 분 있어요. 그분과 병원 밖에서 만나기 시작했는데…. 뒷이야기까지 다 말씀드려야 하나요?"

"그러면 더 좋을 것 같군요."

"알겠습니다. 잠자리를 했어요."

마거릿의 얼굴이 붉어졌다. 마거릿은 아주 후회스럽고 죄책감을 느낀다며 자신이 죄를 지었기 때문에 벌을 받은 거라 믿었다. 나는 사람들이 마음의 법칙을 잘못 사용해 자신에게 벌을 내리는 거라고 설명했다. 생명의 원리는 늘 치유하고 회복시키며 온전한 모습으로 되돌아가려는 경향이 있는데, 이것을 활용하지 못하는 것이다. 간호사인 마거릿은 내 이야기를 단번에 이해했다. 나는 핵심적인 질문을 던졌다.

"피부 발진을 고치고 싶나요?"

"네, 이 고통에서 벗어나고 싶어요."

마거릿은 망설이지 않고 답했다.

"그렇다면 어려울 건 없습니다. 자책을 멈추고 나를 용서하는 거예요. 그러면 가려움증이 사라질 겁니다."

상담을 하면서 마거릿은 의사와의 부적절한 관계를 정리하고 자신을 책망하는 행동도 그만두겠다고 결심했다. 마거릿에게 설명한 대로 자책과 자기비판은 마음을 파괴하는 독이기에 몸 전체에 영향을 미친다. 자책과 자기비판이라는 독은 사람의 생명력, 활기, 충만감, 기력을 빼앗아 몸과 마음을 약하게 만든다. 나는 마거릿에게 생명의 원리인 조화와 사랑에 걸맞는 생각을 하라고 했다. 새롭게 시작하면 결과도 새로워진다.

마거릿이 원하는 보상은 건강, 행복, 마음의 평화였다. 마거릿은 이후로 명상과 확언을 시작했다. 침묵이 흐르는 동안 그녀는 사랑, 평화, 조화가 자신의 존재 전체를 가득 채우는 것을 느꼈다. 명상을 마치고 나면 마거릿의 두 눈은 내면의 빛으로 밝게 빛났다. 마거릿은 침묵이 흐르는 동안 자기 안에서 뭔가가 일어난 것 같다고 말했다. 이를 반복하자 마거릿의 피부에 나던 발진은 완전히 사라졌다.

아픈 이를 위해 확언하는 법

주변에 아픈 사람이 있을 때는 생각과 감정으로 아픈 이를 안아 일으켜라. 그리고 잠재의식의 치유력을 향한 믿음과 확신을 수혈하자. 모든 일이 온전하고 밝게 빛나며 즐겁고 자유롭게 펼쳐지는 모습을 눈앞에 그려 보라.

병자의 처지를 보고 안타까워하며 함께 슬퍼하면 병자는 더욱 맥이 빠질 뿐이다. 흔히 연민이란 아름다운 감정이며 모두 연민을 느낄 줄 아는 사람이 되어야 한다고 배우지만 이는 잘못된 생각이다. 연민은 위험에 처한 사람과 함께 수렁으로 뛰어드는 행동이나 다름없다. 연민을 느끼면 타인이 처한 상황이나 조건의 부정적이고 해로운 측면에 집중해 상황은 더욱 나빠진다. 잠재의식은 우리가 관심을 집중하는 것만을 극대화하기 때문이다.

그러니 연민이 아닌 '공감'을 해주어야 한다. 튼튼한 땅에 선 채 물에 빠진 사람을 향해 구명보트를 던져 주는 행동이 바로 공감이다. 부정적인 접근법 대신, 공감 능력을 발휘해 잠재의식의 무한한 치유력을 불러일으켜라. 잠재의식은 몸과 마음을 모두 치유하고 축복하며 회복시킬 수 있다.

조셉 머피의 미라클 노트

- 인류가 지성을 발휘해 발견해 주기만을 기다리는 부가 있다. 내면을 인도하는 법칙은 내가 원하기만 하면 그토록 찾고 있는 부를 눈앞에 가져다준다.
- 돈을 모든 악의 근원인 '더러운 것'이라 천대하며 무시한다면 돈은 날개를 달고 멀리 달아나 버릴 것이다. 우주에 존재하는 모든 것과 마찬가지로 돈 또한 우주의 물질이다. 니켈, 코발트, 철, 백금, 납, 기름, 석탄처럼 돈도 고유의 주파수와 진동을 뿜어내는 우주의 물질 중 하나다.
- 돈을 향한 태도를 바꿔라. 작가, 교사, 정원사를 비롯해 어떤 일을 하든 노동력을 제공해 응당한 보상으로 돈을 받을 자격이 있다고 생각하라. 돈이 삶에서 자유롭게 흐르면 얼마나 많은 일을 즐겁게 할 수 있을지를 생각하라.
- 나 자신과 세상의 모든 사람을 위해 돈을 언제나 지혜롭고 공정하게, 건설적으로 쓰고 있다고 확언하라. 무한한 힘을 더욱 잘 활용하는 방향으로 돈을 쓰겠다고 확언하라.

18

직감을 믿고 꿈의 직장을 거절한 여성 이야기

"진퇴양난이에요. 지금 직장에 다니는 게 힘들어서 헤드헌터 몇 명에게 이력서를 보냈거든요. 그런데 한 IT 스타트업이 엄청나게 좋은 조건을 제시했어요. 이 회사로 이직하면 직급을 높여 갈 수 있고 연봉도 크게 올라요. 스톡옵션도 받고 출장 갈 기회도 많아집니다. 말 그대로 꿈의 직장이죠. 남자친구는 이런 회사로 이직하지 않는 사람이 바보라고 하더군요."

루이즈가 내게 말을 꺼냈다. 내가 즉시 물었다.

"그런데 왜 망설이시나요?"

"그냥 망설여져요. 정확한 이유는 모르겠어요. 남자친구 말이 맞는 건 알아요. 나중에 크게 후회할지도 모르고요. 하지만 뭔가가 이직하면 안 된다고 말하고 있어요. 제가 미친 거 아닐까요?"

루이즈는 이렇게 말했다. 나는 단호하게 대답했다.

"아닙니다. 잠재의식의 목소리일 수도 있습니다. 잠재의식은 현재의식보다 훨씬 더 많은 것을 아니까요. 어떻게 할지는 스스로 결정하셔야 하지만, 직감을 무시하지 마시라는 말씀을 꼭 드리고 싶네요."

"박사님께서 그렇게 말씀해 주시길 바랐어요. 오늘 오후에 전화해서 제안을 수락하지 않겠다고 말해야겠어요."

루이즈가 안심하며 말했다. 3주 뒤 루이즈가 전화기에 음성 메시지를 남겼다.

"잠재의식은 정말 모든 것을 알고 있나 봐요. 저를 채용하겠다고 한 회사가 파산해서 쫄딱 망했어요. 박사님 말씀을 듣고 직감에 귀 기울였기에 망정이지, 그렇지 않았다면 큰일 날 뻔했어요."

루이즈의 현재의식과 그녀의 남자친구가 내린 판단은 객관적으로 봤을 때는 옳았을지도 모른다. 그러나 루이즈의 직감이 상황의 다른 측면까지 이해했고 그 덕분에 객관적 마음이 주관적 내면과 충돌하기 전에 올바른 결정을 내릴 수 있었다. 이후 루이즈는 어떤 일이 있을 때마다 확언을 하며 마음속에 가장 먼저 떠오른 느낌을 따르는 습관을 들였다. 언제나 옳은 길을 알려 주는 직감의 힘을 깨달은 것이다.

우리를 구하려고 하는 잠재의식의 목소리

잠재의식은 우리를 늘 보호하려 한다. 따라서 직감의 목소리를 듣는 법을 배워야 한다. 주관적 자아는 인체의 생명 기관을 다스린다. 현재의식이 걱정, 불안, 두려움, 부정적 생각에 방해받으면 주관적 자아는 몸의 균형을 유지하며 몸을 보호할 수 없다. 부정적인 생각은 내면 깊은 곳에 자리 잡아 몸의 균형을 흐트러뜨린다. 잠재의식에는 더 높은 자아가 존재한다.

잠재의식은 현재의식이 보내는 암시와 명령에 반응한다. 따라서 주관적 마음이 올바른 방향으로 가라고 설득하는 목소리를 듣도록 현재의식을 훈련해야 한다. 현재의식은 마음이 편안하고 평화로울 때 잠재의식에 더 가까이 다가갈 수 있다. 그러면 직감이 외치는 선명하고도 뚜렷한 목소리가 더 잘 들린다. 잠재의식은 현재의식에서 하는 생각에 맞춰 응답하고 안내한다. 질문이 생기면 내면 깊이 어두운 곳에 존재하는 잠재의식에 질문을 전달해 보라. 인간의 지성, 즉 이성적 마음은 질문과 관련된 모든 자료를 수집해 이를 분석하고 판단하려 한다. 하지만 질문의 해답을 찾을 때까지 몇 주 동안 시행착오를 겪으며 어려움에 봉착할 수 있다. 이성적 마음이 해답을 찾지 못해 당혹감에 빠지면 직감은 승리의 노래를 나직이 부르기 시작한다.

예술가, 시인, 작가, 발명가들은 직감의 목소리에 귀를 기울이는 덕분에, 내면에 있는 지식 창고에서 아름답고 영광스러운 것들을 잔뜩 꺼내 세상을 놀라게 한다. 이들은 진정한 부의 원천이 어디 있는지 깨달은 사람들이다.

내면의 소리에 귀 기울여 아들을 구하다

진 라이트는 오랫동안 나와 함께 일한 비서다. 몇 년 전, 진은 어머니와 주말여행을 떠나기로 했다. 그런데 토요일 아침이 되자 불길한 예감이 들었다. 마음 깊은 곳에 있는 무언가가 "가지 마, 집에 있어"라고 말리는 것 같았다. 무시하려 했지만 불길한 느낌이 가시지 않았기에 결국 마음속에서 보내는 소리에 귀 기울이기로 하고 여행을 가지 않았다.

2시간 뒤, 집 근처 해변에서 놀던 아들이 돌부리에 걸려 넘어져 얼굴을 세게 부딪쳤다는 연락이 왔다. 앞니 하나가 부러졌다. 진은 부러진 이 조각을 주워 곧장 아들을 데리고 치과에 갔다. 치과 의사는 부러진 이를 다시 이식했고 다행히도 아들은 치아를 잃지 않았다. 알고 보니 치과 의사는 막 1박으로 여행을 떠나려던 참에 진의 전화를 받았다고 한다. 5분이라도 늦었다면 진의 아들은 제때 치료를 받지 못했을 것이다. 내면의 목소리가 하는 말은 언제나 옳다.

어떤 행동을 할지 결정해야 할 때 가장 좋은 방법은 잠재의식이 보내는 직감의 목소리에 귀 기울이는 것이다. 직감을 따르면 진실과 거짓을 구분할 수 있다. 무한한 영은 잠재의식에 전달된 생각에 따라 응답한다는 사실을 기억한 채 진심으로 진리를 추구해 보라. 그러면 그에 맞는 결과를 얻을 것이다.

이성을 뛰어넘는 직감의 위기관리 능력

일본항공 123편 추락 사고를 기억하는 사람들이 있을 것이다. 이 사고로 무고한 많은 사람이 목숨을 잃었다. 사고가 발생한 지 몇 주 뒤, 한 일본인 학생이 편지를 보내왔다.

"저는 박사님의 《잠재의식의 힘》을 읽고 크게 감동한 독자입니다. 사고가 발생한 날, 일본항공 123편을 타러 공항으로 가려는데 내면의 목소리가 제게 말했습니다. '가지 마, 가지 마.' 나직하지만 분명한 목소리가 들렸습니다. 확성기에서 들리는 소리만큼이나 생생했습니다. 박사님의 책을 읽은 덕분에 저는 내면의 목소리를 따랐고, 결국 공항에 가지 않았습니다. 제가 사고를 피해 살아남은 이유는 사람들에게 잠재의식의 놀라운 힘을 알리기 위해서라고 믿습니다."

직감은 모든 이성적 사고 과정을 거치지 않고 직관적으로 진리를 인지하는 것이다. 불안한 상황을 즉시 간파하는 날카롭고 신속한 통찰력이다. 내면의 소리에 귀를 기울이는 행위가 바로 직감이다. 직감은 소리의 형태로만 느껴지는 것은 아니며 때로는 생각의 형태로 찾아오기도 한다. 그러나 직감을 인지하는 가장 흔한 방식은 바로 '목소리를 듣는 것'이다. 직감은 이성보다 훨씬 더 전달력이 강하다. 직감의 목소리는 이성의 목소리와 반대되는 내용을 전할 때가 많다는 것을 몸소 경험할 것이다.

인간의 현재의식은 이성적이고 분석적이며 질문을 많이 던진다. 반면 주관적 마음에서 오는 직감은 늘 즉각적이다. 직감은 현재의식의 지성을 멈추게 하는 신호등 역할을 한다. 직감은 이미 계획된 여행이나 활동에 대한 경고 메시지를 보내며 다가올 때가 많다.

그러니 지혜로운 마음의 소리에 귀 기울이는 법을 배워야 한다. 직감을 느끼고 싶고 바란다고 해서 늘 느껴지는 것은 아니다. 그러나 꼭 필요할 순간에는 직감을 느낄 수 있을 것이다.

직감을 따른 덕분에 큰 수익을 올린 투자 브로커

내 친구 필로는 투자를 업으로 삼으며 소수의 부자 고객들의 투자 활동도 관리해 주는 투자 브로커다. 필로의 전문 분야인 소형주 투자는 대개 투기 성향이 강하지만, 일단 성공하면 크나큰 이득을 볼 수 있다.

필로는 소형주 투자에서 큰 이익을 거두고 있었다. 수개월 전 소형주를 판매하는 한 회사의 이름이 그의 머릿속에 떠올랐다. 내면의 목소리가 "그 주식을 사"라고 조언했다. 필로는 목소리를 따라 해당 회사의 주식을 샀고 고객들에게도 같은 주식을 사게 했다. 이후 필로와 고객들은 수백 퍼센트에 이르는 수익률을 달성했다.

필로의 성공 비결은 직감의 목소리를 듣고 신뢰했다는 것이다. 그는 다음의 확언을 되뇌며 잠재의식의 힘을 발동했다.

> 잠재의식은 사야 할 주식을 정확한 순간에 정확한 방법으로 알려줍니다. 덕분에 나와 내 고객들은 축복받습니다.

필로의 잠재의식은 직감을 발휘해 그의 요청에 부합하는 응답을 제공했다. 잠재의식은 초감각적인 능력을 발휘해 정확한 순간에 유용한 정보를 필로에게 주었다.

마음이 보내는 경고

오랜 친구 프레드가 한번은 자살할 생각을 한 적이 있다고 털어놓았다. 아픈 기억을 떠올리는 친구의 눈가에 눈물이 맺혔다.

"교통사고로 아내와 아이를 잃었을 때였어. 이보다 더 큰 불행은 없으리라고 생각했지. 관자놀이에 권총을 대고 방아쇠를 당기려는데 목소리가 들리는 거야. '당기면 안 돼! 살날이 얼마나 많이 남았는데!' 나는 너무 놀랐어. 굉장히 또렷한 목소리였기에 거스를 수가 없더라고.

결국 나는 권총을 내려놓았지. 나중에 또 자살 충동이 들까 봐 총을 강물에 던져 버렸어."

"정말 놀라운 경험을 했구나. 언제 있었던 일이야?"

"우리가 친구로 만나기 훨씬 전인 20대 때의 일이야. 그 일 이후, 뭔가 이유가 있기에 사는 거라고 믿으며 살아왔어. 나를 설득하는 내면의 목소리를 절대 무시하지 않아."

이 혹독한 경험을 통해 프레드는 사람이 위험에 처하면 주관적 마음이 위대한 능력을 발휘해 위험을 피하게 해주거나 막아준다는 사실을 배웠다. 주관적 마음은 사람이 응답할 수밖에 없는 방식으로 말하고 행동한다. 잠재의식, 즉 주관적 마음은 위대한 능력을 발휘해 사람의 목숨을 구한다. 마음 깊숙한 곳에서 보내는 경고는 목숨을 구해 주는 경고이기 때문에 반드시 귀 기울여야 한다. 내면의 목소리는 우리를 신체적·감정적·영적·경제적으로 보호한다. 내면의 소리는 외부의 초자연적인 영매나 물질에서 비롯되는 것이 아니라, 모든 것을 알고 모든 것을 보는 잠재의식의 깊은 곳에서 나온다.

런던에서 사촌을 우연히 만나다

몇 년 전 영국에 강연하러 갔을 때의 일이다. 어릴 적 나와 함께 학교에 다닌 사촌이 지금 런던에 살고 있다는 이야기를 누나에게 들었다. 누나는 사촌이 어디 사는지, 무슨 일을 하는지는 전혀 몰랐다. 단지 친구로부터 사촌이 현재 런던에 산다는 이야기를 들었을 뿐이었다.

전화번호부를 뒤져 봤지만 사촌의 이름을 찾을 수 없었다. 나는 포기하지 않고 그다음 행동을 했다. 매일 밤 잠들기 전에 사촌을 만나 악수하며 어린 시절 이야기를 나누는 모습을 상상했다.

이윽고 런던에서의 모든 일정이 끝났고 나는 몇 시간 뒤 스위스로 떠날 예정이었다. 내가 런던에 올 때마다 투숙하는 호텔 길모퉁이에 우체국이 있다는 사실이 생각나 떠나기 전 런던에서 쓴 편지와 엽서를 부치러 갔다. 줄을 서서 차례를 기다리고 있는데 귀에 익은 목소리가 들렸다.

"아니, 조셉 아니야? 여기서 이렇게 만나다니!"

내가 마음속으로 생생하게 되풀이한 상상이 현실로 일어났다. 스위스행 비행기를 타러 가기 전 사촌과 회포를 풀 수 있었다. 잠재의식이 지혜를 발휘해 사촌과 나를 다시 만나게 해주었다. 마음에는 감히 헤아릴 수도 없는 심오한 지혜가 있다. 직감을 따르면 삶에 놀라운 일이 가득 일어나며 부를 얻을 것이다.

소크라테스가 말한 지혜로운 내면의 목소리

잠재의식은 초자연적인 소리를 들을 수 있는데, 이러한 영적 청각 능력을 소위 투청력透聽力이라고 한다. 고대 그리스 철학자 소크라테스는 언제나 지혜로운 내면의 목소리를 뚜렷하게 들을 수 있었다고 한다. 그 목소리는 소크라테스에게 주로 경고 메시지를 보냈다. 내면의 목소리가 가장 강하게 들렸을 때는 자신의 안위가 위협받는 때였다고 한다. 소크라테스의 잠재력은 청각을 통해 현재의식과 소통했다.

영적 청각은 인간의 영혼에 내재한 가장 강력한 본능인 자기본능에서 비롯된다. 소크라테스는 내면의 목소리가 들리지 않을 때는 그 목소리가 하는 말에 따라 올바르게 행동하고 있는 거라 믿었다.

로린다라는 젊은 여성이 있었다. 노동절 휴일을 맞아 먼 곳에 사는 친척 집에 놀러 가기로 했는데, 친척 집에 초대받은 또 다른 손님이 태워주겠다고 함께 가자고 제안했다. 그녀는 친척과 전화로 이야기하던 중에 자신의 내면에서 "가지 마! 집에 있어!"라고 외치는 목소리를 들었다. 로린다는 이 목소리가 하는 말에 따르기로 하고 여행을 취소했다. 이후 로린다는 차를 태워주기로 했던 손님이 고속도로에서 다중 추돌 사고로 사망했다는 소식을 들었다.

로린다는 몇 년 동안 내 강연과 모임에 참석하며 잠재의식의 인도를 따르는 법을 배웠다. 로린다는 올바른 행동이 자신을 이끈다는 확실한 믿음을 갖고 살아간다. 자신의 안위나 영혼을 보호해야 할 일이 있으면 지혜로운 잠재의식이 즉시 경고 메시지를 보낼 거라 끊임없이 확언한다. 잠재의식은 늘 로린다를 지켜준다.

반복적인 훈련을 통해 로린다는 현재의식과 소통하는 잠재의식의 또렷한 목소리를 들을 수 있다. 내면의 지혜를 객관적 마음에 전달하는 로린다만의 방식이다. 로린다는 주관적 마음의 목소리를 듣는다. 인간의 목소리처럼 대기 중에 울려 퍼지는 목소리는 아니지만, 로린다에게는 마음의 목소리가 또렷하고 생생하게 들린다.

조셉 머피의 미라클 노트

- 잠재의식은 언제나 우리를 보호하려 한다. 위험한 일이 있을 때마다 경고를 보내며 설득하는 내면의 소리에 귀 기울이는 법을 배워야 한다.
- 몸이 편안하고 마음이 평안하면 직감이 내는 목소리가 확실하고 또렷하게 들린다.
- 무한자가 생각에 따라 응답한다는 사실을 알고 진리를 진정으로 추구하면 그에 합당한 결과를 얻는다.
- 생각하는 대로 잠재의식에 전해지니, 그에 맞는 응답과 가르침을 얻을 것이다.
- 예술가, 시인, 발명가를 비롯한 모든 창의적인 사람들은 직감의 목소리에 귀 기울인 덕분에 내면에 있는 지식 창고에서 아름답고 영광스러운 것들을 잔뜩 꺼내 세상을 놀라게 한다.
- 직감이란 모든 이성적 사고 과정을 거치지 않고 직관적으로 진리를 인지하는 것이다. 내면의 소리에 귀 기울이는 행위가 직감이다.
- 무언가를 바라는 확언을 하고 난 뒤 가장 먼저 떠오르는 느낌이 대개는 가장 정확하다.

19

지금 당장 부의 초월자가 되는 우리의 이야기

"인생은 채석장이다. 끌로 인격을 다듬어 인생을 완성해야 한다."

독일 철학자 괴테의 말이다. 나는 모든 방면에서 충만하고 즐거우며 성공적이고 부유한 삶을 살기 위해 이 세상에 왔다. 또한 모든 장애물을 이겨내 승리하고 정복하기 위해 태어났다. 숨겨진 멋진 재능을 발휘해 인류를 축복하고 가장 멋진 모습을 세상에 드러내기 위해 존재한다.

삶에서 진정으로 있어야 할 곳을 보여달라고 내면의 무한한 지성에 부탁해 보라. 무한한 지성이 현재의식에 전해 주는 또렷하고 명확한 실마리를 따라가 보자. 인생에서 진정한 존재 이유를 찾으면 온전한 행복을 누릴 것이다. 건강과 부를 비롯한 모든 축복이 삶에 따를 것이다.

습관적으로 어떤 생각을 하는지, 삶을 바꾸고 싶다는 욕망이 얼마나 진실한지에 따라 성공하고 번영하며 영광스러운 삶을 살 수 있는지가 결정된다. 사람은 자신의 비전을 따라간다는 점을 기억해야 한다. 나의 비전은 무엇인가? 내가 집중해서 하는 생각, 내가 주목하는 목표가 내 삶을 결정한다. 잠재의식은 내가 주목하는 것을 확장하고 발전시켜 삶에 실현하기 때문이다.

지금 하는 생각을 바꿔야 한다

오늘 대출금이나 청구 금액을 낼 수 없다는 생각이 들거나 실패를 자초할 것 같다면 내가 해야 할 일은 현재의 생각을 바꾸는 것뿐이다. 생각을 바꾸면 외부 조건이 바뀐다. 나는 매 순간 마음의 활동을 외부로 표출해 그것을 경험하고 있다. 오늘 일어나는 일은 오늘 하는 생각과 느낌의 결과다.

그러므로 오늘의 마음가짐을 올바르게 하라. 미래는 지금 내가 품은 생각의 결과물이다. 오늘 생각하는 방식을 바꾸면 조화롭고 평화로우며 성공적으로 살 수 있다.

오늘 하는 고민은 오늘 하는 생각의 결과다. 나의 행복은 말 그대로 지금 이 순간에 있다. 과거와 미래는 현재의 생각이 결정짓는다. 왜냐하면 생각할 수 있는 유일한 순간은 '현재'이기 때문이다. 나는 지금 이 순간을 살아가고 있다. 그래서 현재를 바꿔야 운명을 바꿀 수 있다! 내가 통제할 수 있는 유일한 순간은 지금 이 순간이다.

내가 어떤 사람이든 또 무슨 일을 하든 간에 부와 건강, 타인의 행복에 관심을 둔다면 잠재의식이 이를 감지해 무의식적으로 부와 건강, 행복을 끌어당겨 줄 것이다. 속기사든, 비서든, 변호사든, 화학자든, 택시 운전사든, 성직자든 직업은 상관없다. 이게 바로 끌어당김의 법칙이다. 끌어당김의 법칙을 믿는다면 영적·정신적·물질적으로 부자가 되고 번영할 것이다.

부와 행복을 받아들일 시간은 바로 지금이다

지금이 절호의 기회다. 나는 조금 더 기다리면 좋은 날이 펼쳐질 거라 기대하는 사람들을 수도 없이 많이 만난다. 이들 가운데 많은 사람이 행복하고 번영하며 성공할 날이 언젠가는 올 거라 믿는다. 자녀들이 장성한 뒤에 마음 놓고 유럽과 아시아로 여행을 떠나겠다고 한다. 은퇴 후 삶을 어떻게 보낼지 이야기하는 사람들도 있다.

지금 이 순간 삶에서 좋은 것들을 가득 누릴 수 있다는 사실을 모른 채 이들은 언젠가 좋은 일이 찾아오기를 기다리고 있다. 하지만 이 책을 읽은 사람들은 지금 당장 충만하게 번영하는 삶을 살 수 있다는 사실을 이제는 깨달았을 것이다.

한 남성은 언젠가 대박을 터뜨려 세계여행을 떠나겠다고 말했다. 나는 그에게 각자의 내면에 힘이 있다고 설명했다. 지금 당장 부유해질 수 있으며, 부는 마음속 생각과 상상 속에 있다고 설명했다. 그러자 남성은 담대하게 '세계여행을 위한 확언'[73]을 하기 시작했다.

남성이 이 확언을 반복하자 새롭고 창의적인 아이디어가 그의 머릿속에 떠올랐다. 그는 국내외 석유 관련주를 골고루 사들였고 몇 달 만에 소액이지만 수익을 얻었다. 관련주를 더 많이 매입하라는 내면의 직감을 느낀 그는 직감을 따랐고 덕분에 엄청난 수익을 낼 수 있었다. 부는 지금 이 순간 이 자리에 있다는 사실을 몸소 느낀 것이다.

지금이 능력을 발휘할 기회다. 무한한 힘이 내 안에 있다. 이 힘은 지금 바로 내 존재에 활력과 생기를 불어넣으며 내게 응답한다. 지금이 사랑받을 기회다. 사랑이 몸과 마음을 가득 채우며 감싼다고 확언해 보라. 사랑이 나를 통해 내 삶의 모든 양상에서 나타난다는 사실을 깨달아 보라. 무한한 지성이 내 요청에 응답한다. 무한한 지성은 해답을 아는 유일한 존재이며, 지금 이 순간 내게 그 해답을 보여 준다. 지금이야말로 좋은 것을 얻겠다고 확언할 때다. 나는 아무것도 창조하지 않는다. 내가 할 일은 과거에도 존재했고 현재에도 존재하며 앞으로도 영원히 존재할 것들에 그저 형태와 표현력을 부여하는 것이다.

부유한 미래를 지금 당장 계획하라

미래를 계획하는 것은 지금을 계획하는 것과 다름없다는 사실을 기억해야 한다. 미래를 걱정한다면 지금을 걱정하는 것과 다름없다. 과거에 붙잡혀 있는 것은 지금도 과거 일을 생각하는 것과 같다. 현재의 생각을 통제하는 사람은 나 자신이다. 지금 할 일은 현재의 생각을 바꾸고, 바꾼 생각을 계속 유지하는 것뿐이다. 현재의 생각이 무엇인지 아는 사람은 나 자신이다. 지금 이 순간 습관처럼 하는 생각이 외부 현실에 그대로 이뤄진다.

'과거'와 '미래'는 항상 함께 다니는 2인조 도둑이다. 과거에 저질렀던 실수나 과거에 받았던 상처를 곱씹으며 자책하면 그로 인해 일어나는 정신적 고통이 현재에도 영향을 미친다. 미래를 두려워하면 현재 누릴 수 있는 기쁨과 건강, 행복, 마음의 평화를 강탈당하는 것과 같다. 지금 이 순간 주어진 축복을 누리고 2인조 도둑에게서 벗어나야 한다.

과거에 기쁘고 행복했던 순간을 생각하는 것은 현재에 기쁨을 느끼는 것과 같다. 좋은 결과든 나쁜 결과든 관계없이 과거에 일어났던 사건의 결과는 현재의 생각을 나타낸다는 점을 기억하라. 현재의 생각을 올바른 주파수에 맞춰야 한다. 평화와 조화, 기쁨, 사랑, 번영 그리고 선의를 향한 생각만 마음속에 담아야 한다. 이렇게 좋은 것들만을 의식적으로 자주 생각하며 확언해 보라. 좋지 않은 나머지 생각은 모두 잊어야 한다.

부를 창조하는 것을 넘어 초월하라

온 세상과 바다, 공기, 지구에 있는 보물은 당신이 태어나기 전부터 존재했다. 당신 주변에 있지만 아직 발견되지 않은 부를 생각해 보자. 이 부는 누군가가 찾아 주기만을 기다리고 있다.

오늘날 백만장자와 억만장자는 인류 역사를 통틀어 그 수가 가장 많다. 머릿속에 떠오른 독특한 생각을 실현하기만 하면 부자가 될 수 있다. 인생의 목적은 내면의 부를 발견하고 표출해 호화롭고 아름다우며 부유한 삶을 사는 것이다. 빨리 시작할수록 나와 세상에 좋은 일이다. 다음과 같이 확언하면 경제적 풍요를 얻고 더 부자가 될 수 있다.

나의 믿음이 내 미래를 결정한다는 것을 압니다. 이는 모든 선한 것을 향한 믿음입니다. 내 미래는 내 생각대로 펼쳐지리라는 것을 압니다. 내가 뿌리는 씨앗, 즉 습관적으로 하는 생각이 풍요로운 열매를 맺을 것을 압니다. 나는 내 영혼을 이끄는 수장이며, 내 운명의 주인입니다. 내 생각과 느낌이 내 운명을 결정합니다.

조셉 머피의 미라클 노트

- 나는 사랑·평화·기쁨·재산으로 가득한 풍요로운 삶을 살기 위해 존재한다. 지금부터 내면 깊은 곳에 있는 보물의 집에서 부를 꺼내어 보라.
- 사람은 비전이 있는 길을 따라 걷는다. 잠재의식은 내가 주목하는 것을 확장하고 성장시켜 경험하게 해준다.
- 부, 건강, 성공을 지금 당장 수용해야 한다. 미루면 안 된다. 좋은 것을 지금 누릴 수 있다는 뜻이다. 지금 평화를 확언해 보라. 부는 마음속에 품은 생각과 상상이다. 부가 내 삶에서 순환한다고 지금 긍정하라. 이러한 확언을 습관적으로 반복하면 잠재의식이 자연히 삶에 부를 가져다준다.
- 지금이 좋은 것을 손에 넣겠다고 확언할 때다. 내가 창조할 수 있는 것은 아무것도 없다. 내가 할 일은 과거에도 존재했고, 현재에도 존재하며, 앞으로도 영원히 존재할 것들에 그저 형태와 표현력을 부여하는 것이다.
- 부유하고 영광스러운 미래를 계획하라. 미래를 계획하는 것은 지금을 계획하는 것과 다름없다. 과거에 붙잡혀 있는 것은 지금도 과거 일을 생각하는 것과 같다. 현재의 생각을 통제하는 사람은 나다. 현재의 생각 패턴을 건강, 부, 성공에 맞추면 미래가 생각한 대로 펼쳐질 것이다. 미래는 현재의 생각 패턴이 그대로 실현된 모습이다.
- '과거'와 '미래'는 항상 함께 다니는 2인조 도둑이다. 마음의 도둑을 조심하라. 과거에 저질렀던 실수를 곱씹으며 자책하거나 다가올 미래를 두려워하면 2인조 도둑이 생명력과 판단력, 마음의 평화를 빼앗아 갈 것이다.

부록

JOSEPH MURPHY

부록1 | 사례로 검증받은 부의 확언 73

1부

1 돈의 순환을 이해하고 잘 사용할 수 있음을 다짐하는 확언 p.20

돈은 영적인 개념임을 알고 있습니다. 돈은 저와 제 주변 사람들의 인생에서 끊임없이 순환합니다. 끊임없이 생겨나는 돈을 내 안의 무한한 지혜에 따라 현명하고 건설적이며 분별력 있게 사용합니다.

2 자신의 한계를 넓히는 성공 확언 p.26

나는 성공하기 위해 태어났습니다. 나는 승리하기 위해 태어났습니다. 내 안의 무한자는 실패하는 법이 없습니다. 영적인 법칙이 나의 삶을 지배합니다. 무한한 지성은 나를 모든 면에서 올바른 길로 인도합니다. 무한한 부는 막힘없이 쉬지 않고 흐릅니다.

나는 정신과 영혼, 재물 등 모든 방면에서 발전하고 성장하며 앞으로 나아갑니다. 이러한 진리는 나의 잠재의식 속으로 가라앉습니다. 잠재의식에 뿌린 대로 거둘 거라는 걸 압니다.

3 긍정적이고 유쾌한 사람이 되는 확언 p.31

이제부터 모든 일을 웃어넘길 것입니다. 더 큰 기쁨과 행복, 마음의 평화를 누릴 것입니다. 나는 나날이 사랑스럽고 이해심이 깊은 사람으로 거듭납니다. 주위 사람 중에 가장 유쾌하고, 누구보다 앞서 선의를 실천하는 사람이 됩니다. 주변에는 늘 웃음꽃이 피어납니다. 나는 행복하고 기쁜 사람입니다. 유쾌한 사람이 될 수 있음에 감사합니다.

4 실패자에서 승리자로 마음을 재구성하는 확언 p.35

나는 승리하기 위해 태어났습니다. 나는 영적인 삶과 인간관계, 직업뿐만 아니라 인생의 여러 방면에서 성공하기 위해 태어났습니다. 내면에서 숨 쉬고 있는 무한자는 실패하는 법을 모릅니다. 성공은 나의 것입니다. 조화도 나의 것입니다. 부는 나의 것입니다. 아름다움은 나의 것입니다. 영적인 사랑은 나의 것이며, 풍요로움도 나의 것입니다.

5 마음을 열고 있는 그대로 부를 받아들이는 확언 p.46

나의 마음은 열려 있고 받아들일 준비가 되어 있습니다. 나는 조화와 아름다움, 영적인 인도,

재물과 무한한 부가 자유로이 흐르는 통로입니다. 부와 건강 그리고 성공은 내면으로부터 나와 외부 세계로 표출된다는 것을 압니다. 내부와 외부에 있는 무한한 부는 서로 조화를 이룹니다. 부의 아이디어는 잠재의식에 가라앉아 우주의 스크린에 투사됩니다. 모든 사람이 생명의 축복을 받기를 소망합니다. 나는 영적이고 정신적이며 물질적인 부를 받아들일 준비가 되어 있습니다. 풍요로움이 내 안에 흘러넘칩니다.

6 사랑과 평화로 마음을 채우는 확언 p.50

무한한 지성은 나를 인도하고 번영하게 하며 영감을 줍니다. 나에게 치유력이 담긴 사랑이 흘러나와 모든 고객에게 전해집니다. 영적인 사랑이 가게 문으로 들어오고 나갑니다. 가게에 오는 모든 사람은 축복받고 치유되며 영감을 얻습니다. 무한한 치유력이 곳곳에 넘칩니다.

7 스스로를 격려하고 용기를 북돋는 확언 p.64

나의 마음은 평화와 고요, 균형과 평정으로 가득 차 있습니다.
나는 항상 평온하고 차분하고 여유롭고 편안합니다.
나는 세상에 존재하는 유일한 힘, 즉 우주적 능력에 대한 믿음과 확신으로 가득 차 있습니다.
나는 이기고 성공하고 승리하기 위해 태어났습니다. 나는 하는 일마다 성공합니다.
나는 아주 멋진 배우이고 크게 성공합니다.
나는 사랑스럽고 조화롭고 평화로움을 느낍니다.

8 건강·부·사랑·성공을 키워드로 한 확언 p.68

나는 정말 '건강'합니다. '부'는 이제 나의 것입니다. 나는 부자입니다. 나는 '사랑'하는 사람과 축복 속에서 결혼해 행복한 생활을 영위합니다. 나는 올바른 일터에서 '성공'으로 인도됩니다. 나는 직장에서 훌륭한 성과를 거두고 높은 수입을 올립니다. 이제 잠재의식이 이 모든 소망을 이루어 줍니다.

9 자기 파괴적인 생각을 멈추고 자기 가치를 높이는 확언 p.73

이 순간부터 나는 나 자신에게 새로운 가치를 부여합니다. 나의 참된 가치를 언제나 알고 있고, 나를 깎아내리는 것을 멈추며, 나 자신을 비하하지 않을 것입니다. 나 자신을 깎아내리고 싶은 생각이 들 때마다 다음과 같이 확언할 것입니다.
내 안의 자아를 존중합니다. 지혜가 충만하고 만사에 능통한 무한한 힘에 경외심을 가지고 건전하고 온전히 존경합니다. 무한한 힘은 영원하고, 계속해서 쇄신하는 존재이자 권능입니다. 밤낮으로 나는 영적·정신적·금전적으로 발전하고 앞으로 나아가며 성장합니다.

10 인생의 통제권을 되찾는 확언 p.103

나는 떠오르는 생각과 이미지를 조종할 수 있습니다. 나는 통제권을 쥐고 있습니다. 그리고 내가 원하는 것에 관심을 기울이도록 생각을 제어할 수 있습니다. 나의 두뇌는 현명하고, 나의 마음에는 지혜와 지성이 담겨 있습니다.

영적인 아이디어가 나의 마음을 지배하고 완전히 통제합니다. 나의 말에는 생명, 사랑, 그리고 느낌으로 가득 차 있습니다. 그래서 내 생각과 말은 언제나 건설적이고 창의적입니다.

나는 언제나 안정되고 균형이 잡혀 있으며 마음은 고요하고 침착합니다. 이제는 기분이나 건강, 재정 상태가 변한다고 흔들리지 않습니다. 그렇게 나는 평화로운 상태에 놓입니다.

11 불공평한 조건을 극복하고 원하는 것을 이루는 확언 p.104

나는 인생에서 있어야 할 위치에 있고, 내가 좋아하는 일을 하고 있습니다. 아름다운 집에서 멋진 아내와 살며 멋진 차를 운전합니다. 내 앞에는 새롭고도 놀라운 기회가 펼쳐져 있고, 인류를 위해 공헌할 수 있는 재능을 펼칩니다. 나는 내가 이루고자 하는 꿈보다 번창할 것이며, 가장 높은 곳까지 인도될 것임을 믿습니다. 또한 풍요로운 생활을 누리며 안전할 것임을 믿습니다.

12 단조로운 삶에 활력을 주는 치유의 확언 p.106

매번 다른 길로 출퇴근합니다. 오랫동안 굳어 있던 나쁜 습관을 버리고, 긍정적인 습관을 들일 것입니다. 다시는 신문의 머리기사나 소문에 휘둘리거나 부족, 한계, 질병, 전쟁, 범죄 등에 관한 부정적인 생각을 하지 않을 것입니다. 부정적이고 파괴적인 군중심리가 내 잠재의식에 영향을 끼치지 않도록 의식적으로 나의 생각을 바꿀 것입니다.

인생에서 겪는 모든 경험이 의식적이거나 무의식적인 생각 때문이라는 걸 압니다. 그리고 부정적인 태도가 문제를 크게 만든다는 것을 압니다. 그러니 이제 비난을 멈추고, 외부의 조건과 맞서 싸우는 것을 즉시 멈출 것입니다.

마음을 쇄신하면 삶이 바뀐다는 걸 알고 있습니다. 이제 내 마음속에서는 혁명이 일어나고 있습니다. 나는 내면으로 여행을 떠나 깊은 곳에 있는 영원한 보물창고를 발견합니다. 보물창고를 열면 부와 조화, 평온이 그 안에 있습니다.

13 편견에 싸인 세상에서 내 중심을 잡는 확언 p.109

나는 세상을 바꿀 순 없지만, 나 자신을 바꿀 수는 있습니다. 이 세상은 개인의 집합체입니다. 군중심리에 휘둘려 선동적인 프로파간다에 흔들리고 오감의 지배를 받는 사람들은 삶에서 비극이나 슬픔, 사고, 질병, 실패를 겪을 수밖에 없다는 것을 압니다. 이런 일을 겪지 않기 위해 영혼을 치유하고 축복해 긍정적인 아이디어로 마음을 통제하는 법을 배웁니다.

이제 나는 다시는 조건이나 상황에 맞서 싸우지 않습니다. 뉴스에 보도되는 파괴적이고 부도

덕한 내용이나 상류 사회에서 일어나는 부정부패를 보며 분개하는 일을 멈춥니다. 이 세상 모든 사람이 올바른 행동을 하며 조화롭고 아름답게 살며 평화를 누리기를 기도합니다. 나는 내면의 힘으로부터 지도를 받으며 영감을 얻습니다. 빛, 사랑, 진실, 아름다움의 물결이 나를 비롯한 모든 사람의 정신을 고양합니다.

14 마음의 부를 빼앗는 도둑을 물리치는 확언 p.111

나는 잠재의식이 어떻게 작동하는지 알고 있습니다. 잠재의식은 그 안에 넣어둔 걸 언제나 불립니다. 돈은 다시 나에게 돌아옵니다. 돈에 관한 아이디어는 압축되고 다른 아이디어와 섞여 회로에 흐릅니다. 습관적인 생각과 아이디어는 내 마음뿐만 아니라 나의 모든 경험을 지배하고 다스리며 통제합니다. 확언은 가장 높은 곳에서 영적인 진리를 묵상하는 방법이라는 것을 압니다.

나는 다시는 삶의 기복을 겪지 않을 걸 압니다. 이를 위해 끊임없이 부정적인 생각을 경계합니다. 부정적인 생각이 마음속을 비집고 들어올 때마다 밖으로 던져 버립니다. 나는 항상 좋은 일을 만드는 무한한 힘을 믿습니다. 좋은 일이 들어올 수 있도록 나의 정신과 마음의 문을 엽니다. 힘이 생기고 지혜가 솟아나며 이해심이 많아지는 걸 발견합니다. 나는 역동적이고 창의력이 넘치며 균형 잡히고 목적 있는 삶을 살아갈 것입니다. 나는 아주 행복한 삶을 살고 있습니다.

15 잠재의식에 생기를 불어넣는 확언 p.118

지금부터 나는 나를 사랑할 것입니다. 사랑은 유일한 존재인 나와 나의 힘을 존중합니다. 나 자신을 사랑하듯 모든 타인을 사랑합니다. 내 이웃은 나와 가장 가까운 존재입니다. 내 안에 있는 힘이 내 이웃 안에도 있기 때문입니다. 하루 중 의식하는 모든 순간에 내 안에 있는 자아를 드높이며 타인의 자아 또한 존중하고 사랑합니다.

나 자신을 비판하거나 나의 잘못을 짚어내려 할 때마다 즉시 "나는 내 안의 나를 날마다 더 많이 존중하며 사랑합니다"라고 확언합니다. 진정한 나 자신에게 응당한 대가를 지급하며 스스로 헌신할 수 있을 때에만 비로소 타인도 사랑하고 존중할 수 있음을 압니다.

이러한 진리는 내가 믿는 만큼 감정적이며 의식적으로 잠재의식에 새겨집니다. 나는 잠재의식의 충동에 의해 이러한 진리를 표현합니다. 내가 받은 사랑과 축복을 표현할 수밖에 없습니다. 이러한 사실을 절대적으로 믿습니다. 멋진 일입니다!

16 남편의 행동을 받아들이고 축복하는 확언 p.120

내면의 무한한 지혜는 남편에게 완벽한 계획을 보여 주고 남편이 가야 할 방향을 보여줍니다. 사랑·평화·조화·기쁨이 올바른 행동의 형태로 남편 안에 흐릅니다.

나는 올바른 일을 하고 올바른 결정을 내립니다. 나는 내게 올바른 행동이 남편에게도 올바른 행동임을 알며, 한 사람을 축복하는 것은 모두를 축복한다는 사실 또한 압니다. 나는 늘 평화롭고, 남편에게 삶의 모든 축복이 깃들기를 기원합니다.

17 모든 두려움을 없애 주는 확언 p.127

아무것도 내 앞길을 막지 못합니다. 내가 신성한 생각을 할 때, 무한한 힘이 나의 선한 생각과 함께한다는 사실을 온전히 알고 받아들입니다. 내가 줄 수 없는 것은 받을 수도 없다는 것을 압니다. 헤어진 남자친구를 비롯해 그와 연관된 모든 사람에게 사랑·평화·빛·선의가 담긴 생각을 전합니다. 나는 항상 영적인 사랑으로 둘러싸여 있습니다.

18 화·원망·질투를 잠재우고 승진을 이루는 확언 p.139

내 마음의 법칙은 정의로우며, 내 잠재의식에 인상을 남기는 모든 것은 내가 사는 세상과 상황에서 수학적으로 정확하게 재현된다는 것을 압니다. 내가 마음의 원칙을 사용하고 있고, 마음의 원칙은 인격에 구애받지 않는다는 것을 압니다. 마음의 법칙 앞에서 나는 평등합니다. 내가 믿는 대로 내게 행해진다는 것을 나는 알고 있으며, 내 잠재의식이 인격에 구애받지 않고 공정하다는 것도 압니다.
그동안 내가 화를 내고 원망과 질투심에 가득했으며, 나 자신을 비하하고 비난하며 책망해왔다는 것을 깨닫습니다. 나 자신을 정신적으로 핍박하고 괴롭히고 고문해 왔으며, 마음의 법칙은 안과 같이 밖에서도 이루어진다는 것을 압니다. 따라서 상사와 동료들은 내가 주관적으로 생각하고 느낀 것을 객관적으로 증명하고 확인시켜 줄 뿐입니다.
내가 마음속으로 완전히 받아들이는 것을 나는 내 경험·조건·상황 또는 그 속에 있는 힘과 관계없이 얻을 것입니다. 나는 모든 동료의 성공과 번영과 승진을 기원하고, 모든 사람에게 선의와 축복을 전합니다. 승진은 내 것입니다. 성공은 내 것입니다. 올바른 행동은 내 것입니다. 부는 내 것입니다. 이 진리들을 확인함으로써 나는 창조의 매개체인 내 잠재의식 안에 이 진리들이 담겨 있고, 내 삶에서 놀라운 일들이 일어나고 있다는 것을 압니다.
매일 밤 잠들기 전, 승진한 나의 멋진 모습을 아내가 축하해 주는 모습을 상상합니다. 이 모든 것을 정신적으로나 감정적으로 생생히 느낍니다. 눈이 감기고, 몽롱하게 잠이 옵니다. 나는 수동적이고 수용적인 마음 상태에 있으면서도 아내가 내게 건네는 축하의 말을 듣고, 아내의 포옹을 느끼고, 아내의 몸짓을 봅니다. 내 마음속에서 펼쳐지는 이 한 편의 영화는 생생하고 사실적입니다. 나는 내가 잠을 자는 동안 무한한 지성이 이 모든 것을 이뤄낸다는 사실을 알고 이 분위기에서 잠듭니다.

19 지금 있는 곳에서 보물을 찾는 확언 p.142

내가 지금 있는 곳에 내가 있기를 바랍니다. 내 안에 있는 무한한 지성과 지혜는 생명의 보물을 찾을 다음 단계를 내게 보여줍니다. 직관적으로 떠오르는 느낌, 내 마음속에서 절로 솟아나는 아이디어의 형태로 내게 주어지는 해답에 나는 감사를 표합니다.

20 실수를 성공의 디딤돌로 만들어 주는 확언 p.144

과거에 내가 저지른 모든 실수를 용서합니다. 나는 아무도 비난하지 않습니다. 내 모든 실수는 내 성공, 번영, 발전의 디딤돌이었습니다. 무한자가 늘 나를 인도한다고 믿으며, 내가 하는 일은 늘 옳을 거라고 믿습니다. 두려움 없이 당당하게 앞으로 나아갑니다. 모든 일에 최선을 다합니다. 나는 옳은 일을 하고 바른 생각을 하며, 무한한 지성이 내 잠재의식에 깃든 채 내게 해답을 제시한다는 사실을 압니다.

나는 고객들에게 최선을 다합니다. 고객들에게 적절한 가격을 제시하라는 인도를 받고, 내가 해야 하는 일이 무엇인지 영감을 받아 그대로 해냅니다. 나는 나와 조화롭게 일하는 적절한 일꾼들을 내게 끌어들입니다. 이러한 생각이 내 잠재의식에 스며들어 주관적인 패턴을 형성한다는 사실을 알고 있으며, 내가 습관적으로 하는 생각에 따라 내 잠재의식이 반응한다고 믿습니다.

21 성공의 길을 걷고 있음을 믿는 확언 p.146

내게는 더 높은 곳으로 올라갈 힘이 있습니다. 나는 이제 내가 건설적이고 성공한 삶을 살고자 태어났다고 확실히 말합니다. 나는 성공으로 가는 길이 내 것이 되었다는 내적 확신에 도달했습니다.

내 안의 무한한 지성은 내 숨겨진 재능을 드러내고, 나는 내 이성적인 현재의식에 도달하는 안내를 따릅니다. 나는 이 안내를 분명히 인식합니다.

이제 성공은 내 것입니다. 부는 내 것입니다. 나는 내가 좋아하는 일을 하며, 훌륭한 방식으로 인류에 봉사하고 있습니다. 인도의 원리를 믿으며, 내가 믿는 대로 내게 행해지듯이 대답이 내게 오고 있다는 것을 압니다.

22 부정적 사고의 감옥에서 빠져나와 한계를 뛰어넘는 확언 p.154

무한한 지성이 내 목장을 사고 싶어 하는 구매자를 끌어들입니다. 구매자는 목장을 사서 번영합니다. 나와 구매자 둘 다 신성한 거래를 통해 축복받습니다. 나는 올바른 구매자와 올바른 가격에 거래하며, 내 잠재의식 속 더 깊은 흐름은 구매자와 나를 신성한 질서에 따라 한데 모읍니다.

나는 마음이 준비되면 모든 것이 준비된다는 사실을 알고 있습니다. 걱정스러운 생각이 떠오르면 즉시 "그 어떤 걱정도 나를 움직일 수 없습니다"라고 확언합니다. 내가 고요함과 평온, 침착을 향해 마음을 재조정하고 있음을 압니다. 나는 나 자신을 위해 자유롭고 풍요롭고 안전한 새 세상을 만들고 있습니다.

23 우울한 마음을 자신감으로 바꾸는 확언 p.156

지금 이 순간부터 나는 나 자신을 질책하지 않습니다. 이 우주에서 그 어느 것도 완벽하지 않다는 것을 압니다. 나를 강인하게 하는 영적인 힘을 이용해 모든 것을 할 수 있습니다. 나 자신을 비판하고 싶을 때는 내 안에 있는 높은 자아를 높이 대합니다.

잘 아는 일을 할 때 자신감이 넘칩니다. 매일 다른 방법으로 자신감을 얻습니다. 자기 확신과 자립심이 습관이란 걸 압니다. 소심함 대신 확신과 믿음, 자신감으로 습관적인 사고에 당당하게 응답합니다.

직원들과 동료들도 모든 면에서 완벽할 수가 없다는 것을 깨달았습니다. 직원과 동료의 자신감이 넘치고 협력하며 일을 잘하려고 노력하는 모습을 보고 기뻐합니다. 동료들의 긍정적인 자질을 계속해서 발견합니다. 나는 모든 직원에게 친절하게 말합니다.

2부

24 거래처나 투자자를 끌어당기는 확언 p.183

잠재의식의 무한한 지성은 발명품을 생산하고 홍보하며 판매해 줄 이상적인 회사를 끌어당깁니다. 서로 만족하는 사업 관계를 맺고 조화를 이룹니다. 신성한 계약이 맺어져 이 사업에 관련된 모든 사람에게 축복을 가져다줄 것입니다.

25 가난이 미덕이라는 미신을 버리는 확언 p.187

나는 내 마음의 중심에 있는 무한한 부가 나에게 쏟아지면서 삶에 부와 조화, 영감, 은총, 풍요로움이 넘쳐나리라고 믿습니다. 이를 온 마음으로 받아들입니다. 무한한 지성은 모든 방면에서 나를 이끌어 주고 풍요로움과 성공, 안녕을 가져다줍니다. 나는 마음을 활짝 열어 무한한 부를 받아들입니다. 노력한 만큼 번영할 것입니다.

26 내 안에 흐르는 부를 찾아내는 확언 p.188

무한한 부가 내 삶에서 순환합니다. 눈사태처럼 쏟아지는 무한한 부가 내 안에 흐릅니다. 지금 이렇게 살 수 있음에 감사하고, 무한한 부에 감사를 표합니다.

27 부를 이루는 공식의 확언 p.197

부의 영원한 원천을 알고 있습니다. 그 원천은 절대로 실패하지 않습니다. 부의 원천과 조화를 이루니 내가 하는 모든 일에 성공할 것임을 압니다. 언제나 내면과 외면이 평화롭습니다.
저는 충실하고 한결같으며, 평화를 가져다주고 사업의 번영과 발전에 이바지하는 재능 있는 사람들을 끌어당깁니다. 최고 품질의 제품과 서비스를 제공해 엄청난 부를 자석처럼 끌어당깁니다.
새로운 아이디어에 적응해 나갑니다. 무한한 지성은 어떻게 하면 인류를 위해 봉사할 수 있을지 더 나은 방법을 알려줍니다. 인류를 축복하고 도울 수 있는 제품을 만들 수 있도록 이끕니다.
나는 엄청난 성공을 거둡니다. 나는 성공할 수밖에 없습니다. 지금도 성공하고 있습니다. 나는 사업의 세세한 것까지 핵심을 모두 파악하고 있습니다. 내 주변에 있는 사람들과 직원들에게 사랑을 전하고 선의를 베풉니다.

28 잠재의식에 내재한 무한한 부를 떠올리는 확언 p.208

나는 조화, 성공, 번영, 풍요, 안전을 비롯해 신성하고도 올바른 행동을 선택합니다. 무한한 지성은 더 많은 것을 얻을 수 있는 더 좋은 길을 내게 보여줍니다. 내가 제공하는 조언과 결정 덕분에 행복하고 편안하며 만족하는 사람들이 내 마음속 정신적·영적 자석에 이끌려 다가옵니다.
내가 하는 모든 일은 번영합니다. 정의와 법칙, 질서가 내 모든 일을 주관하기 때문에 내가 시작하는 모든 일은 성공하며 끝납니다. 나는 내 마음의 법칙을 알고, 내가 지금 되새기는 이 모든 진리가 이제 내 잠재의식에 스며들어 내 삶에서 구현될 거라는 사실을 온전히 인지합니다. 놀라운 일입니다.

29 미움에 사로잡히지 않고 사랑을 되찾는 확언 p.224

나는 사랑과 평화, 선의, 기쁨을 남편에게 보냅니다. 우리 관계는 조화롭고 평화가 깃들어 있습니다. 사랑은 우리를 언제나 하나로 묶어 줍니다. 사랑으로 축복받은 결혼생활을 합니다.

30 사랑의 힘으로 부정적인 조건을 극복하는 확언 p.226

사랑에는 힘이 깃들어 있습니다. 빛은 어둠을 밝히고 선한 사랑은 모든 악을 이깁니다. 이를 알기에 사랑으로 부정적인 조건을 극복할 수 있습니다. 사랑과 미움은 같은 곳에 자리할 수 없습니다. 마음에 빛을 비추니 공포와 불안이 사라집니다. 여명(진리의 빛)이 밝으니 그림자(공포와 의심)가 걷힙니다.

31 부동산 거래가 늘어나는 축복의 확언 p.232

수요와 공급의 법칙이 완벽하게 적용된다는 것을 알고 있습니다. 어떤 일을 하든지 황금률을 따릅니다. 나의 마음은 평화롭습니다. 내가 팔고자 하는 건 마음에서 나온 아이디어이고, 모든 지식의 원리는 내 안에 있습니다. 지금 당장 필요한 모든 것을 알고 있습니다. 내가 사거나 팔고 싶은 상품은 신성한 마음에서 교환한 아이디어의 결과물이라는 것을 압니다. 서로가 만족하고 조화를 이루며 평화가 넘치는 거래를 할 것입니다. 가격을 적절하게 잡으니 알맞은 사람들이 상품을 사 갑니다. 모든 질서가 완벽합니다. 나는 진리를 알고 이해합니다. 지금 필요한 모든 아이디어는 완전한 순서에 따라, 완벽한 조합으로 끊임없이 내 안에 펼쳐집니다. 나는 신성한 아이디어를 받고 기뻐합니다. 다른 사람들에게 신성한 아이디어를 나눠주면 그들도 나에게 아이디어를 줍니다. 평화는 이제 나의 것입니다. 마음은 지체하는 법이 없습니다. 나는 선함을 받아들입니다.

32 내가 뿌린 부의 열매를 수확하는 확언 p.236

무한한 힘을 지닌 부가 자유롭고 즐겁게 한없이 내게 쏟아집니다. 나는 모든 면에서 행복과 평화, 건강, 그리고 성공을 누리며 놀라운 판매 실적을 기록합니다. 지금 나는 내 마음속 깊은 곳에 있는 부를 일으키고 있습니다. 부유함이라는 결과가 그 뒤를 따릅니다. 내가 뿌린 대로 거두리라는 사실을 압니다.

33 학생들의 가능성을 믿고 성장을 이끄는 확언 p.258

나는 우리 반 학생들에게 더 큰 사랑을 베풀고 지혜를 전달하며 이해심을 키워줍니다. 지금 학생 한 명 한 명이 성장하고 발전하는 생각을 전합니다. 학생은 빠르게 배우고 영감을 얻습니다. 학급은 조화롭고 사랑이 넘치며, 학생들은 서로를 돕습니다. 우리 반 아이들 모두가 우수하다는 확고한 신념을 가지고 있고 이러한 확신을 잠재의식에 전달합니다. 실제로도 그렇습니다.

34 증가의 법칙에 따라 사업을 성장시키는 확언 p.265

증가의 법칙은 언제나 작동합니다. 나의 마음은 더 많은 걸 받을 준비가 되어 있습니다. 내 사업은 성장하고 확장하며 발전해 나갑니다. 언제나 차고 넘칠 정도로 재정적으로도 여유롭습니다. 내 안의 무한한 보고는 내면뿐만 아니라 외적으로도 넘치는 부를 가져다줍니다. 마음과 가슴을 열어 풍요로움과 부를 받아들입니다. 내면과 외면이 점점 더 풍요로워지고 있습니다.

35 고객과의 관계를 돈독하게 해주는 확언 p.278

나의 말은 나와 연락을 하거나 사업을 하는 모든 사람을 치유하고 활력을 불어넣으며 번영하게 합니다. 나의 고객들은 거래에 만족하며 부자가 됩니다.

36 살아 있는 말의 힘을 사용한 부의 확언 p.279

부자가 되고 성공하게 해달라고 잠재의식에 명합니다. 이 말이 잠재의식에 가라앉는다는 걸 압니다. 이 말이 무엇을 뜻하는지 압니다. 말에는 진심이 담겨 있습니다. 재정이 탄탄하고 필요한 만큼 돈이 있음에 감사합니다.

37 현명하게 유산을 나누는 확언 p.281

재산이 신성하게 분배되고 조정 과정이 조화롭습니다. 제 것이라고 생각하는 만큼의 몫을 받습니다. 형제자매에게 축복을 내리면 그들도 저를 축복합니다. 모두가 만족스럽도록 재산이 분배됩니다.

38 대출미납자의 축복을 비는 확언 p.281

○○ 의 일이 잘 풀리고 좋은 일이 수배로 늘어납니다. ○○ 는 모든 빚을 빠르게 갚습니다. 그는 정직하고 성실하며 정의롭습니다. 수표를 주셔서 고맙습니다. ○○ 는 축복을 받습니다. 우리 모두 은총을 받았습니다.

39 내 안의 무한한 힘을 믿는 확언 p.296

나는 무한한 재물이 눈사태처럼 끝없이 내게 쏟아진다고 믿습니다. 사랑과 평화의 유대감이 나와 두 아들의 마음을 하나로 묶어 준다고 믿습니다. 내가 엄청난 성공작이라고 믿습니다. 내가 행복하고 즐거우며 자유롭다고 믿습니다. 내가 늘 엄청난 성공을 거둔다고 믿습니다. 믿고 또 믿습니다.

3부

40 학습 능력과 의지를 키워 주는 확언 p.315

무한한 지성이 내게 영감을 줍니다. 내가 학업에 정진하도록 이끌어 줍니다. 나는 모든 시험에 통과합니다. 반 친구들 모두에게 사랑과 선의를 베풉니다. 나는 행복하고 즐거우며 자유롭습니다.

41 남편을 위한 축복의 확언 p.317

내 남편은 그가 진정 있어야 할 곳으로 인도됩니다. 남편이 추구하는 것이 무엇이든 그것 또한 남편을 추구합니다. 사랑이 남편의 영혼을 채우고, 평화가 남편의 정신과 마음을 채웁니다. 남편은 모든 방법으로 번영합니다. 우리 부부 관계는 조화·평화·사랑·이해로 가득합니다.

42 아내를 위한 축복의 확언 p.317

아내의 내면에는 사랑·평화·조화·기쁨이 늘 흐르며, 모든 방면에서 인도를 받습니다. 우리의 부부 관계는 조화·평화·사랑·이해로 가득합니다.

43 사랑하는 사람과의 결혼을 이뤄 주는 확언 p.328

나는 결혼해서 행복하게 살고 싶다는 이 바람이 충만하고 행복한 삶을 끌어당기는 것을 압니다. 나를 사랑하고 아껴줄 남자가 기다리고 있습니다. 내가 그의 행복과 평화에 이바지하고, 크나큰 자산이 될 수 있습니다. 그가 내게 영감을 주듯 나는 그를 깊이 사랑하고 아끼며 영감을 줍니다. 그는 나의 이상을 사랑하고, 나는 그의 이상을 사랑합니다. 그는 나를 바꾸고 싶어 하지 않습니다. 나도 그를 바꾸고 싶어 하지 않습니다. 우리는 서로를 사랑하고 자유로우며 존중합니다.

이 말은 내 입을 떠나도 다시 내 입으로 돌아와 현실로 이뤄집니다. 확신과 믿음을 갖고 소망을 잠재의식에 새기면 소망이 이뤄지고 완성됩니다. 결혼 생각이 들 때마다 나는 잠재의식에 내재한 무한한 지성이 내 바람을 이뤄 준다고 되새깁니다.

44 돈에 대한 긍정적인 이미지를 키우는 확언 p.333

내 글은 사람들의 마음을 축복하고 치유하고 영감을 주며 기분을 좋게 합니다. 그래서 놀라운 방식으로 보상을 받습니다. 돈은 내 삶에 끊임없이 흐르고, 나는 이 돈을 지혜롭고 건설적인 방식으로 사용합니다. 돈이 내 삶에서 끊임없이 흐르니 나는 기쁘고 자유롭습니다.

45 번영을 부르는 효과적인 확언 p.337

내 마음은 개방적이며 수용적입니다. 나는 조화, 아름다움, 인도, 부, 무한한 부가 자유롭게 드나드는 통로입니다. 나는 건강, 부, 성공이 안에서부터 나와 밖으로 나타난다는 사실을 압니다. 이 모든 생각이 잠재의식에 스며들어 현실 공간이라는 화면에 비치는 것 또한 압니다. 나는 모든 사람이 축복받는 삶을 살기를 바랍니다. 나는 마음을 열어 영적·정신적·물질적 부를 받습니다. 부가 폭포수처럼 내게 쏟아집니다.

46 성공과 부가 내 것임을 확인하는 확언 p.340

올바른 행동은 내 것입니다. 성공은 내 것입니다. 부는 내 것입니다. 행복은 내 것입니다. 평화의 강이 내 몸과 마음, 내가 하는 행동을 따라 흐릅니다.

내가 하는 모든 일은 번영할 것임을 압니다. 내 생각은 창조적임을 압니다. 공학자가 다리를 설계하듯, 이제 나도 번영과 행복을 설계합니다.

47 부의 생각에 집중하도록 돕는 확언 p.346

내 사업은 늘 번창합니다. 나는 부를 현명하고 분별력 있고 건설적으로 쓰며 나 자신과 타인을 축복합니다. 증가의 법칙이 지금 작용한다는 것을 알며, 마음을 열고 증식하는 부를 받습니다. 잠재의식 안의 무한한 창고에서 나오는 부가 안팎으로 풍부하고 풍요롭게 흐릅니다. 매일 밤낮으로 내가 주고자 하는 것을 원하는 사람들을 끌어당깁니다. 내 마음과 정신은 폭포수처럼 넘치는 부를 향해 열려 있으며, 영원히 그럴 것입니다.

48 나에게 맞는 배역을 연기할 수 있다고 믿는 확언 p.359

잠재의식의 법칙과 질서를 가장 훌륭하게 표현할 수 있어 감사합니다. 나는 이 영화 배역을 맡고, 그보다 더 중요하고 위대하며 아름다운 것도 해냅니다. 무한한 부를 믿습니다.

49 멋진 집과 차를 요구하는 확언 p.360

지금 부를 확언하면 잠재의식이 응답합니다. 나는 가족이 건강하고 만족스러운 삶을 살고, 멋진 집에 산다고 확언합니다. 우리 부부와 두 아들은 각자 차가 한 대씩 필요합니다. 잠재의식이 이 요청을 들어줍니다. 나는 승진하고 성공하게 됩니다. 이 모든 소망을 실현하는 무한한 힘에 감사합니다.

나에게 주어진 부에 감사합니다. 부는 변함없이 멈추지 않고 영원토록 내 안에 흐릅니다. 회사에서 승진해서 큰 성과를 얻을 수 있어 감사합니다.

50 고요한 마음을 되찾아 주는 확언 p.364

마음의 자유와 평화는 이제 내 것입니다. 내가 이 진리를 믿고 확언하면, 진리가 내 잠재의식에 스며든다는 것을 압니다. 잠재의식의 법칙에 따라 나는 이제 담배를 끊고 싶다는 충동을 느낄 것입니다. 검사 결과를 확인한 후, 금연에 성공해 건강한 몸을 되찾은 내 모습을 축하하는 의사를 상상합니다.

51 잠재의식에 답을 구하는 확언 p.366

나는 모든 문제를 잠재의식에 내맡깁니다. 나는 모든 것을 내려두고 잠재의식에 이 일을 맡깁니다. 이 일이 언제, 어디서, 어떻게, 무슨 수로 해결되는지 의심하지 않습니다.

52 자신의 재능을 찾고 표현할 수 있도록 돕는 확언 p.375

무한한 지성은 숨겨진 나의 재능이 무엇인지 알며, 내가 재능을 표현할 수 있는 새로운 문을 열어 줍니다. 이는 즉시 현재의식에 전달됩니다. 새로운 방법이 내 머릿속에 선명하고 강력하게 떠오를 것입니다.

53 잠재의식에서 원하는 것을 얻는 확언 p.376

나는 내 안에 보급원이 있다는 걸 알고 내 생각에 가까이 다가갑니다. 부로 향하는 문이 나를 향해 활짝 열려 있다는 사실에 감사합니다. 부가 내 안에 자유롭게 흐르며 점점 더 많은 돈이 매일 삶에 흘러들어 옵니다. 나는 매일 영적·정신적·경제적으로 성장하며 모든 방면에서 번영합니다. 돈이 내 삶에 흐르며 언제나 넘쳐납니다. 감사합니다.

54 직장 동료를 축복하고 승진을 요구하는 확언 p.381

나는 부정적이고 파괴적인 생각에 매달려 있던 자신을 용서합니다. 전 직장 상사들과 현 직장 동료들이 삶에서 모든 축복을 누리기를 바랍니다. 머릿속에 이 사람들이 생각날 때마다 즉시 "나는 당신을 놓아드렸습니다"라고 확언합니다. 그들과 마음속에서 재회해도 그 어떤 나쁜 감정도 느끼지 않습니다.

나는 승진, 성공, 조화를 지금 이 순간 확언합니다. 삶은 성장이며 확장입니다. 부가 내 인생에 폭포수처럼 쏟아집니다. 나는 부가 영원히 흐르는 개방된 통로입니다. 나의 안팎으로 흐르는 부에 감사합니다. 내가 지금 말하는 내용은 현실로 이뤄집니다.

55 술에 의존하려는 마음을 없애는 확언 p.384

지금 이 순간 나는 건강, 마음의 평화, 자유, 맑은 정신을 선택합니다. 이것이 내 결정입니다. 편안한 상태에 있는 내 안에 평화의 강이 흐릅니다. 영원한 진리는 내 영혼의 양식이 되어 내 안의 조화·건강·평화·기쁨이 꽃피게 합니다. 술을 마시고 싶다는 생각이 들 때마다 가족과 함께 지내며 하고 싶은 일을 하는 모습을 상상합니다.

56 자신의 선택을 믿는 확언 p.387

나는 자유 의지를 지니고 스스로 선택하는 존재입니다. 내 안에서 일어나는 정신적·영적 과정을 직접 통제하고 지휘할 힘과 능력 그리고 지혜가 있습니다. 매일 아침 일어나면 나 자신에게 오늘은 내 안에 있는 무한한 보물창고에서 무엇을 선택할지를 정합니다. 나는 올바른 행동을 하는 평화로운 삶을 선택합니다.

57 긴장을 완화하고 마음에 평화를 주는 확언 p.394

평화의 강이 삶, 사랑, 진리, 아름다움이 가득한 황금빛 강처럼 내 안에 흐릅니다. 나는 늘 편안하고 평화로우며 침착하고 균형을 유지합니다. 나는 평화 안에서 자며 기쁨 안에서 깨어납니다. 내가 하는 모든 생각은 모두를 위한 조화, 평화, 선의의 생각입니다. 나는 모든 것을 해내고 모든 일이 잘됩니다. 부가 내 경험에서 자유롭게 흐릅니다.

58 자기 비하에서 벗어나 자신의 가치를 찾는 확언 p.396

나는 이 세상에서 하나뿐인 유일한 존재입니다. 이 세상에 그 누구도 나와 같은 사람은 없습니다. 자기 비판에 빠져 내 결점을 찾고 싶은 마음이 들 때마다 모두에게 사랑과 평화, 선의를 전합니다.

59 회사 분위기에 영향을 받지 않고 평온을 얻는 확언 p.400

일터에서 나는 타인을 판단하지 않고, 타인에 대해 아무런 의견도 없습니다. 그래서 고통받거나 방해받지 않습니다. 나와 내가 하는 모든 일에 평화와 조화가 깃듭니다. 불안이 잠잠해집니다. 확신과 기쁨이 늘 나를 감싸 안습니다. 이 사무실에서 일하는 모든 사람은 우리 사무실의 평화·조화·번영·성공에 이바지합니다. 사랑이 사무실 문으로 흘러들어 사무실 내 모든 직원의 마음과 영혼을 다스립니다.

60 좋은 거래와 고객을 끌어당기는 확언 **p.405**

나를 통해 집을 사는 사람들은 번영하며 축복받을 것입니다. 무한한 지성이 내가 파는 집을 사고 싶은 사람과 집을 살 능력이 있는 사람, 새집을 사 행복해할 사람들을 끌어당깁니다. 나와 고객은 축복받습니다. 내 삶에서 완벽한 결과를 이끌어 냅니다. 삶에서 일어나는 기적에 감사합니다.

61 자신감, 부, 성공을 가져다주는 확언 **p.412**

나는 매일 밤 평화 안에서 잠들고 기쁨과 확신 안에서 깹니다. 내 사업은 소망을 이루기 위한 가장 완벽한 계획으로 늘 번영합니다. 부가 내 삶에 흐르며 늘 넘쳐납니다. 나는 점점 더 많은 고객을 끌어당기며 고객에게 매일 더 좋은 서비스를 제공합니다. 모든 직원은 축복받고 번영합니다. 행복과 번영, 부가 이들의 마음과 정신을 가득 채웁니다.

62 형들을 향한 증오에서 벗어날 수 있게 해주는 확언 **p.413**

나는 두 형을 온전히 내려놓습니다. 평화가 내 마음과 정신을 가득 채웁니다. 부가 자유롭고 즐겁게 영원히 내 안에 흐릅니다. 무한한 부에 감사합니다.

63 아내 안에 숨겨진 능력을 끌어올리는 확언 **p.418**

내 아내는 엄청난 성공을 거두고 놀라운 능력을 발휘합니다. 아내는 영광을 누리고 또 누립니다. 성공의 사다리를 오르고 또 올라 높은 자리로 승진합니다. 아내의 진정한 재능이 드러나 모두에게 인정받습니다. 아내는 이제 성공합니다.

64 친구를 위한 축복의 확언 **p.424**

나는 매일 점점 더 나은 서비스를 고객에게 제공합니다. 나는 승진하고 성공합니다. 부가 폭포수처럼 내 안에 쏟아집니다.

나는 친구가 삶에서 누릴 수 있는 모든 축복을 누리기를 진심으로 바랍니다. 친구가 생각날 때마다 즉시 "좋은 것을 더 많이 받을 거야"라고 확언합니다.

65 아내를 떠나보내는 확언 **p.429**

나는 아내를 완전히 내려놓습니다. 무한한 지성이 모든 방면에서 아내를 이끌고 올바른 방향으로 이 일을 처리할 것을 압니다. 아내에게 좋은 일이 내게도 좋은 일이란 걸 압니다. 나는 아내에게 완전한 자유를 줍니다. 사랑은 자유롭고 사랑은 베푸는 것임을 알기 때문입니다. 아내와 나는 조화롭고 평화로우며 서로 이해합니다. 아내의 삶에 온갖 축복이 가득하기를 바랍니다. 나는 아내를 내게서 놓아줍니다.

66 아들 부부와 손자에게 매인 자신을 자유롭게 하는 확언 p.430

나는 아들과 며느리, 손자들을 영적·정신적·감정적으로 자유롭게 놓아줍니다. 아들이 며느리와 함께 자기만의 방식으로 삶을 꾸려나가도록 자유를 줍니다. 아들이나 며느리, 손자들 생각이 날 때마다 즉시 "나는 너희를 놓았단다. 나는 자유롭고 너희도 자유롭단다"라고 되뇝니다. 삶에 조화와 평화가 있고 올바르게 행동합니다.

67 회사 동료들을 축복하는 확언 p.438

나의 동료들은 자신이 있어야 할 곳에서 좋아하는 일을 합니다. 이들은 자신들의 진정한 가치를 알며 영적·정신적·물질적 부를 경험합니다. 동료들을 향한 부정적인 생각이 들 때마다 즉시 "나는 동료들을 자유롭게 놓아줍니다"라고 확언합니다.

68 자신감 있게 연기에 몰입할 수 있도록 하는 확언 p.443

내가 무슨 일이든 해낼 수 있음을 압니다. 내가 맡은 배역에 동화되고 극에 몰입합니다. 무대 위에서 연기할 때나 일상을 살아갈 때나 나를 바라보는 모든 사람에게 또렷하게 말합니다. 나를 사랑하고 존경하는 이들이 건네는 축하의 말이 들립니다. 정말 멋진 경험입니다.

69 미움에 갇힌 자신과 상대방을 용서하는 확언 p.455

나는 양아버지와 친부모님을 놓아줍니다. 나와 타인을 향해 부정적이고 파괴적인 생각을 줄곧 했던 자신을 용서하며, 앞으로는 절대 그런 생각을 하지 않겠다고 다짐합니다. 부정적인 생각이 떠오를 때마다 편안하고 침착하며 차분하고 평온한 마음을 되찾습니다.

70 자신이 사랑받고 있음을 확인하는 확언 p.458

나는 음식이 아름다움, 조화, 충만함, 완전함으로 변한다는 사실을 알며 즐겁게 식사합니다. 나는 다른 사람들에게 필요하고 사랑받는 존재입니다. 이들은 나를 원하고 나의 존재에 감사합니다. 나는 모든 이에게 늘 사랑, 평화, 선의를 전합니다. 나는 강하고 온전하며 에너지로 충만한 사람입니다.

71 에드워드의 마음이 편안해지도록 돕는 확언 p.460

아들의 마음은 차분하고 평안하며 침착합니다. 아들의 마음엔 조화, 평화, 기쁨, 사랑이 흐릅니다. 아들이 온전하고 아름다우며 완벽한 존재가 되도록 생명력과 에너지를 불어넣습니다. 아들은 평화롭게 잠들고 즐겁게 일어납니다.

72 부정적이고 파괴적인 감정을 없애는 확언 p.464

나와 타인을 향한 부정적이고 파괴적인 생각에 붙잡혀 있던 나 자신을 용서합니다. 나는 충만하고 자유롭게 모두를 용서하며 그들의 건강과 행복을 비롯해 삶의 모든 축복을 바랍니다. 내가 싫어하는 사람이 마음속에 떠오를 때면 즉시 "나는 당신을 놓아줬습니다"라고 확언합니다. 나는 내가 타인을 용서했다는 것을 압니다. 내 마음이 더는 쓰라리지 않기 때문입니다.

73 세계여행을 위한 확언 p.482

부가 지금 내 삶에 흐릅니다. 나는 이 생각을 잠재의식에 새깁니다. 잠재의식에 새기는 모든 생각은 현실로 이뤄진다는 것을 압니다. 잠재의식에 생각을 계속 새길수록 충동적인 잠재의식이 내게 응답할 것임을 압니다. 나는 필연적으로 삶에서 부를 경험하게 됩니다.

부록2 | 부·성공·인간관계·건강을 위한 확언

두 번째 부록에서는 부·성공·인간관계·건강을 위한 강력한 확언문을 독자에게 알려 주려고 한다.

부자가 된다는 것은 돈을 비롯한 물리적 소유의 개념을 넘어 더 원대한 무언가를 가진다는 것을 뜻한다. 풍요롭게 번영하는 삶이란 건강, 인간관계, 자아 성취를 비롯해 재정적으로 번영하는 능력을 길러주는 삶의 모든 측면에서 번영하는 것을 의미한다.

확언에 깃든 아이디어는 간단하다. 우리는 실생활에서 또는 상상 속에서 저지르는 실수 때문에 자신을 낮추는 법을 배우며 자란다. 나 자신과 관련된 특정한 사실을 믿거나, 자신을 타인과 부정적인 방식으로 비교하며 자란다. 나의 마음은 자기 의심으로 가득 차 있다. 그러나 확언을 반복하면 자기 패배적인 생각을 나 자신에게 힘을 주는 이미지로 대체할 수 있다.

부정적인 믿음이 내면에 깊이 뿌리박힌 정도, 확언을 향한 믿음의 정도, 잠재의식이 우리의 명령에 반응하는 속도 등에 따라 확언의 결과는 즉시 나타날 수도 있고 시간이 흐르며 펼쳐질 수도 있다.

세 가지를 명심하라. 인내심을 갖고 올바른 사고방식을 갖춘 채 매일 한 번 이상 확언을 계속 반복하라. 소리 내서 말하고 있는 그 내용이 진실하다는 확고한 신념을 가져라. 원하는 것, 하고 싶은 것, 되고 싶은 것에 대한 명확한 이미지를 마음속에 심어라.

부

부자가 되려면 다음 세 가지 영원한 원리를 기억하고 적용하라.

첫째, 받을 능력이 되는 것만 받을 수 있다. 많은 것이 주어진다고 해서 전부 나에게 주어지는 것은 아니다.

둘째, 한 사람이 이득을 보려면 다른 사람이 손해를 봐야 한다는 제로섬 게임은 틀린 생각이다. 이런 생각을 하지 마라. 다른 사람들이 무언가를 가졌다고 내가 가진 게 부족해지는 게 아니다. 따라서 다른 사람을 질투하거나 부러워할 이유도 없다.

셋째, 돈과 친하게 지내라. 돈을 원하면서 돈을 가진 사람을 얕보고 무시하거나 돈을 좋지 않은 것이라 천대할 수는 없다. 두 개념은 잠재의식 속에서 상충한다.

부와 관련된 다음의 확언들은 원하는 만큼 부를 받을 수 있는 능력을 극대화하는 데 필요한 적절한 사고방식을 개발하는 데 도움이 될 것이다.

순간을 축하하는 확언

내게 좋은 순간은 바로 이 순간임을 압니다. 나는 내 마음을 믿기에 조화, 부, 평화, 기쁨을 스스로 예언할 수 있습니다. 나는 지금 마음속에 평화, 성공, 번영이라는 개념에 최고의 가치를 부여했습니다. 이러한 생각(씨앗)이 내 경험을 통해 성장하고 나타날 것이라는 사실을 알고 믿습니다.

나는 정원사입니다. 뿌린 대로 거둘 것입니다. 나는 생각의 씨앗을 뿌립니다. 이 아름다운 씨앗은 평화, 성공, 조화, 선의입니다. 멋진 수확입니다. 이 순간부터 나는 평화, 자신감, 평정, 균형의 씨앗이나 생각을 잠재의식 속 은행에 예치합니다. 내가 뿌린 멋진 씨앗이 맺은 열매를 기릅니다. 소망은 잠재의식에 뿌린 씨앗이라는 사실을 믿고 받아들입니다. 이를 현실이라 느낌으로써 현실로 만들어냅니다.

땅에 뿌린 씨앗이 자랄 거라는 사실을 받아들이는 것과 같은 방식으로 내 소망이 현실로 이루어지리라는 것을 받아들입니다. 나는 씨앗이 어둠 속에서 싹틔우는 것을 압니다. 나의 소망이나 이상은 내 잠재의식의 어둠 속에서 싹틔운다는 것 또한 압니다. 씨앗이 크는 것처럼, 시간이 지나면 내 소망이나 이상은 조건, 상황 또는 사건이 되어 땅 위로 올라옵니다(객관화).

나는 진실하고 정직하며 정의롭고 사랑스럽고 좋은 것을 명상합니다. 나는 이런 선한 것들을 생각하면서 평화를 느낍니다.

풍요로운 삶 속에서 기뻐하는 확언

나는 부자가 된다는 것이 모든 면에서 영적으로 성장하는 것을 의미한다는 사실을 압니다. 영적 지성은 내 마음과 몸, 일을 풍요롭게 해줍니다. 영적인 아이디어가 내 안에서 끝없이 펼쳐져 건강, 부, 완전한 영적 표현을 내게 가져다줍니다.

내 존재에 활력을 불어넣는 생명력을 느끼며 내면의 설렘을 느낍니다. 영적인 생명이 지금 나를 움직이게 하고, 지탱하고, 강화하고 있다는 것을 압니다. 나는 지금 활력, 에너지, 힘이 넘치는 완벽하고 빛나는 몸을 드러내고 있습니다.

내 사업이나 직업은 신성한 활동이며, 신성한 사업이기 때문에 성공하고 번영합니다. 내 몸과 마음, 일을 통해 기능하는 내면의 온전함을 상상하고 느낍니다. 나는 풍요로운 삶에 감사하고 기뻐합니다.

믿음의 힘을 활용하는 확언

나는 어제의 부정적인 생각이 무엇이었든 간에, 매일 진리를 확신하며 오늘은 승리한다는 사실을 압니다. 요청에 대한 응답을 받아 기쁩니다. 나는 온종일 빛 속을 걷습니다.

내게 오늘은 평화와 조화, 기쁨으로 가득한 영광스러운 날입니다. 선을 향한 나의 믿음은 내 마음에 기록되어 있으며 내면의 빛으로 다가옵니다. 지금 내가 원하는 것이 무엇인지 알고 내 마음이 바라는 모든 좋은 것을 내 경험 속으로 당연하게 끌어들이는 영적 존재와 영적 법칙을 절대적으로 확신합니다. 나는 평화롭습니다. 모든 것이 좋습니다.

내면의 풍요로움 믿는 확언

나는 영적 풍요를 믿기 때문에 지금 풍요로운 삶을 영위하고 있습니다. 지금 내게 주어지는 좋은 것들을 받아들입니다. 나는 모든 좋은 것이 내 것이라 말하는 진리 안으로 걸어 들어갑니다. 나는 평화롭고 침착하며 고요하고 차분합니다. 내가 필요로 하는 것은 모든 시간의 순간과 모든 공간의 지점에서 충족됩니다. 나는 이제 모든 빈 그릇을 내 안에 가져갑니다. 영적 풍요는 내 삶의 모든 부분에서 나타납니다. 그래서 나는 기쁩니다.

상상력을 발휘하는 확언

나는 모두를 위한 완벽한 평화와 번영의 비전을 갖고 있습니다. 내 안에 있는 무한한 힘이 내게 영감을 주고 나의 지시를 수행한다는 것을 압니다. 마음 깊이 이를 확신합니다. 상상력은 내 생각의 결과임을 압니다. 나는 나 자신과 타인을 위해 고귀하고 훌륭한 것을 매일 상상합니다.

지금 내가 하고 싶은 일을 하고 있다고 상상합니다. 나는 지금 내가 소유하고 싶은 것을 소유했다고 상상합니다. 내가 원하는 사람의 모습이 되었다고 상상합니다. 상상을 현실로 만들기 위해 나는 이 상상을 실제처럼 느낍니다. 그렇게 되리라는 것을 알며 이에 감사합니다.

존재하고 행동하며 소유하는 확언

나라는 존재의 중심에는 평화가 있습니다. 영적 평화입니다. 이 고요한 평화 속에서 나는 힘과 인도와 무한한 지성의 존재를 느낍니다. 나는 영적으로 활동적입니다. 모든 면에서 충만함을 표현합니다. 나는 살면서 자신을 진정으로 표현하며 영적 인도를 받습니다. 나는 놀라운 방식으로 보상을 받습니다.

이 평화의 강이 나라는 존재를 통해 흐르도록 함으로써 나의 모든 문제가 해결되고, 나의 모든 필요가 충족되고, 나의 모든 소망이 달성됨을 압니다. 나 자신을 완전히 표현하는 데 필요한 모든 것은 끌어당김의 신성한 법칙에 따라 자연히 내게 다가옵니다. 내 앞에 길이 드러납니다. 나는 충만한 기쁨과 조화를 느낍니다.

잠재의식에 소망을 불어넣는 확언

내가 확언을 하는 이유는 확언에 응답을 받으리라는 걸 알기 때문입니다. 나는 생명과 힘을 오롯이 의식하며 치유, 성공, 번영을 위한 확언을 합니다. 말에는 힘이 있기에, 말한 대로 되리라는 것을 압니다. 그래서 확언은 늘 건설적이고 창조적이며 생명과 사랑, 감정으로 충만합니다. 같은 맥락에서 내 확언과 생각도 창조적입니다. 큰 믿음을 갖고 말할수록 말의 힘이 더욱 강해집니다. 내가 쓰는 말은 내 생각의 형태를 결정하는 틀입니다. 나는 지금 응답을 받았습니다. 나는 평화롭습니다.

고요 속에 머무는 확언

내 안의 조화와 평화가 주는 느낌 또는 깊은 확신을 인식합니다. 내 마음의 움직임은 내 마음 속 물을 가로지릅니다. 내 삶 속에서 선함, 진리, 아름다움이 내 인생의 모든 날에 함께하리라는 믿음과 확신이 있습니다. 이 믿음은 모든 장벽을 제거합니다.

나는 이제 감각의 문을 닫고 세상에서 모든 관심을 거둡니다. 유일하고 아름다우며 좋은 것으로 시선을 돌립니다. 여기 있는 나는 시공간을 넘어 존재합니다. 나는 모든 두려움, 세상 사람들의 의견, 모습을 드러내는 사물들로부터 자유롭습니다. 내 요청에 대한 응답의 근원인 무한한 풍요를 받아들이며 수용합니다. 나는 내가 생각하는 사람이 됩니다. 이제 나는 내가 되고 싶어 하는 사람이 되었고, 내가 상상하고 바라던 모든 것을 가졌다고 느낍니다. 나는 요청에 대한 응답을 받아 기뻐하며 감사하고, 이루어졌다는 것을 알리는 고요 속에 안식합니다.

부유하게 생각하는 확언

어제가 아무리 부정적이었더라도 진리를 확언하는 기도를 통해 모든 부정적인 것을 딛고 일어섭니다. 기도에 응답받는 기쁨이 내게 끊이지 않습니다. 나는 온종일 빛 안에서 걷습니다.

오늘은 평화와 조화, 기쁨으로 가득한 영광스러운 날입니다. 좋은 것을 향한 나의 믿음이 심장에 새겨져 있음을 가슴으로 느낍니다. 지금 가슴 깊이 진정으로 바라는 것을 내게 확실히 끌어당겨 주는 힘과 완벽한 법칙이 있다는 사실을 전적으로 확신합니다.

이제 모든 의지, 믿음, 신뢰를 내 안에 있는 힘과 존재에 맡깁니다. 나는 평화롭습니다. 나는 무한한 세계의 손님입니다. 모든 것이 좋습니다.

부를 향해 마음과 정신을 여는 확언

지금 이 순간 내게 좋은 일이 일어난다는 것을 압니다. 조화, 건강, 평화, 기쁨으로 인생을 가득 채울 수 있다는 걸 진심으로 믿습니다. 이제부터 내가 마음속에서 가장 중요하게 생각하는 것은 평화, 성공, 번영입니다. 평화, 성공, 번영의 씨앗이 무럭무럭 자라 삶에 모습을 드러낼 것을 알고 믿습니다. 정원사인 나는 뿌린 대로 거둡니다. 평화, 성공, 조화, 선의라는 씨앗을 심으니 풍성하게 수확합니다.

나는 잠재의식에 평화, 자신감, 평정심, 균형이라는 씨앗을 심습니다. 내가 뿌린 씨앗에서 난 것을 풍성하게 수확합니다. 욕구는 잠재의식에 심는 씨앗이라는 사실을 진심으로 믿고 받아들입니다. 땅에 심은 씨앗이 자라나리라는 사실을 받아들이듯, 욕망이 현실로 실현되리라는 사실을 받아들입니다. 씨앗은 어둠 속에서 자라난다는 것을 압니다. 마찬가지로 내 욕망이나 이상 또한 어두운 잠재의식 안에서 자라납니다. 씨앗이 땅 위로 솟아나는 것처럼 내 욕망과 이상도 삶에서 상황, 조건, 사건 등으로 실현됩니다.

무한한 지성이 모든 방면에서 나를 이끌고 지휘합니다. 나는 진실하고, 정직하며, 공정하고, 어여쁘고, 좋은 결과를 내는 모든 것을 생각하며 명상합니다. 그러자 좋은 것을 향한 내 생각에 힘이 생깁니다. 나는 평화롭습니다.

무한한 부를 지금 이 순간 누리게 해주는 확언

오늘 나는 다시 태어납니다! 과거의 사고방식에서 완전히 벗어나 사랑과 빛, 진리를 내 삶에 가져옵니다. 만나는 모든 사람을 사랑하며 마음속으로 "나는 당신의 내면을 봅니다. 당신이 나의 내면을 본다는 것을 압니다"라고 말합니다. 모든 사람의 안에서는 힘이 있음을 확인합니다. 나는 아침저녁으로 이 진리를 생각하고, 생활의 일부로 만들었습니다.

넘치게 흐르는 부를 얻게 해주는 확언

나는 선의, 진리, 아름다움이 내 삶에 늘 가득할 거라 믿고 확신하면서 살아갑니다. 모든 선한 것을 향한 이 믿음은 어디에나 있고, 모든 장벽을 허뭅니다.

이제 나는 감각의 문을 닫습니다. 세속에 관심을 거두고 내면에 거하는 유일하고 아름다우며 선한 것을 향해 나아갑니다. 나는 두려워하지 않고, 세상 사람들의 의견이나 사물의 겉모습에 구애받지 않습니다. 이제 나는 기도에 응답받았음을 느끼고 선함이 내 안에 있음을 느낍니다. 나는 내가 생각하는 것이 됩니다. 이제 나는 내가 되고 싶은 사람이 되었습니다. 나는 기도에 응답을 받아 기뻐하고 감사하며, 모든 것이 이루어졌음을 조용히 인지한 채 안식합니다.

좋은 것을 누리게 하는 확언

나의 소망은 건강하고 조화로우며 평화로운 삶을 사는 것입니다. 무한한 지성이 모든 방면에서 나를 이끌고 보살피신다는 믿음이 있습니다. 내 기도에 응답할 것임을 확신합니다. 내가 굳게 믿으며 간직하는 심상이 잠재의식에서 발전해 현실 공간이라는 화면에 펼쳐지리라는 것을 압니다. 나는 고결하고 웅장합니다. 하고 싶었던 일을 하는 내 모습, 오랫동안 갖고 싶었던 것을 가진 내 모습, 되고 싶었던 사람이 된 내 모습을 상상합니다. 이대로 이뤄지리라는 것을 압니다. 감사합니다.

부유함의 위대한 법칙을 발동시키는 확언

나는 잠재의식의 창조력이 내 보급원이며, 내게 필요한 에너지, 생명력·영감·사랑·평화·아름다움을 주고, 올바른 행동과 부를 현실로 이룰 수 있음을 압니다. 이제 나는 건강하고 조화로우며 아름답습니다. 올바르게 행동하고 풍요롭게 번영합니다. 이렇듯 내 마음속 깊은 곳에 있는 모든 부를 내 것으로 만드는 기쁜 경험을 합니다.

나는 모두에게 활력과 선의를 전합니다. 나는 매일 더 좋은 것을 나눕니다. 부가 내 경험 안에서 영원히 흐르고 넘쳐납니다. 이 모든 생각이 내 잠재의식에 스며들어 풍요, 안전, 마음의 평화로 나타납니다. 놀라운 일입니다.

번영을 가져오는 확언

성공과 번영의 패턴을 내 안의 깊은 마음의 법칙에 전달합니다. 나는 곧 무한한 원천입니다. 지금 나는 내 안의 차분하고 나직한 목소리를 듣습니다. 내면의 목소리는 내가 하는 모든 활동을 이끌고 인도하며 지배합니다.

나는 풍요를 누립니다. 나는 사업을 경영하는 새롭고 더 획기적인 방법이 있음을 압니다. 무한한 지성이 새로운 길을 알려줍니다. 지혜는 커지고 이해력이 높아집니다. 나는 모든 방면에서 번영합니다. 내 안의 지혜가 사업이 나아가야 할 올바른 길을 보여줍니다.

지금 소리 내어 읽는 믿음과 확신의 말이 성공과 번영에 필요한 모든 문을 엽니다. 내 발은 완벽함으로 가는 길 위에 있습니다.

평생 끊이지 않는 부를 누리는 확언

내 안의 치유력을 긍정하며 믿습니다. 내 현재의식과 잠재의식은 완벽하게 하나입니다. 나는 진리를 받아들여 긍정적으로 확언합니다. 치유력이 내 몸 전체를 변화시켜 나를 온전하고 순수하며 완전한 존재로 만들어 줍니다. 믿음으로 올린 기도가 지금 이 순간 이뤄진다는 것을 마음속으로 확신하며 믿습니다. 나는 모든 방면에서 지혜가 이끄는 대로 인도받습니다. 초월적인 아름다움과 사랑이 내 몸과 마음을 가득 채웁니다. 나를 이루는 세포 하나하나가 변화하고 회복하며 활력을 되찾습니다.

성공

잠재의식의 힘을 지닌 나는 내 운명의 주인이다. 자신이 되고 싶은 모습과 하고 싶은 행동에 대한 명확한 정신적 이미지를 생각하고 수용하고 감사한 다음, 열렬한 기대와 같은 긍정적인 감정을 사용해 그 이미지를 잠재의식으로 전달하기만 하면 된다. 그러면 잠재의식은 전달받은 이미지를 객관적인 현실에 반영하는 방법을 찾아낼 것이다.

안타깝게도 이 기법은 부정적인 생각과 감정에도 같은 효과를 발휘하기 때문에 주의해야 한다. 부정적인 것에 대한 명확한 이미지를 불러일으킨 뒤 두려움, 불안 등 부정적인 감정으로 그 이미지를 활성화한다면 잠재의식은 그 이미지를 받아들여 객관적인 현실에 반영하는 방법을 찾아낼 것이다.

확언은 부정적인 생각을 없애고 긍정적인 이미지로 마음을 채우며, 긍정적인 감정으로 이미지에 활력을 불어넣는 데 중요한 역할을 한다. 다음은 자신이 추구하기로 선택한 모든 목표를 달성하려 노력할 때 잠재력을 최대한 발휘하도록 도와주는 확언들이다.

무한한 공급원과 일체감을 느끼는 확언

나는 이제 내 마음속 깊은 곳을 성공과 번영의 패턴과 법칙으로 채웁니다. 이제 나 자신을 무한한 공급원과 일치시킵니다. 내 안에 있는 무한한 지성의 작고 고요한 목소리를 듣습니다. 이 내면의 목소리는 나의 모든 활동을 이끌고 인도하며 다스립니다. 나는 내 안의 풍요와 하나가 됩니다.

나의 지혜와 이해력이 향상되고 있습니다. 나는 모든 방면에서 영적으로 번영합니다. 내 사업을 수행하는 새롭고 더 나은 방법이 있다는 것을 알고 믿습니다. 내 안의 무한한 지혜는 내가 하는 모든 일을 즉시 올바른 방식으로 조정하는 방법과 수단을 보여줍니다.

지금 내가 말하는 믿음과 확신의 말은 내가 성공하고 번영하는 데 필요한 모든 문과 길을 열어 줍니다.

성공을 주장하는 확언

나의 지혜와 이해력은 매일 성장하고 확장하며 발전할 멋진 기회를 누립니다. 나는 무한한 풍요가 나를 통해 흐르며, 내 주위에서 나를 위해 늘 일한다는 사실을 알고 믿으며 받아들입니다. 내게 필요한 아이디어, 돈, 상품, 연락처는 늘 내 것입니다. 이 모든 것은 끌어당김의 법칙에 따라 내게 옵니다.

나의 사업 또는 직업은 올바른 행동과 표현으로 가득 차 있습니다. 나는 선의를 쌓고 있습니다. 나는 대성공을 거둡니다. 다른 사람들이 나와 함께 해주기를 바라는 방식대로 다른 사람들과 사업을 하기 때문입니다.

무한한 보상을 받는 확언

나는 항상 모든 인류에게 생명과 사랑의 진리를 발산하는 올바른 사업을 행합니다. 나는 지금 나 자신을 완전히 표현하고 있습니다. 나는 멋진 방식으로 내 재능을 제공합니다. 나는 영적인 보상을 받습니다.

내 사업이나 직업 또는 활동은 놀라운 방식으로 번영합니다. 나는 내 조직의 모든 사람이 조직을 성장과 안녕, 번영의 길로 이끄는 영적인 연결 고리라고 주장합니다. 나는 이 사실을 알고 믿으며 이에 기뻐합니다. 나와 연결된 모든 사람은 빛을 받아 빛나며 번영합니다. 모든 사람을 비추는 빛은 모든 면에서 나를 이끌고 인도합니다. 내가 내리는 모든 결정은 영적 지혜의 통제를 받습니다. 무한한 지성은 내가 인류에 봉사할 수 있는 더 나은 방법을 보여줍니다. 나는 영적 평화와 조화 속에서 안식합니다.

삶의 주도권을 갖는 확언

나는 믿음에 따라 내 미래가 결정된다는 것을 압니다. 나의 믿음은 모든 좋은 것을 향한 믿음입니다. 나는 이제 참된 생각과 결합하며, 내가 습관적으로 생각하는 이미지에 따라 미래가 펼쳐질 것을 압니다. 마음속으로 생각하는 대로 됩니다.

이 순간부터 나는 이렇게 생각합니다. "모든 것은 진실하고 정직하며 공정하고 사랑스럽고 좋은 결과를 낳습니다." 나는 밤낮으로 이렇게 묵상하며, 내가 습관적으로 생각하는 이 씨앗(생각)이 내게 풍성한 수확을 가져다줄 것을 압니다. 나는 내 영혼이라는 배를 이끄는 선장입니다. 나는 내 운명의 주인입니다. 내 생각과 느낌이 내 운명이기 때문입니다.

운명을 직접 결정짓는 확언

나는 운명을 내가 직접 만들고 꾸미며 창조한다는 것을 압니다. 내 믿음이 내 운명입니다. 이는 모든 좋은 것을 향한 변함없는 믿음을 의미합니다.

내 모든 생각은 선함과 진리와 아름다움의 씨앗입니다. 나는 이제 사랑, 평화, 기쁨, 성공, 선의에 관한 생각을 마음의 정원에 심습니다. 이곳에는 이제 풍성한 수확물이 열릴 것입니다.

나는 최고를 기대하며 삽니다. 최고의 것들만이 내게 옵니다. 나는 내가 미래에 무엇을 얻을지 알고 있습니다. 이 순간부터 나는 삶, 사랑, 진실을 표현합니다. 나는 모든 면에서 찬란하게 행복하고 번영합니다. 감사합니다.

사업상 문제를 해결하는 확언

나는 내 안에 있는 무한한 힘을 완전히 신뢰하며 내 모든 문제를 해결합니다. 나는 이제 안전과 평화 속에 안식합니다. 오늘 나는 완전한 이해로 둘러싸여 있습니다. 내 모든 문제에 대해 해결책이 존재합니다. 나는 모두를 이해하고, 나도 이해받습니다. 나는 행복, 번영, 평화가 최고의 자리를 차지할 때까지 다른 사람들과 조화롭게 일합니다.

두려움을 극복하는 확언

두려울 게 없습니다. 신성한 사랑이 모든 두려움을 몰아내기 때문입니다. 오늘 내가 누리는 완벽한 조화를 사랑이 지켜주고, 내 세상의 모든 부분을 평화롭게 유지하도록 허용합니다. 나는 사랑을 베풀고, 친절하며 조화로운 생각을 합니다.

나는 내 모든 욕구가 완벽한 순서대로 실현되리라는 것을 압니다. 내 안에 있는 신성한 법칙이 내 이상을 실현할 것이라 믿습니다. 나는 신성하고 영적이며 기쁘고 두려움이 없습니다. 나는 지금 완전한 평화에 둘러싸여 있습니다. 나는 이제 내가 원하는 것에 모든 관심을 집중합니다. 나는 이 욕구를 사랑하며 온 마음을 다해 욕구에 집중합니다. 내 영혼은 자신감과 평화의 분위기에서 고양됩니다.

마음의 균형을 유지하는 확언

내 마음에 품은 내면의 욕구는 생명, 사랑, 진리, 아름다움입니다. 나는 이제 정신적으로 나의 선함을 받아들이고, 완벽하며 자유로 번영하는 도구가 됩니다. 나는 즐겁고 행복하면서도 차분합니다.

작고 고요한 목소리가 완벽한 해답을 내 귓가에 속삭입니다. 나는 늘 내가 하고 싶은 일을 하며 진정한 내 위치에 있습니다. 나는 내가 아는 영원한 진리를 지키며, 타인의 의견을 진리로 받아들이기를 거부합니다. 나는 이제 내면으로 돌아가 내게 사랑의 메시지를 속삭이는 목소리를 듣습니다.

나는 늘 무한한 지혜와 지성을 반영합니다. 내 뇌는 현명합니다. 신성한 아이디어가 완벽한 순서대로 내 마음속에 펼쳐집니다. 나는 늘 침착하고 균형을 유지하며 평온합니다. 필요한 것이 있을 때마다 무한한 지성이 늘 내게 완벽한 해결책을 알려준다는 것을 알기 때문입니다.

상상력을 발휘하는 확언

오늘 나는 내가 진정으로 있어야 할 위치에 있다고 주장합니다. 나는 진실하고 정직하며 공정하고 사랑스럽고 좋은 결과를 낳는 모든 것을 매일 끊임없이 생각합니다. 나는 평화, 조화, 건강, 부, 완벽한 표현, 사랑을 상상합니다. 선하지 않거나 완벽하지 않은 것은 거부합니다.

오늘 나는 나의 진정한 위치를 주장합니다. 내 안에서 내 위치를 먼저 찾는 연습을 매일 합니다. 나는 내 위치가 이미 존재하며, 적절한 시기에 내게 공개될 것임을 알고 있습니다. 나는 모든 두려움을 쫓아냅니다. 나는 평화롭습니다. 감사합니다.

잠재의식과 하나되는 확언

나는 선함, 조화, 풍요를 진리로서 깨우칩니다. 날마다 지혜와 명철함이 자라납니다. 나는 모든 걱정과 혼란에서 벗어납니다. 내 안의 무한한 지성은 내 길을 인도하는 등불입니다. 내가 옳고 선한 일을 하는 방향으로 이끌린다는 것을 압니다.

모든 이해를 초월하는 평화가 지금 내 마음에 가득합니다. 나는 내 이상을 믿고 받아들입니다. 나는 내 이상이 무한에 존재한다는 것을 압니다. 나는 이를 정신적으로 완전히 수용해 형태로 표현합니다. 내 욕구가 성취되었음을 생생히 느낍니다.

내가 있어야 할 곳으로 인도를 구하는 확언

무한한 지성은 언제나 나를 올바른 길로 인도합니다. 무엇이 되었든 진실하고 정직하며 정의롭고 사랑이 넘치며 가치 있는 것을 곰곰이 생각합니다. 이런 선한 생각을 하며 평화로운 상태에 있기에 무한히 번영하고 있습니다. 나는 무한한 지성의 인도를 받아 답을 알고 있습니다. 나는 이해심이 크다고 믿습니다. 내가 지닌 모든 동기는 진실합니다. 무한한 지혜, 진리, 아름다움이 늘 나를 통해 표현됩니다. 마음이 평화롭습니다.

창조적으로 말하는 확언

나의 창조적인 말은 내가 잠재의식에 심는 모든 생각이 내 삶에서 열매 맺을 거라는 침묵의 확신입니다. 내가 치유, 성공 또는 번영에 대한 말을 할 때, 그 말은 그것이 이루어지리라는 것을 아는 내 안의 의식에 따라 발화됩니다. 내가 하는 말은 건설적이고 창조적입니다. 내가 읊는 확언은 생명과 사랑, 감정으로 가득합니다. 내 생각과 말이 창조적인 이유입니다.

내 말은 결국 이루어질 것이라는 믿음이 있습니다. 말에 담긴 믿음이 클수록 그 말이 더 큰 힘을 지니게 된다는 것을 압니다. 나는 내 생각이 어떤 형태를 취해야 하는지를 명확히 결정해 그에 걸맞은 단어를 사용합니다. 무한한 지성이 지금 나를 통해 작동하며 내가 알아야 할 것을 내게 보여줍니다. 지금 내게 답이 있습니다. 나는 평화롭습니다.

사업을 번창하게 하는 확언

내 안에 있는 영적인 힘을 전적으로 신뢰하면서 모든 문제를 해결합니다. 나는 온전한 지성에 둘러싸여 있습니다. 나의 모든 문제를 해결할 수 있는 해결책이 있습니다.

모든 사업 관계는 생명의 원리에 부합합니다. 다른 사람들을 이해하며 그들도 나를 이해합니다. 행복, 번영, 평화가 사업을 지배하도록 다른 사람과 조화롭게 일합니다.

문제에 대한 답을 듣는 확언

나는 내 문제에 대한 답이 내 안에 있음을 압니다. 이제 나는 조용하고 고요하며 여유롭습니다. 나는 평화롭습니다. 평화에서 답이 나온다는 것을 압니다. 나는 이제 모든 긴장과 투쟁을 멈춥니다.

나는 이제 무한한 지성과 조화를 이룹니다. 무한한 지성이 내게 완벽한 답을 알려 주고 있다는 것을 절대적으로 알며 믿습니다. 나는 무한한 지성에 답이 있다는 것을 압니다. 내 안에 있는 무한한 지성의 존재를 나타내는 지표는 평화와 평정이라는 감각입니다.

나는 내 문제에 대한 해결책을 생각합니다. 나는 이제 문제가 해결되었을 때의 기쁨을 만끽하며 살고 있습니다. 문제가 해결되었을 때의 기분을 진정으로 느낍니다. 나는 기쁩니다. 나는 기쁨 속에 감사합니다.

영광스럽고 성공적인 삶을 사는 데 필요한 모든 지혜와 능력이 내 안에 있음을 압니다. 나는 몸의 긴장을 풉니다. 무한한 힘에 모든 짐을 맡기고 자유로워집니다. 내 생각과 마음과 존재 전체에 사랑과 평화가 넘친다고 주장하며 느낍니다. 마음이 고요할 때 모든 문제가 해결된다는 것을 압니다. 이제 내 요청을 무한한 지성에 전달합니다. 무한한 지성은 자기에게 답이 있음을 압니다. 나는 평화롭습니다.

문제를 해결하는 확언

나는 문제가 소망의 형태로 나타나며, 소망 안에 해결책이 있다는 것을 압니다. 내 소망은 좋게, 아주 좋게 실현됩니다. 나는 내 안의 창조력이 절대적인 힘을 발휘해 내가 깊이 바라는 것을 끌어낼 수 있음을 알고 믿습니다. 이 절대적인 힘이 소망을 낳았음을 확신합니다.

나는 문제에서 관심을 거두고, 소망이 현실에서 성취된 모습을 생각합니다. 나는 지금 신성한 법칙을 따르고 있습니다. 내가 원하고 믿는 모든 것이 전달되었다고 가정합니다. 나의 모습, 내가 소유한 것, 내가 하는 행동을 실제라고 느끼며 이를 현실로 만듭니다. 무한한 지혜 안에서 나는 살고 움직이며 존재합니다. 이 느낌 안에 살며 감사합니다.

문제가 해결되었음을 아는 확언

나는 이제 어떤 문제에도 주의를 기울이지 않습니다. 내 생각과 마음은 높은 곳을 향해 열려 있습니다. 나는 해답이 내 안에 있음을 압니다. 나는 내 삶, 존재에 대한 자각, 스스로 있는 자라는 나의 존재 자체를 감지하고 느끼며 이해합니다.

이제 나는 내가 원하는 사람이 되었고, 원하는 일을 하며 원하는 모든 것을 가졌음을 주장하고 느낌으로써 내 욕구를 표현합니다. 진실로 그렇게 믿고 생각하고 상상하기 시작합니다. 나는 문제가 이미 내 마음속에서 해결되었음을 느끼면서 고요한 내면의 숲길을 걷습니다. 감사합니다. 다 해결되었습니다!

소망을 실현하고 자유를 경험하는 확언

나는 소망을 실현하면 모든 속박에서 해방되리라는 진실을 압니다. 나는 내 자유를 받아들입니다. 내 잠재의식 속 창조적 세계에 이미 자유가 있다는 것을 압니다.

나는 나의 존재와 내가 가진 것, 내가 하는 경험 전체가 내면의 태도가 투영된 것임을 압니다. 나는 참되고 사랑스럽고 고귀하고 신성한 모든 것을 생각하며 내 마음을 변화시킵니다. 나는 지금 조화, 건강, 부, 행복 등 삶에서 좋은 것을 모두 소유하고 있다고 생각합니다.

내가 하는 생각은 수용의 지점까지 다다릅니다. 나는 내 마음의 욕구를 완전히 받아들입니다. 신성한 존재는 유일한 존재입니다. 나는 지금 생명력의 충만함을 표현하고 있습니다. 나는 자유롭습니다! 신성한 평화가 내 집, 마음, 모든 일을 다스립니다.

올바른 행동을 하는 확언

나는 생각, 말, 행동으로 모든 인류에 선의의 빛을 발합니다. 타인에게 평화와 선의를 베풀면 천배로 내게 되돌아온다는 것을 압니다. 내 안의 무한한 지성은 내가 알아야 하는 모든 것을 내게 알려줍니다. 무한한 지성이 나를 통해 활동하며 내가 알아야 할 것을 내게 보여줍니다. 무한한 지성은 답을 압니다. 이제 완벽한 답이 내게 주어집니다.

무한한 지성과 지혜가 나를 통해 모든 결정을 내리고, 올바른 행동과 올바른 표현만이 내 삶에서 행해집니다. 매일 밤 나는 사랑의 망토에 둘러싸인 채, 무한한 지성의 인도가 내 것임을 알며 잠듭니다. 새벽이 오면 내 마음은 평화로 가득 찹니다. 나는 믿음, 확신, 신뢰를 가득 안고 새날을 향해 나아갑니다. 감사합니다.

소망을 품는 확언

나는 건강, 조화, 평화, 풍요, 안전을 향한 욕망이 있습니다. 나는 행복과 성공을 선택합니다. 나는 모든 면에서 인도를 받습니다. 나는 무한한 지성의 답에 생각과 마음을 엽니다. 나는 평화롭습니다.

나는 성공한 사람과 행복한 사람들을 내 경험으로 끌어들입니다. 나는 내 안에 있는 무한한 힘을 인식합니다. 이제 나는 내가 되고 싶은 사람이 된 느낌을 상상합니다. 내 욕망을 다시 일으키고 믿음과 확신의 속에서 삽니다. 나는 내 소망이 이루어졌다는 데에 감사합니다. 내 소망은 이미 내 잠재의식 안에서 구체화됐고, 모든 것이 잘되고 있기 때문입니다.

목표를 달성하는 확언

내 지식은 비약적으로 늘어나고 있습니다. 나는 평화롭고 건설적인 경로를 따라 모든 감정을 통제하고 관리합니다. 내 모든 생각과 말, 행동에 신성한 사랑이 가득합니다. 내 마음은 평화롭습니다. 나는 모든 사람과 평화롭게 지냅니다. 나는 늘 여유 있고 편안합니다.

내 안의 무한한 지성은 완벽한 표현 계획을 내게 보여줍니다. 나는 자신 있게, 기쁘게 그 계획을 향해 나아갑니다. 내가 마음속에 품은 목표와 목적은 아주 좋습니다. 나는 마음속에 성취로 향하는 길을 내었습니다. 무한한 지성이 내가 갈 길을 밝혀줍니다.

무한한 지성은 내가 인류에 봉사할 수 있는 더 나은 방법을 보여줍니다. 나는 신성한 평화와 조화 안에서 안식을 취합니다.

승리하는 삶을 영위하는 확언

나는 이제 모든 것을 내려놓고 평화와 화합과 기쁨의 깨달음 안으로 들어갑니다. 나는 무한한 지성이 나를 인도하고 지도하며 지탱하고 치유한다는 것을 알기에 승리하는 삶을 영위합니다. 나는 내가 무엇을 원하는지 압니다. 내 소망은 분명하고 확고합니다. 나는 소망을 마음속에 온전히 받아들입니다. 내 마음속 소원이 이뤄지는 것을 어떠한 장애물도 막을 수 없습니다. 나는 끝까지 믿음을 지킵니다. 내 마음은 평화롭습니다.

올바른 행동으로 관문을 열어 주는 확언

나는 생각과 말, 행동을 통해 모든 인류에 선의를 베풉니다. 내가 베푸는 평화와 선의가 곱절로 내게 돌아온다는 것을 압니다. 내 안의 모습 그대로 내게 옵니다.

무한한 지성이 나를 통해 작동하며 내가 알아야 할 것이 무엇인지 알려줍니다. 내 안의 답을 압니다. 완벽한 답이 지금 나를 위해 만들어집니다. 무한한 지성과 지혜는 나를 통해 모든 결정을 내립니다. 나는 살면서 올바른 활동만을 하며 올바른 것만을 표현합니다. 매일 밤 나는 사랑에 싸인 채 잠듭니다. 새벽이 오면 내 마음은 평화로 가득합니다. 나는 믿음, 확신, 자신감으로 무장한 채 새로운 날을 맞습니다. 감사합니다.

직감을 알아채고 따르는 확언

무한한 지성은 늘 나를 인도하고 조언합니다. 언제나 나를 보호하고 인도하며 모든 방면에서 나를 보살피는 초자아가 설득과 충고의 목소리를 보내면 그 목소리를 즉시 인지합니다.
나는 현재의식이 무언가를 느낄 때마다 그 느낌을 즉시 인지하며, 근거 없는 공상에는 신경 쓰지 않습니다. 내면은 내가 의식적으로 하는 생각에 응답한다는 것을 압니다. 그 응답에 기뻐하며 감사합니다.

더 나은 하루를 시작하는 확언

나는 오늘을 기쁘게 즐길 것입니다. 오늘 내 인생에서 놀라운 일이 일어납니다. 오늘 새로운 사람을 즐겁게 만납니다. 멋지고 흥미로운 사람들을 만납니다.
오늘 할 일을 멋지게 완수할 것이며, 오늘 위대한 일을 성취합니다. 침묵을 지키는 동업자가 모든 것을 성취하는 새롭고 더 나은 방법을 내게 보여줍니다. 나는 무한한 힘을 가로막는 장애물과 장벽은 없다는 것을 압니다. 나의 야심 찬 꿈을 넘어서는 정도까지 내가 번영하리라 믿습니다. 믿는 자에게는 모든 것이 가능하다는 사실을 알고 믿습니다.

성공을 받아들이는 확언

나의 일과 사업 활동은 기본적으로 늘 성공할 수밖에 없습니다. 나는 매일 지혜와 이해 안에서 성장합니다. 나는 풍요의 법칙이 언제나 나를 위해, 나를 통해, 내 주변에 작용한다는 사실을 알고 믿으며 수용합니다.
내 사업, 내 직업은 올바른 행동과 표현으로 가득합니다. 내게 필요한 아이디어, 돈, 상품, 계약은 지금 그리고 언제나 내게 주어집니다. 내게 필요한 모든 것은 우주를 주관하는 끌어당김의 법칙에 따라 자연스레 내게 끌어당겨져 다가옵니다. 나는 모든 방면에서 영감을 받습니다. 매일 나는 성장하고 확장하며 발전하는 기회를 누립니다. 나는 선의를 기반으로 성장합니다. 나는 위대한 성공을 이룹니다. 나 자신과 동업하듯 타인과 동업하기 때문입니다.

인간관계

끌어당김의 법칙은 잠재의식에 각인된 긍정적이거나 부정적인 생각이 현실 세계에서 그에 상응하는 긍정적이거나 부정적인 결과를 가져온다는 믿음이다. 이 법칙은 나의 존재와 행동을 비롯해 내가 소유하는 모든 것에 적용된다. 인간관계도 마찬가지다.

친구, 동반자, 사업 파트너, 선생님, 멘토 등 올바른 사람들을 나의 삶으로 끌어당기는 방법이 있다. 먼저 끌어당기고 싶은 사람의 자질에 대해 확실한 정신적 이미지를 형성한 뒤, 원하는 사람이 다가왔다는 긍정적인 감정을 느끼며 이를 마음속에 주입해야 한다. 잠재의식을 통해 보이는 것과 보이지 않는 것 모두가 발현되어 내가 만나고 싶은 사람과 함께 하도록 해줄 것이다.

인간관계를 위해 확언을 하다 보면 내가 원하는 사람과 나에게 가장 적합한 사람 그리고 서로에게 필요한 사람이 누군지, 내가 다른 사람에게 무엇을 줄 수 있을지 잠재의식이 알려 줄 것이다.

사람들과 조화를 이루는 확언

내가 겪는 모든 상황과 맺는 모든 인간관계는 언제나 조화와 평화, 기쁨으로 가득합니다. 나는 내 가정과 사업체를 이루는 모든 구성원의 생각과 마음이 평화의 다스림을 받는다는 사실을 알고 믿습니다.

어떤 문제가 닥쳐도 나는 항상 평정심과 침착, 인내, 지혜를 견지합니다. 사람들이 내게 어떤 말이나 행동을 하든 관계없이 이들을 온전하고 자유롭게 용서합니다. 나는 자유로워집니다. 놀라운 느낌입니다. 나는 용서함으로써 축복을 받는다는 것을 압니다.

모든 문제나 어려운 상황 뒤에는 해결책을 지니고 있으며, 잠재의식은 모든 일을 어떻게 이뤄낼지 압니다. 내 마음은 이 완벽한 조화 속에서 늘 즐거워하며 기대합니다. 나는 필연적이고 완벽한 해결책인 결과를 얻게 되리라는 것을 압니다.

새로운 자신으로 태어나기 위한 확언

오늘 나는 영적으로 거듭납니다. 낡은 사고방식에서 완전히 벗어나 신성한 사랑과 빛, 진리를 경험합니다. 만나는 모든 사람에게 의식적으로 사랑을 느낍니다.

나와 닿는 모든 사람에게 "나는 당신 안의 영적 존재를 보며, 당신도 내 안의 영적 존재를 본다는 것을 압니다."라는 정신적인 메시지를 보냅니다. 나는 아침, 점심, 저녁으로 이를 실천하며 이를 내 삶의 일부분으로 만듭니다.

내가 뭘 하든 거리를 걷든 쇼핑을 하든 일상 업무를 보든, 선한 것에서 멀어지는 생각이 들 때마다 나는 명상을 재개합니다. 고결하고 위엄 있는 사람이 되었다는 느낌이 듭니다. 나는 기분 좋게 걷습니다. 평화가 내 영혼을 채웁니다.

사랑으로 부정적인 생각을 쫓는 확언

나는 빛이 어둠을 몰아내듯, 선한 사랑이 모든 악을 이긴다는 것을 압니다. 사랑의 힘에 대한 지식으로 이제 나는 모든 부정적 조건을 극복합니다. 사랑과 증오는 공존할 수 없습니다.

이제 내 마음속에 사랑으로 빛을 켜니 모든 두려움이나 불안감이 사라집니다. 새벽(진리의 빛)이 오니 그림자(두려움과 의심)는 달아납니다.

내 안을 사랑으로 가득 채우는 확언

내가 하는 모든 생각은 조화, 평화, 선의에 부합합니다. 내 마음은 행복, 기쁨, 깊은 안정감의 거처입니다. 내 마음에 들어오는 모든 생각은 내 기쁨과 평화를 비롯한 전반적인 안녕에 이바지합니다. 나는 좋은 인간관계, 사랑, 화합의 분위기 안에서 살고 움직입니다.

나는 내 가족을 비롯한 모든 인류를 생각하며 평화로운 마음을 지닙니다. 나 자신이 받고 싶은 선의를 모든 사람이 누리기를 바랍니다. 나는 평화롭고 행복합니다.

감정을 조절하는 확언

나는 항상 침착하고 평온하며 차분합니다. 영적 평화가 내 마음과 내 존재 전체에 넘쳐납니다. 나는 황금률을 실천하며 모든 사람이 평화와 선의를 누리기를 진심으로 바랍니다.

선한 것을 향한 사랑이 내 마음에 스며들어 모든 두려움을 내쫓는다는 것을 압니다. 나는 지금 최고를 기대하며 즐겁게 살고 있습니다. 내 마음은 모든 걱정과 의심에서 벗어납니다.

진리를 향한 내 말은 이제 내 안에 있던 모든 부정적인 생각과 감정을 녹여 없앱니다. 나는 모두를 용서합니다. 신성한 존재에 내 마음의 문을 엽니다. 내 존재 전체가 내면에서 나오는 빛과 이해로 가득 차 있습니다.

더는 삶의 사소한 것들 때문에 짜증 내지 않습니다. 두려움, 걱정, 의심이 마음의 문을 두드리지만 선함, 진리, 아름다움을 믿으며 문을 여니 문 앞에는 아무것도 없습니다.

감사한 마음을 잘 표현하도록 돕는 확언

나는 나를 통해 흐르는 모든 선함, 진리, 아름다움에 진심으로 감사합니다. 내 마음은 내 몸과 마음을 비롯해 내가 하는 일에서 오는 모든 선함에 감사하며 행복합니다.

나는 모든 인류에게 사랑과 선의를 표현하며, 내 생각과 느낌을 사랑과 선의로 채웁니다. 내게 내리는 모든 축복에 감사하며, 감사하는 마음을 표현합니다.

감사하는 마음은 내 정신과 마음을 창조력과 긴밀히 결합해 줍니다. 감사하고 행복한 마음 상태는 모든 좋은 일이 오는 길로 나를 인도합니다.

나와 맞는 반려자를 끌어당기는 확언

나는 나와 완전히 일치하는 사람을 끌어당깁니다. 나는 이 사람이 영적이고, 충직하며, 충실하고, 번영하고, 평화롭고, 행복한 자질과 속성을 지녔음을 선언합니다.

우리는 서로에게 참을 수 없이 이끌립니다. 나는 오직 사랑, 진리, 온전함만을 경험합니다. 이제 나는 내 이상적인 동반자를 받아들입니다.

나를 비롯한 모든 사람의 평화를 기원하는 확언

평화는 나로부터 시작됩니다. 평화가 내 마음을 채웁니다. 선한 생각은 나로부터 온 인류를 향해 나아갑니다. 절대적 진리 안에서 모든 사람은 이제 영적으로 완전합니다. 모든 사람은 영적 특성과 속성을 표현하고 있습니다. 이들이 표현하는 특성과 속성은 사랑, 빛, 진실, 아름다움입니다.

국가 간 경계는 없습니다. 국가는 사는 곳입니다. 오직 신성한 하나의 가족만이 존재합니다. 바로 인류입니다. 그 누구도 이 가족을 나눌 수 없습니다. 사랑이 모든 곳에 있는 모든 사람의 마음속에 스며듭니다. 지혜가 나라를 다스리고 인도합니다. 모든 이해를 초월하는 평화가 내 마음과 우주 전체에 있는 모든 사람의 마음을 채웁니다. 다 이루어졌습니다.

멋진 동반자를 끌어당기는 확언

나는 나를 사랑하고 아껴주려 기다리고 있는 반려자가 있다는 것을 알고 믿습니다. 내가 그 사람의 행복과 평화에 이바지할 수 있다는 것을 압니다. 그 사람은 나의 이상을 사랑하고, 나는 그 사람의 이상을 사랑합니다. 그 사람은 나를 고치고 싶어 하지 않으며, 나도 그 사람을 고치고 싶지 않습니다. 우리는 사랑, 자유, 존중을 서로 나눕니다.

세상에는 하나의 마음만이 존재합니다. 나는 지금 마음속에서 그 사람을 봅니다. 내 마음속에서 나는 그 사람과 하나입니다. 우리는 마음 안에서 이미 서로를 알며 사랑합니다. 마음속에서 만났으니 우리는 이제 마음 밖에서도 만나야 합니다. 내 마음의 법칙이 그러하기 때문입니다. 이 말은 이제 밖으로 퍼져 그대로 이뤄집니다. 나는 이 말이 행해졌고 완료되었으며 성취되었음을 압니다. 감사합니다.

자신감을 길러주는 확언

내 문제의 해답을 내 안에서 찾습니다. 나는 이제 침착하고 차분하며 편안합니다. 나의 마음은 평화롭습니다. 이제 나는 침묵 속에서 무한한 힘과 하나가 됩니다. 무한한 지성이 완벽한 해답을 내게 보여 주리라는 것을 알기에 무한한 지성을 절대적으로 믿습니다.

내 문제의 해결책을 생각합니다. 이제 나는 모든 문제가 해결되었다는 기분으로 삽니다. 언제나 해결책을 얻는다는 걸 늘 믿으며 살아갑니다. 나의 문제가 해결되어 기쁘고 행복합니다. 나는 행복을 느끼고, 또 행복 속에서 살 수 있다는 것에 감사합니다.

해답은 내 안에 있습니다. 모든 일을 할 수 있습니다. 내 안에 모든 빛과 지혜의 근원이 있습니다. 이것을 알기에 마음이 평화롭습니다. 이제 나는 모든 압박감과 투지를 내려놓습니다. 내면의 힘을 절대적으로 믿습니다. 영광스럽고 성공하는 삶을 사는 데 필요한 모든 지혜와 힘이 내 안에 있습니다.

나는 온몸을 편안히 쉬게 합니다. 무한한 지혜를 믿습니다. 나는 자유롭습니다. 마음과 심장을 비롯해 내 모든 존재를 채우는 평화를 확언하고, 느낍니다. 마음이 평화롭습니다.

건강

병은 잠재의식이 건강하지 못한 아이디어나 믿음을 받아들여 나타나는 결과다. 건강을 회복하려면 건강한 형태와 기능을 지탱하는 신체의 생명력을 잠재의식에 상기시켜야 한다. 빛이 있는 곳에 어둠이 있을 수 없는 것처럼, 온전히 건강한 몸에는 병이 깃들 수 없다.
건강과 관련된 확언은 영적인 완전함이 잠재의식을 통해 몸 전체에 흐르며 건강을 온전히 회복시키는 데 도움이 된다.

마음을 차분하게 하는 확언

이 평화의 기저에는 깊은 안전감, 활력, 힘이 있습니다. 이 내면의 평화는 자애로운 어머니가 잠자는 아이를 돌보듯 나를 지켜줍니다. 모든 두려움이 사라졌습니다.
이제 나는 이 내면의 평화를 풀어 줍니다. 내면의 평화는 내 존재 전체에 흐르며 모든 문제를 해결합니다. 모든 이해의 수준을 뛰어넘는 평화입니다.

내 주변을 안정시키고 평화롭게 하는 확언

내 세상의 모든 것은 평화롭고 조화롭습니다. 내 마음은 침착하고 고요하며 차분합니다. 평화롭고 선의로 가득한 분위기가 나를 감싸고, 모든 두려움을 이겨내게 해주는 깊고 지속적인 힘과 자유를 느낍니다.
나는 행동하는 존재입니다. 나는 내면에서 우러나오는 사랑과 아름다움을 감지하고 느낍니다. 날마다 더욱 사랑을 베풀며 사람들을 잘 이해하고자 합니다. 모든 거짓은 사라집니다.
이 내면의 평화가 내 존재 안에 흐르도록 하면 모든 문제가 해결된다는 사실을 압니다. 나는 평화 안에서 영원한 안식을 얻습니다.

베풂으로써 축복을 받는 확언

나는 온전하고 완벽한 존재입니다. 나는 내 몸의 모든 기능이 내 안에서 솟아오르는 기쁨에 반응한다는 것을 압니다. 나는 지금 기분이 좋습니다. 기쁨과 빛의 기름이 내 지성에 향유를 바르며 내 발의 등불이 됩니다.
나는 신성한 균형으로 내 마음과 몸과 문제를 지배합니다. 나는 지금부터 만나는 모든 사람에게 평화와 행복을 표현할 것입니다. 나의 행복과 평화는 내가 그들에게 베푼 것으로부터 온다는 것을 압니다. 빛과 사랑, 진리를 타인에게 비춤으로써 나도 셀 수 없이 많은 축복과 치유를 받습니다.
나는 모든 인류에게 사랑의 햇빛을 발산합니다. 그 빛은 나를 비추고 내 길을 밝힙니다. 나는 평화, 기쁨, 행복을 표현하기로 굳게 결심합니다.

감정을 조절하는 확언

두려움, 질투, 원한을 비롯한 부정적인 생각이 마음속에 들어오면 나는 이를 무한한 지성으로 대체합니다. 내 생각은 선을 향해 있습니다. 나는 내가 생각과 감정을 완전히 지배하고 있음을 압니다. 나는 이제 모든 느낌과 감정을 조화롭고 건설적인 방향으로 향하게 합니다.
나는 이제 평화, 조화, 선의라는 영적 지성의 개념을 기쁘게 받아들이며 이 개념을 표현하게 되어 기쁩니다. 이 개념은 내 안의 모든 불화를 치유합니다. 오직 긍정적인 생각만이 내 마음속에 들어와 내게 조화와 건강, 평화를 가져다줍니다.
사랑은 두려움과 원한을 비롯한 모든 부정적인 상태를 물리칩니다. 나는 이제 진실과 사랑에 빠졌습니다. 나 자신을 위해 바라는 것들을 모든 사람을 위해서도 바랍니다. 나는 모든 사람에게 사랑과 평화와 선의를 발산합니다. 나는 평화롭습니다.

마음의 균형을 찾는 확언

나는 열정으로 가득 차 있습니다. 무한한 지성의 빛이 내 마음을 밝히며 내 마음의 중심을 세우고 평형을 맞춥니다. 나는 무한한 치유력과 나 자신을 일치시키는 완벽한 정신적 조율을 경험합니다.
내가 하는 생각에서 평화를 느낍니다. 나는 내 일을 하며 기뻐합니다. 일은 내게 기쁨과 행복을 가져다줍니다. 나는 내 유일한 힘인 무한한 지성에 의지합니다. 나는 평화롭습니다.

내면의 무한한 힘과 하나 되는 확언

나는 고요하고 평화롭습니다. 내 마음과 정신은 선함, 진리, 아름다움의 영으로부터 동기를 부여받습니다. 내 생각은 이제 내 안에 있는 신성한 존재와 함께합니다. 이렇게 해서 내 마음은 차분해집니다. 내 진정한 자아는 내 몸과 내가 하는 일에 평화, 조화, 건강을 만들어 내면서 계속 움직입니다. 나는 내 안의 깊은 자아를 통해 매일 더 나은 나로 끊임없이 창조됩니다.
내 몸은 내 생각과 감정에 따라 움직입니다. 이제 나는 내 몸에 "고요하고 차분해져라"라고 말합니다. 내 몸은 나의 말에 순종합니다. 나는 이것이 신성한 법칙임을 알고 이해합니다.
나는 외부 세계로부터 관심을 거둡니다. 내 안에 있는 깊은 자아와 함께 조화, 건강, 평화를 묵상하며 축하합니다. 조화, 건강, 평화는 내 안에서 비롯됩니다. 나는 평화롭습니다. 내 몸은 조화롭고 건강합니다.

무한한 치유력이 함께함을 믿는 확언

내 안에 있는 가능성은 무한합니다. 어떤 일이든 가능하다는 것을 압니다. 나는 이 진리를 믿으며 지금 이 순간 진심으로 받아들입니다. 내 안에 있는 힘이 어둠을 밝히고 모든 일을 바로 하리라는 것을 압니다. 지금 나는 내 안의 힘을 느끼며 고무되어 있습니다.
이제 나는 내 몸과 마음을 치유하고 일을 바로잡는 말을 합니다. 내 안에 있는 생명의 원리가 믿음과 신뢰에 응답한다는 것을 압니다. 이제 나는 내 안의 생명, 사랑, 진리, 아름다움과 마주합니다. 조화, 건강, 평화가 내 몸을 통해 표현됨을 압니다.

내가 온전히 건강하다고 생각하며 살고 움직이며 행동하니 생각대로 이뤄집니다. 나는 지금 완전히 건강한 몸을 가진 모습을 상상하며 느낍니다. 내 마음은 평화와 안녕을 느끼는 감정으로 충만합니다. 감사합니다.

사랑과 삶의 무한한 원칙에 자신을 일치시키는 확언

나는 무한한 가능성을 지니고 있습니다. 나는 모든 것을 할 수 있다는 것을 압니다. 나는 지금 이 사실을 믿으며 진심으로 받아들입니다. 내 안의 무한한 힘이 어둠을 밝히고 비뚤어진 것을 곧게 세운다는 것을 압니다.

나는 지금 마음과 몸을 치유하고 문제를 해결합니다. 내 안에 있는 원칙이 나의 믿음과 신뢰에 반응한다는 것을 압니다. 나는 이제 내 안의 삶, 사랑, 진실, 아름다움과 접촉합니다. 나는 이제 내 안에 있는 사랑과 생명의 무한한 원칙에 나 자신을 일치시킵니다. 조화, 건강, 평화가 지금 내 몸에서 표현되고 있음을 압니다.

내가 온전히 건강하다고 전제하며 생활하고 움직이고 행동할 때 전제는 현실이 됩니다. 이제 나는 완벽한 몸을 실제로 상상하며 느낍니다. 내가 믿는 대로 나에게 이루어짐을 알기 때문에 평화와 안녕, 감사를 가득 느끼고 있습니다.

저자 소개

조셉 머피 박사는 1898년 5월 20일 아일랜드 카운티코크에 있는 작은 마을에서 태어났다. 그리고 엄격한 가톨릭 가정에서 자랐다. 그의 아버지 데니스 머피는 예수회 교육기관인 아일랜드 국립학교의 부제이자 교사였다. 아버지는 매우 독실한 신자였을 뿐 아니라 예수회 신학생들을 직접 가르친 몇 안 되는 평신도 교사 중 하나였다. 많은 주제에 대한 폭넓은 지식을 보유했던 그는 아들 조셉 머피에게 공부를 향한 열망을 불어넣었다.

당시 아일랜드는 경제 불황기를 겪고 있었기 때문에 많은 가정이 굶주림에 시달렸다. 데니스 머피는 일자리를 계속 유지하기는 했지만, 그의 수입은 가족을 겨우 부양할 수 있을 정도였다.

국립학교에 입학한 머피 박사는 우수한 학생이었다. 사제가 되라는 권유에 따라 박사는 예수회 신학대학교에 입학했다. 그러나 10대 후반이 되자 박사는 예수회의 가톨릭적 정통성에 의문을 품어 신학교를 중퇴했다.

박사는 새로운 아이디어를 탐구하며 더 많은 경험을 하겠다는 목표를 품었다. 보수적인 가톨릭 국가인 아일랜드에서는 이러한 목표를 추구하기 어려웠기에 박사는 가족을 떠나 미국으로 건너갔다.

머피 박사는 단돈 5달러만 손에 쥐고 뉴욕 엘리스 아일랜드 연방 이민국에 도착했다. 미국에서 지낼 곳을 찾아야 했던 박사는 운 좋게도 동네 약국에서 일하는 약사와 방을 함께 쓸 수 있었다. 아일랜드에 살던 시절 집과 학교에서는 모두 게일어를 썼기 때문에 머피 박사의 영어 실력은 그다지 뛰어나지 않았다. 그래서 대부분의 아일랜드 이민자처럼 박사도 일용 노동자로 일해서 집세와 밥값은 벌었다.

머피 박사의 룸메이트였던 약사는 좋은 친구가 되어 주었다. 그러다 친구가 일하던 약국에 약사의 조수로 자리가 생겨 일하기 시작했다. 이후 머피 박사는 학교에서 약학을 공부한 뒤 약사 자격증을 취득했다. 결국 그는 자신이 일하던 약국을 매입해 몇 년 동안 약국을 성공적으로 운영했다.

미국이 제2차 세계대전에 참전하자 박사는 미군에 입대해 의료지원 부대에서 약사로 복무했다. 군 복무 기간 동안 그는 종교에 다시 관심을 두고 어마어마한 양의 책을 읽으며 여러 종교의 교리를 공부했다. 제대 후에는 약국으로 돌아가는 대신 미국 전역과 해외 여러 나라를 여행하며 다양한 대학에서 수많은 강의를 들었다.

공부를 하면서 아시아의 여러 종교에 매료된 박사는 좀더 심도 있게 공부하기 위해 인도로 건너갔다. 고대부터 현대에 이르는 위대한 동양 철학자들의 사상을 폭넓게 연구했다. 그 외에 머피 박사에게 가장 큰 영향을 미친 인물은 판사이자 철학자, 의사, 교수를 겸했던 토머스 트로워드 박사였다. 머피 박사는 트로워드 박사에게 철학, 신학, 법학을 배웠다.

여행을 마치고 미국으로 돌아온 머피 박사는 신사고 운동(New Thought Movement)을 지지했다. 신사고 운동은 19세기 후반에서 20세기 초반까지 발전한 운동으로, 삶을 바라보는 새로운 방식을 설교하고 저술하며 실천했다. 신사고 운동은 사람이 생각하며 생활하는 방식을 형이상학적·영적·실용적 접근 방식과 결합해 진정 원하는 것을 달성하는 비결을 밝혀냈다. 신사고 운동 지지자들은 새로운 사고방식을 따르면, 새로운 방법과 더 나은 결과를 끌어낼 수 있으며 삶을 풍요롭게 만들 수 있다고 설파했다.

물론 머피 박사가 이러한 긍정 메시지를 전파한 유일한 목사는 아니다. 당시 신사고 운동이 여러 철학자와 사상가의 지지를 받았던 만큼, 그 영향을 받은 여러 목사와 신도들은 제2차 세계대전 이후 수십 년간 많은 교회를 세우고 발전시켰다.

그들의 행보를 따라 머피 박사 역시 로스앤젤레스에 자신의 교회를 설립해 목사가 되기로 했다. 머피 박사는 자신이 세운 조직을 신성과학교회(The Church of Divine Science)라 명명했다. 박사는 비슷한 생각을 나누는 동료들에게 종종 플랫폼을 공유하고 이들과 합동 프로그램을 진행했으며, 희망하는 사람에게 사역사 양성 교육을 제공했다.

비록 소수의 신도를 데리고 목회 활동을 시작했지만, 희망이 담긴 낙관주의적 메시지를 전파하는 박사를 따르는 신도의 수는 빠르게 늘었다. 급기야 신성과학교회 본당의 규모로는 다 감당할 수 없을 정도로 신도가 늘어나, 과거 영화관이었던 윌셔 이벨 극장을 교회 건물로 사용하기 시작했다.

교회를 키웠음에도 그의 설교를 듣고 싶어 예배에 참석하는 사람이 너무 많았기 때문에 곧 새 건물로도 모든 신도를 수용할 수 없는 지경에 이르렀다. 머피 박사와 직원들은 예배에 참석하지 못한 사람들을 위해 밤낮으로 세미나와 강의를 열었다. 이를 통해 1300~1500명의 사람이 예배당에 들어가지 못해도 박사의 가르침을 받을 수 있었다. 1976년까지 윌셔 이벨 극장에 남아 있던 신성과학교회는 이후 캘리포니아주 내 은퇴자 거주 구역 근처에 있는 라구나 힐스로 본당을 이전했다.

머피 박사는 자신의 메시지를 듣고 싶어 하는 수많은 청중을 위해 라디오로 방영되는 주간 토크쇼 프로그램도 신설했다. 매주 방송 청취자는 100만 명 이상이었다.

머피 박사의 수많은 추종자는 그의 말을 단순히 요약한 것 이상의 콘텐츠를 원했기에 강의 녹화본과 라디오 프로그램 녹음본을 제작해 달라고 제안하기에 이르렀다. 처음에는 망설이던 머피 박사도 결국 한번 해보기로 했다.

당시의 관행에 따라 머피 박사의 라디오 프로그램은 78rpm 레코드판에 녹음되었다. 박사는 레코드판 하나에 담긴 내용을 6개의 카세트테이프를 세트로 제작해 윌셔 이벨 극장 로비의 안내대에 올려놓았다. 테이프는 한 시간 만에 완판되었다. 새로운 모험의 시작을 알리는 사건이었다. 머피 박사의 성경 해석 강연, 청자를 위한 묵상과 기도문을 담은 테이프는 여러 교회와 서점에서도 판매되기 시작했고, 심지어 우편으로 배달해 그의 긍정적 메시지를 멀리까지 전할 수 있었다.

교회가 성장함에 따라 머피 박사는 자신이 담당하는 프로그램과 저서 연구 및 집필을 보조할 전담 직원을 추가 채용했다. 가장 유능했던 직원은 박사의 행정 비서였던 진 라이트 박사였다. 상사와 부하직원이었던 둘은 연인으로 발전해 결혼까지 이어졌고, 평생 동반자로서 함께 풍요로운 삶을 살았다.

1950년대 당시에는 대형 출판사들이 영적인 영감을 주는 글을 출판하는 데 관심이 없었다. 머피 부부는 로스앤젤레스의 소규모 출판사 몇 군데를 통해 30~50쪽 분량의 소책자를 제작해 권당 1.5~3달러에 판매했다. 판매량이 늘어 2~3쇄를 찍자 대형 출판사들도 그제서야 이 분야에 시장 수요가 있음을 인지하고, 자사 카탈로그에 머피 박사의 책을 추가했다.

머피 박사의 명성은 이제 책, 카세트테이프, 라디오 방송 등 다양한 매체를 통해 로스앤젤레스 밖으로 뻗어 나갔고, 전국에서 강연 요청이 빗발쳤다. 박사는 종교적 내용뿐 아니라 삶의 가치관, 사고방식 등을 주제로 하여, 서양 철학에서 동양철학에 이르기까지 세계의 모든 위대한 철학자들의 가르침을 쉽게 풀어서 설명해주는 강연을 했다. 그 강연은 이제 미국을 넘어 전 세계까지 확장되었다.

머피 박사는 운전을 배운 적이 없었기에 여러 강연 장소를 다니며 바쁜 일정을 소화할 수 있도록 도와줄 사람이 필요했다. 박사의 행정 비서이자 훗날 아내가 된 진 라이트는 머피 박사의 강연 일정을 조정하고 출장을 준비하는 업무 또한 수행했다.

이를 계기로 머피 부부는 전 세계 여러 나라를 자주 여행했다. 박사가 가장 좋아했던 출장 겸 휴가 프로그램 중 하나는 크루즈에서 개최하는 세미나였다. 크루즈 세미나는 일주일 이상 진행되었고, 세미나를 하며 머피 박사는 여러 나라를 방문할 수 있었다.

머피 박사가 가장 보람 있게 수행한 활동 중 하나는 교도소를 방문해 수감자들과 이야기를 나누는 일이었다. 수년에 걸쳐 많은 전과자가 박사에게 편지를 보내왔다. 박사의 말이 어떻게 자신의 삶을 진정으로 변화시켰으며, 의미 있는 삶에 대한 어떤 가르침을 얻었는지가 쓰여 있었다.

머피 박사는 미국과 유럽을 거쳐 많은 국가를 여행했다. 박사는 오직 한 분이자 '스스로 있는 자I Am'인 하나님을 향한 신앙을 바탕으로 잠재의식의 힘과 삶의 원리를 이해하는 일의 중요성을 강조하며 강연했다.

머피 박사가 쓴 소책자가 크게 명성을 얻자 그는 더욱 자세하고 긴 책을 쓰기 시작했다. 아내는 글쓰기 스타일에서 머피 박사에게 통찰력을 주었다. 아내는 박사가 연필이나 펜을 세게 쥐고 글을 썼기 때문에 공책의 다음 장에 남은 흔적만 봐도 글의 내용을 알아볼 수 있을 정도라고 말한 적이 있다.

머피 박사는 글을 쓰는 동안 무아지경에 빠진 듯 보였다. 박사는 아무런 방해를 받지 않으며 하루에 4~6시간씩 사무실에 틀어박혀 글을 썼고, 그날 쓸 글을 마무리했다 싶으면 "오늘은 충분히 썼다"라고 말하며 사무실 밖으로 나왔다. 매일 그랬다. 그날 시작한 일을 끝내면 다음 날 아침까지 사무실에 들어가지 않았다. 일하는 동안 음식을 먹거나 음료를 마시지도 않았다.

박사는 사무실에 수많은 참고문헌을 쌓아 두고 자기 생각을 글로 써 내려갔다. 아내는 박사가 글을 쓰다 방해받지 않도록 방문객과 전화 문의를 응대했고, 교회 활동과 기타 활동에 필요한 물품들을 관리했다.

머피 박사는 사람들에게 쉽게 설명하는 방법을 늘 연구했다. 기술이 발전하며 오디오 분야에 새로운 변화가 일어나는 것을 본 박사는 강연 내용 중 일부를 카세트테이프와 레코드 그리고 CD 등 적절한 방식을 활용해 전파했다.

박사가 제작한 CD와 카세트테이프에는 개인이 인생에서 접하는 문제 대부분을 해결해주는 도구에 대한 설명이 담겨 있었다. 박사의 설명대로 따르면 목표했던 바가 전부 이뤄진다는 것이, 이를 경험한 여러 사람들의 증언들이 오랜 시간 동안 쌓이며 모두 증명되었다.

박사가 전하는 핵심 메시지는 모든 문제의 해결책은 바로 문제 안에 있다는 것이다. 외부 요소로는 생각을 바꿀 수 없다. 즉 한 사람의 마음은 그 사람의 것이다. 더 나은 삶을 살려면 외부 환경이 아니라 마음을 바꿔야 한다. 자신의 현실을 만들어 내는 운명의 주인은 바로 자기 자신이다. 변화할 힘은 개인의 마음속에 있으며, 잠재의식의 힘을 사용하면 더 나은 변화를 끌어낼 수 있다.

머피 박사는 30권 이상의 책을 저술했다. 그중 가장 유명한 저서인《잠재의식의 힘》은 1963년 출간 직후 베스트셀러로 등극했다.《잠재의식의 힘》은 역사상 가장 뛰어난 자기계발서라는 찬사를 받았다. 세계 곳곳에서 판매되고 있는《잠재의식의 힘》의 누적 판매량은 이미 수백만 권을 넘은 지 오래다.

이번에 발간되는 한국어역 조셉 머피 시리즈(총 5권)는 머피 트러스트에서 인정받은 유일한 공식 저서로서, 펭귄랜덤하우스에서 출간한 10권을 각각 주제별로 묶어 5권으로 새롭게 재편집한 것이다. '잠재의식의 아버지'라 불리며 잠재의식을 활용한 다양한 기법의 선구자로 알려진 저자의 대표작들을 총망라한 이번 시리즈는 1년 이상의 준비 기간을 거쳐 한국 독자에게 선보이게 되었다.

조셉 머피 박사는 1981년 12월 세상을 떠났다. 아내 진 머피 박사는 조셉 머피 박사의 사후에도 사역을 계속해 나갔다. 진 머피 박사는 1986년 한 강연에서 고인이 된 남편의 말을 인용하며 그의 철학에 담긴 메시지를 전파했다.

"모든 사람에게 내면에 있는 신성한 근원과 힘에 대해 알려 주고 싶습니다. 힘은 내 안에 있으며, 내가 나 스스로를 구원할 수 있음을 가르쳐 주고 싶습니다. 저는 많은 사람에게 다가가고 싶습니다. 힘겹게 길을 걷는 노인에게, 재능과 능력을 억압당한 채 과중한 의무를 짊어진 청년에게 다가가고 싶습니다. 저는 사람들이 의식의 각 단계와 수준을 제대로 이해함으로써 내면의 경이로움을 배우도록 돕고 싶습니다."

옮긴이 **조율리**

글로하나 출판번역 에이전시에서 영어, 스페인어, 독일어 번역가로 활발하게 활동하고 있다. 한국외국어대학교에서 국제통상학·스페인어를 전공하고 동 대학 통번역대학원을 거쳐 독일 하이델베르크대학교 석사 과정을 졸업했으며 캐나다 킹스턴대학교에서 영어 연수를 마친 뒤 주한멕시코 대사관에서 통번역사로 근무했다. 독일에 거주하면서 심리학 학사를 취득하고 스페인 AULASIC 의학번역 석사 과정을 졸업했으며 코칭과 심리 관련 과정을 다수 수료했다. 현재 언어 전문기업 플루마(PLUMA)를 이끌고 있으며, 역서로 《돈의 감정》《스토아 수업》《너무 과한데 만족을 모르는》(공역)이 있다.

조셉 머피 부의 초월자

한계를 뛰어넘는 잠재의식의 힘

초판 1쇄 발행 2022년 10월 19일
초판 13쇄 발행 2023년 9월 19일

지은이 조셉 머피
옮긴이 조율리
펴낸이 김선식

경영총괄 김은영
콘텐츠사업2본부장 박현미
책임편집 김현아 **디자인** 마가림 **책임마케터** 문서희
콘텐츠사업5팀장 차혜린 **콘텐츠사업5팀** 마가림, 김현아, 이영진, 최현지
편집관리팀 조세현, 백설희 **저작권팀** 한승빈, 김재원, 이슬
마케팅본부장 권장규 **마케팅4팀** 박태준, 문서희
미디어홍보본부장 정명찬 **영상디자인파트** 송현석, 박장미, 김은지, 이소영
브랜드관리팀 안지혜, 오수미, 문윤정, 이예주 **지식교양팀** 이수인, 염아라, 김혜원, 석찬미, 백지은
크리에이티브팀 임유나, 박지수, 변승주, 김화정, 장세진 **뉴미디어팀** 김민정, 이지은, 홍수경, 서가을
재무관리팀 하미선, 윤이경, 김재경, 안혜선, 이보람
인사총무팀 강미숙, 김혜진, 지석배, 박예찬, 황종원
제작관리팀 이소현, 최완규, 이지우, 김소영, 김진경, 양지환
물류관리팀 김형기, 김선진, 한유현, 전태환, 전태연, 양문현, 최창우

펴낸곳 다산북스 **출판등록** 2005년 12월 23일 제313-2005-00277호
주소 경기도 파주시 회동길 490 다산북스 파주사옥
전화 02-704-1724 **팩스** 02-703-2219 **이메일** dasanbooks@dasanbooks.com
홈페이지 www.dasan.group **블로그** blog.naver.com/dasan_books
종이 신승지류유통 **인쇄** 북토리 **제본** 국일문화사 **코팅 · 후가공** 평창피앤지

ISBN 979-11-306-9398-9 (04190)
979-11-306-2671-0 (세트)

- 책값은 뒤표지에 있습니다.
- 파본은 구입하신 서점에서 교환해드립니다.

조 셉 머 피 잠 재 의 식 의 고 전 시 리 즈

'조셉 머피 잠재의식의 고전' 시리즈는 머피 트러스트에서 인정받은 유일한 공식 저서이며, 미국의 펭귄랜덤하우스에서 출간한 10권을 각각 주제별로 묶어 총 5권으로 재편집한 것이다. 21세기의 상황과 정서를 반영해 개정한 이 시리즈는 번역부터 편집까지 1년 이상 걸려 공들여 만든 국내 최초의 번역본이다.

조셉 머피 성공의 연금술

: 일에서 최고의 잠재의식을 깨우는 자기 확신의 힘

296쪽 | 18,000원

조셉 머피가 40년간의 연구를 바탕으로 일과 비즈니스에 관한 잠재의식의 법칙을 최초로 집대성했다. 목표 설정, 자신감 향상, 두려움을 마주하는 법 등 성공에 대한 자기 확신의 힘을 극대화하는 방법부터 사람을 끌어들이는 법, 역동적인 팀을 이끄는 법, 효과적인 의사소통과 시간 관리, 위기를 극복하는 법, 평범한 사람이 위대한 리더가 되는 법까지 직장에서 맞닥뜨릴 수 있는 다양한 문제들을 잠재의식으로 지혜롭게 다루는 법을 소개한다.

조셉 머피 영적 성장의 비밀

: 잠재의식에서 발견한 믿음과 기도의 힘

452쪽 | 20,000원

조셉 머피의 사상적 근원인 성경과 세계의 다양한 종교에서 발굴한 믿음의 법칙을 파헤쳐 영성을 성장시킬 수 있도록 올바르게 기도하는 방법을 알려준다. 내 안에 있는 힘 혹은 신의 존재를 깨닫고, 그 힘이 내가 원하는 것들을 주리라고 믿고, 그것을 내가 이미 받았고 그로 인해 내가 성공할 것이며 잘될 수밖에 없음을 깨우침으로써 마음의 품격을 올리는 3단계 법칙을 다양한 사례들을 통해 소개하고 있다.